权威·前沿·原创

皮书系列为
“十二五”国家重点图书出版规划项目

城乡一体化蓝皮书

BLUE BOOK OF
URBAN-RURAL INTEGRATION

中国城乡一体化发展报告·北京卷（2015~2016）

ANNUAL REPORT ON BEIJING'S URBAN-RURAL INTEGRATION (2015-2016)

北京联合大学应用文理学院
北京联合大学北京学研究基地 / 编
主　编 / 张宝秀　黄　序
副 主 编 / 张景秋　孟　斌

社会科学文献出版社
SOCIAL SCIENCES ACADEMIC PRESS (CHINA)

图书在版编目(CIP)数据

中国城乡一体化发展报告. 北京卷. 2015～2016/
张宝秀，黄序主编. --北京：社会科学文献出版社，
2016.5
（城乡一体化蓝皮书）
ISBN 978-7-5097-9196-7

Ⅰ.①中… Ⅱ.①张… ②黄… Ⅲ.①城乡一体化-
发展-研究报告-北京市-2015～2016 Ⅳ.①F299.2

中国版本图书馆 CIP 数据核字（2016）第 108867 号

城乡一体化蓝皮书
中国城乡一体化发展报告·北京卷（2015～2016）

编　　者／北京联合大学应用文理学院
　　　　　北京联合大学北京学研究基地
主　　编／张宝秀　黄　序
副 主 编／张景秋　孟　斌

出 版 人／谢寿光
项目统筹／周　丽　王玉山
责任编辑／王玉山

出　　版／社会科学文献出版社·经济与管理出版分社（010）59367226
　　　　　地址：北京市北三环中路甲 29 号院华龙大厦　邮编：100029
　　　　　网址：www.ssap.com.cn
发　　行／市场营销中心（010）59367081　59367018
印　　装／北京季蜂印刷有限公司

规　　格／开 本：787mm×1092mm　1/16
　　　　　印 张：19.75　字 数：262 千字
版　　次／2016 年 5 月第 1 版　2016 年 5 月第 1 次印刷
书　　号／ISBN 978-7-5097-9196-7
定　　价／79.00 元

皮书序列号／B-2012-231

城乡一体化蓝皮书
编　委　会

城乡一体化蓝皮书·北京卷
编　辑　部

主要编撰者简介

主　编

张宝秀　北京联合大学应用文理学院院长、北京学研究基地主任、北京学研究所所长、市级重点建设学科人文地理学学科带头人、硕士研究生导师、北京市级教学名师，博士，教授。1994年7月毕业于北京大学城市与环境学系历史地理研究中心。兼任中国地理学会文化地理专业委员会副主任委员、北京地理学会副理事长。2013年入选北京市属高等学校高层次人才引进与培养三年行动计划（2013～2015年）“长城学者”培养计划。主要从事人文地理学、历史地理学教学和科研工作，主持完成了国家社科规划青年项目“燕山地区经济开发进程及民族关系演变研究”、北京市社科规划重点项目“北京名人故居保护与利用现状及对策研究”、《北京学研究报告》等二十多项国家级、省部级科研项目和政府部门、企事业单位委托课题；主持在研国家自然科学基金面上项目“线性文化遗产空间解构与区域响应研究”、北京市属高校长城学者培养计划项目“北京历史文化遗产空间重构与城市文化建设研究”等。已出版《北京的长城与桥梁》（第一作者）等专著和教材，参编《北京历史文化》、参译《现代城市规划》等专著和教材，发表学术论文60多篇。主编出版2008～2015年《北京学研究报告》系列研究报告集和2013～2015年《北京学研究》系列文集。

黄　序　北京联合大学北京学研究所特邀研究员、中国城市科学研究会理事、北京市城市科学研究会理事、北京市行政区划学会副会长、北京市城郊经济学会理事。主要从事城市化、城乡发展等方面的研究，曾多次参加国家及市级重大课题的研究，发表论文、调研报告40多篇，主编著作9部。其中参加全国及北京市哲学社会科学“六五”规划重点课题“北京市人口与城市发展问题”研究，并主持其中一个子课题“北京远郊区县集镇与人口发展”，该课题曾获第一届北京市哲学社会科学优秀科研成果一等奖。1997~2000年参加北京市农村经济研究中心主持的市长交办课题“北京郊区城市化与城乡一体化研究”，承担调查研究、分报告《法国的城市化与城乡一体化及启迪——巴黎大区考察记》《当代北京城市化与城乡一体化进程研究》《北京郊区城市化的历史基础》《乡村社区向城市社区的转化》的撰写，课题成果——专著《北京郊区城市化探索》获第六届北京市哲学、社会科学优秀科研成果一等奖。1999~2001年参加市精神文明建设委员会办公室委托课题“北京市城区文明综合评价指标体系研究”，承担调查研究、评价标准条目的制定和对各城区的测评工作。课题成果《北京市城区文明综合评价指标体系研究》获第六届北京市哲学、社会科学优秀科研成果二等奖。

副主编

张景秋　北京联合大学应用文理学院城市科学系主任，博士，教授，硕士研究生导师。1998年7月毕业于北京大学城市与环境学系人文地理学专业。兼任中国地理学会理事和城市地理专业委员会秘书长。主要从事城市地理学以及城市与区域规划的教学与研究工作。2005年获北京市中青年骨干教师称号，2009年获首都劳动奖章，2010年入选北京市“新世纪百千万人才工程”，2011年荣获北京市“三八”红旗手称号，2012年入选北京市属高等学校高层次人才引进与培养三年行动计划（2013~2015年）“长城学者”培养计划。自1998年先后主持承担了国家自然科学基金面上项目“北京城市办公业的空间结构演变及其动力机制研究”“中国城市办公空间扩展与区域增长互动研究”，北京市社科基金项目“北京城市功能空间分布优化研究”“北京‘五个之都’建设功能区布局优化及实施对策研究”“首都城市发展的阶段性及其时空特征研究”，参与2004年北京城市总体规划修编产业布局研究、北京市“新农村”建设规划等近50项研究和规划。在《地理学报》《地理科学》《地理研究》《城市发展研究》《城市问题》《北京社会科学》等期刊上发表论文50多篇。出版《城市办公空间》《北京大型文化设施利用的空间分异研究》《现代城市规划》等学术专（译）著十余部。

孟　斌　北京联合大学北京学研究所副所长、应用文理学院城市科学系教授，博士，硕士研究生导师，中国地理信息系统协会理论与方法委员会委员。1997年7月毕业于中国科学院地理研究所，获人文地理学硕士学位；2005年7月于中国科学院地理科学与资源研究所获地图学与地理信息系统专业博士学位。2005年10月至2008年7月在中国社会科学院城市发展与环境研究中心从事博士后研究，2012年3~9月在美国圣地亚哥州立大学地理系从事访问学者工作。主要研究领域为城市地理、地理信息科学和空间数据分析。近年来在*Public Health*《地理学报》等学术期刊上发表论文多篇，出版《北京市居民职住分离调查研究》等学术著作。主持完成国家自然科学基金面上项目“转型期中国城市居民职住关系：演变、机制及政策启示”“北京城市空间结构与居民职住分离互动研究”等。

摘　要

2015年，北京市落实京津冀协同发展规划纲要，有序疏解北京非首都功能、加快建设国际一流的和谐宜居之都，城乡经济社会稳步发展，城乡一体化“十二五”规划目标基本完成。

2015年，北京市将疏解非首都功能作为落实首都城市战略定位、推动京津冀协同发展的关键环节和重中之重。疏控并举，通过多种方式引导人随功能走，人随产业走。城乡经济“高精尖”结构加快构建，北京农业按照“调粮、保菜、做精畜牧生产”的思路进行结构调整，系统全面地实施农业节水工程，全力推动“菜篮子”农产品优质高效生产和现代种业、休闲观光产业快速发展。通州、房山、大兴、平谷等国家新型城镇化试点和国家城乡一体化建设试点以及延庆、密云国家主体功能区建设试点示范工作稳步推进。城乡结合部建设、小城镇养老、休闲、旅游等项目建设进展顺利，农村社区试点和美丽乡村建设加快推进。深入实施“新三起来”工程，土地流转起来已经形成了一套管理制度、一个初具雏形的流转交易市场以及一套调解仲裁体系的管理工作格局。村级集体经济产权制度改革完成比例达到97.9%，全面提升了“三资”监管水平，积极推进农民专业合作社规范发展。形成了产业金融、开发金融、民生金融、发展金融和生态金融的农村金融五大体系。大力提升农村和农业的生态服务能力和水平。在全国首创“沟域经济”生态发展新模式，大力开展生态农业建设。覆盖城乡全体居民的养老和医疗保障体系进一步完善，城乡低保标准实现并轨。城乡统一的就业体系更加健全，农村劳动力中80.3%实现了转移就业，农民工资性收入始终稳定在70%以上，

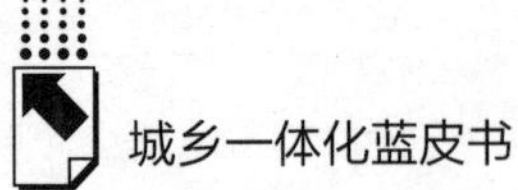

2015年全市农民人均可支配收入达到20569元，农村居民人均收入增幅连续七年快于城市居民。基础设施城乡一体化进程加速推进，农村“五项基础设施”建设和“三起来”工程进展顺利，基本率先实现“村村通公交”和农村安全饮水，成为全国第一批通过农村垃圾有效处理验收的四个省市之一，农村人居环境全面改善。

与此同时，北京城乡一体化发展仍存在诸多矛盾与问题，制约着城乡关系良性互动。农村土地制度变革步伐缓慢，在构建城乡一体化的建设用地市场以及耕地流转方面，缺乏有效的城乡统筹机制；农村经济质量和效益有待提高，产业发展呈现“小、散、低”的特征，集体经济组织整体利润率不足4%，农业劳动生产率提高缓慢；城乡结合部多重矛盾交织，缺乏根本解决方案；农村基层管理模式落后，依法行政困难；生态建设投入、补偿和管护缺乏城乡统筹，导致农村绿化任务难以完成。

展望北京城乡一体化发展趋势，可以预见，随着京津冀协同发展战略的推进，集体经济将加快转型升级，并在乡镇统筹方式和股权结构等层面得以完善；城乡一体化综合性改革和制度创新更加深入，城乡一体的要素市场逐步建立；绿色发展理念成为城乡一体化发展的基本理念，城乡生态宜居环境水平进一步提高；多种渠道促进农民增收，城乡居民收入差距缩小；同时，城乡公共服务一体化加快推进，农民的社会保障和福利水平提高。

Abstract

In 2015, the strategy of promoting coordinated development of the Beijing-Tianjin-Hebei region was carried out, which relocated functions non-essential to Beijing's role as the capital away from the city and accelerated the pace of constructing the world-class harmonious and livable capital. Additionally, urban and rural economic society was developed steadily, and the goals of the *Twelfth Five-Year Plan* for urban-rural integration has been basically fulfilled.

The relocation of non-essential functions of Beijing's role as the capital was the most essential part in implementing the capital strategicorientation and promoting the coordinated development of Beijing-Tianjin-Hebei region in 2015. By various means of simultaneously dredging and controlling, Beijing allocated the work flow by their functions and industries. The construction of the sophisticated and first-class urban-rural economy was accelerated. Beijing refined its agriculture and livestock production in a way where the water consumption was constrained systematically and comprehensively, resulting in the efficient production of agricultural product and the flourish of modern planting and leisure industry. In addition, National new type urbanization trials, Tongzhou, Fangshan, Daxing, Pinggu, etc. , urban-rural integration trials, and main functional zoning trials, Yanqing and Miyun, are steadily advanced. The constructions for urban-rural fringe, elderly services in small towns, leisure industry and tourism were carried out smoothly. Also, rural community and "beautiful countryside" construction were conducted at a fast speed. Moreover, Beijing also fully implemented "*New Three-Actions*" project, where an administrative system, a prototype for trade market and a coordination and arbitration mechanism have been established for land transfer. Property system renovation for collective economy at village level has been 97.7% completed, " *three rural-related financial resources* " administration were improved, and farmers' professional cooperatives were advanced and well-regulated. In 2015, there were five rural financial systems were formed, industrial finance, pre-development finance, people's livelihood finance, development finance and ecological finance. Ecological service abilities of rural area and agriculture have been greatly upgraded. Moreover, the creation of ecological development mode, " valley economy", demonstrated the large-scale development for ecological agriculture. As with the subsistence allowance system was integrated in urban and rural areas, the pension and medical services covering both urban and rural areas were further improved. What's more, the employment was well ensured in the process of urban-rural integration. 80.3% of rural labor force managed to relocate their employment, and farmers' salary income accounted for over 70% of the total income. In 2015, farmers average disposable income reached 20569 CNY, the increment percentage outpaced that of the urban residents for the seventh year. What was also advanced at a fast pace was the infrastructure improvement in the urban-rural integration. The " Five Infrastructure" Construction and the " Three-Actions" project was carried out as expected, and the goal of "bus in every village" and safe water in rural area was accomplished ahead of other provinces. Beijing is among the four provinces, where effective garbage disposal was recognized. Overall, the living situation in rural area was improved on all sides.

However, there are also many conflicts and problems associated with Beijing urban-rural integration development, which put restrictions on the positive interactions between urban and rural areas. First, the land policy in rural area was renovated in a slow fashion, and a lack of effective coordination mechanism can be seen in construction land market and farm land circulation. Second, the quality and profits of rural economy are to be improved. Now the industrial development is "small in scale, scattered in distribution and low in efficiency", where the total profitrate for collective economy is less than 4%, and the productivity of rural labor is increasing slowly. Third, there's no thorough solution for multi-layer conflicts in urban-rural fringe. Fourth, the administration at rural community-level is outdated and difficult to carry out law-supported substitute. Last but not least, there's not enough urban-rural coordination in the construction, investment and protection in ecological construction, resulting in the failure of reaching the greening goals in rural area.

It can be foreseen that as with the coordinated development of the Beijing-Tianjin-Hebei region, the collective economy will speedup in transformation and upgrading, the form of Beijing urban-rural integration and equity structure are tended to be improved. Also, the comprehensive reform and policy innovation will be more advanced, and a market consisting of the elements of urban-rural integration will be established step by step. Ecological development will become the basic concept in urban-rural integration, and thus the ecological living condition in both urban and rural areas will be further improved. Additionally, there will be more channels to boost farmers' income, reducing the income gap between urban and rural residents. At the same time, the public services integration between urban and rural areas will also be accelerated, and thus farmers' social security and benefits will be more satisfying.

（段秋萌　孔兵译）

目　录

Ⅰ　总报告

Ⅱ　城乡一体化发展战略

Ⅲ　城乡土地问题

Ⅳ 产业发展

Ⅴ 新农村建设

CONTENTS

I General Report

II Urban-rural Integration Development Strategies

Ⅳ Industrial Development

Ⅴ New Rural Construction

总 报 告

General Report

B.1

2015年北京城乡一体化发展报告

袁蕾 黄序 张宝秀*

摘 要: 本文介绍了2015年北京城乡一体化发展领域取得的新进展，分析了当前制约北京城乡一体化发展的矛盾和问题，对北京城乡一体化未来的发展方向做出了展望，并提出若干政策建议。2015年北京市城乡一体化进程稳步推进，非首都功能有序疏解，京津冀协同发展取得良好开局；创新驱动城乡经济发展；城乡一体化制度改革有序推进；城乡和谐宜居环境加快构建；城乡公共服务和民生福利水平提高。城乡一体化“十二五”

* 袁蕾，北京市社会科学院城市问题研究所副研究员，博士，研究方向为城乡发展战略；黄序，北京联合大学北京学研究所特邀研究员，研究方向为城市化、城乡统筹发展；张宝秀，北京联合大学北京学研究所所长，北京联合大学应用文理学院院长，博士，研究方向为北京城市研究。

规划目标基本完成。存在的主要问题表现在：农村土地制度变革步伐缓慢；集体经济质量和效益有待提高，都市农业发展有待进一步提质增效；城乡结合部依然缺乏根本解决方案；农村基层管理模式落后；生态建设缺乏城乡统筹等。展望“十三五”，北京城乡发展面临重要机遇，京津冀协同发展、非首都功能疏解、城乡一体化综合改革创新以及公共服务和基础设施的均等化发展等要素会进一步推动北京城乡一体化建设。

关键词： 北京 城乡一体化 问题 展望

2015年，北京市深入贯彻习近平总书记系列重要讲话和对北京工作的重要指示精神，加快推动京津冀协同发展、有序疏解北京非首都功能、努力构建“高精尖”经济结构、促进城乡一体化发展、建设和谐宜居之都，城乡经济社会稳步发展，城乡一体化“十二五”规划目标基本完成。

一　城乡一体化进展

（一）非首都功能有序疏解，京津冀协同发展取得良好开局

2015年，北京市将疏解非首都功能作为贯彻习近平总书记对北京工作的指示精神、落实首都“四个中心”定位、推动京津冀协同发展的首要任务，疏控并举、有序推进。增量控制方面，进一步加大了对新增产业的禁限力度，制定并实施了《北京市新增产业的禁止和限制目录（2015年版）》，总体比例由2014年的32%提高到55%，城六区禁限标准更加严格，禁限产业达到79%。同时加快存量疏解，

“腾笼换鸟”。通过市场手段引导一般性产业主动调整退出，2015 年调整清退了 150 家低端市场，动物园服装批发市场部分调整升级为以科技金融、商务服务为主的创新产业集聚区，雅宝路服装市场部分楼宇引入创意和生活性服务等业态，西直河石材市场清退后实现土地复垦和绿化。2013 ~ 2015 年，北京市关停退出一般制造和污染企业共计 1006 家，其中 2015 年退出 326 家企业。西城区腾退职业高中 4 所，腾退空间将用于中小学教育，丰台区职教中心西校区腾退。北京建筑大学、北京工商大学和北京城市学院分别在大兴、房山和顺义设立了新校区，迁出学生逾六千人。继续推动医疗资源的疏解，包括迁建天坛医院、建设北大医院大兴院区、朝阳医院东院区以及扩建同仁医院亦庄院区等。加强环境综合整治，全面清退低端产业。拆除违法建设 1818 万平方米，整治违法群租房 2. 4 万间，清理地下室和人防工程 1625 处，消除挂账无证无照经营 1. 4 万户。实现常住人口与功能和产业同步疏解，2015 年北京市常住人口增长 18. 9 万人，而 2014 年同期增长 36. 8 万人，常住人口增量降低了 49%；常住人口增速为 0. 9%，同比下降 0. 8 个百分点，人口增量和增速均呈现下降态势。

重点突破，京津冀协同发展取得良好开局。北京新机场已经开始施工，新机场临空经济区规划正在报批。《京津冀城际铁路网规划（2015 ~2030 年）》正式上报，京唐、京滨等城际铁路先期工程实现开工，京沈客专、京张铁路等一批铁路项目加快实施，京开高速拓宽等周边配套基础设施加快推进。京台高速进场施工，108 国道改建工程实现开工。牵头编制区域大气污染防治中长期规划，不断完善京津冀大气污染联防联控机制。建成京冀生态水源保护林 10 万亩，京津风沙源治理二期工程、51 万亩张家口坝上地区退化林分改造、张承水资源环境治理等一批生态环境联防联治项目加快推进。与河北承德市跨区域碳交易取得实质性进展。产业对接协作效果显现。北京（曹妃甸）现代产业发展试验区产业发展规划发布。京津冀整体纳入国家全面创新改革试验总体方案。天津滨海－中关村科技园共建方案制定完成，形成一批协同创新共同体。一批重大产业合作项目正在加快实施。旅游协同发展积极推进，签署了200多个旅游投融资项目。医院定向合作、高校协同联盟、参保人员信息互核协查等取得积极成果。①

（二）创新驱动城乡经济发展，农业提质增效

2015年，北京市实现地区生产总值2.3万亿元，同比增长6.9%。三次产业结构由2010年的0.9∶23.6∶75.5，调整为2015年的0.6∶19.6∶79.8。

产业高端化趋势明显，创新优势不断巩固，“高精尖”经济结构加快构建。2015年，金融、科技服务、商务服务等高端产业对全市经济增长的贡献率高达72.2%。亚洲基础设施投资银行、丝路基金总部在北京成立。中关村“一区多园”“六高”功能区等高端产业集聚区发展迅速，占全市经济增长总量的比例进一步提高。旅游业、观光休闲农业的品质和效益稳步提升。出台《北京市提高生活性服务业品质行动计划》，突出创新引领，“互联网＋”改造传统生活服务业。出台服务业扩大开放综合试点实施方案、促进境外投资发展实施方案，服务贸易和境外投资大幅度增长。科技创新方面，创新资源进一步集聚，2015年，北京市国家级高新技术企业达到1.2万家，科技型企业达到36万家。创新体制机制加快完善。“开展中关村科技成果处置、股权激励等20余项改革试点，实施工商登记便利化等19项改革措施。出台推进大众创业万众创新的实施意见，编制‘互联网＋’行动实施意见。北京文化产权交易中心挂牌成立，国家文化产业创新实验区文创企业

① 北京市发展和改革委员会：《关于北京市2015年国民经济和社会发展计划执行情况与2016年国民经济和社会发展计划草案的报告》，首都之窗网站，http：//zhengwu.beijing.gov.cn/jhhzx/qtbmgzbg/t1424961.htm。

加快集聚，国家对外文化贸易基地部分项目建成。”①

2015 年实现农、林、牧、渔业总产值 368.2 亿元，比上年下降 12.3%，扣除价格因素实际下降 10.6%。粮食播种面积 10.4 万公顷，比上年减少1.6 万公顷。粮食产量62.6 万吨，下降2.0%；粮食亩产 399.8 公斤，增长 12.7%。全市农业观光园 1328 个，比上年增加 27 个；观光园总收入 26.3 亿元，增长 5.6%。设施农业实现收入 55.5 亿元，增长 8.2%。民俗旅游实际经营户 8941 户，比上年增加 78 户；民俗旅游总收入 12.9 亿元，增长 14.2%。种业收入 12.7 亿元，下降9.7%。“十二五”时期，在平原地区百万亩造林工程的带动下，林业实现产值年均增长 27.8%，在农、林、牧、渔业总产值中占比由 2010 年的 5.1%提高到 2015 年的 15.6%。

围绕首都核心功能疏解，落实 2014 年制定的《关于调结构转方式发展高效节水农业的意见》，北京农业按照“调粮、保菜、做精畜牧生产”的思路进行结构调整。截至 2015 年底，粮田面积调减为 125 万亩；调减生猪出栏量 14 万头、家禽出栏量 800 万只、水产养殖面积 0.23 万亩；落实“以水定城、以水定地、以水定人、以水定产”的方针，通过结构节水、农艺节水、回收利用，系统全面地实施农业节水。农业的结构节水就是调减高耗水农作物的种植面积，农艺节水就是通过高效节水设施、农肥一体、旱作农业等措施节水，回收利用就是设施农业、畜禽养殖开展集雨并且回收利用。2015 年累计减少农业用水 4.5 亿立方米，相当于 26 个昆明湖的蓄水量，2015 年农业使用地下水量为 6.38 亿立方米，比 2013 年减少近 1 亿立方米。按照控制增量、做精存量、做优变量的思路，全力推动“菜篮子”农产品优质高效生产和现代种业、休闲观光产业快速发展。控制

① 北京市发展和改革委员会：《关于北京市 2015 年国民经济和社会发展计划执行情况与 2016 年国民经济和社会发展计划草案的报告》，首都之窗网站，http：//zhengwu. beijing. gov. cn/jhhzx/qtbmgzbg/t1424961. htm。

增量就是部分畜禽养殖和高耗水农作物严格控制，只减不增。做精存量就是在保留的生产空间大力推动农业生产的提质增效。蔬菜产业重点打造“三个园”（南菜园、北菜园、东厢菜园），粮经产业重点打造“三块田”（籽种田、景观田、旱作田），畜牧业做精“三个场（厂）”（量种场、规模化养殖场和屠宰加工厂），渔业重点发展“三条鱼”（籽种鱼、休闲鱼、精品鱼）。做优变量就是贯彻京津冀协同发展战略，围绕蔬菜和畜禽养殖，发展一批外埠生产基地，建设一小时“菜篮子”物流圈，提高控制率。2015 年粮食产量 12 亿斤，比“十一五”末期的 20 亿斤减少了 40%，但平均亩产量却稳中有增；蔬菜总产量 289.4 万吨，上市总收入 56 亿元，单位面积产量和收入都有不同程度的提高；养殖业规模化、标准化水平显著提升，全市标准化规模养殖场 2287 家，生猪规模养殖比重达到 70%，奶牛、家禽规模养殖比重超过 90%，标准化规模养殖成为保障首都畜产品“菜篮子”的中坚力量；现代种业销售额为 117 亿元，约占全国的 10%。现阶段，30% 的蔬菜和猪肉，近 60% 的鸡蛋、牛奶、鸡肉都由北京本地提供，重要农业主导产品的标准化覆盖率超过 90%，农产品的绿色有机比率达到 40%。

不断完善都市现代农业的支撑保障体系。强化农产品质量安全监管和动植物疫病防控。大力推动农业科技创新。2015 年，北京市农业科技贡献率超过 70%，接近发达国家水平。“十二五”期间，北京农业技术合同成交额累计达 148.9 亿元，在有些领域已经居世界领先地位，“研制了世界首个水稻全基因组芯片，主导完成了世界首张西瓜序列图谱，建成世界最大的玉米标准 DNA 指纹库。‘京葫 36 号’西葫芦新品种打破了国外的长期垄断，京红、京粉和农大节粮型蛋鸡配套系世界销量第一”①。农业机械化水平不断提高，北京市主要农

① 《“回顾‘十二五’——北京‘三农’发展成就”发布》，人民网，http://world.people.com.cn/n1/2016/0202/c57506-28105111.html。

作物生产的机械化率超过 87%，处于全国前列。进一步完善农业公益性推广服务体系和社会化服务体系，强化农业执法监督。

（三）优化空间布局，统筹城乡发展，城乡一体化改革深入推进

2015 年北京市继续优化调整城市空间格局，加快完善中心城的服务保障功能。首都功能核心区重点改造基础设施、加快环境建设、保护古都风貌和改善居民生活，实施了北新华街南段微循环改造、前门东片旧城保护以及百万庄北里居民住房改善等工程。加快建设通州城市副中心。制订了市行政副中心重大工程建设行动计划（2015 年版），一期 6 平方公里拆迁全部完成并开始建设市级行政办公区。进行基础设施和公共服务设施项目审批服务改革的试点。引入史家小学、北京小学等 5 所名校，环球主题公园、国家大剧院舞美基地、新华医院等一批重点项目加快建设。城南、西部等发展薄弱地区通过第二阶段城南行动计划和首钢老工业区改造等项目提升发展质量，改善生态环境。城市发展新区特别是新城承载能力和服务能力大幅提升，发展速度高于全市平均水平。

进一步统筹城乡发展。“十二五”期间，市级一般公共预算农林水支出同比增长 1.2 倍，郊区固定资产投资比重一直高于 50%。国家新型城镇化试点和国家城乡一体化建设试点在城市发展新区逐步开展，国家主体功能区建设在延庆和密云开展试点示范。出台城乡结合部建设三年行动计划，拆迁建设完成 50 个重点村，新增绿化面积 14.2 平方公里，一道绿化隔离地区城市化建设试点实施方案获得批复，二道绿化隔离地区“五区六镇”城乡一体化建设试点方案基本确定。加快 42 个重点小城镇的新型农村社区试点建设，提升公共服务水平，加快推进养老、休闲、旅游等项目建设，建设美丽乡村 1000 个，千家店等九村一镇成为全国美丽乡村创建试点。村级公益事业专项补助标准提高了 50%，对农村住宅实施抗震节能改造，受

益农户超过50万户。生态涵养区实施山区农民搬迁工程，发展有特色的品牌沟域经济。2019年世界园艺博览会按照园区综合规划顺利完成拆迁任务，配套基础设施开工建设。

城乡一体化改革进一步深化。北京农村继续实施“土地流转起来、资产经营起来、农民组织起来”的“新三起来”工程。“土地流转起来”方面形成了由管理制度、调解仲裁体系和土地流转交易市场组成的改革新局面。推动农村土地承包经营权确权登记颁证工作，截至2015年底，农村土地确权面积已达到449万亩，同时积极引导和规范土地经营权有序流转，确权土地流转率达到61.7%，稳妥推进大兴区集体经营性建设用地入市试点，探索建立集体经营性建设用地使用权流转和增值收益分配制度，盘活农村闲置住房发展休闲养老产业等。集体林权制度改革主体任务基本完成，林地确权登记面积1300万亩，涉及山区的3274个村119.3万农民。“资产经营起来”的改革创新主要体现在三个方面：一是推进农村集体经济产权制度改革2015年已有97.9%的村级集体经济体完成改革；二是强化“三资”监督管理，在海淀区试点设立了农村集体资产监督管理委员会；三是扶持和规范农民专业合作社的发展，截至2015年末，全市共有6832个农民专业合作社，正式登记注册的合作社成员17.8万名，出资总额达到92.13亿元，市级示范社达到216家，组建跨区域的联合社31家。农村金融改革方面北京市处于全国前列，形成了“产业金融、开发金融、民生金融、发展金融和生态金融”的五大金融体系。“北京市农村产权交易所累计成交402笔，成交金额31.54亿元。政策性农业保险从19大类增至23大类，在全国率先推出生猪价格指数保险，五年来保险金额达到612.4亿元、参保农户81.9万户次，累计赔付支出20.2亿元、赔付农户61.5万户次。”①

① 《“七彩”绘就“三农”卷》，《农民日报》2016年2月27日。

（四）治理“大城市病”，创建城乡和谐宜居环境

采取多种举措治理空气污染、环境恶化等“大城市病”。“制定实施清洁空气行动计划，建立区域大气污染联防联控机制，2015 年压减燃煤 500 万吨以上，城乡结合部和农村地区‘减煤换煤’近 180 万吨，淘汰全部黄标车，淘汰老旧机动车 38.9 万辆，细颗粒物浓度比 2014 年下降 6.2%，四项主要污染物减排超额完成目标任务。制定实施垃圾、污水处理设施建设两个三年行动计划，新增生活垃圾日处理能力 1.2 万吨、污水日处理能力 120 万吨，生活垃圾资源化率提高到 55%，再生水年利用量达到 9.5 亿立方米。2015 年完成平原地区造林 11 万亩。建成丰台区马家堡等多处城市休闲森林公园，加快推进‘三山五园’地区生态环境提升，八达岭长城地区列入首批国家公园体制改革试点区。‘十二五’期间新增城市绿地 4850 公顷，森林覆盖率、林木绿化率分别达到 41.6% 和 59%，比 2010 年分别提高了 4.6 和 6 个百分点。大力改善水生态环境，累计建成生态清洁小流域 280 条、治理水土流失面积 6758 平方公里。”①

大力提升农村和农业的生态服务能力和水平。在全国首创“沟域经济”发展模式，实施 933 项工程、总投资 120 亿元，打造了“四季花海”等一批品牌沟域，在保护山区生态环境的同时满足了市民观光休闲需求、提高了农民收入；全市农林水生态服务价值从 2000 年的 8754 亿元提高到 2015 年的近 1 万亿元；成功创建“国家生态县”2 个、“国家级生态示范区”11 个、“国家级生态乡镇（含原全国环境优美乡镇）”96 个、“国家级生态村”2 个、“北京郊区环境优美乡镇”141 个、“北京郊区生态村”2001 个。“十二五”期间，大

① 北京市发展和改革委员会：《关于北京市 2015 年国民经济和社会发展计划执行情况与 2016 年国民经济和社会发展计划草案的报告》，首都之窗网站，http：//zhengwu. beijing. gov. cn/jhhzx/qtbmgzbg/t1424961. htm。

力开展了生态农业建设，建成40个生态标准园，持续减少农药化肥的用量，提高其利用率，化学农药使用总量降幅达到17%，化肥利用率提高到27.1%；全市农药利用效率提高到39%，位于全国前列。促进畜禽养殖场的粪污利用，开展农业面源污染治理，粪肥利用率90%，农业化学需氧量（COD）、氨氮排放量分别比2010年底的水平降低14%、12%，使北京市成为国家第一个完成“十二五”农业水污染减排任务的省份。农作物秸秆焚烧广受公众关注，“疏堵”结合、多措并举，2015年实现零火点，综合利用率达到98%以上。

（五）强化城乡基础设施和公共服务建设，民生福祉提高

城乡就业和社会保障水平提升。完善城乡统一的就业体系，城镇新增就业42.6万人，城镇登记失业率低于1.6%，帮扶登记失业人员和农村劳动力就业21.4万人，引导高校毕业生就业创业。养老和医疗社会保障实现城乡居民全覆盖，保障标准不断提高，失业保险金等六项社保待遇标准联动上调，比2014年提高10%，比2010年平均增长68%。最低生活保障标准实现城乡一体化，“人人享有社会保障”的社会福利体系基本形成。

多种方式促进农民增收。引导农村劳动力转移就业，提高其工资性收入，41.21万名登记农村劳动力中80.3%实现了转移就业，农民工资性收入占总收入的比重超过70%；通过“新三起来”改革创新，盘活农村资产，实现保值增值，提高农民财产性收入；通过提高农村社保标准来提升农民的转移性收入，“农民基础养老金、福利养老金分别增长67.9%和92.5%，新型农村合作医疗筹资标准由520元提高到1200元，农村低保标准提高1.4倍、达到710元”[①]。整体提高农民收入的同时，重点解决低收入农户的增收问题，保证低收入农户

① 《“七彩”绘就“三农”卷》，《农民日报》2016年2月27日。

同步实现小康社会目标。实施农村经济薄弱地区发展规划帮助扶持低收入村，通过共同致富行动计划提高低收入户收入水平，共涉及645个低收入村，23.33万户58.03万人，市级财政安排9189万元专项资金扶持164个村因地制宜发展特色产业，市级安排9000万元专项资金用于大兴和密云两区试点以异地购置物业取得长期稳定收益的方式，支持低收入村发展。“2015年全市农民人均可支配收入达到20569元，“十二五”期间，北京市农村居民人均收入年增长11.2%，连续七年快于城市居民，低收入农户2015年人均可支配收入是8494元，近5年年均增长14%。连续5年快于农民平均水平。”①

基础设施城乡一体化进程持续推进。城乡交通路网体系不断完善，连接新城的三条轨道交通项目建成运营，山区环线基本全线贯通；郊区公交运营线路达到367条，日均客运量达到126万人次，基本率先实现“村村通公交”；农村饮用水安全基本得到保障，建成乡镇污水处理厂48座、村污水处理站1045处，郊区污水处理率达到66.2%；生活垃圾分类收集、运输、处理工作不断加强，远郊垃圾无害化处理率达到97.2%，成为全国第一批通过农村垃圾有效处理验收的四个省市之一；郊区能源结构加快调整，农村电网改造升级，15万农户“煤改电”，郊区90万农村住户全部使用上政府补贴的液化气。“2006年以来，北京农村地区全面实施了‘五项基础设施’建设和‘三起来工程’，累计投入300多亿元，完成了3000多个村庄的规划编制，硬化了近10047万平方米农村街坊路，改造老化供水管网3.2万公里，农村卫生厕所覆盖率达到96.6%，为所有村庄配备了垃圾储运设施和设备，建设农村污水处理设施1000余处，安装太阳能

① 《“回顾十二五——北京‘三农’发展成就”发布》，人民网，http://world.people.com.cn/n1/2016/0202/c57506-28105111.html。

路灯17万盏，安装村内节能路灯20余万盏，更换节能灯泡1300多万只，建设村级太阳能公共浴室1300多座，35%以上的农户开始使用可再生资源（太阳能、生物质能、地热能等），建设雨洪利用工程500余处（新增蓄水能力3500多万立方米）。为了确保已经建成的基础设施良好运行，使广大农民长期受益，北京市又出台了《关于加强农村基础设施维护和管理的意见》，将农村基础设施纳入政府部门管理体系，有效提高了农村基础设施的利用效率。”①

二 北京城乡一体化进程中存在的问题

（一）农村土地制度变革步伐缓慢，制约城乡一体化发展

城乡二元的土地制度是城乡二元结构的根本原因之一。相比国有土地，农村集体土地的权利安排和制度设计存在很多限制，集体经济组织需要在获得相关批准的情况下，在土地利用总体规划确定的建设用地上内部使用或者与其他单位、个人以土地使用权入股、联营时才可以将土地用于非农产业发展，制约了农民从事非农产业发展的机会，也使得违法使用集体建设用地的情况屡屡出现。另外，北京农村地区的土地权属争议不仅是国有和集体土地的问题，还涉及大量的中央单位，农村基层组织难以有效管理。

目前，北京农村集体土地制度的变革处于起步阶段，农村土地流转正在试点和探索中，在构建城乡一体化的建设用地市场以及耕地流转方面，与成都、重庆、苏州等地存在较大差距，缺乏有效的城乡统筹机制。廉价出租房在京郊特别是城乡结合部地区大量出现，带来环

① 《“回顾十二五——北京‘三农’发展成就”发布》，人民网，http://world.people.com.cn/n1/2016/0202/c57506-28105111.html。

境和安全等诸多问题。在城镇化推进过程中，农村居民无法分享土地增值收益，农转居人口的土地补偿收益无法维持其长期生活支出，基本公共服务无法得到保障，迫使他们通过私搭乱建或群租等方式获取短期收益。而在农村地区，由于土地和伴生的集体资产难以市场化，农村土地普遍存在低效利用等问题，农村和农业的现代化进程受到制约。

（二）农村经济质量和效益有待提高，农民就业增收和生活改善困难

北京农村地区的产业发展呈现“小、散、低”的特征，第三产业占比仅为6%，第二产业占比超过50%。近十年，农村经济组织整体利润率不足4%。农村集体资产空间分布不均衡，2014 年，仅海淀、丰台、朝阳三区的资产总计就达到2907 亿元，占全市农村资产总数的55.8%。海淀、丰台的集体资产均已经超过千亿，而远郊山区的集体资产均不足百亿。低收入村农民人均所得比全市平均增速低0.4 个百分点。首都郊区城镇化进程不断加快，农村经济和社会结构全面转型，需要实施乡镇统筹发展，但是与村级核算体制之间的矛盾日益凸显，继续维持“户自为战”“村自为战”的碎片化的产权格局已难以实现资源的集中优化配置，在整体发展上显现出很大的局限性，截至2015 年上半年，收不抵支的集体经济组织增加到2037 个，占51.4%。集体资产负债增长率连续高于资产规模增长率，人均集体经济主营业务利润水平长期低于人均农村经济主营业务利润水平，这与村庄“各自为战”产业结构“小、散、低”有直接关系。农村集体建设用地产权碎片化，加之受到城乡二元体制制约，集体产业呈现典型的低端、粗放式发展模式，运作极不规范，资产、负债等方面的重大理财决策监督不够科学。成为疏解非首都功能的对象，亟待通过改革转型，实现联合化、规模化和综合化发展。农村地区的基础设施和公共服务基本上由乡村集体组织提供及维护，集体经济组织发展

水平低，入不敷出的状况影响农民就业安置、收入增长和公共服务、社会保障的提供。

京津冀协同发展和非首都功能的疏解客观上要求传统低端的农村集体产业加快退出。城乡二元规划与土地管理制度下，集体土地利用低效，产业层次低，1536 平方公里集体建设用地上的产业和人口成为疏解非首都功能的重点。

（三）都市农业发展有待进一步提质增效

北京市农业劳动生产率提高缓慢，部分年份甚至略有下降，农业与非农产业的劳动生产率差距呈现逐年扩大的趋势。农业的组织化、规模化和产业化经营水平不高。都市农业健康发展所必需的市场服务体系不完善，包括土地流转、金融支持、农产品流通、农业人才和风险防范等一系列的服务发育不足，造成都市农业产业化经营必须付出极高的运营成本。由于规范的土地流转制度和市场的缺乏，龙头企业在建立生产基地时，产生了一系列的土地矛盾。农业企业融资困难，由于缺乏金融支持，农业产业的抗风险能力很低。农产品流通的配套服务不够完善，获取市场信息的渠道非常单一，农产品专业市场空间分布不合理，配送和保鲜储藏能力弱，导致农产品中间流通环节的高成本。未能充分发挥首都科技与人才优势，农业科技和复合型创新人才较为缺乏。龙头企业是北京农业产业化和规模化经营的代表，但是与国外的农业企业相比，北京市农业龙头企业在农产品的精深加工和出口创汇方面仍然比较落后，规模相对较小。农业的自组织程度低，2007 年以来，北京市农民专业合作社得到快速发展。但是，其中多数合作社还处于起步阶段，治理结构不合理、治理能力不强，规范化程度不高，规模小，布局分散，市场竞争力低下。而家庭农场依然是传统粗放式的生产经营方式，经营和管理方面与专业合作社、企业等相比差距较大，直接导致其产品在标准化等方面没有竞争力。

（四）城乡结合部多重矛盾交织，缺乏根本解决方案

处于城市与农村之间的城乡接合部，是新型城镇化建设的关键区域：一方面紧邻城市位置便利；另一方面生活成本较低是城乡结合部最大的优势。但伴随城市化的推进和流动人口的大量涌入，形成了“市民、村民、移民”的“新三元”结构，原本就是社会管理难点的城乡结合部，越发成为城市形态、社会结构和产业结构转型期多重矛盾交织的易燃地带，城市功能的完善、征地村民的补偿安置和流动人口的管理问题交织在一起，解决难度极大。

目前，北京市面向城乡结合部出台的诸多管理措施仍属于应急方案，比较被动，治标难治本，缺乏根本解决方案。疏解非首都功能的外在压力对城乡结合部治理的要求日益提高，迫切需要城乡结合部管理模式的体制机制创新。

（五）农村基层管理模式落后，依法行政困难

基层组织政经不分，影响集体经济发展；基层各部门权责不匹配，依法行政困难，乡镇承接的管理责任较多，但职权相当有限，大量管理权力仍属于各垂直管理部门。一些垂直管理部门“运动式、突击式”的执法方式成效不高，同时给基层部门依法行政造成困难；基层执法人员和经费不足，农村地区实际管理部门在人员编制和经费拨付方面与城市地区存在差距，往往以户籍人口而非常住人口为基数测算，在城乡结合部等人口结构复杂地区很容易出现管理漏洞和职能缺位。

（六）生态建设投入、补偿和管护缺乏城乡统筹

农村和农业的生态功能日益凸显，然而缺乏城乡一体化的生态文明建设机制，导致农村地区生态环境恶化，绿化推进缓慢。市财政对

绿化拆迁腾退的资金投入不足，缺乏系统的规划设计和公共政策推动，绿化指标的制定没有充分考虑乡镇负担，实施中主要依靠行政命令，导致农村地区绿化任务实施水平低，规划的生态绿化用地被建设用地挤占，低端产业和违法建设取代了原有的绿地，造成各类环境和安全问题。农村地区绿化养护标准明显低于城市地区。如城市绿地养护标准一般为6.5元/平方米，此外还有设施维护费和水体保洁费，而农村地区的一绿地区养护补贴只有2元/平方米，二绿地区补偿期限暂定为10年，补偿标准0.75元/平方米，每三年递增3%，景观生态林养护费用为0.3元/平方米，一般生态林前5年养护费用相同，后5年仅为0.15元/平方米。另外，生态林补偿只针对集体生态林的管护员，既没有体现对全体生态林所有者的补偿，也没有体现“使用者付费”的原则，缺乏生态补偿的长效机制，难以体现对效果的有效激励。

三　北京城乡一体化发展展望

（一）在推动京津冀协同发展中加快集体经济转型升级

推动京津冀协同发展是2016年北京市的头等大事。首先是有序疏解非首都功能。严格落实《北京市新增产业禁止和限制目录（2015年版）》，对于产业、市场、公共服务、行政事业单位四类非首都功能，分类制订疏解方案，预计引导300家一般制造和污染企业向外疏解，加快推进区域性专业市场的转移疏解和业态升级，推动部分市属高校和医院疏解。以“三个率先”突破带动协同发展。继续实施跨区域环境治理，包括京津风沙源治理，太行山绿化工程，京冀生态水源林建设，永定河、潮白河、拒马河等跨界河流实行合作治理。搭建“4 + N”[①] 功能承接平台，加快建设曹妃甸首钢京唐二期等重大项目，打造天津滨海－中关村科技园区，不断推动绿色产业项目向张承生态功能区集聚。开工建设新机场外围交通和市政配套设施，机场周边村庄纳入机场功能区域规划，加快实施临空经济区规划。

在疏解非首都功能过程中，农村集体经济组织将发挥实施主体的作用，以整治“小、散、低”特征突出的工业大院为重点，瞄准都市型现代农业、高端制造业和现代服务业，加快农村经济的转型升级，推进首都生态文明与城乡环境建设。借鉴西红门镇“283（拆10还2绿8建3）”模式，实现“新人、新空间、新政策”。即瞄准城乡环境治理与农民就业增收两大难题，推进乡镇统筹利用集体建设用地工作，通过规划调整、产业升级，实现人地减量，规划还绿，集体建设用地集约高效利用，壮大集体经济实力，建立农民在城镇化过程中的长久利益依托，加快农民市民化为标志的农村社会结构转型进程。在平台搭建、规划审批、产权颁证、抵押融资、市场公开、收益分配等环节方面，建立完整的制度与政策体系支撑。重点是从乡镇统筹方式、乡级主体和股权结构等层面完善非首都功能疏解的体制机制。

（二）城乡一体化综合性改革和制度创新更加深入

认真落实深化农村改革综合性实施方案，以建立城乡一体化的土地市场为抓手，以构建城乡对接的现代治理结构为保障，以打造城乡一体的资源要素市场为纽带，进一步深化城乡一体化综合改革创新。

1. 构建城乡统一的建设用地市场，是打破城乡二元体制的关键环节

2016 年将总结大兴区集体经营性建设用地入市试点的工作经验，

① “4”指共建 4 个战略合作功能区，包括河北曹妃甸协同发展示范区、北京新机场临空经济合作区、河北张承生态功能区、天津滨海－中关村科技园。“N”指发挥市场作用，由企业根据自身发展实际，结合当地资源禀赋，自主选择若干个产业项目承接地。

完善入市交易规则、服务建管制度和土地增值收益的合理分配机制，逐步推动城市规划范围内集体建设用地与国有土地同地同权。启动国有林场改革，全面开展土地承包经营权确权登记颁证。对于城镇化地区则按照规划通过乡镇统筹方式集聚利用土地资源，吸引功能性项目和品牌企业入驻，开展特色文化活动。郊区最终保留的村庄通过建设新型农村社区的形式逐步实现土地和人口的集中，非保留村庄通过山区搬迁工程逐步迁移。

2. 将推进农村基层治理结构现代化作为深化农村改革的手段

明确集体经济组织的市场主体地位，开展村级组织“政经分离”试点工作，建设新型农村社区，逐步完善农村治理机制，完成第十届村委会选举工作。通过制度化的形式明确界定农村党支部、村委会和集体经济组织的职能。积极探索农村“三资”的监管机制建设，市级层面围绕北京市集体资产监管的法律基础，切实推动农村“三资”监管相关法律法规的修订完善，进一步明确农村经管部门对集体资产的监督管理职责和权力。区县层面继续推动海淀区“农资委”改革试点，总结各区县经验做法，结合事业单位改革探索农经部门列入行政部门的可能性。构建集体经济的现代经营体系，包括产权界定、交易制度、经济合同规范化、集体增值收益分配制度等，完善法人治理结构和内部管理制度，推进集体经济资本化运作和市场化经营。通过集体股份分红、土地入股、创造就业岗位等方式确保农民享受改革发展成果。

3. 城乡一体化的要素市场加快形成

以“新三起来”为引领，加快建设京津冀农产品交易市场，推进农业标准化和信息化发展，继续加强农村产权交易体系的建设，抓好集体资产股份权能改革试点，探索建立农村集体资产评估体系，使农村集体资产可以直接市场化配置，建立多种形式的农村服务平台，提高农村资源要素配置效率。加强农村金融服务，积极推动北京市农村金融协会工作，推进农民专业合作社内部资金互助试点工作。培育一批专业合作社示范单位。建立绿色金融体系，建立并完善节能低碳、生态环保项目的担保机制，在环境高风险领域建立环境污染强制责任保险制度，建立绿色评价体系和公益性的环境成本核算和影响评估体系。

（三）以绿色发展理念推动城乡生态宜居环境建设

城乡一体化发展过程中坚持生态优先的发展理念，完善生态文明制度体系，解决城乡生态环境的关键问题，实现绿色发展。

1. 整体提升现代都市农业的生态价值，形成连接城乡、覆盖平原的绿色生态网络

着力推进农业调结构转方式，防治农业面源污染，发展生态农业、节水农业和景观农业，创建国家现代农业示范区。加快建设世界园艺博览会重点项目和配套设施，启动招展招商和宣传推介，大力发展花卉绿色产业。建立新型农业经营体系，实施多种形式的适度规模经营。推进农业标准化生产，打造“北京安全农业”品牌。城乡结合部地区以绿色隔离带和景观农业为主要业态推进环境治理，疏解腾退建绿、拆违还绿，城市发展新区以精品农业和会展农业为主要业态，生态涵养区以休闲农业和沟域经济为主要业态，推进重点流域生态修复和生态清洁小流域建设。

2. 完善资源有偿使用和生态补偿机制，助力建设全国生态文明先行示范区

积极探索建立权责明确的自然资源产权体系，明确各类自然资源产权主体权利，推动资源所有权和使用权的分离，适度扩大使用权的出让、转让、出租、抵押、担保以及入股等，加快自然资源及其产品价格改革，探索建立自然资源资产的有偿出让制度。加快自然资源资产交易平台建设，推进用能权、碳排放权、排污权等交易平台建设，

提供生态计量、认证、监测和交易，实现生态服务的标准化度量和评估。编制耕地、河湖休养生息计划，逐步将不适宜耕种并且有损生态环境的陡坡地退出基本农田。完善补偿机制，加大生态涵养区财政转移支付力度，探索生态保护成效和资金分配挂钩的激励约束机制。探索京津冀水源涵养区跨行政区生态补偿机制，完善相关资金使用办法。对因生态涵养产业转型而失业的农民提供失业救济、就业培训、扶持创业以及提供公益性岗位等保障措施。推进延庆、密云国家生态文明先行示范区和主体功能区试点建设，支持门头沟创建国家可持续发展试验区。继续扶持生态涵养区发展，建设生态服务型沟域经济带，继续搬迁山区险村险户，改善居住环境。

3. 加大城乡环境污染治理力度

治理农村散煤、高排放机动车和城乡结合部的空气污染，通过联防联控的方式，巩固治理成效。完成400个村清洁能源改造，将大约3000蒸吨燃煤锅炉改为清洁能源。淘汰20万辆高排放机动车，发展新能源车。深化治理城乡结合部，清退“小散乱污”企业。加强水源地保护，综合治理凉水河、清河等流域水系，提高污泥处理能力，重点解决支流沟渠“脏乱臭”等问题，建设27条生态清洁小流域。加强土壤污染防治与修复。统筹山水林田湖生态养护，实施湿地保护与恢复工程。开展雨洪利用工程，加快建设“海绵城市”。着力扩展生态环境容量。预计新建城市绿地400公顷，提高公园绿地500米服务半径覆盖率。新增造林16万亩，完善平原造林后期管护，完成山区森林健康经营60万亩。

（四）多种渠道促进农民增收，缩小城乡居民收入差距

增加农民工资性收入。逐步统一城乡劳动力市场，加强引导和管理，保障城乡劳动者平等就业的权利。加强覆盖城乡就业创业服务体系建设，推进政府购买公共就业服务，引导农村劳动力转移就业、积

极就业。积极为农民提供政策咨询、就业信息、就业指导和职业介绍等就业服务，建立农民分类选择岗位的就业机制。结合平原造林工程、生态林维护、农村水务等工作支持经济薄弱地区集体经济组织承担社会公益事业，带动农民就业增收。加大农民转移就业政策扶持力度，引导各级财政出资的绿色生态建设项目和社会公共管理服务项目安置低收入农户劳动力就业。深化农村集体经济产权制度改革与集体土地制度改革，多形式保障农民的土地财产权利及收益，确保农民的宅基地和房屋财产收益，探索实行“三权”抵押贷款，培育创新农村金融服务体系，集约利用集体建设用地，增强集体经济实力，提高农民分红水平，增加农民财产性收入。推动“新三起来”工程，鼓励农民以土地经营权入股，多种形式适度规模经营，发展休闲养老、乡村旅游产业，继续强化集体资产经营，提高经营收益。支持农民从事与农产品相关的加工制造业和服务业，山区集体经济组织积极主动组建旅游专业合作社，提高农户接待能力和服务水平。提高精准扶贫、精准脱贫实际效果，加大贫困地区资金投入。落实《北京市农村经济薄弱地区发展规划（2014～2020年）》，实行脱贫工作责任制，高度重视低收入农户增收，进一步加大低收入户增收帮扶力度，安排低收入村开展特色产业发展专项扶持，安排“一事一议”财政奖补资金重点扶持低收入村和美丽乡村的公益项目建设，保障低收入农户同步实现小康社会目标。

（五）城乡公共服务一体化水平进一步提高

公共财政对农村基础设施和公共服务的投入进一步加大，农村水、电、路、气网等基本生活设施进一步完善。逐步建设300个美丽乡村，改造提升农村基础设施“六网”工程，预计进行5.6万户农宅的抗震节能改造。探索以政府购买服务的方式，创新政府与社会资本合作模式，逐步建立起适应现代化农业生产和农村社会发展的发达

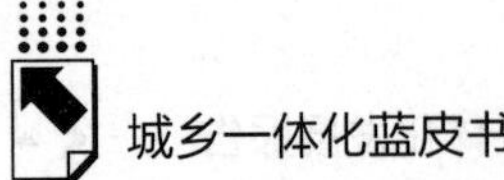

基础设施体系。不断提高养老保险基础养老金和老年保障福利养老金标准，完善城乡居民养老保险缴费激励机制、待遇调整机制及社会养老保险制度衔接办法，实现城乡居民养老保险市级统筹。建立统一的城乡居民医疗保险制度，提高大病和困难人群医疗保险待遇。完善新农合制度，结合京津冀协同发展规划，落实养老保险跨区转移。加大对城乡低保、特困、重残等特殊群体的全方位多层次的城乡社会救助体系，提升综合救助能力。提高农村医疗服务水平，完善基层卫生服务网络，积极推动中心城区优质医疗资源向新城和郊区乡镇疏解。加强农村医务人员的定向培养，通过提高待遇水平、建立基层岗位津贴等多种渠道引导医疗人才进入农村，解决农村医务人员不足的问题。推动城乡教育均衡发展，新增教育经费向农村薄弱中小学倾斜，加强农村教师队伍建设，引导优质教育资源和师资力量向农村延伸，逐步缩小城乡教育差距。加大农村公共文化服务供给，建设满足农村居民实际需求的基层文化体育设施，扶持基层涉农文体队伍开展各类文体活动，打造农村特色文化活动品牌。

参考文献

1. 北京市人民政府：《2016 年北京市政府工作报告》。
2. 《“回顾十二五——北京‘三农’发展成就”发布》，人民网，http：//world. people. com. cn/n1/2016/0202/c57506 – 28105111. html。
3. 北京市发展和改革委员会：《关于北京市 2015 年国民经济和社会发展计划执行情况与 2016 年国民经济和社会发展计划草案的报告》。
4. 北京市统计局：《北京市 2015 年暨十二五时期国民经济和社会发展统计公报》。

城乡一体化发展战略

Urban – rural Integration Development Strategies

B.2
“十二五”时期北京市城乡一体化发展评估与回顾

季虹　周颖　徐一遵　王昭　杨霖　赵秀池*

摘　要： 2008年底，《中共北京市委关于率先形成城乡经济社会发展一体化新格局的意见》提出："到2020年在全国率先形成城乡经济社会发展一体化的新格局。"经过七年的发展，北京市城乡一体化发展新格局已经基本形成，主要体现在三个方面：一是制度设计已经基本实现城乡一体化；二是制度的覆盖程度较高；三是城乡之间的收入水平、基础设施、公共服务等差距进一步

---

* 季虹，北京市农村经济研究中心城乡发展处处长，副研究员；周颖，北京市农村经济研究中心城乡发展处副主任科员，中国社会科学院研究生院管理学硕士；徐一遵，均衡博弈（北京）研究院首席研究员；王昭，均衡博弈（北京）研究院院长；杨霖，均衡博弈（北京）研究院副研究员；赵秀池，首都经贸大学教授。

缩小。通过对"十二五"时期全市城乡一体化发展程度的整体评估，从城乡结合部、城市发展新区和生态涵养区三个层面进行发展进程的回顾，以及对城乡一体化进程中的主要问题及原因分析，我们认为，下一步重点是在继续做好制度设计的基础上，进一步提高水平，解决分配格局和发展空间等问题。

关键词： 城乡一体化　发展评估　新格局

引　言

从宏观经济来看，北京市 GDP 从 2005 年的 6886.31 亿元增长到 2014 年的 21330.83 亿元，实现了约 2 倍的增长；人均 GDP 完成了从 5000 美元到 16000 美元的突破，为城乡一体化发展提供了良好的资金保障。

从动力机制来看，大规模的土地开发是推动北京市城乡一体化发展的主要动力，形成了土地极差的溢价动力、红利分享的参与动力、土地财政的投入动力和跨级投入的政策动力。

从功能定位来看，北京市功能区的差异化定位为城乡一体化指明了方向。根据城市功能定位与发展阶段的差异，本文将北京分为城乡结合部、城市发展新区和生态涵养区三类地区，分类研究城乡一体化发展进程。

从政策机遇来看，自 2002 年中共十六大首次提出"统筹城乡经济社会发展"的发展战略以来，北京市委市政府树立了城乡统筹发展的思想观念。2008 年 12 月，中共北京市委十届五次全会通过《中共北京市委关于率先形成城乡经济社会发展一体化新格局的意见》，提出“加快北京农村改革发展步伐，率先形成城乡经济社会发展一体化新格局”，对推进北京城乡一体化发展工作进行了明确和全面的部署。2010 年 11 月，中共北京市委十届八次全会审议通过《中共北京市委关于制定北京市国民经济和社会发展第十二个五年规划的建议》，明确提出到 2020 年在全国“率先形成城乡经济社会发展一体化新格局”。2014 年 2 月，习近平总书记考察北京，提出要明确“四个中心”的城市战略定位，调整疏解非首都核心功能，为北京城乡融合带来新的机遇。2015 年 4 月，中共中央政治局会议通过《京津冀协同发展规划纲要》，北京城乡一体化发展进入新的战略发展期。2015 年 8 月，中共中央办公厅和国务院办公厅印发《深化农村改革综合性实施方案》，指出城乡发展一体化是解决我国“三农”问题的根本途径，进一步明确了推进城乡一体化发展的重要意义。2015 年底，《中共中央关于制定国民经济和社会发展第十三个五年规划的建议》提出“创新、协调、绿色、开放、共享”的发展理念，中共北京市委十一届八次全会审议通过《中共北京市委关于制定北京市国民经济和社会发展第十三个五年规划的建议》，对“十三五”时期进一步提升北京市城乡一体化发展水平做出纲领性的指导和部署。

一 “十二五”时期北京市城乡一体化发展评估

北京市“十二五”规划明确提出“率先形成城乡经济社会发展一体化新格局”，此后制定的各项制度均贯彻了城乡一体化的基本要求，包括：《北京市“十二五”时期社会公共服务发展规划》《北京市“十二五”时期社会保障发展规划》《北京市“十二五”时期社会建设规划》《北京市“十二五”时期教育改革和发展规划》《北京市“十二五”时期卫生发展改革规划》《北京市“十二五”

时期体育发展改革规划》等，并首次制定了《北京市“十二五”时期城乡经济社会一体化发展规划》，使北京的城乡一体化制度建设实现了整体水平的提升，并带动各项指标的改进。本文选取北京市“十二五”期间经济发展、基本公共服务、城乡居民生活、城乡环境建设等领域的指标，通过横向（郊区与北京市、城六区）与纵向（时间维度）的分析，对“十二五”时期北京城乡一体化发展程度进行评估。

（一）郊区经济发展态势较好

（1）都市型现代农业生态服务价值年值增速波动较大，前两年增速较快，之后两年增速回落，保持在2012年的水平。2011～2014年，都市型现代农业生态服务价值年值增速分别为5.7%、6.1%、0.3%和-0.4%。

（2）第一产业劳动生产率达到81884.45元，高于65000元的目标值。“十二五”期间，全市第一产业劳动生产率从2011年的62502.16元/人，提高到2014年的81884.45元/人，增长了31.01%。

（3）2014年发展新区GDP占全市的比重为21.06%，离25%的目标值尚有差距。近年来发展新区GDP占全市的比重呈“U”形分布，增长不明显，2014年比重为21.06%，距离2015年25%的目标值尚有一定差距。

（4）郊区万元GDP能耗有待进一步下降。“十二五”期间，郊区万元GDP能耗平均为0.69万吨标准煤，远高于北京市（0.40万吨标准煤）和城六区（0.25万吨标准煤）。

根据北京市农委数据，郊区万元GDP水耗由2011年的59立方米下降到2014年的45立方米，已经低于60立方米的目标值。

（二）公共服务均等化正在落实

（1）郊区固定资产投资比重不断增加，2014 年达到 53.3%，提前完成目标。郊区固定资产投资的比重由 2011 年的 51.8% 提高到 2014 年的 53.3%，提前完成“十二五”50% 以上的目标。

（2）农民医疗参合率 2014 年达到 99.56%，提前完成目标。2011 年以来，全市农民医疗参合率不断提高，由 2011 年的 97.70% 提高到 2014 年的 99.56%，提前实现“十二五”城乡一体化 98% 的目标。

（3）城乡居民人均养老保险待遇水平不断提高，接近 500 元目标值。从 2011 年的 430 元提高到 2013 年的 490 元，接近北京市“十二五”500 元的目标。

（4）义务教育完成率保持较高水平，仅 2014 年（97.89%）略低于目标值（98%）。近五年来北京市大力推行义务教育均衡发展，全市义务教育完成率基本在 97.80% 以上，与“十二五”98% 的目标水平接近。

（三）农村居民生活质量不断改善

（1）“十二五”时期农村居民人均纯收入增速均高于 10%，超过 8% 的目标值。近年来北京市农村居民人均纯收入增速每年均保持在 10% 以上，高于“十二五”城乡一体化农村居民人均纯收入增速 8% 以上的目标，也高于城镇居民可支配收入增速。城乡收入比值从 2011 年的 2.233 缩小到 2014 年的 2.171，呈略微缩小的态势。

（2）农村居民家用计算机普及率提前达到目标值。近五年来北京市农村居民家用计算机普及率不断提高，由 2009 年的 58% 提高到 2013 年的 74%，已经达到了“十二五”城乡一体化要求的 70% 的目标，但与城镇居民相比仍然存在一定差距。

（3）农村居民使用液化气比重越来越高。从 2011 年的 82.7% 增加到了 2013 年的 90.5%，提高了 14.5%。由于该指标对应的是“农村居民家庭清洁能源普及率”，目标值 90% 仅供参考。

（四）城乡环境越来越宜居

（1）郊区林木绿化率不断提高。“十二五”时期，全市林木绿化率从 2011 年的 54.0%，提高到了 2014 年的 58.4%，绿化水平不断提高。

（2）郊区污水处理率不断提高，但距离目标值尚有一定差距。郊区污水处理率从 2012 年的 59.86%，提高到 2014 年的 66.16%，距离“十二五”70% 的目标还有一定距离，也远不如全市平均水平。

（3）郊区生活垃圾无害化处理率全部提前实现目标。2011 年以来，郊区生活垃圾无害化处理率不断提高。2011 年生活垃圾无害化处理率最低的是延庆，为 89.77%，最高的是平谷，为 100%。到 2014 年，郊区生活垃圾无害化处理率达到 97% 以上，提前实现“十二五”城乡一体化规划中垃圾无害化处理率 92% 的目标。

通过上述分析发现，“十二五”时期，北京郊区经济发展态势较好，公共服务均等化正在落实，农村居民生活质量不断改善，城乡环境越来越宜居，北京市城乡一体化新格局已经基本形成。

二 “十二五”时期北京市三类地区城乡一体化发展进程回顾

根据城市功能定位与发展阶段的差异，本文将北京市分为城乡结合部、城市发展新区和生态涵养区三类地区，分类研究城乡一体化发展进程。“十二五”时期，在城乡结合部地区，以绿隔建设、功能区带动、土地储备和重点村改造四种方式实现土地开发和产业功能升级，带动区域整体发展。在城市发展新区，以城市功能扩散为契机，通过空间和投资的扩张，引导产业转移，并带来大量人口的聚集，推动了地区城镇化建设。在生态涵养区，主要以城市生态服务功能为主，通过山区人口向中心区域聚集提高发展效率。然而，通过进一步分析可以看到，三类地区仍然受到城乡二元体制的限制，影响了发展水平的提升。

（一）城乡结合部城乡一体化发展进程回顾

1. 绿隔建设

“十二五”时期，北京全面实施一道绿隔建设，通过资金平衡、用地补偿、财政贴息等一系列政策，促进地产开发、劳动力安置、绿化养护、新村建设和开发融资。以区、镇、村和农民四级土地开发红利分享为动力，通过合作开发、成立乡级公司、土地储备等多种方式推进土地开发，构建多中心、分散集团式发展格局，阻隔中心城的无序扩张。但在实施过程中，也产生了资金指标不足、上楼不转居、集体产业发展受限、公共配套设施滞后、土地出让金不能及时到位等遗留问题。

2. 功能区带动

首都的经济战略转型支持产业功能区拓展，通过专项规划、政策倾斜、资源布局带动高端产业功能区发展，以功能区溢出效应提升周边农村地区发展动力和区位价值，优化产业升级，集聚高端功能，提升区域经济综合竞争力，加快经济社会发展步伐。但在实施过程中，由于空间规划、城乡二元土地制度、基础设施和阶段发展等因素限制，使得功能区溢出效应、高端产业的梯度扩散受到影响。

3. 土地储备

从 2009 年开始，北京响应国家“保增长、扩内需”的要求，启动了千亿土储计划，通过财政担保、绿色审批、规划调整、整建制转居等多项政策支持有条件的区县实施规模土储。在实施过程中，采用区级统筹、信贷放大、滚动开发、先易后难、突出重点的方式推进。在推进过程中也产生了债务压力过大、拆迁成本高昂、土储资金成本加大、产业发展缓慢等遗留问题。

4. 重点村改造

推进城乡一体化，城乡结合部是重点地区，北京有针对性地启动50个重点村综合改造，国土、金融、财政等部门出台相关政策，以分类推进、“一村一策”、流程监管等方式，改善城乡结合部人口、资源、环境问题。但由于农村地区总体建设指标难突破，造成重点村改造挤占乡、区级建设指标，商品房开发平衡成本的模式也占用产业发展空间，农村地区依赖市区外部资源投入，缺乏内生发展动力。

（二）城市发展新区城乡一体化发展进程回顾

1. 城市发展新区城乡一体化的发展机遇

一是新城建设带来的机遇。“十二五”时期，北京城市发展重点已经逐步向发展新区转移，在中心城区进入存量发展阶段的背景下，城市发展新区成为最大的受益区域。二是首都功能疏解带来的机遇。在京津冀协同发展的带动下，中心城区的功能逐步向城市发展新区转移，带来政策、资源等要素投入，引导市场主体、人口向城市发展新区聚集，促进地区城乡一体化发展。

2. 城市发展新区城乡一体化的动力机制

一是空间的放量。“十二五”时期，城市发展新区空间扩张能力明显高于城乡结合部地区，为新城产业植入、人口聚集提供了充足的空间，带动了区域经济增长。二是投资的增长。从2009年起，城市发展新区的全社会固定资产投资与房地产投资增速开始加快，政府投资重点逐步向发展新区转移，带动区域基础设施、大型市政建设项目和房地产开发投资等投资项目的增长。三是产业的植入。城市发展新区的企业数量已初具规模，产业逐步向发展新区转移，形成一定的经济增长极，进而成为城乡一体化的动力来源。四是人口的集聚。城市发展新区的常住人口增速与就业人口增速已超越城乡结合部地区的人口增速，人口的集聚成为区域产业发展的重要支撑，进而推动区域城乡一体化。

3. 城市发展新区城乡一体化发展中遭遇的问题

一是资源不足问题，包括建设规划指标不足，收益无法覆盖成本，对各级实施主体缺乏有效监管等。二是收益成本问题，集体经济组织土地收益无法覆盖长期的劳动力安置、农民社会保障等支出，农民家庭土地补偿不能支撑上楼后长期生活成本。三是产业发展问题，空间开发的住宅化、地产化挤占农村地区产业发展空间，短期收支压力导致农村产业低端化发展。四是农民市民化问题，农村整体基础设施环境建设不足，教育、医疗、文化等公共服务配套设施滞后，导致农民市民化问题凸显。

（三）生态涵养区城乡一体化发展进程回顾

1. 生态涵养区在城乡一体化过程中的模式选择

“十二五”时期，生态涵养区的发展具有两大特征：一是限制性。生态涵养区肩负资源保护与生态服务功能，其自身的发展受到诸多限制。二是聚集性。生态涵养区周边往往被山体环绕，更多是通过推动山区人口向中心区域聚集，提升区域发展效率。综合这两大特点，生态涵养区在“十二五”时期通过新农村建设来促进城乡一体化发展，开展生态建设的同时发展休闲农业和沟域经济，并逐渐从促进产业的发展，向促进社会服务、社会民生、社会福利改善等方面转变。

2. 生态涵养区在推动新农村建设过程中的核心问题

一是经济发展缓慢。2014 年生态涵养区农民纯收入仅占全市城镇居民人均可支配收入的50.6%，同时未就业人数为全市的30%以上。二是产业发展受限，生态友好型产业体系在短时间内还难以形成。三是生态补偿机制仍不完善，生态林补偿标准与其他公益岗位补助标准不统一，缺少激励作用。四是生态建管资金投入不足，资金补偿渠道单一，难以支撑发展。五是资源环境问题依然突出。2013年，生态涵养区万元GDP能耗（0.59万吨标准煤）仅次于城市发展新区（0.8万吨标准煤），节能降耗状况较差。六是农村城镇化动力不足，山区乡镇工业外迁后，缺乏产业和人口集聚度，使得基础设施和公用设施的单位投资成本升高，对人口和投资的吸引力不强，影响三次产业发展，反过来又影响城镇发展。

三　“十二五”时期北京市城乡一体化进程中存在的主要问题及原因分析

“十二五”时期北京城乡一体化进程中存在的主要问题，表现在土地、经济、环境、人口和管理五大领域，且相互影响、相互制约，在北京市城乡结合部地区，这些问题表现得更加突出。“十三五”时期，随着京津冀协同发展和非首都核心功能疏解，需要在继续完善城乡一体化制度体系建设基础上，重点解决分配格局和发展空间的问题，避免城市发展新区和生态涵养区相同问题的重复蔓延。

（一）北京市城乡一体化进程中存在的五大问题

1. 城乡二元土地问题是导致城乡二元发展最根本的因素

一是集体土地权利和制度设计上存在缺陷，导致在集体成员权界定、集体资产安排和集体管理模式上需要进一步改革。二是集体建设用地利用的政策限制较多，制约了非农产业的发展，也使得违法使用集体建设用地的情况层出不穷。三是集体建设用地利用缺乏有效的城乡统筹机制，无法形成城乡统一的建设用地市场，土地和财产的市场化交易程度不高，农村居民无法公平分享城镇化带来的成果，不但限制了农业现代化进程，也不利于城市整体发展。

2. 低效的农村土地利用导致集体经济收支平衡与农民就业增收的两难问题

一是农村集体经济收入与支出平衡难，集体经济组织收入不足以承担农民市民化所需的公共服务、社区建设、社区管理等服务支出。二是农民就业增收与福利改善难，土地的低效利用使得农村地区的产业结构始终以低端产业为主，影响农民就业安置、增收和社会保障。

3. 生态文明建设因缺乏有效的资金投入和管护机制产生环境问题

一是规划绿地被违规占用，低端产业和违法建筑取代了原有的绿地规划，造成各类环境问题和安全隐患。二是生态建设投入和支持不足，导致农村地区绿化任务实施水平低、遗留问题多。三是城乡一体的生态补偿和管护机制不衔接，农村地区绿化养护标准明显低于城市地区，导致统筹城乡生态管护难度大。

4. 人口问题体现在征地农民的安置保障与流动人口的管理两个方面

一是城乡二元体制衍生城市居民、农村居民和城市流动人口的三元矛盾，尤其在城乡结合部地区，拥有大量流动人口，利益诉求多样，管理难度大。二是农民增收缓慢，加大了管理难度，农村地区拆迁之后，农民市民化进程受到指标、资金等限制，难以享受公共资源和服务，农民人均纯收入增长缓慢，加大了农村地区人口管理难度。

5. 城乡二元结构造成管理不衔接，权责不统一，基层组织保障难以落实

一是基层治理政经不分，无法构建城乡一体的要素市场，以集体所有制为代表的产权结构并不完整，限制了农民享受相关权益（比如集体资产和宅基地收益权），造成农村产业的“小散低劣”现象，

农民生活无法得到根本改善。二是各部门权责不匹配，基层依法行政困难。三是农村地区执法人员和经费不足，容易出现管理漏洞和职能缺位。

6. 城乡一体化发展进程中五大问题相互影响制约

第一，土地问题是影响经济、人口、环境和管理的根源性问题。由于集体土地无法按照市场定价和经济规律进行交易，客观上损害了农民利益，造成产业低端化发展、环境恶化和基层组织财力不足等问题。第二，经济问题直接引发人口和环境问题。基层组织经济实力薄弱，难以建立完善的社会保障体系，造成流动人口聚集，环境压力大，加剧低端产业的聚集发展。第三，土地问题导致低端聚集，发展环境恶化，最终表现为管理问题的突出。一方面，土地、经济、人口和环境的各种问题，都或多或少地以管理问题的形式表现出来；另一方面，这些问题可以通过短时间内在管理领域增大投入、增设管理部门、扩充管理队伍等方式得到一定缓解，但无法得到根治。

（二）引发问题的深层次原因分析

1. 城市发展规律未能充分把握

第一，城市快速发展进程中的“摊大饼”问题未能有效预防。北京在城市发展过程中，没有很好地吸取发达国家的经验教训，低成本“摊大饼”式的发展未能有效预防。第二，农村地区内在发展动力不强。农村地区在发展进程中很大程度上依靠大工程、大项目带动，内生发展动力不强，对市场力量和发展规律不够重视，造成粗放开发、无序蔓延等问题。第三，对发展中的问题处理不及时，导致问题累积。对于真正影响农村地区发展的深层次原因，如区域功能定位问题、城乡二元结构问题等破解方法不多，长期治理让位于短期举措。

2. 区域功能定位没有得到有效落实

第一，城市扩张需求和生态功能没有有效平衡，区域自身发展需求无法得到满足。目前，城乡二元问题突出表现在城乡结合部，在城市强烈的扩张需求背景下，区域“绿隔地带”的功能定位过于片面，忽视了地区自身发展需要，以致区域规划无法执行。第二，区域规划执行不到位，将加剧问题累积和蔓延。城乡一体化进程中的诸多问题突出表现在城乡结合部地区，如果原有问题得不到有效解决，将很有可能导致这些问题在城市发展新区的扩张中重复蔓延，影响北京市城乡一体化的推进。

3. 城乡二元体制改革还需要进一步落实

第一，新中国成立以来逐渐形成的城乡二元体制固化，破解难度大、时间长，改革需要进一步落实。第二，城乡二元体制下，国有土地和集体土地同地不同权，相当数量的农民并未在土地开发的再分配过程中得到长期的社会福利保障。第三，城乡二元体制下，城乡社会保障体制分割，城市社会保障制度在管理体制上已趋于成熟，而农村社会保障制度则呈现社会化程度低、非制度性和保障模式改造相对滞后的特点。第四，城乡二元体制下，城乡公共服务不均等，农村基本公共服务和基础设施在投入和建管机制上仍有待完善。

参考文献

1. 历年《北京市统计年鉴》。
2. 历年《北京市区域统计年鉴》。

B.3

“十三五”时期北京市城乡一体化规划研究

季虹　周颖*

摘　要：“十三五”时期，北京城乡一体化发展，需要重点解决好农村基层社会治理转型、农民市民化和基本公共服务均等化等问题。要牢牢把握“创新、协调、绿色、开放、共享”的发展理念，以破解城乡二元土地问题为突破口，促进城乡资源要素的自由流动，打造市、区、镇三级统筹的协同治理体系，推进生态文明建设和基本公共资源均衡配置，给农村发展注入新的动力，让广大农民平等参与改革发展进程，共同享受改革发展成果。

关键词：城乡一体化　城乡二元体制　“十三五”

“十三五”时期是全面建成小康社会的决胜阶段，全面建成小康社会，最艰巨最繁重的任务在农村特别是农村贫困地区。对北京而言，需要在目前城乡经济社会发展一体化新格局基本建立的基础上，

* 季虹，北京市农村经济研究中心城乡发展处处长，副研究员，研究方向为新型城镇化和城乡一体化；周颖，北京市农村经济研究中心城乡发展处副主任科员，中国社会科学院研究生院管理学硕士，研究方向为新型城镇化和城乡一体化。

进一步提升发展水平，解决好农民市民化、农村基层社会治理转型和基本公共服务均等化等问题。要牢牢把握“创新、协调、绿色、开放、共享”的发展理念，抓住深入实施京津冀协同发展战略、有序疏解非首都功能的契机，以破解城乡二元土地问题为突破口，促进城乡资源要素的自由流动，打造市、区、镇三级统筹的协同治理体系，推进生态文明建设和基本公共资源均衡配置，给农村发展注入新的动力，让广大农民平等参与改革发展进程，共同享受改革发展成果。

一　以创新理念破解城乡二元体制，建立城乡资源要素交换市场

创新理念，通过促进首都城乡资源要素的自由流动，构建城乡统一的建设用地市场，推动北京郊区基层治理结构现代化等方面的制度改革，为逐步破解城乡二元结构扫清体制机制上的障碍。

（一）加快构建城乡统一的建设用地市场

构建城乡统一的建设用地市场，是打破城乡二元体制最为关键的环节。在城市规划区、城镇化地区和新农村社区形成统筹规划、试点先行、集约配置的集体建设用地利用机制，逐步推进城乡一体的土地市场的形成。

1. 城市规划范围内的集体建设用地与国有土地同地同权

北京市通过总结大兴区集体经营性建设用地入市试点的工作经验，逐步推动城市规划范围内集体经营性建设用地进入市场。调整相关政策，完善入市交易规则、服务监管制度和土地增值收益的合理分配机制。加快旧村和“工业大院”改造，将低密度的集体工业用地转变为符合城市功能发展的商业服务用地和居住用地。以基本规划实

施单元为载体进行区域统筹，探索城市规划范围内集中建设区与周边城乡结合部改造捆绑实施政策。通过存量集体建设用地入市，新增建设用地与现状低效用地盘活减量挂钩等途径，解决区域发展空间受限、产业升级受阻、基础设施和公共服务不足、巨额安置补偿成本等带来的资金平衡问题。逐步建立市场化配置集体土地资源的机制，实现非首都功能疏解和“高精尖”产业结构优化，提升高端资源集聚能力和产出水平，实现集体土地空间综合效益的最大化，促进集体资产增值和农民增收。

2. 城镇化地区按照规划体系集聚利用土地资源

通过新型城镇化推进重点镇以及新城周边辐射乡镇建设，构建合理的现代城镇体系，实现农民就地城镇化。推动城市发展建设重心向“多点一城”转移，实现城市功能由中心城和新城共同支撑的格局。形成产城融合、职住平衡的格局。培育一批功能性特色小城镇，关键是通过乡镇统筹的方式加强土地资源和建设资金的集约利用，合理承接城六区疏解功能，引导功能性项目、特色文化活动和品牌企业进驻小城镇，吸引高端要素聚集和人口迁入，促进教育、医疗、旅游休闲、农产品深加工和农村服务业聚集发展，统筹推动基础设施和市政重大项目建设，提升公共服务水平和生态环境治理。

3. 农村地区集体建设用地向新型农村社区配置

郊区农村存在自然演变的过程，最终的保留村庄通过建设新型农村社区的形式实现土地和人口的集中配置，非保留村庄通过山区搬迁工程逐渐向适宜地区迁移。增强生态服务功能，取消山区乡镇生产总值考核，全面退出高耗能、高耗水、高污染行业。建立以沟域经济、生态农业和旅游服务业为主的生态友好型产业体系，使生态环境得到根本改善，传统农村风貌和习俗得以保留，农民生活质量得到根本性的改善，与城区形成良性互动的整体。

（二）深化农村改革促进城乡治理结构对接

农村改革要以建立城乡对接的机制为出发点，完善农村“三资”监管工作，将推进农村基层治理结构现代化作为深化农村改革的关键手段，构建集体经济的现代经营体系，确保农民享受改革发展成果。

1. 探索“三资”监管机制的有效实现方式

要破解放松监管容易出现“小官巨腐”、加强监管容易造成农民主体地位缺失的难题，跳出通过加强政府部门权力来加强监督管理的传统思维，在市、区两级探索成立政府特设部门“农资委”，为推进“三资”监管工作提供体制保障。市级层面，积极转变职能和强化监督，进一步明确农村经管部门对集体资产的监督管理职责和权力，确保集体资产规范运行。区县层面，继续推动海淀区“农资委”改革试点，与农业部经管总站、市编办协调配合，对区县、乡镇农村“三资”监督管理体制机制建设进行试点研究，结合事业单位改革探索农经部门列入行政部门或政府特设机构的可能性。

2. 推进基层治理结构现代化

“十三五”期间，在市场化改革的大背景下，积极推进农村基层治理结构现代化，明确集体经济组织的市场主体地位。按照《深化农村改革综合性实施方案》[①] 的文件要求，开展村级组织“政经分离”试点工作。在城乡结合部集体经济实力比较雄厚的地区，加快实现村级“政经分离”和“政社分离”。通过制度化的形式将党支部、村委会和集体经济组织的职责界定清楚：党支部发挥基层领导的核心作用；村委会落实社会管理和公共服务职能；集体经济组织构建

① 2015 年 11 月 2 日，中共中央办公厅、国务院办公厅印发的《深化农村改革综合性实施方案》提到，要“在进行农村集体产权制度改革、组建农村股份合作经济组织的地区，探索剥离村‘两委’对集体资产经营管理的职能，开展实行‘政经分开’试验，完善农村基层党组织领导的村民自治组织和集体经济组织运行机制”。

现代法人治理结构，明确市场主体地位，集中精力发展集体经济。在远郊的农村地区，着力加强基层干部治理能力的培养，不但要培养干部党务、政务管理能力，而且要培养干部搞活经济、创新经营的能力，通过集体经济的发展壮大，为逐步实现基层治理结构现代化提供坚实的组织保障。

3. 构建集体经济现代经营体系，确保农民享受改革发展成果

完善农村市场经济制度体系，包括产权界定、交易制度、经济合同规范化、集体增值收益分配制度等。深入推进农村集体经济产权制度改革，集体经济组织学习现代股份制企业经营模式，完善法人治理结构和内部管理制度。通过土地股份合作社、集体资产委托代理、信托化经营试点等工作，推进集体经济资本化运作和市场化经营。通过集体股份分红、土地入股、创造就业岗位等方式确保农民从集体经济发展中同步享受收益成果。

（三）加快建立城乡资源要素交换市场

促进北京城乡资源要素交换市场的形成，要改变过去“行政郊区”的思维，树立“市场郊区”意识，搭建农产品、要素和产权交易平台，完善农村金融服务体系，让市场引导资源配置和要素交流。

1. 树立“市场郊区”意识

“十三五”时期，要树立“市场郊区”理念，转换政府角色，强化市场主体地位，激发市场活力，加快推进郊区市场化进程，通过市场流通的方式实现农产品供给与需求的总量平衡。改变过去以中心城区为单一增长极的“行政郊区”现象，跳出强调“控制力”、“自给率”的传统计划经济的行政郊区理念，按照市场郊区的思维方式规划北京郊区的农业地位、功能、目标和发展路径。发挥市场配置资源的决定性作用，引导人才、资金、科研成果等资源要素的流动，增强郊区镇域经济发展动力。

2. 建立多种形式的交易市场

加强京津冀农产品流通基础设施建设，发展农产品交易市场。推广以土地股份为核心的农民股份合作，完善要素交易市场，实现集体资产保值增值。探索建立农村集体资产评估体系，使农村集体资产可以直接利用市场化的方式进行配置。推进农业标准化和信息化发展，建立多种形式的农村服务平台，提高要素资源配置和利用效率。

3. 完善农村地区金融服务

加强农村金融服务工作的调查研究，为“大资管体系”[①] 建设和郊区金融体系建设提供支持。积极推动北京市农村金融协会工作，完善制度建设。稳步推进农民专业合作社内部资金互助试点工作，培育一批专业合作社示范单位。探索开展农村承包土地经营权和农民住房财产权抵押贷款试点，落实农村土地的用益物权、赋予农民更多财产权利，有效盘活农村资源、资金、资产，促进农民增收致富和农业现代化加快发展。

二　以协调理念统筹城乡发展建设，打造协同治理体系

以协调的理念贯穿城乡发展建设，通过市、区、镇三级联动、统筹资源，优化空间结构和产业布局，打造区域协同、城乡一体的治理体系。

① 目前，市场上包括商业银行、证券机构、基金管理公司、保险公司、信托公司、私募机构、第三方理财机构，以及各种资产管理公司和投资公司等在内的绝大多数金融机构都已经获得了经营资产管理业务的资格。尤其是近年来，随着余额宝等新型理财产品的出现，依托互联网思维开展小额投资、众筹金融等业务，使得普通老百姓的散钱、小钱也可通过资产管理实现财富化，让“资产管理”这个以前被认为是有钱人的专属领域开始走向大众化、平民化。在这种形势下，传统的资管业务正在被全新的、更加多元化、大众化的大资管所取代，我国正迎来“大资管时代”。
详见：郭光磊：《大资管背景下的农村集体资产管理》，原载《中国经济时报》（2014 年 12 月 26 日 A06 版）。

（一）市级层面，强化规划引领作用

1. 强化规划引领与实施

以中央和北京市“十三五”规划为指导，加强与津冀规划对接，坚持以水定城、以水定地、以水定人、以水定产，尊重城市发展规律。将农村地区纳入城市总体规划范围考虑，而不仅是通过改变土地性质分摊城市化成本。严格按照“两线三区”控制开发强度，遏制“摊大饼”式发展。提高规划的公众参与度，完善规划的实施机制，建立有效的规划实施评估预警、依法管理和责任追究机制，提高规划约束力。

2. 合理引导非首都核心功能疏解

按照京津冀协同发展规划，加快编制土地利用、城乡、生态环境保护等专项规划。根据功能定位做好地方规划与专项规划的衔接，调整各区县发展方向及重点产业，推动形成各区县主体功能清晰、发展导向明确、建设秩序规范的发展格局。通过优化产业结构引导中心城区人口向外疏解，以高密度和高效益的产业功能实现人口结构的自然优化。建立与承接地对接机制，统筹安排周边新城对城六区优质教育医疗文化资源的承接工作，发展区域性特色产业，提高常住人口职住比，实现疏解人口与功能的就地结合与包容性发展。

3. 建立市级统筹机制

实现经济、土地、城市、人口、资源与环境、交通和基础设施、公共服务以及配套财政政策之间的统筹协调。建立各区差异化发展的统筹机制，建立重大项目落地市级统筹机制，健全财政转移支付同落实各区功能定位、承接中心城区功能疏解、实施人口调控挂钩机制。协调解决城乡之间、区县之间、经济发展与社会发展、经济发展与生态文明建设之间的不平衡问题。加大市级财政改革力度，将农村土地用途改变的收益优先用于本地区发展，尽快实现转居各项支出纳入公共财政预算体系。

（二）区级层面，分类推进地区发展

按照京津冀协同发展中部核心功能区、西北部生态涵养区的功能定位，北京市的城乡一体化发展要建立城乡结合部、城市发展新区和生态涵养区差异化发展统筹机制，推进分区治理。

1. 城乡结合部地区完成分类改造

落实《北京市城乡结合部建设三年行动计划（2015～2017年）》[①]，有序疏解低端产业，严格执行新增产业的禁止和限制目录，依托区位优势，大力发展符合城市功能定位的科技研发、文化创意、休闲旅游等新兴产业。创新建立融资机制，通过企业债券、政策性贷款、政府与社会资本合作等方式，拓展城市化建设的融资渠道。集体产业发展要以升级换代为核心，增加就业岗位，提高就业质量，逐步建立城乡一体的基本社会保障体系，推进农民市民化工作。按照“一绿建成、全面实现城市化，二绿建好、加快城乡一体化”的总体目标，逐步破解人口资源环境矛盾和城乡二元结构的矛盾。编制覆盖“一绿”和“二绿”区域的专项规划，明确功能定位、发展重点和建设任务。一绿地区由区级统筹，以乡（镇）域为基本规划实施单元，全面完成拆建、农民身份转变和规划绿地的实现，“十三五”期间完成城市化转型。二绿地区继续开展集体经营性建设用地乡镇统筹试点工作，加快推进城乡规划、产业发展和社会治理，不断完善基础设施和公共服务。

2. 城市发展新区要提高新城发展质量

合理承接城六区功能疏解，逐步提升新城的城市发展质量。调整各区发展方向及重点产业，推动形成与各区主体功能相一致的发展格

① 详见《北京市人民政府办公厅关于印发〈北京市城乡结合部建设三年行动计划（2015～2017年）〉的通知》（京政办发〔2015〕54号）。

局。加快编制新城地区的详细规划，对核心区、辐射区范围进行界定，明确各区域建设目标。核心区实现全面城市化，通过全区统筹资源指标，推进城市化建设收尾工作，利用存量建设用地解决区域内剩余村庄整建制上楼转居问题，推进农村居民市民化进程。辐射区重点解决因人口迁移带来的基础设施和公共服务配置不足问题。完善区级事权、财权配置和考核评价制度。调整各乡镇产业布局和功能定位，推进产业转型升级，统筹解决进城农民的身份转变问题。

3. 生态涵养区创建宜居环境

建立生态文明目标体系，制定生态文明建设目标评价考核办法，把资源消耗、环境损害、生态效益纳入经济社会发展评价体系，根据不同区域主体功能定位，实行差异化绩效评价考核。建立生态环境损害责任终身追究制，明确地方党委和政府领导班子主要负责人、有关领导人员、部门负责人对生态文明建设的一岗双责制。加大生态补偿力度，建立城乡生态补偿一体化机制。减少能耗、水耗和污染产业，发展与功能定位相适应的生态产业。

（三）乡镇层面，统筹破解村自为战难题

乡镇是联系城乡发展的纽带，非常关键，镇域经济得不到发展，城乡之间将形成断层，加剧城乡二元结构的分割。

1. 统筹土地资源

继续推广大兴西红门、海淀东升乡镇统筹利用各村集体建设用地经验，由乡镇引导组建拥有集体经营性建设用地使用权的新型集体经济组织，采取多村股份合作、联营等方式，进行自主开发或引进社会资本合作开发，促进生产、生活、生态用地的合理使用。完善农村宅基地用益物权，赋予宅基地使用者转让权和收益权，探索郊区农民住房财产权实现路径。

2. 统筹产业发展

在统筹土地资源基础上，实现产业布局和产业升级的综合调控，促进产业集聚发展。通过市场机制引入社会资本，由乡镇层面进行项目选择、合作方式、收益分配、环境保护的统筹安排。

3. 统筹支农政策与公共建设

乡镇对各部门支农政策和项目资金进行合理安排，重点解决规划保留地区的配套设施建设问题，避免村庄各自为战。推进公共教育、公共卫生、公共文化等社会服务设施建设项目，完善便民利民服务网络。

4. 统筹人口集聚

通过土地和产业的集中布局，推动人口城镇化转移，由乡镇统筹提供就业、居住等方面的保障。依托集体产业吸纳农民就业，绿地养护和公益型就业岗位向就业困难人群倾斜。落实就业帮扶政策，培育和引导农民树立正确就业观念，通过单位招用、自谋职业、自主创业形式，不断提高就业水平。

三　以绿色理念改善城乡生态环境，建设和谐宜居之都

坚持绿色理念，重视农业的生态价值，走生产发展、生活富裕、生态良好的可持续发展道路，在建设国际一流的和谐宜居之都上取得重大进展。

（一）实现农业生态价值的整体提升

1. 发展与功能定位相适应的都市型生态农业

落实《中共北京市委北京市人民政府关于调结构转方式发展高效节水农业的意见》，发展生态农业、节水农业和景观农业，形成连

接城乡、覆盖平原的绿色生态网络。在城乡结合部地区，以绿色隔离带和景观农业为主要业态推进环境治理，疏解腾退建绿、拆违还绿、多元增绿，加快与中心城区的深度融合，缓解大城市病；在城市发展新区，以精品农业和会展农业为主要业态，发挥重点镇和小城镇的节点效应；在生态涵养区，以休闲农业和沟域经济为主要业态，深入推进重点流域生态修复和生态清洁小流域建设，加强绿色生态河流廊道建设，营造和谐宜居环境。

2. 促进一产、二产、三产的产业融合

改变过去以生产为目的的京郊农业发展方式，促进一产、二产、三产的产业融合。积极培育农业龙头企业，发展农业产业化示范基地，打造优质农产品品牌，带动农业生产、加工、销售和服务业发展，延伸农产品价值链，促进农业附加值的增加和农民增收。积极开发农业多种功能，挖掘乡村生态休闲、旅游观光、文化教育等方面的价值。

3. 京津冀协同建设森林绿地体系和环首都国家公园体系

加大中心区绿化隔离地区建设力度，加强城市森林、健康绿道、郊野公园、公共绿地和湿地建设管理。继续完善平原造林，形成村庄周围森林化、河渠道路风景化、基本农田林网化。巩固山区绿色生态屏障，建设浅山休闲游憩景观带。合理界定国家公园范围，保护自然生态和自然文化遗产原真性、完整性。

（二）完善生态补偿机制

1. 健全山区生态补偿制度

探索建立多元化补偿机制，增加对生态涵养区财政转移支付，完善生态保护成效与资金分配挂钩的激励约束机制。探索京津冀水源涵养区跨地区生态补偿试点。对因生态涵养区产业转型而产生的失业农民进行补贴，通过提供失业救济、安排就业培训、扶助自主创业、提供公益性岗位等系列政策进行妥善安置。

2. 建立合理的资源有偿使用制度

探索在自然资源丰富的地区建立权责明确的自然资源产权体系，制定权利清单，明确各类自然资源产权主体权利。推动自然资源所有权和使用权相分离，明确占有、使用、收益、处分等权利归属关系和权责，适度扩大使用权的出让、转让、出租、抵押、担保、入股等权能。探索建立自然资源资产的有偿出让制度，严禁无偿或低价出让。加快自然资源及其产品价格改革，建立自然资源开发使用成本评估机制，将资源所有者权益和生态环境损害等纳入自然资源及其产品价格形成机制。

3. 建立生态服务市场体系和休耕制度

统筹规划，加强自然资源资产交易平台建设，加大环保市场培育力度，推进用能权、碳排放权、排污权、水权等交易制度和平台建设。通过提供生态服务计量、认证、监测服务与交易实现生态服务的标准化度量和评估。编制耕地、河湖休养生息规划，调整地下水严重污染和地下水严重超采地区的耕地用途，逐步将不适宜耕种且有损生态的陡坡地退出基本农田。

（三）加强生态环境治理体系建设

要坚持城乡生态环境治理体系统一，在加强城市环境污染治理的同时，加大对农村地区生态环境保护的力度，建立健全农村环境治理体制机制，加大对农村污染防治设施建设和资金投入力度。

1. 加大环境污染治理力度

加快农业面源、点源污染治理。落实清洁空气行动计划，持续完善治理措施。实施清洁优质能源替代，实现农村地区优质燃煤全覆盖。加大水污染治理力度，加强污水收集处理管网设施建设，完善水环境区域补偿制度，放开污水处理、再生水利用市场。加强垃圾污染治理，做好生活垃圾分类管理，基本实现人均垃圾产生量零增长、原生垃圾零填埋。生态涵养区实行产业准入负面清单。

2. 建立生态文明绩效考核机制

落实能源和水资源消耗、建设用地等总量和强度双控行动。建立生态文明绩效评价考核制度，探索编制自然资源资产负债表，建立生态环境损害责任终身追究制度。构建由空间规划、用途管制、领导干部自然资源资产离任审计、差异化绩效考核等构成的空间治理体系。

四　以开放和共享理念推进公共资源均衡配置，促进城乡一体发展

推进城乡一体化的根本目的是保障和改善民生，"十三五"时期是全面建成小康社会的决胜阶段，要处理好经济发展与改善民生的关系，让广大群众共享改革成果。

（一）加快缩小城乡收入差距

1. 拓展农民增收渠道

工资性收入方面，将增长重点逐渐转向规范农民就业行为、提高农民转移就业的工资水平、建立合理的薪酬增长机制上来。财产性收入方面，继续推动"新三起来"工程，盘活农村闲置房屋发展休闲养老、乡村旅游等产业，继续强化集体资产经营，提高集体股份分红水平。做大做强集体经济，让农民有集体产业支撑。加大农民转移就业政策扶持力度，引导各级财政出资的绿色生态建设项目和社会公共管理服务项目安置低收入农户劳动力就业。

2. 推动农村脱贫工作

提高精准扶贫、精准脱贫实际效果，落实《北京市农村经济薄

弱地区发展规划（2014～2020年）》[①]，实行脱贫工作责任制。高度重视低收入农户增收，进一步加大低收入农户增收帮扶力度，安排低收入村开展特色产业发展专项扶持，安排“一事一议”财政奖补资金重点扶持低收入村和美丽乡村的公益项目建设，确保低收入农户同步实现小康社会目标。

（二）完善农村基础设施建设投入和建管机制

1. 完善农村基本生活设施建设

加大公共财政对农村基础设施的投入，保障农村水、电、路、气网等基本生活设施建设。采取与功能定位相适应的基础设施配套发展策略，提高设施利用率。探索以政府购买服务的方式，创新政府与社会资本合作模式。逐步建立适应现代化农业生产和农村社会发展所需的发达基础设施体系，实现城乡生产生活生态的协调一致。

2. 创新基础设施投入、建设和管护机制

支持新型集体经济组织承担农村基础设施建设，推广政府和社会资本合作（PPP）模式，通过市场化机制，逐步建立以政府投入为导向，社会资本共同参与的多元投资和建设体制。摒弃过去重建设轻管理的思想，树立建管并重的意识，确保农村基础设施建设、管护、运营均衡发展。增强基础设施管护意识，创新方式方法，探索专业管护、集体管护、协会管护、义务管护和商业管护相结合的多元化管理方式，逐步形成城乡一体的基础设施运行管护长效机制。

---

① 2014年，为贯彻落实《关于推进农村经济薄弱地区发展及低收入农户增收工作的意见》（京发〔2012〕15号），北京市农委会同市发展改革委编制了《北京市农村经济薄弱地区发展规划（2014～2020年）》（京农函〔2014〕2号）。

（三）推进基本公共服务均等化配置

1. 完善城乡劳动者平等就业制度

逐步统一城乡劳动力市场，加强引导和管理，保障城乡劳动者平等就业的权利。加强覆盖城乡就业创业服务体系建设，推进政府购买公共就业服务，引导农村劳动力转移就业、积极就业。搭建城乡统一的就业、失业统计指标体系，推动就业均衡发展。全面落实鼓励用人单位招用农村就业困难地区和就业困难人员岗位补贴和社会保险补贴政策，加强困难群体就业援助和技能培训。

2. 健全城乡居民社会保障体系

不断提高养老保险基础养老金和老年保障福利养老金标准。完善城乡居民养老保险缴费激励机制、待遇调整机制及社会养老保险制度衔接办法，实现城乡居民养老保险市级统筹。建立统一的城乡居民医疗保险制度，提高大病和困难人群医疗保险待遇。完善新农合制度，研究推动新农合综合支付方式改革试点工作。结合京津冀协同发展规划，落实养老保险跨区转移，加快社保一卡通建设。加大政府对城乡低保、特困、重残等特殊群体的倾斜，完善全方位、多层次的城乡社会救助体系，提升综合救助能力，切实保障困难群体基本生活，扩大对低收入群体、城乡无收入老年人的保障范围，提高对他们的保障水平。

3. 提高郊区医疗服务水平

积极推动中心城区优质医疗资源向新城和郊区乡镇疏解。完善基层卫生服务网络，合理划分医疗机构功能定位，推动形成布局合理、分工协作的医疗卫生服务体系和分级诊疗就医格局。加大医疗卫生建设力度，满足社会医疗服务需求，多渠道解决农村医务人员不足问题。加强农村医务人员定向培养，通过提高待遇水平、建立基层岗位津贴等吸引基层医疗人才。

4. 推进城乡教育均衡发展

建立与产业调整和就业结构变化相适应、均等化的教育财政投入体系，新增经费向农村薄弱中小学倾斜，逐步缩小城乡、区县、学区、学校之间的差距。推动基础教育均衡发展，支持各区开展集团化办学、名校办分校、学区制管理等改革试点。加强农村教师队伍建设，引导优质教育资源和师资力量向农村延伸。

5. 加强公共文化体育服务体系建设

加大农村公共文化体育服务供给，建设满足农村居民实际需求的基层文化体育设施。扶持基层涉农文体队伍开展各类文体活动，打造农村特色文体活动品牌。抓住京津冀协同发展机遇，建立京津冀历史文化遗产保护体系。以 2022 年冬奥会为契机，加强与津冀两地在体育赛事、文化旅游等方面的合作。

B.4

北京应在推进京津冀协同发展中发挥核心引领带动作用

祝尔娟*

摘　要：从国际经验和京津冀发展现实来看，北京“大城市病”的实质是在有限的空间里集中了过多的功能，只有功能疏解才是明智之举。北京城市功能疏解对区域产业、交通、生态、公共服务等布局必将产生深远影响，同时，对北京实现产业升级和阶段跃升来讲也是最好的时机。北京应从五个方面发挥对区域的核心引领带动作用：一是在“瘦身”中“强体”，即通过功能疏解，突破发展瓶颈，更好地发挥首都核心功能；二是在“合作”中“增能”，即提升北京的影响力和控制力；三是在“输出”中“带动”，即通过产业技术的扩散转移，促进京津冀产业整合、布局优化、链接融合；四是在“整合”中引领构建科技与产业对接平台，探索资源整合、资本运营新模式，充分发挥北京科技引领作用；五是通过疏解部分行政性、事业性、服务性机构和社会公共服务功能，带动周边新城及河北大中小城市发展。

关键词：北京　京津冀　协同发展　核心引领带动

* 祝尔娟，首都经济贸易大学教授、博士生导师，主要研究方向是京津冀区域发展。本文是北京市社会科学基金重大项目“京津冀区域协同发展研究——全面推进中的战略重点研究”（14ZDA23）的阶段性成果，是北京市教委科研基地建设—科技创新平台—都市圈研究中心项目（PXM2014_ 014205_ 000015）资助成果。

一　核心城市是城市群形成演进的引领者和推动者

从城市群空间结构演进规律来看，由单个城市发展到单核都市圈和多中心城市群，都是在区域核心城市的引领和带动下实现的。区域核心城市往往凭借其优势（资源禀赋、地理区位以及科技创新等优势），形成强大的集聚效应，产业和人口不断由周边地区向核心城市集聚，成为区域的产业高地、科技高地和市场中心。当核心城市的高密度集聚和空间有限性之间产生尖锐矛盾、带来“大城市病”后，必然会出现向外扩散的发展趋势。这种要素和产业的向外疏散，往往在空间上表现为沿主要交通轴线圈层状蔓延，这样既保证了核心城市本身规模的适度和产业结构的优化，又促进了区域内产业分工、城市功能分工体系的形成，进而带动整个区域的发展。

核心城市主要是通过产业传导、技术扩散、智力支持、区域服务和创新示范等方式来发挥对区域发展的核心引领带动作用。核心城市由集聚为主转为扩散为主，是其与周边关系发生根本性转折的重要标志。在集聚远大于扩散的城市化初期阶段，二者的关系更多地表现为中心对外围的要素“虹吸”，其结果是拉大二者的发展差距；而在核心城市的扩散大于集聚的城市化加速发展阶段，二者的关系更多地表现为中心与外围的“互动”：一方面，核心城市辐射带动周边发展，对整个区域发挥着产业传导、技术扩散、智力支持、区域服务和创新示范等带动作用，核心城市的产业转移和功能扩散，无疑是推动区域产业整合、城市密切关联、空间结构优化的强大动力；另一方面，周边对核心城市则发挥着疏解人口压力、承接扩散产业、建设生态屏障、对接交通路网、提供发展空间等作用。中心与外围的相互促进，最终将缩小二者的发展差距，逐步形成一体化发展的均衡格局。

核心城市功能扩散、带动周边的过程，也是其自身实现产业升级和阶段跃升的过程。考察世界城市的发展历程会发现，它们正是在推动城市群空间结构演进过程中，实现其从制造经济向服务经济、创新经济、信息经济的转型，实现其由区域中心城市向世界城市的跃升。在区域核心城市将传统生产制造业向周边扩散转移的同时，也是各种高端要素及跨国公司总部、生产型服务业、科技信息产业、国际商务活动、国际会议及国际组织等大量、迅速地向它集聚的过程，通过产业升级和经济转型，使核心城市不再直接生产工业产品，而成为积累和扩散国际资本的基点，并通过复杂的全球城市体系成为整合全球生产和市场的指挥者和协调者。在经济全球化和信息化的背景下，基于全球城市网络，世界城市逐步成为全球经济活动的“控制中心”，其控制能力的产生主要表现为包括企业总部、国际金融、全球交通和通信、高级商务服务等在内的少数关键部门的快速增长。可以说，核心城市正是在与所在区域形成新的地域分工中实现蜕变和跃升，在与周边城市（地区）分工互补、相互推动下，逐步由地区性城市、国家中心城市、区域性国际城市发展到全球性世界城市。

二 北京城市功能疏解是京津冀协同发展的强大动力和重大契机

首都北京在促进京津冀协同发展中有条件发挥核心引领带动作用。北京作为国家首都，是中国的政治中心、文化中心、国际交流中心和科技创新中心，是国家金融决策、管理、信息、服务中心，是国内外总部集聚地和科技创新策源地，教育文化智力密集区，历史文化传承丰厚的世界著名古都，拥有独具魅力的人文氛围，等等，这些都是国内其他城市无法比拟和无法替代的。2013 年北京实现地区生产总值 1.95 万亿元，占京津冀 GDP 的 31.4%，是天津 GDP 的 1.36 倍，人均 GDP 达到 1.5 万美元；服务业比重达到 76.9%，研发产业产值规模全国最大，技术市场交易量占全国的40%以上，文化创意产业位居全国前列。北京的产业结构已呈现服务主导和创新主导特征，正在以建设中国特色世界城市为目标，着力打造“北京服务”“北京创造”品牌，全力推进经济转型和产业升级，率先向服务经济、创新经济和信息经济为特征的后工业化社会迈进。无论从北京担负的使命和核心职能来看，还是从北京的经济体量、综合实力和产业结构来看，北京都是京津冀的先导地区和核心中枢。

北京城市功能疏解对区域产业、交通、生态、公共服务等布局必将产生深远影响。北京是我们伟大祖国的象征和形象，是向全世界展示中国的首要窗口。北京的发展目标是要更好地发挥“四个中心”的首都核心功能，最终建成国际一流的和谐宜居之都。但目前，北京深受“大城市病”困扰，其问题的实质是在有限的空间里集中了过多的功能，只有功能疏解才是明智之举，只有在更大的京津冀空间范围内来统筹安排首都功能，才有可能协同建成世界城市和“首善之区”。北京城市功能疏解，意味着北京需要将部分产业、公共资源及行政资源转移出去，对北京来说，必然会带来“收入减少、支出增加”的损失，但这种“失”换来的是环境的改善、民生的改善、国际形象的改善；而对天津和河北来说，无疑是天赐良机，是天津和河北发展的最大机遇；从整个区域来看，北京城市功能疏解，必将推动区域产业分工、链接、融合与升级，对京津冀的产业布局、交通布局、城镇布局、生态建设、公共服务布局等带来全面而深远的影响。

北京城市功能疏解也是其实现产业升级和阶段跃升的重要过程。当前，调整疏解非首都核心功能是摆在北京面前的重大课题。调整疏解城市功能要达到什么目的？哪些产业和功能需要保留甚至做大做强；哪些产业和功能需要疏解、疏解到哪里去？怎样在功能疏解过程中保持经济持续健康发展？这些都是亟待回答的重大问题。本文认为，北京要通过产业转移和城市功能疏解，达到五大目的：一是有利于缓解北京的人口、交通、资源、生态等承载压力，腾出发展空间，更好地发挥北京优势和首都核心功能，为我国破解“大城市病”探索新路径；二是有利于自身的产业升级，实现产业的高端化、服务化、集聚化、融合化、低碳化，在全国率先形成高端引领、创新驱动、绿色低碳的新模式；三是有利于拓展发展空间、培育新的增长点，寻求增长的新动力；四是有利于区域分工合作，带动周边发展，缩小区域差距；五是有利于发挥北京的科技引领和辐射带动作用，提升城市对全球经济的影响力。

总之，北京应以更高标准和更大尺度来推进京津冀一体化发展，这不仅有利于落实国家区域发展战略，更好地发挥首都北京在区域发展中的核心、引领和带动作用，而且有利于拓展北京的发展空间，疏解承载压力，增强发展动力、经济实力和对全球经济的影响力，在区域协调发展、合作共赢中实现更好的发展。

三　北京应从四个方面发挥对区域的核心引领带动作用

一是在“瘦身”中“强体”，即通过功能疏解，突破发展瓶颈，更好地发挥首都核心功能。(1) 尽快拿出功能疏解方案，合理安排疏解什么、疏解时序、疏解方式、疏解空间以及配套政策，引导那些满足全国市场需求、区域性服务需求的产业或功能向郊区及周边城市有序迁移，抓紧制定功能疏解的鼓励和引导政策（价格、财政、税收、就业和住房保障等），以确保功能疏解取得积极成效。(2) 将功能疏解与破解“大城市病”结合起来，如提高市内轨道交通密度，加快市郊铁路建设，打造一小时经济圈。(3) 将功能疏解与城市副中心建设结合起来，在周边集中打造几个城市副中心，使其成为对内承接、对外集聚的“反磁力基地”和新增长点，从根本上缓解北京的人口压力。（4）将部分教育医疗等社会公共服务机构向外疏解与完善周边公共服务、生态环境结合起来，着力建设环首都绿色生活圈，建设集中连片的环京森林带，向国际一流和谐宜居之都目标迈进。

二是在“合作”中“增能”，即在与津冀合作中拓展发展空间，培育新增长点，提升北京的国际影响力。北京应分解部分经济功能，如金融功能、物流功能、贸易功能等，让天津和河北去承担。当前，加强金融合作、交通合作、贸易合作、科技合作尤为重要。在金融合作方面，目前我国正在由制造大国迅速崛起为全球投资金融大国，在北方建立一个对外辐射东北亚、对内辐射三北的区域国际金融中心的时机已经成熟。京津金融发展各有优势，具备携手探索、共建金融中心的良好基础。这无论对提升北京的国际影响力和控制力，还是提升天津区域经济中心的服务辐射能力，都具有重要意义。在交通合作方面，要促进北京国际交往中心、国际航空枢纽与天津国际航运中心合作互动。加强京津冀国际机场群合作，使区域内几个机场间如同一个大机场的不同航站楼，形成“分布式大机场”体系。促进空运、海运、公路、铁路等多种运输方式的无缝对接，实现各节点城市城际直通，减少迂回运输、过境交通对北京的干扰，提升区域整体交通承载能力。另外，还应加强国际铁路和公路系统与周边国家主要城市的衔接，形成 12 小时交通圈，并向西衔接第二欧亚大陆桥。在贸易合作、物流合作方面，应抓住天津获批建设中国自由贸易园区的重大机遇，共建北方国际贸易中心和国际物流中心。

三是在“输出”中“带动”，即通过产业技术的扩散转移，促进区域产业整合升级和链接融合。应针对京津冀产业发展中的突出问题：三地产业各成体系、产业集聚不够、产业链不衔接、全球竞争力不足，抓紧制定和完善有利于产业转移承接的配套政策，促进北京科技创新中心与天津、河北现代制造研发转化基地的合作互动，尽快形成基于产业链的合理分工与布局，探索更具活力的科技创新共同体、产业合作共同体等新模式，建设若干科技创新合作示范区和产业合作示范区，共同打造世界级产业集群。

四是在“整合”中“引领”。在京津冀区域内，已建有众多开发区、高新区和功能区，但大多都是各自发展，缺乏相互关联和有效整合，缺乏资源共享的信息平台和市场交易平台，没有形成整体优势和集聚效应。应把中关村自主创新政策延伸到天津和河北，充分发挥北京科技创新优势，尤其是中关村的品牌优势、科技优势、人才优势、政策优势、资本优势、市场优势等，聚集海内外科技资源，释放天津、河北的资源潜能，在更大的区域范围内，探索科技引领、资源整合的新模式，打造中关村资本运营的升级版。

总之，北京在产业转移和功能疏解过程中应注意几个结合，即将功能疏解、破解“大城市病”与拓展发展空间、培育新增长点结合起来；将功能疏解与打造京津“双城记”、提升北京城市的国际影响力结合起来，加强与天津的金融合作、物流合作、海港与空港合作；将功能疏解与带动河北产业升级、建设区域副中心城市结合起来，打造若干“反磁力基地”，从根本上缓解北京的压力；将功能疏解时序和优化空间布局结合起来，产业转移要与交通体系建设、教育医疗等公共服务疏解同步进行，沿轴、沿线、沿带推进。

注：本文所用数据，均系课题调研、汇总所得。

B.5
京津冀协同发展战略下首都空间布局优化及土地节约集约利用研究*

王德起　庞晓庆**

摘　要：　促进京津冀协同发展已经成为一项重大国家战略，疏解非首都功能是京津冀协同发展的重中之重。京津冀城市群作为我国区域经济发展的第三极，人口稠密、土地稀缺，属于优化开发地区，本文依据相关原理对该区域土地利用结构优化进行研究，构建以土地利用促进空间布局优化的机制，这对于实现京津冀协同发展的战略目标，形成具有国际竞争力的世界级城市群，具有重要意义。

关键词：　协同发展　空间布局优化　土地节约集约利用　京津冀城市群

一　引言

中共中央政治局2015年4月30日召开会议，审议通过《京津冀

---

* 资助项目：国家自然科学基金项目（批准号：71173148）“地价梯度与产业梯度耦合机制及城市群产业用地结构优化研究”的阶段性成果；北京市科技支撑“绿色通道”项目“非首都功能疏解的用地保障研究”的阶段性成果。

** 王德起，首都经济贸易大学教授、博士生导师，主要研究方向：土地与不动产经济、城市经济；庞晓庆，首都经济贸易大学博士生，主要研究方向：城市经济。

协同发展规划纲要》(以下简称《纲要》)。会议指出,“推动京津冀协同发展是一个重大国家战略。战略的核心是有序疏解北京非首都功能,调整经济结构和空间结构,走出一条内涵集约发展的新路子,探索出一种人口经济密集地区优化开发的模式,促进区域协调发展,形成新增长极。”

数据显示,京津冀地区面积为21.6万平方公里,占中国960万平方公里总面积的2.3%;人口1.1亿人,占13.7亿总人口的8%。土地作为重要的生产要素,也是区域经济社会发展的重要基础资源。北京作为首都,承担着全国政治、文化、经济中心的功能。尤其是改革开放30年来的快速发展,北京作为全国政治、文化、国际交往中心的地位越来越突出,城市扩张、人口膨胀给城市基础设施建设、区域土地资源利用带来巨大压力。因此,疏解北京部分城市功能是当前发展的当务之急。

城市功能的形成与产业的空间布局是密不可分的,产业的空间布局又依托于用地的供给,因此,土地规划与政策实施对优化配置各业各类用地,引导人口、产业和生产要素合理流动,以及在疏解城市功能中起着举足轻重的作用。当前北京的土地资源利用在支撑首都功能的全方位实现过程中面临功能疏解与转型的挑战。京津冀协同发展的提出,为统筹利用三地的土地资源,合理疏解非首都功能,全方位实现区域统筹发展,提供了解决问题的思路。而如何实现非首都功能的合理转移,促进京津冀区域的产业转型,确定非首都功能的产业优化疏解原则及疏解路径,尤其如何促进政府调控与市场机制有机结合真正实现土地资源的优化配置,成为当前急需研究和解决的现实问题。

京津冀在快速发展的同时,也面临很多困难和问题。特别是北京集聚过多的非首都功能,人口过度膨胀,交通日益拥堵,大气污染严重,房价持续高涨,社会管理难度大等“大城市病”问题突出,引发一系列经济社会问题,成为科学发展、和谐发展、协调发展的瓶颈，广受社会关注。因而调整产业结构，加快非首都功能疏解，促进转承地区的发展，优化城市群空间结构，提高土地利用效率，便成为京津冀协同发展的重中之重，这也是从土地供给及利用这一“供给侧”要素入手，深化改革，促进京津冀协同发展的必然路径。

二　京津冀城市群空间布局优化及土地节约集约利用的机制设计

（一）区域空间布局优化及土地节约集约利用的科学评判

土地具有多宜性，能支撑城乡统筹发展的多种功能，满足人类健康持续发展的各项需求。而城乡统筹协调发展体现出很强的综合性，社会生产及发展的根本目的是满足不断增长的人类物质及精神效用提升的需要，终极目标是促进人类文明和进步。土地是人类财富之母，是不可再生的自然资源性资产，土地利用方式及格局的选择与形成，决定着区域空间结构。同时，作为城市群稀缺资源的土地，其节约集约利用则是支撑城市群协调健康发展的必然选择。特别是作为京津冀协同发展战略“核心”与“龙头”的首都北京，土地更是极为稀缺，因此，更要实行节约集约利用。

根据国土资源部2014年3月27日颁布的《节约集约利用土地规定》（第61号），所谓“节约集约利用土地，是指通过规模引导、布局优化、标准控制、市场配置、盘活利用等手段，达到节约土地、减量用地、提升用地强度、促进低效废弃地再利用、优化土地利用结构和布局、提高土地利用效率的各项行为与活动”。

促进土地节约集约利用，必须有一个科学的评判标准：

首先，从宏观的视角看，整个区域经济社会及其空间系统的优化是基本前提。京津冀地区（城市及其腹地），也即“点-线-面-

网”体系构成了以土地为载体，以土地利用为基本活动空间的经济社会生态系统（Jing-Jin-Ji——京－津－冀，可简称为3Js），其土地节约集约利用必定以空间经济社会生态系统为基本前提。

其次，从中—宏观的视角看，科学的土地供给体系是根本保障。城乡土地利用承载着“自然－人（社会）－经济”，关乎人类文明进步，可以以人类发展指数（Human Development Index，HDI）为工具，决定一个时期、符合阶段性城乡居民需求的土地供给时空序列与数量，如此，才能支撑土地节约集约利用战略。

再次，从中观的视角看，合理的用地空间结构是刚性约束。用地空间结构不仅包括各种用地类型的数量比例，而且包括它们在空间位置上的相互关系，在新型城镇化快速推进的京津冀地区，则须体现增量建设用地的优化及存量建设用地的持续盘活，实现城市的产城融合，而支撑城市功能区产城融合的公共政策工具就是控制性详细规划，同时也须防止过度功能区化，实现职—住均衡（J-R Balance），提高城市运行效率。

最后，从微观的视角看，以宗地为单元的高效利用是具体体现。土地开发利用的强度最直接、最具体地体现土地节约集约利用的程度，在市场经济条件下，受经济利益驱使，土地使用者无疑会最大限度地对土地进行投入开发，但这必须在建设性详细规划确定的建筑密度、建筑容积率（Density Flour-Ratio，DFR）等约束性指标控制幅度之内，促使利用强度能体现私人利益与公共利益的有机统一。

（二）3Js城市群发展规律空间一体化及其土地集约特征分析

城市群是一个有机整体，是推进区域城镇化的主体形态。早在20世纪70年代，国内外学者就发现并验证了在时间序列上城镇化进程呈现“S”形曲线的规律。而在“空间一体化”假设之下，城市群在空间上也应呈现“S”形曲线，这可以说是区域城镇化（城市群发展）规律的一个假说。在城市群结构体系内，不同等级规模位序的城市，相互之间存在互为依存、相互关联的关系，并各自体现着不同的发展及形态结构特征，相应的土地集约利用的内涵也各有差异。新型城市化进程中京津冀协同发展的土地集约利用方式如图 1 所示。

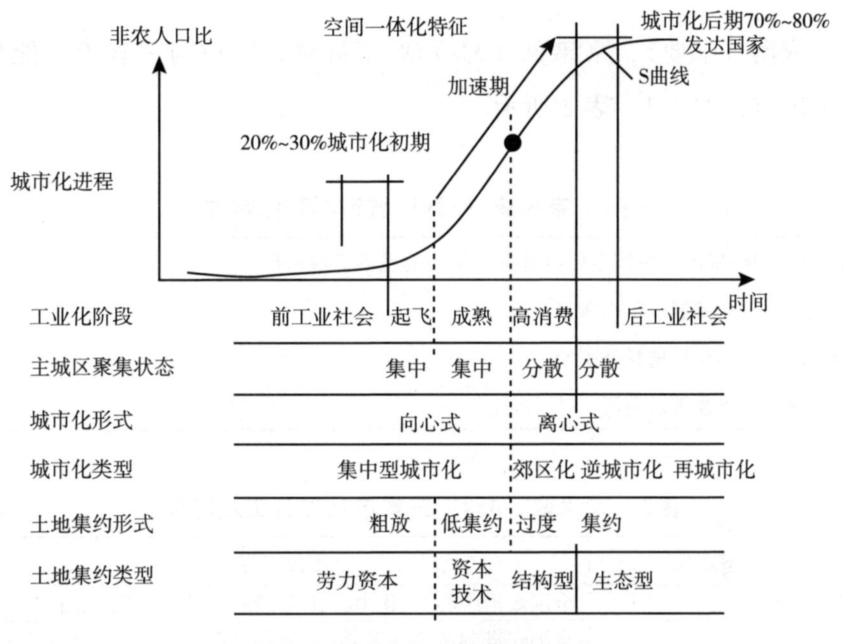

图 1　新型城市化进程中 3Js 协同发展的土地集约利用

有关资料显示，截至 2014 年底，北京市城市化率为 86.4%，天津市为 82.3%，河北省为 49.3%，其中，河北省的主要城镇化地区，石家庄市为 56.93%、唐山市为 56.2%、保定市为 44.2%（该市腹地面积较大，故以行政区划为单位的城镇化率显得略低）。北京、天津两市作为京津冀协同发展的“双核”，均进入后工业化时期及城市化后期阶段，主城区集聚形态将主要表现为分散或扩散形态，城镇化的形式以离心式动力机制为主，城镇化的方略将集中于以土地集约利用为主要路径的逆城镇化及再城镇化，土地集约利用的类型主要体现为生态集约型。

（三）3Js 协同发展战略下首都地区空间布局及土地利用优化选择

依据《纲要》，京津冀（3Js）城市群整体定位与三省市功能分工及定位，如表1、表2所示。

表1　京津冀（3Js）城市群整体定位

京津冀(3Js)城市群整体定位以首都为核心的世界级城市群
区域整体协同发展改革引领区
全国创新驱动经济增长新引擎
生态修复环境改善示范区

表2　京津冀（3Js）三省市功能分工及定位

三省市定位	定位内容
北京:四个中心	全国政治中心、文化中心、国际交往中心、科技创新中心
天津:三区一基地	全国先进制造研发基地、北方国际航运核心区、金融创新运营示范区、改革开放先行区
河北:三区一基地	全国现代商贸物流重要基地、产业转型升级试验区、新型城镇化与城乡统筹示范区、京津冀生态环境支撑区

按照《纲要》的部署，京津冀区域发展空间布局主体框架为："一核""双城""三轴""四区""多节点"，形成"点-线-面-网"的空间一体化格局，如图2所示。与之有机衔接，并结合北京市的具体情况，北京市制定了"一主""一副""两轴""多点""聚"与"疏"、内涵与外延有机整合的空间发展战略，详见图3。

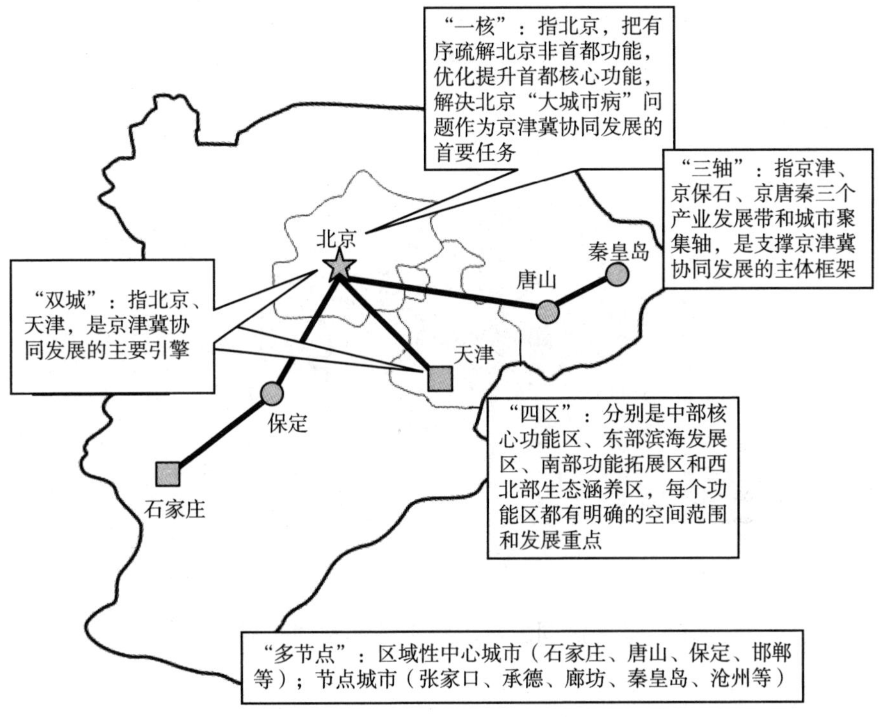

图 2　3Js 协同发展战略的空间布局

资料来源：《纲要》。

1. 提升"核心区"服务保障能力

按照《纲要》，协同发展的"核心区"也就是北京市行政区划的"城六区"，该区域（特别是东城区、西城区）是首都"四个中心"功能的主要承载区、国际一流和谐宜居之都建设的重要区域，也是疏解非首都功能的关键区域。要推进实施老城重组，优化调整行政区划，强化政治活动、文化交流、国际交往和科技创新等服务功能。

2. 增强平原地区功能承载能力

"城六区"以外的平原地区，包括通州区、顺义区、大兴区以及房山区和昌平区的平原部分，是首都功能疏解承接地和新增首都功能

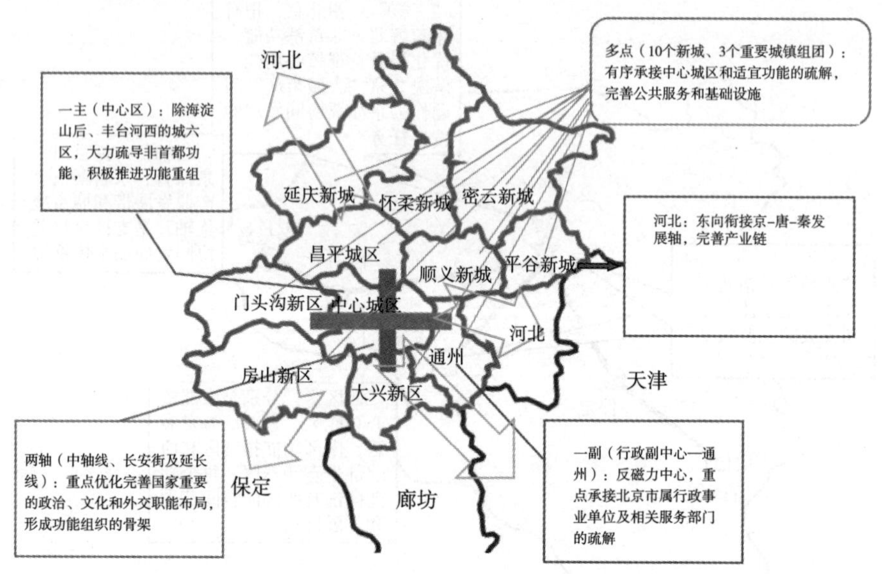

图3　3Js 协同发展战略下首都空间布局特征

的主要承载区，是首都科技文化、教育医疗、国际交往服务功能和“高精尖”产业的重要集聚区，也是面向津冀协同发展的前沿区。要发挥区位条件优、发展基础好、发展空间大的优势，大力提升基础设施、公共服务和生态环境水平，增强吸引力和承载力，缓解城六区功能过度集聚的压力，逐步解决城市发展不平衡问题。围绕首都核心功能，主要承接和集聚国际交往、文化创意、科技创新等高端资源，重点发展生产性服务业、战略性新兴产业和高端制造业，更好地支撑首都城市战略定位。

3. 强化山区生态涵养能力

山区，包括门头沟区、平谷区、怀柔区、密云区、延庆区以及房山区和昌平区的山区部分，是京津冀西北部生态涵养区的重要组成部分，是首都生态屏障和重要水源保护地，也是首都生态文明建设先行区，主要功能是生态保障和水源涵养。截至 2015 年 9 月底，京冀生态水源保护林全年 10 万亩任务已完成 90%。

（四）政府与市场有机耦合的土地利用及调控机制

根据我国相关法律法规的规定，依据土地这种特殊商品（或要素）的特性及其运营的相关理论，借鉴发达国家的先进经验，并结合我国土地管理体制改革和制度建设的实践，设计我国土地配置与利用及其宏观调控机制运行框架（见图 4）。

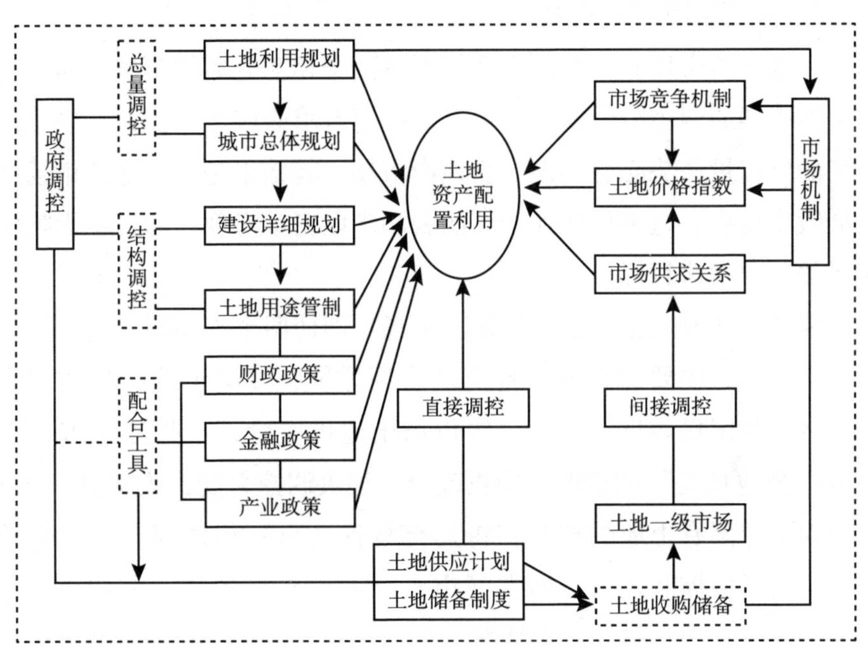

图 4　土地配置与利用调控机制体系框架

该调控机制体系主要包含两个方面：

1. 农地入市与土地一级市场均衡

农地自发入市，虽然在国家法律上是不允许的，但受经济利益的驱使，一些地区农村集体经济组织冒违法风险而出卖集体土地的行为又是客观存在的。农民出卖土地，就意味着其失去了赖以生存的最基本的生产资料，另外还面临一个违法的风险成本问题。因此，入市农地的价格水平甚至高于失地农民相当长时期内的生活费用，即自发入市的农地价格水平必然会不低于前期国家征用农地入市的均衡价格。而自发入市的农地数量会随着土地市场价格提高而增加，但由于受土地自身条件（如距市区太远、地形地貌不适合作建设用地等）限制，不可能无限增加，这使得土地供给曲线仍是一条斜线，而不是一条平行于横轴的水平线，其斜率就是自发入市农地的增长率。

2. 一、二级市场的均衡

一级土地市场和二级地产市场不是两个相互分离的市场，而是统一土地市场的两个阶段或两种形态。政府有求必应大量扩大一级土地市场的供应量，势必会冲击二级地产市场，其结果是二级地产市场维持低效率均衡，这不仅使地产商的利润难以正常实现，而且也影响使用者的地产增值目标。

因此，政府应建立统一的地产市场，即使两个市场同时达到均衡为政策取向，也要保证城市地产的合理增值，促进市地的集约化利用。针对我国目前盲目扩大一级市场土地供应量，一些县（市）级政府“公地私卖”的情况，中央政府应加大调控力度，收交县（市）级政府出让国有土地的权利，将其交与省（市）级政府，并置于中央政府的严格控制之下，即省（市）级政府根据各县、市社会经济发展情况以及地产市场发育情况，制定分县、市的中期和年度出让计划，由中央政府审批后执行，只有“节约”才能“开源”，否则，市地存量土地难以投入集约化利用。

按照我国经济的基本运行机制，市场在资源配置中要起决定性作用，无疑这是让市场在三地协同发展中起决定性作用，充分发挥供求规律、价格规律、竞争规律等在土地资源配置中的决定性作用。相对而言，市场具有较好的短期效应，而政府则需要从长远考虑，科学制定并充分利用公共政策工具及行政手段，促进京津冀城市群空间结构优化及土地节约集约利用。政府与市场有机耦合的市场决定机制如图5所示。

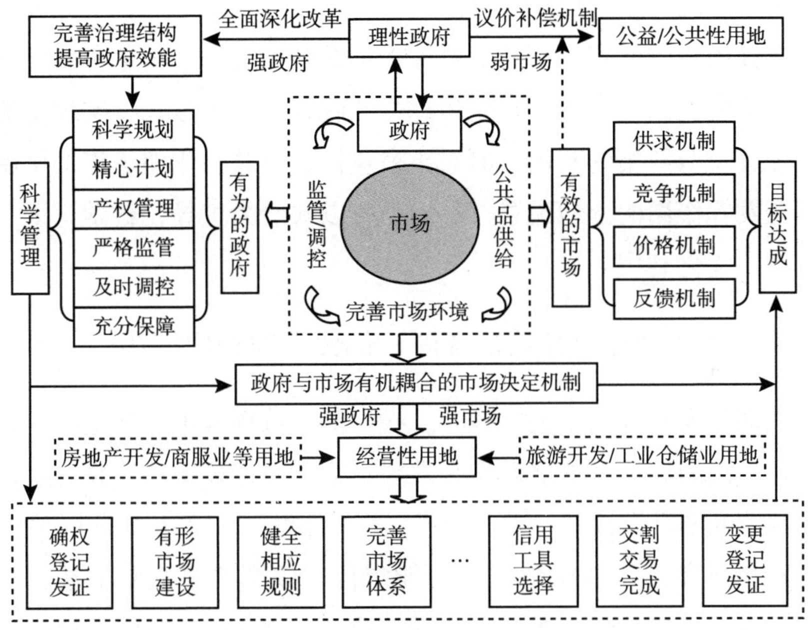

图5　政府与市场有机耦合的市场决定机制

三　促进首都地区空间布局优化及土地节约集约利用的对策建议

《纲要》提出，强化源头管控，坚守功能禁止和限制底线，严控增量、控住总量，为调整疏解存量留足时间和空间。

（一）充分发挥市场作用，形成高效运行机制

从国内外比较成熟的城市群发展建设的经验看，通过对要素市场的调控管理，以阶梯等级体系内更真实、更科学、更灵敏的要素价格

信号反映土地市场供求规律，发挥市场在资源配置中的决定性作用，是引导区域内产业结构合理高级化的关键因素之一。

对于房地产、商服业、旅游业、制造业等用地开发，工业仓储业等经营性用地的配置，应充分发挥市场的供求机制、竞争机制、价格机制、反馈机制的作用，采用招标、挂牌、拍卖等方式，实现土地的优化配置及节约集约利用；而对于公益性、公共性用地等市场机制难以完全发挥作用的土地配置及利用，应以政府为主导，科学论证、合理选址、优化利用。

（二）加快非首都功能疏解，优化土地利用结构

北京作为京津冀发展的核心，必须落实首都城市战略定位，把建设国际一流的和谐宜居之都作为发展主线，坚持疏解功能谋发展，坚持“瘦身健体”，构建“高精尖”经济结构。北京市的发展关键在“瘦身”，即坚持“四个中心”功能定位，按照严格控制增量，有序疏解存量，通过“禁、关、控、转、调”5种方式来完成疏解非首都功能目标。对不符合首都城市战略定位的功能和产业进行有序疏解。加快转出一般制造业及高端制造业的生产环节、区域性批发市场和物流基地，部分教育、医疗、培训机构等和部分行政性、事业性服务机构。通过产业疏解与转承，发展具有相对优势的产业，才可以形成互补性强的产业结构，优化产业用地结构与效用，从而在更大发展空间的基础上提升京津冀产业竞争力。

非首都功能产业疏解、转承产业的土地承载力、产业园区的用地结构及增效利用与区域经济发展是紧密联系、相辅相成、互为促进的。因此，京津冀的产业疏解与承接，可使京津加快产业升级，优化产业用地的结构与布局，集中优势发展高附加值、高技术含量的产业，而河北则可以较低成本引进相对先进的产业和技术，以“后发优势”提高产业层次与水平，从而实现产业转承过程的“双赢”。

坚持调整疏解与优化提升并重，集中力量实施东城区、西城区301项基础设施建设和环境改造提升项目，推进老城区平房院落修缮改造、棚户区改造和环境整治，着力提升综合承载力和现代化治理水平；积极推进朝阳区、海淀区内涵、集约、高效发展，优化完善丰台区、石景山区城市功能，为首都核心功能提供承载空间。

（三）加强三地政府合作，提高行政管理效能

长期以来，由于行政区划和利益驱使的原因，京津冀经济发展各自为战，产业结构趋同化现象非常严重，影响了区域经济社会的协调发展。随着宏观经济政策的变化，京津冀要通过协同发展，把本地区的产业结构调整纳入整个区域经济一体化发展中，充分利用和发挥各自的资源优势。应加强三地产业发展规划衔接，制定京津冀产业指导目录，加快京津冀产业平台建设。三地“一张图”规划实施，应避免各自为政，出现冲突，导致规划落空；同时，也要真正实现地区经济社会发展规划、城乡建设规划、土地利用规划的“三规合一”。

北京市更要实施减量化发展策略。严格控制人口规模，坚决遏制人口过快增长，以城六区人口减量为重点，2020年常住人口控制在2300万人以内，并同时促进人口合理布局。严控城六区人口规模，通过非首都功能疏解、严格控制居住和产业用地规模等方式，逐步降低人口密度；推动城六区以外的平原地区有序承接疏解功能和人口，抓住产业空间布局调整的机遇，适度增加就业岗位，促进职住协调。严格控制城镇建设用地规模，加强存量建设用地盘活利用，促进集体建设用地减量和集约高效利用。2020年全市城乡建设用地控制在2800平方公里以内，分区域控制建设用地和建筑规模，严控城六区建设用地规模。

（四）重视绿色土地利用策略，推进生态城市建设

京津冀城市群主体生产性功能分布于平原地区，环境污染特别是

大气污染严重，进而对土地也产生了较大污染，影响了新型城镇化发展及城乡居民的健康与福祉，因此，要按照“绿色发展”的新理念，从土地利用源头上，关停及杜绝污染性企业，腾退土地用于结构优化整合及生态建设，划定生态红线，对具有较强生态功能的土地严禁开发。鉴于当前北京市土地极其稀缺的实际，新鲜农产品供给不足的现实，以及农用地具有较强生态功能的特质，要进一步划定永久性基本农田，严格保护。着重对生态红线、永久性基本农田保护、城市永久性开发边界“三线合一”的规划编制。

严格按照国土资源部的要求，“对特大城市、超大城市和资源环境超载的城市，加快划定永久性开发边界，形成空间硬约束，其他城市可以分期划定，促进集约发展。”对于新增建设用地规模控制要严，有效管控新城新区和开发区规模无序扩大，严格控制农村集体建设用地规模。用地标准管理要严，加强建设项目用地标准控制和节地评价，真正做到土地节约集约利用。

参考文献

1. 封志明：《京津冀都市圈人口集疏过程与空间格局分析》，《地理信息科学学报》2013 年第 15 期。
2. 杨遴杰、饶富杰：《政府在工业用地配置中角色失效原因分析》，《中国土地科学》2012 年第 38 期。
3. 孟媛、张凤荣、姜广辉、陈铁森：《北京市产业结构与土地利用结构的关系研究》，《地域研究与开发》2011 年第 6 期。
4. 孙久文、李坚未：《京津冀协同发展的影响因素与未来展望》，《河北学刊》2015 年第 4 期。
5. 周霞、王德起：《京津冀城市群工业地价空间分布规律研究》，《建筑经济》2013 年第 3 期。
6. 孙铁山：《京津冀都市圈人口集聚与扩散及其影响因素——基于区域密度函数的实证研究》，《地理学报》2009 年第 8 期。

7. 文魁、祝尔娟等主编《京津冀发展报告（2015）——协同创新研究》，社会科学文献出版社，2015。
8. 黄大全、洪丽璇、梁进社：《福建省工业用地效率分析与集约利用评价》，《地理学报》2009 年第 4 期。

B.6

“十二五”时期密云推进城乡一体化发展的探索与实践

相远方　周宗福　丁玲华*

摘　要：　城乡发展一体化是解决“三农”问题的根本途径。“十二五”时期，密云积极探索，勇于实践，用“三个第一”的发展理念指导行动，以“三大工程”补齐农村发展短板，构建“三级联动”服务体系，为群众提供零距离服务，推进“三网融合”，提高城乡治理现代化水平，开展“三级联创”，提升了基层党组织引领发展的能力和水平。城乡一体化发展取得了较好成效。

关键词：　密云区　城乡发展　城乡一体化

党的十八大强调，解决好农业、农村、农民问题是全党工作的重中之重，城乡发展一体化是解决“三农”问题的根本途径。密云是山区、库区、老区，密云水库一、二、三级保护区面积占行政区总面积的67%，农业人口占户籍总人口的50%①。“十二五”时期，密云

* 相远方，密云区委研究室主任；周宗福，密云区委研究室副主任；丁玲华，密云区委研究室主任科员。

① 密云县统计局：《密云统计年鉴》，2014，第18页。

积极探索城乡一体化发展、解决"三农"问题的有效途径，形成和坚持了"五个三"的经验做法。

一　三个第一——理念指导行动

密云是首都重要饮用水源地和生态涵养发展区，数十年坚持不懈地保水，换来了山清水秀的生态环境，同时也伴随着如何发展的巨大压力。2009 年 7 月召开的县委十一届八次全会，在继承以"举保水旗，吃环境饭"为核心的首都水源区发展战略和创建国家生态县成果基础上，确立了密云生态涵养发展区工作方略，明确提出"保水是第一责任、发展是第一要务、生态是第一资源"。

1. 落实保水第一责任

为履行好这一职责，密云成立了密云水库保水协调委员会，建立了护水、护河、护山、护林、护地、护环境的"六护"机制，形成纵到底、横到边、全覆盖的保水工作体系。坚持生态与发展、保护与建设、当前与长远统筹兼顾的原则，根据自然条件、人口分布和环境承载能力等因素，将 20 个镇街细分为新城核心区、绿色发展区、绿色拓展区、水源保护区四个功能区，进行分类规划、指导和考核，弱化了水源保护区的经济考核任务，强化了水源保护和环境建设责任。以被确定为全国水生态文明城市建设试点为契机，制订并落实工作实施方案，围绕加强密云水库水源保护，构建"一库一环二区六线八带"①

① "一库"指密云水库水源保护为重点；"一环"指环密云水库库滨带，着重建设绿色植被过滤带；"二区"指密云水库一、二级水源保护区，强化点面源污染治理，保护水源地安全；"六线"指京密引水渠、南水北调 17.7 千米输水管线、南水北调线、东水西调线、地下水回补线、再生水回用管线，保护输水、调水、用水线路水质安全；"八带"指潮河、白河、白马关河、牤牛河、安达木河、清水河、红门川河、潮白河八条主要河流，按照流域治理思路及生态河流治理模式，以水系连通为主线，以防洪安全为保障，维护河流生态安全。

水生态系统保护和修复的总体布局。严格落实北京市《关于进一步加强密云水库水源保护工作的意见》，全面开展水库消落区退耕禁种、库中岛生态修复、库滨带绿化等工程，确保了南水北调江水顺利入库，密云水库水体质量常年保持在符合国家地表水二类以上标准。

2. 坚持发展第一要务

为了保水，密云先后关停了水源保护区内的200多家工矿企业，大批农民失去了在当地就业的机会，“要想富，炸水库”一度成为民间流传最广的一句话。发展的问题不解决，保水也会受到影响。密云生态涵养发展区工作方略明确提出，“尽快将密云的生态优势转化为发展优势，保护生态环境，发展生态经济，促进生态富民，前提是保护环境，核心是加快发展，根本是促进富民，立足好、突出快，集中精力抓发展，建设生态富裕和谐新密云”。其要义在于实现什么样的发展、怎样科学发展的问题。县委县政府始终坚持发展是第一要务，县委十一届十次全会提出建设“绿色国际休闲之都”的发展定位，密云县“十二五”规划明确了发展的产业方向、产业结构、产业布局。有了这样的共识，并切实付诸行动，密云的发展开创了一个崭新的局面。都市型现代农业结构不断优化，环境友好型工业健康发展，休闲旅游业提档升级，总部经济后发优势凸显；经济开发区成为密云经济发展的主战场和劳动力就业的重要平台，生态商务区成为最具发展潜力的重要增长极，太子务开发区、司马台雾灵山国际休闲度假区、酒乡之路沟域经济带等功能区呈现良好的发展态势；福田汽车、北京多功能汽车厂迅猛发展，古北水镇成为全国文化旅游新地标。“十二五”期间，密云地区生产总值年均增长9.9%，财政收入年均增长13.4%，城镇居民人均可支配收入年均增长10.3%，农村居民人均纯收入年均增长11.4%。以经济为牵引，社会发展和民生改善也都取得了长足进步。

3. 保护和利用好生态第一资源

全县上下牢固树立“绿水青山就是金山银山”的理念，“保护生态环境就是保护生产力，改善生态环境就是发展生产力”的观念深入人心。严厉打击盗采盗运矿产资源专项行动重拳出击，一度猖獗的非法开采运输矿产资源现象基本销声匿迹；拆违打非专项行动持续发力，工作成效一直位居全市各区县前列；农村垃圾处理体系、城乡环境综合治理机制不断完善，美丽乡村、卫生城市建设取得新的进展。由于生态环境建设取得了突出成果，2014 年密云被确定为首批“国家生态文明先行示范区”和“国家主体功能区建设试点”。

自 2011 年以来，密云先后被评为“绿动·2011 中国经济十大领军城市”“国际最佳休闲宜居名县”“2015 美丽中国旅游县（区）TOP10”等，形成了“以生态促发展、以发展促生态”的良性互动，经济建设努力走在生态涵养发展区前列，社会建设阔步走在全市郊区前列，生态建设已经走在全国前列。

二　三大工程——补齐农村发展短板

习近平总书记指出，小康不小康，关键看老乡。农村是全面建成小康社会的短板，要不断加大强农、惠农、富农政策力度。密云县委县政府为提升农民的生活品质和幸福指数，大力实施以下三大工程。

1. 农民增收工程，让农民过得开心

一是促进就业，帮助农民增加工资性收入。制定并落实《密云县促进城乡劳动力就业再就业办法》，实施“纯农就业家庭”转移就业援助方案，全县“纯农就业家庭”和“零就业家庭”始终保持动态为零。积极开发公益性岗位，优先安置低收入农户就业。2015 年，全县 24969 户低收入农户实现人均纯收入 10836.3 元，同比增长 19.4%，比全县平均值高了 7.9 个百分点。

二是提升产业，帮助农民增加经营性收入。制定《密云县关于促进低收入农户增收的实施办法》，对发展设施农业、特色种植业、生态养殖业的低收入农户实行更高的扶持标准。发展蔬菜、花卉、林果、蜂产品、民俗旅游等农民专业合作社，提高产业规模化、标准化水平，带动农民增收致富。

三是整合资源，帮助农民增加财产性收入。整合土地、山场、闲置农宅等资源，引进外部要素，促进产业融合发展，增加农民的财产性收入。如，利用古北水镇项目推进古北口镇司马台村搬迁改造，发展民俗旅游，使502户家庭在改善居住条件的同时，获得经济补偿和土地流转收益；利用山里寒舍项目改造北庄镇干峪沟村闲置农宅，发展高端休闲旅游，每套农宅每年为农民增加7000元左右的经济收益。

四是精准帮扶，帮助农民增加综合性收入。建立对口帮扶工作机制，全县92个县直机关、企事业单位与92个低收入村结成帮扶对子，因地制宜开展帮村扶户工作。积极联系县外单位及县内非公企业与低收入村（户）结成对子，通过为农民提供用工岗位、实施援助、收购农产品等方式帮助农民增收。

五是政策托底，保障特殊人群基本生活需求。2014年，密云县把城乡低保认定标准统一调整为650元/月，在生态涵养发展区率先实现了城乡低保标准一体化。通过实施“农民增收”工程，密云县农村居民人均纯收入连续七年保持10%以上的增速，已连续六年获得北京市委市政府表彰。

2. 农民健康工程，让农民活得舒心

一是有效解决农民看病难、看病贵问题。为解决农民看病难问题，密云县加快农村卫生设施建设，村卫生室拥有量达到了74%，并在全市率先将新农合延伸到村卫生室，让农民享受到与城镇居民同样的公共医疗服务。为解决农民看病贵问题，将全县已建成的247家村卫生室全部纳入新农合定点医疗机构，销售零差价药品，实现了农民零差价购药且医药费报销不出村。对因基础设施不达标或者没有符合资质的乡村医生而未建卫生室的少数空白村，由所在镇卫生服务中心派出流动诊疗车，每星期或每半个月巡诊一次，农民在流动诊疗车上看病、买药，同样能享受药费就地减免政策。

二是为农民建立健康档案。针对农村卫生条件差、农民健康知识比较缺乏的现实情况，每年为农民免费体检，对糖尿病、高血压、脑中风、冠心病四种慢性病进行筛查，并为参加体检的农民建立健康电子档案，使全县农民免费体检和建档率均达到100%。

三是全力解决农民安全饮水问题。集中移民后扶项目、一事一议财政奖补、美丽乡村建设等政策资金，有效解决了168个自然村的供水难题，使农民喝上了干净的水。

3. 农民安居工程，让农民住得放心

密云加大山区搬迁、住宅抗震节能改造和农村危旧房改造力度，2010~2015年，全县累计实施山区泥石流易发区及生存条件恶劣地区农户搬迁8000余户，实施农宅抗震节能改造55844户、农村社会救济对象危旧房改造2000户，农村人居环境有了明显改善。结合农民新居建设、沟域经济发展、浅山区开发，对农民搬迁的新居和改造的房屋，实行统一规划、统一施工、统一标准，道路和街道统一硬化、绿化、美化，为发展乡村旅游打下良好基础，实现了农民搬得出、稳得住、能致富。

三　三级联动——服务群众零距离

创新便民服务模式，在全市率先建立了"上下联动、层级清晰、覆盖城乡、服务高效"的县、镇（街道）、村（社区）"三级联动"便民服务体系。

1. 县级层面建立组织机构，实行统一管理

成立了便民服务体系建设领导小组，县主要领导任组长，主管领导任副组长，县政府办、监察局、发改委、住建委、经信委和各镇街等相关单位一把手为小组成员。领导小组办公室设在县政务服务中心，对全县便民服务体系建设进行统一协调管理。设立了县政务服务中心，为正处级单位。根据行政审批服务的功能性和关联性，分领域整合审批事项，将政务服务中心的服务大厅划分为注册登记区、房产交易区、固定资产投资项目综合审批区、综合公共服务区，实行“分厅制”服务，对外弱化部门概念，对内强化并联运作，大大提高了行政审批效率。自 2012 年成立到 2015 年底，县政务服务中心受理各类行政审批及服务事项共 240322 件，办结率达到 99. 8%。

2. 镇（街道）建立便民服务中心，实现“一门式”服务

以乡镇机构改革为契机，将规划建设与环境保护、经济发展、民政、计生等科室服务职能统一整合纳入镇（街道）便民服务中心。把办理事项分为即办和承办两类：即办类事项要求现场立即办结；承办类事项按照中心工作流程在规定时限内完成。目前，镇（街道）便民服务中心已整合行政许可和公共服务事项 107 项（街道 80 项），极大地方便了办事群众。

3. 村（社区）建立便民服务代办点，提供“零距离”服务

明确了政务代办事项、代办职责和代办人员，延伸了镇（街道）便民服务中心职能，扫除了政务服务的盲区。这种“零距离”服务，提高了政府的办事效率，节约了群众办事成本。

为加强对窗口服务的全程监控，建立了县、镇（街道）、村（社区）三级电子监察系统，充分发挥信息网络技术手段的作用，将过去对窗口工作人员履职情况的事后检查，改为事前、事中、事后同步即时监察，有效避免了机关工作人员暗箱操作、吃拿卡要等腐败现象的发生。

四 三网融合——城乡治理现代化

密云县大力推进立体分类式网格化社会服务管理体系建设，构建了集社会服务、城乡管理、社会治安三网为一体的网格化社会服务管理体系，城乡社会治理迈向标准化、规范化、精细化。

1. 构建了覆盖全域的工作网络

2012 年密云县在全市率先实现了网格化工作的全覆盖，网格化服务体系成为全县基层综合服务管理的重要平台。经过三年的不断完善，构建了纵到底、横到边的工作体系，形成了县、镇（街道）、村（社区）、基础网格的四级立体工作层级，按照不同地理特点，全县划分出社区、村庄、农地、山场、景区、公路河流铁路、工业区等 7 类 5204 个基础网格。在县级层面，成立了县网格化社会服务管理综合指挥中心，并与应急、非紧急救助、综治维稳中心融合连接，实现了全县社会服务管理的统一指挥调度；在镇街层面，建立了镇（街道）网格化社会服务管理工作领导小组，设立镇（街道）网格化指挥中心；在村（社区）层面，全部成立了社会服务管理站，对网格进行精细化管理。

2. 整合了多元协作的网格员队伍

密云县配备了 1.8 万名“6 + N”类网格员。“6”指六类人员，即基层党员、村（居）民代表、协管员、公益性就业岗位人员、志愿者、镇街机关干部；“N”指县职能部门干部。协管员和公益性就业岗位人员是农村网格员的骨干力量。密云县将协管员和公益性就业岗位人员进行整合，择优设置专职社会管理员，使其承担社会治安、矛盾调解、环境治理、水源保护、防汛防火、便民服务等职责。通过强化对网格员队伍的管理，密云县网格化工作成效显著，社会更加和谐稳定，群众安全感满意度连续多年位居全市前三名。

3. 完善了规范标准的运行机制

密云县制定了网格化社会服务管理标准，对网格划分、人员配置、运行管理、监督考评等 40 多项综合管理和业务内容进行了全面规范。建立了“发现上报、任务分派、问题处置、核查反馈、形成评价”五步闭合流程，进行全智能化管理。建立了网络化三级预警监察机制，对未按规定及时履职的单位，视情况启动政府督察督办、行政效能监察程序。强化对网格化工作的监察考核，每天、每周、每月、每季度对网格化运行情况进行分析通报，确保服务管理及时到位。

4. 形成了条块统筹的工作格局

县各职能部门结合工作实际划分各自的业务网格，与镇街的基础网格对接，共同构成立体分类式工作网络，及时处理业务范围内各类事项，形成了条块统筹的工作格局。目前，已有 38 个部门融入网格化服务管理体系，与 8600 多名社会管理员共同努力，对生态环境、违章建筑、盗采盗运等问题进行常态化管理，社会治理的及时性、精准性和实效性显著增强。

五 三级联创——基层党组织成为领头雁

积极开展以“五个好”[①] 村党组织、乡镇党委和农村基层组织建设先进县为主要内容的创建活动。“三级联创”也包含街道和社区，并把创建基层满意的县直涉农部门和群众满意的乡镇站所纳入其中。通过开展“三级联创”活动，提高了基层党组织引领发展的能力和水平。

---

① 一是领导班子好，二是党员队伍好，三是工作机制好，四是工作业绩好，五是群众反映好。

1. 三级联创，推动“两个转变”

一是基层党组织职能由组织保障向组织引领转变。积极探索“党组织引领、政府支持、社会参与、农民主体”四位一体的模式，推动农村发展，基层党组织在统筹谋划、整合资源、组织实施等方面发挥了良好的引领作用。二是基层党组织工作由传统粗放型管理向现代精细化管理转变。依托党员干部现代远程教育网络，开发基层党建工作全程纪实系统，以文字、图片、视频等形式，对基层党组织工作全程纪实，实现了可视化信息管理。

2. 三级联创，实现“三个突破”

一是在提升村干部引领发展能力上取得了新突破。县委按照思想政治素质好、带富能力强、协调能力强的“一好双强”标准，积极推进村党组织“两推一选”“公推直选”，采取村内选举、回请能人、机关下派、跨村兼职、异村任职等办法，选拔优秀村党组织书记。据统计，在全县327个村党组织书记中，致富带头人、有企业和个体经营经历者、退伍军人、机关下派干部超过了78%。全面推行村级干部职责管理，把推动发展情况作为考核的重点，建立了村级干部基本报酬、绩效奖金和重点工程奖励等薪酬保障机制，充分调动了村级干部干事创业的积极性。

二是在发挥党员的示范带动作用上取得了新突破。基层党组织重点发展致富能手、种养大户、农村实用人才、专业合作组织负责人、优秀青年等加入党组织，大力开展党员实用技术、职业技能、创业就业等培训，不断提高党员带头致富和带领群众共同致富的能力。积极引导党员领办创办农民专业合作社。以党员领办创办的、具有一定规模的合作社、养殖场、种植园等经济实体为依托，建立党员科技致富示范基地。截至目前，全县有农民专业合作社1262家，其中党组织、党员领办创办的超过一半。

三是在加强基层党组织建设的制度机制上取得了新突破。县委出台了《关于进一步加强村级党组织建设的工作意见》，提出了新形势下村级党组织和农村基层干部的基本要求，明确了村级党组织建设的目标和措施。深入推进“五星级村党组织”创建，形成了镇级党政齐动、齐抓共管，村级争星进位、创先争优的工作氛围，确保基层党组织始终能够引领农村的发展。

3. 三级联创，探索形成党组织引领农村发展的多种模式

一是“党支部+产业+人才”模式，即通过发挥党组织在各个环节的引领作用，加强人才资源保障，大力发展产业，建设社会主义新农村。

二是“村党组织+企业+产业”模式，即通过村党组织积极引进大型落地企业，将农村的优势资源与企业产品、技术和市场对接，实现农村经济社会发展和农民增收。

三是“村党组织+政策+园区”模式，即通过村党组织抓住旧村改造试点的政策机遇，推进土地集约流转，建设产业园区，促进一、二、三产业融合发展。

四是“村党组织+合作社+农户”模式，即通过党组织领办创办农民专业合作组织，吸引农民入社，提高农民的组织化程度，增强农民抵御市场风险的能力，促进农户增收。

2015年10月13日，国务院批复同意密云撤县设区。县改区后，密云的基本情况没有变，保水富民强区的根本任务没有变，干部群众推进城乡一体化发展的愿望更加迫切。全区上下应该抓住县改区的契机，按照区第一次党代会和密云区“十三五”规划确定的目标任务，持续推进城乡一体化发展，努力把密云建设成为和谐宜居的首善之区。

注：

1. 2015年10月13日，国务院批复同意密云撤县设区。本文在总结“十二五”期

间密云城乡一体化发展情况时，依然沿用“密云县”“县委县政府”等称谓。

2. 文中凡未标明出处的数据均为密云区委研究室调研所得。

参考文献

1.《坚定不移沿着中国特色社会主义道路前进为全面建成小康社会而奋斗——在中国共产党第十八次全国代表大会上的报告》，人民出版社，2012。

2.《习近平谈治国理政》，外文出版社，2014。

3. 中共北京市委宣传部理论处编《习近平总书记重要讲话选编》，2013。

4. 汪先永：《密云县农村基层党组织引领经济发展模式研究》，《北京农村经济》2012 年第 3 期。

5.《密云年鉴》，2009 年至 2015 年，中共党史出版社。

6. 中共密云县委研究室：《密云县调查报告选》（2010～2012，2013～2014）。

B.7

联村联营　片区统筹

——乡镇统筹均衡发展的旧宫样本解读

陈雪原　李 尧　王洪雨*

摘　要： 本文通过对旧宫镇依托空间统筹、体制统筹、政策统筹，推进南街片区4个村庄工业大院整体改造，实现中科电商谷项目落地的案例分析，认为乡镇统筹发展是推进首都绿隔地区改革，加快规划还绿，缓解“大城市病”问题的重要体制支撑，片区统筹则是乡镇统筹的一种可行方式和手段。

关键词： 乡镇统筹　片区统筹　大城市病

长期以来，在“村自为战”的体制格局下，农村发展在空间、产业、组织乃至政策等领域均呈现一种典型的分割式特征，村与村之间缺乏统筹机制，非均衡发展态势日益凸显。近年来，大兴区旧宫镇探索“联村联营，片区统筹”的均衡发展模式，缩小村域之间的发展差距，实现农民土地股权分红水平的翻番，推进城乡结合部整治，

* 陈雪原，博士，北京市农村经济研究中心（市农村合作经济经营管理办公室）经济体制处处长；研究领域：集体经济、集体土地制度、城乡规划。李尧，硕士，北京金域美境科技有限公司总经理；研究领域：土地整治、土地政策。王洪雨，硕士，北京市农村经济研究中心（市农村合作经济经营管理办公室）经济体制处，主任科员；研究领域：集体土地制度、城乡规划。

缓解人口资源环境矛盾的“大城市病”，形成了一条城乡一体化的均衡发展新路径。

一　乡镇统筹均衡发展促进农民增收效果显著

旧宫镇地处大兴区最北端，与丰台区大红门地区、朝阳区小红门乡、亦庄经济技术开发区以及南苑机场接壤，以五环路为界，南北分别位于二道绿隔和一道绿隔地区。镇域面积 29.73 平方公里，下辖 19 个村，农业人口 11818 人。长期以来，旧宫地区缺乏高端主导产业支撑，以小型服装厂、小型食品加工厂、小型五金加工厂等低端的“六小企业”为主，集体资产主要以土地租赁、厂房租赁等为收入来源。根据最近完成的土地清查数据，旧宫镇现有尚未拆除的经营性建设用地 9000 多亩，其中，3000 多亩用于建造仓库，4000 多亩用于商业门脸，还有部分处于闲置状态，土地使用效率极为低下。2013 年，13000 亩的工业大院年租金收益仅 1.2 亿元，亩均收益不到 1 万元，村集体发展后劲和农民的长期利益缺乏稳定保障。加之人口无序聚集，环境脏、乱、差，进一步加重了集体经济的社会性负担。2013 年，各村按照集体收入对村民进行分配，人均土地确权收入 6000 ~ 10000 元不等，全镇用于分红的收入 7700 万元，人均 6500 元。

面对发展空间的制约、失地农民权益保障的迫切需求，旧宫镇选择了组团式开发、片区式经营的全新集体资产发展新模式。自 2009 年以来，旧宫镇利用地铁亦庄线旧宫东站、蒲黄榆路南延、绿隔地区建设、城乡结合部改造以及南海子郊野公园等市级重点工程建设契机，按照“统一经营、分配一致”的目标和要求，分四个片区，统筹实施旧村拆迁改造工程，先后对旧宫、庑殿、南场、大有庄、西广德等 15 个村进行了拆迁及南街地区四个村的工业大院升级改造（受南苑机场规划调整影响该片区村庄未拆迁），既实现了旧村升级改

造，又关停了大部分低端企业，有效提高了土地使用效率，实现了产业升级，拓展了集体经济发展的新空间，带动了农民增收。

改造项目全部完成后，镇级统筹资产将达到100亿元，形成效益4亿~5亿元。目前庑殿、南街、旧宫三个已建成片区产业项目定位准确，因为项目建设周期短，资金回笼快，开发初见成效，年收益已达1.25亿元。根据每个村的实际经营收入状况，镇级统筹对每个村进行差异化补贴，实现村与村之间分红水平的相对均衡。经初步统计，2014年，全镇1.18万集体经济组织成员人均分红将达到12000元（不含2000元过节费），比原来“村自为战”体制下的人均分红水平翻了一番。

二　主要做法

旧宫镇统筹均衡发展的主要做法是“联村联营，片区统筹”，即通过“电商谷项目、世界之花项目、回迁房底商、文化体育休闲项目”四个项目分别带动南街、庑殿、旧宫、集贤四个片区，先实现片区统筹，再逐步缩小片区之间的差距，最终实现镇域统筹协调发展。

（一）空间统筹

南街片：电商谷项目。其属于工业大院改造升级项目，解决南街片区南街一村、二村、三村、四村农民的长期经济利益问题。片区公司负责集约利用集体经营性建设用地，集体建设用地的开发建设、招商立项、经营租赁。占地共475亩，计划建商业设施88万平方米（其中15万平方米产权归村级资产管理公司北京宏景资产管理公司所有），四个村集体年可获得保底租金5000万元，项目运营收益超出部分按资产比例分红。

庑殿片：世界之花项目。涉及庑殿一村、二村、三村和南场东、南场西 5 个村，充分利用一道绿隔劳均 50 平方米的产业发展政策，借助亦庄配套区、紧邻市区的优势，定位世界之花项目。占地 195 亩，计划建筑面积 50 万平方米，地上商业设施由投资商完成，产权属于村集体所有，允许投资商经营 40 年，租金为每年 6000 万元，按每年 1000 万元递增，直至 1 亿元，20 年后按当时市场价格商谈租金。以后每年租金收益用于保障庑殿片的农民长期利益，让农民分享更多的城乡发展成果。

旧宫片：回迁房底商。包括旧宫一村、二村、三村、四村，共有建筑面积 6 万平方米。土地被征用为国有，旧宫回迁房项目底商资产产权归镇级集体企业宏展公司所有，现已完成招商和正式运营。年租金收益 2500 万元，公司将这些收益补贴给 4 个村集体经济组织。经和市规划委协商，在凉水河东侧争取到 3 公顷建设用地指标，计划再建 17 万平方米的商业设施，补充集体收益不足部分。

集贤片：文化体育休闲项目。包括集贤一村、二村、三村、四村和西广德、有余庄等 6 个村。目前，集贤四、西广德这两个村已完成拆迁，回迁房正在规划中，回迁房底商将解决这两个村农民的长期利益问题。集贤一村、二村、三村和有余庄，四个村地理位置优越，处于商业繁华地段，计划利用回迁房底商解决这四个村集体经济发展问题。通过南海子公园和集贤改造项目，用于村级收益分配的资产建筑面积达到 13 万平方米，资产出租收益用于集贤 5 个村的村民收益分配。

（二）体制统筹

旧宫镇按照“分级管理、责权明确”的原则建立组织管理架构。镇成立了北京宏图资产管理公司（见图 1），负责统筹全镇范围内旧村改造、农民上楼、项目开发。按照历史形成的南街、庑殿、旧宫、集贤四个片区，每片委托成立一个以片区内各村为成员单位的分公司，作为集体资产管理公司，建立相应的新型集体经济联合组织；作为组织平台、融资平台、项目申报平台，进行土地利用的区片整治，建设适合本地区产业发展的高端服务业项目，支撑各项跨村域重大项目建设的快速推进。村集体土地收益的资产管理按照“分级管理、责权明确”的原则建立组织管理架构，每个片区成立决策和监督机构，各村保留村党支部和村级经济管理组织，负责组织建设和村民分配的发放。按照公司章程，集体资产管理公司每年可分配收益本着“相对稳定、逐步提高，分配一致”的原则进行分配，旧宫镇最终将实现资产建筑面积100万平方米，近期年收益预计达到3亿元。

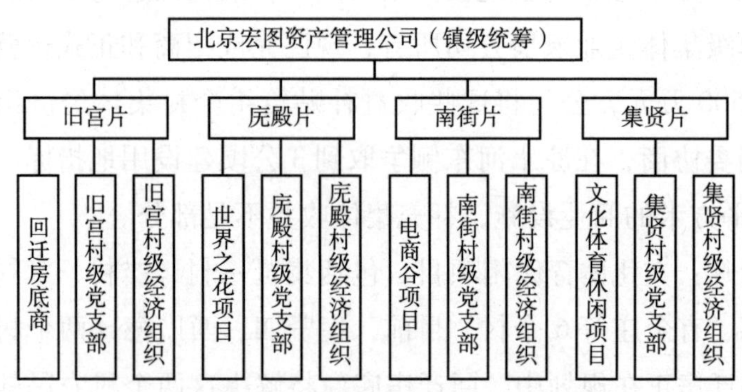

图1　旧宫镇乡镇统筹体制框架示意图

通过一级开发、项目带动、四个片区联村联营机制完善，自我平衡后，开展镇级产权制度改革，成立统一的镇级资产管理公司，分配好片区利益，从小平衡走向大平衡。逐步实现村级土地镇级管理，除项目建设用地外，实现规划还绿，加快镇域生态文明与城乡环境建设。

（三）政策统筹

旧宫镇在分片区组团式开发建设中，集合了绿隔、土储以及重大项目等各项政策，形成合力，把项目开发、农民上楼与旧村改造统筹考虑，同步推进，降低了开发成本，提高了城市化改造的效率。

三　“中科电商谷”：工业大院改造的典型案例

“中科电商谷”是北京市较早的城乡一体化改造投资项目和房地分离试点项目，主要是按照“拆10还2绿8建3”（以下简称“283”）的模式，将旧宫镇南街片区四个村的工业大院升级改造，打造电商全产业链的现代服务产业聚集区。项目地处南四环、南五环与南中轴路之间，毗邻规划地铁8号线延长线及轻轨亦庄线。目前，已与京东商城、当当网等58家企业签约注册或签订合作框架协议。现项目一期工程A地块建筑面积18万平方米，主体结构已完工，已于2015年7月投入运营。中科电商谷项目带动效益显著，主要得益于四项措施：

一是规划指标片区集约利用。南街片区统筹集约利用南街一村、二村、三村和四村的土地规划指标建设电商谷项目，打破了“村村点火，户户冒烟”的传统发展路径。共计拆除占地274公顷，建筑面积275万平方米的工业大院，规划建设用地48公顷（其中道路等公共建筑占16公顷，产业用地32公顷），占拆除面积的18%，建设110万平方米的产业园区，地上建筑面积88万平方米，占总拆除面积的32%，形成旧宫镇乡镇统筹利用集体经营性建设用地的“283”模式。

二是建立健全利益统筹机制。首先，组建宏景资产管理公司，作为南街片区四个村的联营公司（见图2）。南街四个村以每个村的集体经济组织成员数量入股，不考虑用地性质、区位因素，每人一股，完全按照人口比例确定各村在联营公司的股权比例。转居后未安排就业人员也被纳入进来。其次，集体建设用地使用权确权到联营公司。

第一步先将集体建设用地所有权证、集体建设用地使用权证颁发到项目所在地的南街一村、四村，然后再通过产权变更，将集体建设用地使用权证登记到联营公司名下。最后，实现房地分离。村集体和联营公司分别拥有集体建设用地的所有权和使用权，地上商业设施由投资商施工建设和经营，产权归投资商，联营公司获得15万平方米虚拟房产的未来收益，并设定年保底租金5000万元，四个村2500名集体经济组织成员年保底分红2万元。收益超出部分按照资本比例进行分配。项目自开工开始，即支付保底租金。

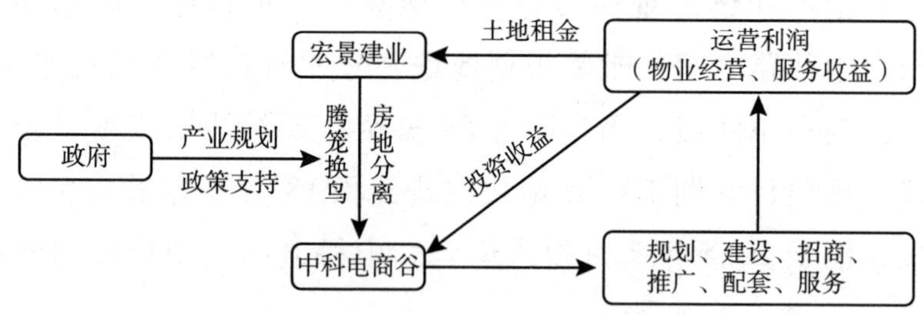

图2　中科电商谷体制架构

三是区域统筹实现资金平衡。依据市国土储〔2013〕458号文，经市土储中心同意，五环西侧的四个村工业大院的腾退成本（约1500元/㎡）、市政配套所需建设资金约5.5亿元以及后期建设成本纳入五环东侧的上市地块“城乡结合部改造配套用地”项目的一级开发成本。“中科电商谷”作为亦庄开发区的配套建设项目，前期市政配套建设资金由亦庄开发区先期支付。

四是优化审批流程。分用地报批和项目报批两条线同时推进。规划用地报批环节主要以镇政府为申报主体，第一步，优化产业布局，明确产业定位。将中科电商谷项目作为亦庄开发区的配套产业园区，实现产业引导规划。第二步，编制报批村庄整治规划。自2012年2月开始报批，2013年获得批复。第三步，编制工业大院升级改造方案。先上报区规委，通过后以区政府名义向市规委行文报批，市规委出会议纪要通过，区政府进行方案公示，确定“283”的规划指标。第四步，完成土地农转用的占地手续。项目报批环节，首先是与开发商签协议，实现投资公司与联营公司利益捆绑。然后，两家公司一起申报立项。完成项目立项后，最终实现房地分离。

目前，中科电商谷项目仍然面临一些亟待解决的政策难题，如绿化地区缺乏绿色产业项目后续支撑，乡村集体经济组织分红在镇村二次缴税等。

四　几点启示

（一）乡镇统筹均衡发展是农村深化经济体制改革、转变经济发展方式的新阶段

改革开放近40年来，随着工业化、城镇化进程的快速推进，首都郊区日益成为未来发展的战略腹地，项目越来越大和资源越来越少之间的矛盾也越来越突出，迫切需要跨村统筹配置资源。通过合理规划，集中建设用地指标，集约高效利用土地，提高项目建设的档次、规模、水平，实现产业结构的升级和调整。加之首都进入城乡一体化发展阶段，受到城乡统筹规划的影响，村与村之间发展机会差异日益突出。村庄继续立足自身谋求发展空间日益局促。旧宫镇打破村庄产权封闭、各自为战的格局，实行镇级统筹联村联营，通过成立集体资产管理公司，建立区域统筹发展机制，统筹空间产业布局，统筹集约利用集体建设用地，统筹村级自有资产资金，统筹不同发展阶段梯次村社间收益分配，统筹政策集成等方式，为集体经济发展提供了广阔发展空间，实现了集体增效农民增收，区域均衡协调发展。

（二）乡镇统筹发展是城乡一体化的具体实现形式，具有综合效益

一是缓解人口资源环境矛盾的“城市病”。旧宫镇发挥乡镇统筹优势，把集约集体资产、资源管理和拆违控违、安全生产、环境整治、人口调控相结合，通过一系列创新举措，实现区域内发展与人口资源环境之间的平衡关系。表现在：项目的建设能够从根本上解决农民增收问题，为拆除历史形成的工业大院创造了条件，避免了当地村民内部加盖违建的合谋行为；拆迁后腾退土地按照总体规划使用，根除了违法建设存在的土壤；集体土地的集约利用，实现了规划还绿，减少了外来流动人口，人口资源环境条件得到有效改善。

二是缩小了村与村之间的差距。以往村与村、片与片之间根据本村收入不同给村民的收益分配也不一样，造成了同在一个地区生活收入不均的现象，农民心气不顺，有怨言。通过乡镇统筹，按照“分配一致”的原则，大体拉平，就有效解决了这个问题。

三是完善乡村治理，制约村级腐败。通过联营公司统一经营和管理、村级经济组织负责分配的管理体系的设置，打破了村庄的封闭产权结构，有利于从根本上解决村级干部的腐败问题。

（三）乡镇统筹要注意可操作性，尽量简便易行

乡镇统筹的概念容易被理解为全镇域的统筹。实际上，乡镇区域大小不同，行政村数量不同，历史背景和发展基础条件不同，乡镇统筹的路径因此也有所差异，关键是要便于实施和操作。旧宫镇立足传统区域特征，采取了“总体设计，分片规划，分步实施”的办法，分为四个片区进行区域统筹，然后再逐步过渡到乡镇统筹，取得了较好的实施效果。这种分步实施的做法，操作相对简单，村民和村干部容易接受，为镇域统筹发展提供了具有现实性的路径。

注：本文所用数据均来自作者的调研。

参考文献

1. 郭光磊：《推进首都新型城镇化及集体建设用地集约利用的思考》，《中国经贸导刊》2015 年第 7 期。

2. 陈雪原：《关于“双刘易斯”二元模型的理论假说与实证分析》，《中国农村经济》2015 年第 3 期。

B.8
北京市青年群体“以租代购”住房理念分析*

——基于朝阳区、丰台区、通州区的抽样调查

刘文泽　崔亚凝　张斓琪　杨梦琪　金洁羽　杜姗姗　张远索**

摘　要：　通过对北京市朝阳区、丰台区、通州区青年群体“以租代购”住房理念的调查研究，分析三个区青年群体对以租代购住房理念的看法，了解当前现状，分析其存在的问题。通过了解青年群体对“以租代购”住房理念的认识程度，提出制定完善相关法律法规、建立公租房融资机制、建立统一的管理机构、完善相应的配套设施等政策建议。

关键词：　青年群体　“以租代购”　住房理念

* 项目资助：北京联合大学2015年度校级教改项目（项目编号：JJ2015Q003）、北京市教育科学“十二五”规划2015年度课题（课题批准号：DDB15183）、2014年度北京学研究基地科研项目（项目编号：BJXJD－KT2014－YB01）。

说明：目前对青年群体的年龄界限规定不一，国家统计局将15～34岁的人划分为青年，共青团将15～28岁的人划分为青年，青年联合会将18～40岁的人划分为青年。为迎合人们购房置业、结婚成家等需求，本研究将青年群体的年龄区间定义为18～35岁。

** 刘文泽、崔亚凝，北京联合大学应用文理学院硕士研究生，研究方向为文化遗产区域保护规划、城乡规划管理；张斓琪、杨梦琪、金洁羽，北京联合大学应用文理学院本科生，研究方向为城乡规划管理；杜姗姗，北京联合大学应用文理学院讲师，博士，研究方向为生态农业、土地利用规划；本文通信作者张远索，北京联合大学应用文理学院副教授，博士，研究方向为土地制度政策、房地产市场分析。

近年来，北京房价不断上涨，当前的价位让很多年轻人望而却步，他们无力承担高昂的购房成本，只能选择租房居住。政府规划建设了各类保障性住房，一定程度上缓解了上述问题。但人地矛盾日益加剧，为有效利用土地和房屋资源，避免更大不公，政府将公共租赁房等租赁型住房作为保障性住房的主体。在此背景下，研究北京保障性住房主要保障对象——青年群体的“以租代购”意愿和诉求，显得尤为重要，这关系到政策初衷能否完美实现。同时，青年群体多数在市中心工作，但家庭收入较低，又因此多租住在较远的地方，很多人是“供职城区、居住郊区”。因此，研究北京青年群体“以租代购”住房理念，是统筹城乡一体化发展的一个重要问题。本研究选择朝阳区、丰台区、通州区三个区作为抽样调查区域，分析北京青年群体对“以租代购”住房理念的接受程度和利益诉求，以期为有关部门出台后续政策提供参考。

一 三区青年群体“以租代购”住房理念现状

本次调查一共发放 555 份调查问卷，回收有效调查问卷 442 份，其中朝阳区发放问卷 200 份，有效问卷 172 份；丰台区发放问卷 155 份，有效问卷 150 份；通州区发放问卷 200 份，有效问卷 120 份。有效调查问卷显示，朝阳区青年群体愿意以租代购的人数为 66 人，不愿意的为 106 人；丰台区青年群体愿意以租代购的人数为 32 人，不愿意的为 118 人；通州区青年群体愿意以租代购的人数为 88 人，不愿意的为 32 人。三区青年群体愿意以租代购的人数为 186 人，占比 42.08%；不愿意的为 256 人，占比 57.92%。可见以租代购的住房理念，还未深入人心，大部分还不能接受以租代购，但通州区青年群体愿意以租代购的人数超过了不愿意的人数，而朝阳区和丰台区愿意以租代购的人数远少于不愿意的人数，三个区有差异。

二　被调查者背景情况分析

（一）三区青年群体基本家庭情况分析

从调查问卷汇总情况来看，青年人口年龄分布较为合理，家庭居住结构以三口之家为主，家庭收入以5万~15万元为主，有利于本文研究（见表1、表2、表3）。

表1　年龄分布

单位：人

年　龄	18~22岁	23~27岁	28~32岁	32~35岁
朝阳区	46	53	37	36
丰台区	32	47	27	44
通州区	29	31	19	41
总　计	107	131	83	121

表2　家庭居住结构

单位：人

家庭居住结构	独居家庭	两口之家	三口之家	三人以上家庭	其他
朝阳区	15	25	75	35	22
丰台区	29	37	44	39	1
通州区	19	21	62	18	0
总　计	63	83	181	92	23

表3　家庭年收入情况

单位：人，万元

家庭年收入	5以下	5~9.9	10~14.9	15~19.9	20~24.9	25~29.9	30以上
朝阳区	37	44	42	25	12	6	6
丰台区	20	22	38	35	27	6	2
通州区	24	38	25	13	10	5	5
总　计	81	104	105	73	49	17	13

从调查问卷中可以看出受调查的青年群体年龄在23~27岁之间的最多，为131人，占比29.64%，如果受调查者是本科学历的话，这个年龄正好是刚刚毕业工作三四年的年龄，“以租代购”的住房形式比较适合这个年龄段的青年群体。他们的事业刚刚起步，收入还不稳定，住房支出占其较大的支出比例，“以租代购”可以缓解其经济压力，这个青年群体对“以租代购”住房消费模式给予更多关注，更适合成为本文的调查对象，所以调查问卷中此类受调查群体最多，有利于提高本文研究的准确性。其次是32~35岁的受调查青年群体，人数也较多，为121人，占比27.38%。这部分人事业起步已经有一段时间，收入较稳定，大多成立了家庭，适应了社会上的生活，想法更加成熟，所以调查他们，对于本文研究也有很大的帮助。

从调查问卷中可以看出受调查的青年群体中三口之家最多，共有181人，占比40.95%；其次是三人以上的家庭，共有92人，占比20.81%；再次是两口之家，共有83人，占比18.78%；最后是独居家庭，共有63人，占比14.25%。青年群体在居住中都需要一定的空间，而面积不一样，其房价、租金也不一样，独居的青年群体可能更多地考虑其结婚情况，而两口之家一般都属于刚结婚不久、努力奋斗的夫妻，三口之家是工作有一定年限，有一定稳定收入的家庭，三人以上家庭是工作年限更久，具有稳定收入的家庭。

从调查问卷中可以看出受调查的青年群体年收入在10万~14.9万元的人数最多，为105人，占比23.76%；其次为5万~9.9万元，为104人，占比23.53%。从调查问卷中可以看出5万~15万元年收入的青年群体家庭较多，他们大部分为工薪阶层，很难在较短的时间内购买住房，说明买房压力较大，这个时候“以租代购”的住房模式可能成为其比较现实的选择，所以接受“以租代购”住房理念的人会逐渐增多。

通过三个区的对比可以发现，三区调查家庭多为三口之家，分别为75人、44人、62人。而其家庭年收入方面朝阳区5万~9.9万元人数最多，为44人，丰台区10万~14.9万元人数最多，为38人，通州区5万~9.9万元人数最多，为38人。而家庭年收入在15万元以上的人数最多的为丰台区，有70人，其次是朝阳区，有49人，最后为通州区，有33人，出现这种情况可能由于本文调查的朝阳区部分小区为老旧小区，而丰台区、通州区远郊的小区多为新建小区，所以这个数据比较合理。

（二）三区青年群体职业调查情况分析

表4　青年群体职业分布

单位：人

职业	公司管理人员	公司员工	私企老板	个体经营者	学生	单位工作人员/公务员	科研/教师/医生	其他
朝阳区	18	59	12	22	33	14	9	5
丰台区	12	98	2	5	24	7	2	0
通州区	14	37	3	9	25	18	9	5
总　计	44	194	17	36	82	39	20	10

从表4的受调查者的职业分布汇总中可以看出，受访青年群体中最多的是公司员工，共有194人，占比43.89%。而这正符合本文的调查对象，从而给本文的研究提供了更加准确的数据。公司员工或者工薪阶层的青年群体非常希望拥有自己的住房，但现实生活中，他们可能只能租房或者由单位分配住房，等等。他们会有一个从很想要购房到“以租代购”理念的转变，逐渐认识并接受“以租代购”。青年群体受调查者最多的为学生，而学生未来会就业，会考虑自己的就业及住所，将学生纳入调查对象不失为一个好的选择。学生大部分时间还在学校，宿舍可以供其居住，所以学生对于“以租代购”住房理念的认知较少，但随着毕业的临近，找工作和找住所会成为其当务之急，

其会越来越接受“以租代购”。私企老板为 17 人，占比 3.85%，他们较为富裕，可能家里有不止一套房产，所以他们不缺房子，对租房并无需求，对于“以租代购”的住房理念了解甚少，甚至有些人难以接受“以租代购”的理念。

从调查问卷来看，朝阳区私企老板最多有 12 人，而丰台区、通州区都不及朝阳区的一半。公司管理人员也是朝阳区最多，为 18 人，说明近郊朝阳区与远郊丰台区、通州区存在经济差异，同时朝阳区个体经营者最多有 22 人，说明朝阳区在个体商业方面较丰台区、通州区发达，并且调查中朝阳区受调查者有学生 33 人，多于丰台区、通州区，也符合朝阳区学校较多的情况，尤其是初高中和大学。

（三）三区青年群体学历调查情况分析

表 5　青年群体学历情况

单位：人

学　历	初中及初中以下	高中/职高	大专	本科	硕士	硕士以上
朝阳区	11	26	34	77	20	4
丰台区	2	33	21	90	3	1
通州区	1	15	33	57	13	1
总　计	14	74	88	224	36	6

从表 5 的调查问卷汇总中可以看出，青年群体受调查者最多的为本科学历，有 224 人，占比 50.68%；其次为大专，有 88 人，占比 19.91%。这说明本次调查对象较为合理，受教育学历本科、大专的人数较多，进入社会之后的收入、职业，大体与学历相关，而本科及大专的收入在调查人群中比较适中，所以本次调查反映的是大部分青年群体的想法，对于本研究有重要的帮助，提高了本研究成果的准确

度。同时学历越高的青年群体越能接受新理念，本科、大专、硕士及其以上对于“以租代购”理念了解较多，而初中、高中学历的青年群体对于“以租代购”的住房理念了解较少，尤其是初中及其以下学历的青年群体还比较传统、保守，觉得买房更为妥当。

从调查问卷中可以看出，受调查者中朝阳区的学历最高，大专、本科、硕士及其以上共有 135 人，多于丰台区的 115 人，也多于通州区的 104 人。这不仅是因为朝阳区高等学府较多，而且对于那些工薪阶层来说，在朝阳区工作对学历要求较高，如 CBD 等商务中心、银行、网络公司要求学历都较高，相对而言，丰台区、通州区远郊商务中心相对较少，批发市场、工厂较多，对学历的要求相对较低。

（四）三区青年群体居住情况调查分析

表 6　青年群体居住情况

单位：人

居住状况	租住房屋	住父母家	自己购买房屋	单位分配住房	集体宿舍	其他
朝阳区	58	55	30	11	17	1
丰台区	27	81	28	2	12	0
通州区	26	43	27	10	11	3
总　计	111	179	85	23	40	4

从表 6 的调查问卷汇总中，可以发现住父母家的青年群体最多为 179 人，占比 40.50%；其次为租住房屋为 111 人，占比 25.11%；而自己购买房屋的人数为 85 人，占比 19.23%。这说明受调查青年群体中有 80.77% 的人没有自己的住房，因为北京的房价很高，而这些青年群体迈入社会又不是很久，收入也不是非常稳定，所以没有自己的住房可以理解。而住父母家的青年群体对房子的需求不急迫，也不

需要租房住，所以每个月的经济压力比需要租房住的青年群体小得多，这部分人的“以租代购”的住房意识很弱，或者说几乎不能接受“以租代购”。而租住房屋的青年群体为111人，占比25.11%，“以租代购”的住房理念较强，也比较关注房屋政策，对于“以租代购”接受度高。总体来说，没有自己住房的人还比较多，“以租代购”的理念可能逐渐被大家认识并接受。

从调查问卷中可以发现，朝阳区青年群体租住房屋较多，有58人，而丰台区、通州区住父母家较多，分别为81人和43人，这可能由于朝阳区多为白领阶层，外来人员较多，而丰台区、通州区本地人居多，与此同时，相较于外来人员来说，本地人员住父母家可以节省一大笔经济开销。

三　被调查者个人消费观念分析

（一）三区青年群体是否愿意“以租代购”调查情况分析

表7　青年群体对“以租代购”的态度

单位：人

是否愿意“以租代购”	是	否
朝阳区	66	106
丰台区	32	118
通州区	88	32
总　计	186	256

从表7的调查问卷汇总中可以发现愿意“以租代购”的人数为186人，占比42.08%；不愿意“以租代购”的人数为256人，

占比57.92%。可以发现不愿意“以租代购”的青年群体略多于愿意“以租代购”的青年群体。这说明拥有住房、想自己买房的观念深入人心，青年群体更希望通过自己的努力，去买房证明自己的成功，同时可以有一个安居的住所。与此同时，虽然愿意“以租代购”的青年群体人数较少，但可以发现还是有很多人接受此理念，并且在理想与现实的选择中更愿意踏实地选择后者，先解决基本住所，逐步减轻自己的经济负担，再通过努力实现买房的目标。

从调查问卷中可以很明显地看出来，朝阳区、丰台区的青年群体不愿意“以租代购”的比例远远多于愿意“以租代购”的比例，而通州区正好相反，愿意的远远多于不愿意的。这可能是由于通州逐渐兴起房地产产业，白领或上班族白天到市中心上班，晚上就回通州居住，通州租房市场逐渐火爆，这里的青年群体多为外来人员，更多接受客观现实，在无力买房的情况下，愿意“以租代购”。

（二）三区青年群体租住房屋主要考虑的因素调查情况分析（多选）

表8　青年群体租房考虑的主要因素

单位：人

考虑的主要因素	交通便利	房屋成本	政策优惠	房屋质量	其他
朝阳区	47	19	19	18	1
丰台区	/	/	/	/	/
通州区	63	23	13	19	2

在调查问卷中此问题为多选，因此本文按被调查对象选择的次数计数（丰台区数据缺失）。从表8的调查问卷汇总中可以发现，青年群体最关注的还是交通因素，共有110人次选择了交通便利，

紧随其后的是房屋成本，可见交通因素、房屋成本成为青年群体租住房屋的主要考虑因素。通州区的青年群体选择交通因素的更多，可能是由于现在通州的交通设施并不发达，尤其是地铁，在通州租住房屋的青年人多，但是通州现阶段运营的地铁很少，不少白领仍然需要每天挤地铁和公交上班。

（三）三区青年群体租住房屋愿意支出月租金调查情况分析

表 9　青年群体租房愿意支出月租金

单位：元，人

价格	1000 以下	1001 ~ 2000	2001 ~ 3000	3001 ~ 4000	4001 ~ 5000	5000 以上
朝阳区	29	20	6	1	0	0
丰台区	/	/	/	/	/	/
通州区	20	24	10	3	2	1
总　计	49	44	16	4	2	1

在调查问卷中此问题回收有效问卷 116 份，朝阳区 56 份，通州区 60 份，丰台区数据缺失。从表 9 调查问卷汇总中可以发现，青年群体可接受的租金大多在 3000 元以下，共有 109 人，占比 93.97%。超出这个租金范围，青年群体无法接受“以租代购”。这说明调查问卷对象大部分青年群体收入一般，并不是很富裕，比较符合应调查的对象，他们更加现实，说明了租房租金对其生活影响也很大。

从调查问卷中可以发现朝阳区有 29 人选择愿意接受 1000 元以下的租金价格，而通州区选择最多的是 1001 ~ 2000 元，有 24 人。这说明可能朝阳区的消费水平较高，青年群体将钱用在了其他生活消费上，而希望租金越低越好。

四　青年群体不愿意“以租代购”的原因及问题分析

（一）三区青年群体不愿意“以租代购”的原因调查情况分析

在调查问卷中此问题为多选，所以还是按人选择的次数计数，通过表10的调查问卷汇总可以发现，认为租金高的居首位，为128次，其次是区位、环境不好，为118次。由此发现，大部分青年群体不愿意“以租代购”的主要原因是租金高，以及区位、环境不好。的确，北京不仅买房卖房市场火热，房屋价格较高，而且租赁市场也很火热，价格也飙升很快，房租越来越贵。然而随着北京市保障房的逐渐增多，现在不仅可以租住商品房，还可以租住保障性住房，而保障性住房逐渐增多，同时租金比商品房低很多，会有越来越多的人选择租住保障性住房。同理，就会有越来越多的人接受“以租代购”的住房理念，尤其对于那些不想买房选择租房的青年群体来说，此理念更会不断加深。然而，不愿“以租代购”不仅是因为租金高，区位、环境不好也是弊端，一般出租的住房都是业主住了很久的房子，

表10　青年群体不愿意“以租代购”的原因

单位：人

原因	租金高	区位、环境不好	标准模糊	租赁期间租金上涨	政策尚未完善	其他原因
朝阳区	32	33	22	21	30	27
丰台区	89	77	44	56	10	0
通州区	7	8	14	13	12	3
总　计	128	118	80	90	52	30

基本设施可能会有些老化，交通不方便，尤其是那些保障性住房，距离市中心更远，交通不便，小区的基础设施不够完善，人们的衣食住行多有不便，所以部分青年群体会对“以租代购”的住房理念有些排斥。

通过调查问卷可以发现，朝阳区、丰台区青年群体不愿意“以租代购”集中在租金高、区位环境不好两项上，而通州区青年群体集中在标准模糊、租赁期间租金上涨这两项上。通州区的保障性住房多于朝阳区、丰台区，也是青年群体的租房首选，但是其标准模糊、相关法律法规不完善，可能会导致青年群体认为租这类房没有安全感，从而排斥“以租代购”的住房理念。

（二）“以租代购”住房理念无法普及的问题分析

1. 传统观念深入人心

通过本次调查问卷可以发现买房这个传统观念深入人心，买房是青年群体通过不懈奋斗获得成功的标志，自己拥有住房是对自己的肯定，也为未来结婚成家打下了基础。自己购买的房子属于自己，而租住的住房却不是自己的，少有安全感，拥有自己的住房更加有自由感，同时大部分青年群体租房是现实的选择，因为自己并没有足够的经济能力去买房，即使先付首付，未来每月还贷款对其也是不小的经济压力，所以大部分青年群体打心眼里还是愿意买房，租房只是其过渡期的行为。

2. 租房环境满意度较低

青年群体选择租房本身就是一个现实的选择，而较差的居住环境、交通不便捷、基础设施不完善、娱乐设施较少更加影响其对“以租代购”住房理念的接受。的确，作为青年群体刚迈入社会工作不久，每天有很大一部分时间浪费在交通出行上，职住分离，会影响正常的生活，同时租住地方基础设施不完善，有时停水、停电，小区

绿化很少，没有足够的运动设施，都会影响青年群体正常的生活，影响其租房意愿。

3. 房屋租金较高

通过调查问卷可以发现，租金过高是青年群体难以接受“以租代购”住房理念的最主要因素，很多青年群体认为如果辛辛苦苦打拼很长时间所获收入大部分用来交房租，却没有属于自己的住房，无法对得起自己的努力。同时，火爆的房地产市场使一些租房中介兴起，租房中介虽然对房子的流通起到一定的作用，连接买家卖家，加快了租房信息的传播速度，但是其也有负面作用。例如将租金定得很高，中介可以获得丰厚的中间差价，还有很多中介有骗租骗购的行为，影响了青年群体对于租房的信任，从而影响了“以租代购”住房理念的传播。而这时候保障性住房的价格优势就显示出来，尤其是租金价格，一般能比商品房租金价格低20%～30%，尤其是公租房，租金更加低廉，因此越来越受到人们的青睐，所以应该大力发展保障房项目。

4. 保障性住房建设较少

租金是青年群体选择“以租代购”的重要因素，在商品房价格持续飙升的情况下，保障房建设显得尤为重要，如公租房，其租金价格是市场租金的70%～80%，这对于青年群体尤其是工作不久以及外来人员来说，可以减轻其经济压力。

5. 相关法律法规不完善

青年群体之所以无法接受“以租代购”的住房理念，是由于国家对这方面法律法规的制定还不完善，如保障性住房的租金价格会不会波动很大，其租金能比市场价格便宜多少，管理机构是否统一，住房是否充足，满足何标准才能租住保障性住房，准入机制、退出机制如何进一步完善，对于骗租骗购行为有何惩罚标准和措施，这都是值得思考的问题。

五 对策建议

1. 坚决严厉打击骗租骗购的行为

国家应尽快出台有关法律法规，严格惩罚此类行为，对骗租骗购者，应立即取消租住资格及其一切申请，将房子提供给真正符合标准的租户，并将其加入租户黑名单，使其终身不得享受国家保障房的政策。应采取相应的教育及罚款措施来遏制这种行为。

2. 降低租赁市场的租金

在调查中大部分青年群体认为房屋租金较高，可以考虑根据人均收入水平来制定租金，并且从土地供应上着手降低租房成本租金。可以根据承租房屋的分类等级，实施级差租金和级差补贴。同一租赁房类型的，可根据地段等级等因素，按照从低到高依次递增原则建立租金标准。

3. 建立公租房融资机制

由于保障房在租金价格上有巨大的优势，能减轻很多青年群体的负担，所以保障房越来越受到人们的关注，而公租房是国家力推的一种保障性住房形式，由于其租金低廉所以更受到大家的关注，而大力建设公租房有利于推广“以租代购”的住房理念。资金是公共租赁住房建设与发展的保证，因为公共租赁住房房源筹集需要大量资金，建成后的住房也需要大量的运营维护费用。目前，融资渠道较为单一，资金来源也成为公共租赁住房亟待解决的问题。一方面，融资的资金来源都是中央和地方政府、银行贷款及土地出让金等，而且很大部分的资金来源都是银行贷款；另一方面，由于公共租赁住房所需贷款时间较长，房地产信托投资基金和保险资金等不愿参与公共租赁住房的建设和运营，金融机构也没有较强的意愿给其发放中长期贷款。可以尝试利用住房公积金、与商业银行合作、与政策性银行签署长期贷款协议等，提供相关政策措施，充分利用广大社会和民间资本渠道，如通过股权融资、贸易融资、保险融资，等等。

4. 完善公共租赁住房法律体系

虽然北京2009年在全国率先启动了公租房建设，经过这几年的发展，越来越成熟。但是从国家层面上看，我国在公共租赁住房方面的立法尚显不足，自2007年深圳试点公共租赁住房到2010年北京、上海、深圳等地相继出台公共租赁住房管理办法，对公共租赁住房的涵盖范围和实施细则则大相径庭，各地方还缺乏统一规范的法规制度或指导意见。而公共租赁住房的资格审核和后续管理也是一项非常复杂的工程，虽然政策在不断完善，但问题也在不断出现。由于经济在不断发展，住房政策等也要与时俱进。在政策细节上，公共租赁住房除了申请条件等以外，在建设上更应该有详细规定，如住房布局、面积，社区配备，管理监督等，还需要根据经济需求、居民住房需求、生活需求等进一步完善。

从目前的规定文件看，存在与公租房相关的准入退出机制尚未完善等问题，所以要尽快出台住房保障相关法律，使各个保障性住房的建设、运营、管理、惩罚等都有法可依，政府与企业也可以明确自己的权利与义务，公众也可以让自己的权益得到合法保障并清楚地知道自己要承担的责任与义务。

为提高公共租赁住房的使用效率，必须实行严格的退出机制。在退出公共租赁住房时，如果家庭情况满足经济适用房或者限价房的申请条件，可以批准其申请购买经济适用房或者限价房，可给予一定的税费优惠，并给予银行优惠贷款政策，这样在腾退时也能尽快空出承租住房。若公共租赁住房的房源不紧张，可以采用以经济适用房、限价房的均价或者略高于限价房的均价使承租者购买当下租赁的公共租赁房。但是如果申请人的收入超过了人均可支配收入的一定比例，则不可以购买。另外，要加强准入和退出机制监管。对承租人个人信息、房屋租赁信息等进行动态监管，随时了解真实信息能有效剔除不符合条件的租房人。这些都需要立法制定，只有有法可依，才能有利于公租房更好地发展。

5. 建立统一的管理机构

近年来公租房因其租金相较于其他住房便宜，所以受到人们的青睐，越来越多的人希望租住公租房，而公租房的建设又能很好地推广“以租代购”的住房理念。目前，北京市公租房行政管理体系初步成形。而公租房的运营、管理、制度构建及执行等工作主要由住建部承担，由于公共租赁住房的具体实施要牵涉到政府部门，每一个步骤都是一个极其复杂的工程。上述问题反映了一些项目尚处于土地的前期开发阶段，另一些项目的立项文件、土地使用证、用地规划许可证、建筑规划许可证和工程施工许可证尚未办完，但为完成年度目标，已施工，现场查看处于停滞状态；对于一些已经无闲置土地供应的城区，虽有市政府免费划拨的土地，但是由于拆迁、建安、环境各种原因，目前都尚未进入施工阶段，任务实际未完成。可以看出执行的效果较差、效率低。所以需要建立一个专门管理机构来协调和调动各部门。

在管理机构上，要严格落实责任和职责，总的统筹指挥机构是必不可少的，自上而下，北京市要有统一的住房保障机构，各区县也要有公租房保障机构，并接受中央的指导和监督；除了高层的统筹指挥机构，还需要各个执行层面的有效平台来协调各政府部门和充分利用我国现有的行政资源，可设立专门的机构监督住房保障工作，其主要任务是参与讨论公租房工作的预算，检查、评估公租房工作的透明度及整体效益，以确保对整个运作过程的有效监督，并且起到监督完善政府工作的作用。对于工程的实施，要进行严格的监管，不能让存在问题、证件未办出的项目就开始施工。

6. 完善租房小区周边配套设施

近年来，北京市大力投入建设保障房项目，尤其是公租房其租金相对便宜，这很好地落实了“以租代购”的住房理念。然而因为存在一些问题也会阻碍“以租代购”住房理念的推广。例如租住小区的交通不便，尤其是一些公租房小区位置偏远，大都在四环外五环内，很少临近地铁站，青年群体需要先乘坐公交车到地铁站，再坐地铁到工作的地方，这样会增加很多交通成本。还有一些小区绿化很少，基础设施如健身器材几乎没有，这样会导致租住者生活的单一，影响其身体健康，这也是阻碍“以租代购”理念推广的重要原因，同时，尤其是公租房因其位置偏远附近很少有高质量的大型医院、学校、购物中心，这给租住者的生活增添了许多的不便。所以要完善租房小区周边配套设施，加大投入，交通上多开通直通专车，在小区集中的地方统一建设高质量的配套设施，这样才有利于“以租代购”住房理念的推广。

7. 培养青年群体“以租代购”的住房理念

目前我国群众买房的观念根深蒂固，拥有一套属于自己的房子才有家的归属感。现在的年轻人不与老人一同居住，人人都要拥有自己的住房，在北京市这种地少人多的客观条件下是不符合实际的。政府应加大对“以租代购”这一理念的宣传，让群众了解租房也有租房的好处，只有这样才有可能缓解商品房市场的紧张状态，才能使公共租赁房等起到应有的作用。

申请保障性住房相比购买一般商品房而言存在很多阻碍。第一，租房不像买房，很多租户不希望自己在租房的前期准备上花费太多时间，而公共租赁住房的申请相比之下则要花费较长的申请周期；第二，虽然国家在近几年推行了大量有关社会保障房的政策，但变动较大，修正频率过高，使大众很难获得保障性住房的准确信息；第三，获得保障性住房的步骤繁杂，准备、提交各种材料，等候各级审查，还要等待摇号成功，等等，这些障碍使得很多人对社会保障房望而却步。

因此，国家应加大对保障性住房的宣传，在各大门户网站或报纸上对其加以推广，对目前的政策加以宣传，适当地简化群众获得保障性住房的手续，从而减少不必要的麻烦，这样也有利于国家保障性住房政策的推广。

B.9

东城区加快推进非文保区棚户区改造的模式与路径研究

——以天坛周边简易楼腾退改造实践为例

张家明*

摘　要： 本文依照党中央、国务院和北京市委、市政府的相关决策，从天坛周边简易楼腾退改造实践入手，探索纯公益性棚户区改造可推广和复制的路径。

关键词： 纯公益性　棚户区改造　市区联手

棚户区改造工作是重大的民生工程、环境工程、安全工程和发展工程，党中央、国务院和北京市委、市政府制定了一系列加快推进的决策。北京市力争2017年底基本完成四环路以内的棚户区改造任务，其中天坛周边简易楼腾退项目已列入2015年市政府折子工程。东城区委、区政府依照市委、市政府对中心城区棚改工作的指示精神，把实施天坛周边简易楼腾退项目列入全区重点工作。本文主要从天坛周边简易楼腾退项目的实施入手，重点研究纯公益性项目推进的模式和实施路径，探讨遇到的问题和破解之策，努力为东城区非文保区棚户区改造探索一条可推广和可复制的路径。

* 张家明，中共北京市东城区区委书记，硕士，高级经济师。

一　天坛周边简易楼腾退的必要性和研究意义

天坛周边指的是以天坛公园为中心，东起天坛东路，西至永定门内大街，南起永定门东街，北至天坛内坛墙的这片区域，是东城区简易楼最为集中的区域，环形分布着 65 栋简易楼，共包括 7 个社区，居民（产籍）3218 户，总建筑面积 8.6 万平方米，其中直管公房 41 栋，总建筑面积 5.4 万平方米；单位自管楼 24 栋，总建筑面积 3.2 万平方米。此外，还有自建房 2123 处，总建筑面积约为 1.6 万平方米。这些简易楼建于 20 世纪六七十年代，已超过使用年限，最长的甚至超期使用 30 余年。由于楼体框架酥化，基础设施陈旧，自制土暖气、私搭乱接管线，安全隐患严重；违法建设蔓延，外来人口大量涌入，低端业态聚集；居民居住条件差，公共环境秩序脏乱，带来社会治安、城市管理等诸多问题，严重影响居民的生活、安全和首都功能核心区形象。

作为世界历史文化遗产，天坛是我国现存最大的祭天建筑群，也是唯一完整保存下来的皇家祭坛，是北京乃至中国的文化地标。坛墙过去分成内、外两道，从空中看是“回”字形，但由于历史的原因，天坛的完整性受到破坏，目前环绕的 65 栋简易楼及大量违法建设，把古老的坛墙遮挡得严严实实。天坛公园早已享誉世界，每年接待大量国内外游客，其周边区域的破败与环境秩序乱象，不仅与首都功能核心区的城市形象极不相称，而且与我们恢复天坛完整风貌的申遗承诺不一致，居民改善居住条件的呼声越来越强烈，已经到了必须彻底改造的地步。

为改善民生、疏解人口、恢复天坛风貌、兑现申遗承诺和改善天坛周边环境，在市委、市政府领导下，东城区区委、区政府以强烈的责任感和担当精神，认真研究天坛周边简易楼腾退工作，确定 57 栋楼同时搬迁。该项目是当前核心区最大规模的成片简易楼腾退项目，社会关注度极高，属于纯公益性质，涉及风貌保护、市政绿地建设项目，主要依靠财政投资，后期没有收益。目前，尚无任何现成的模式和路径可循。因此，研究天坛周边简易楼腾退工作，具有十分重要的现实意义。

（一）探索核心区城市更新改造的新模式

当前，东城区正处于城市更新改造的攻坚期。近年来东城区迎难而上，加强统筹协调，成立了城市更新改造指挥部，集中力量啃"硬骨头"，先后在宝华里、西河沿等长期停滞的历史遗留项目上取得了实质性的进展。但是，一方面，土地商业开发模式已经在中心城区走不通了，资金、房源、拆迁安置成了最大瓶颈，仅靠一区之力难以突破，亟待探索城市更新改造的新模式；另一方面，平房区"大城市病"集中暴发，成了制约东城区经济社会发展的主要因素。全区现有平房（包含简易楼）房屋20.86万间，374.55万平方米，在册人口33.39万人，包括天坛周边简易楼在内的许多危楼、危旧房屋的改造迫在眉睫，既等不得，也拖不起。作为首都"四个中心"[①] 的重要承载区，东城区亟待探索出一条适合平房区，特别是非文保区棚户区改造的新模式。

（二）探究天坛周边简易楼腾退的模式与路径

天坛周边简易楼腾退项目的实施，为市区提供了一个可以近距离观察和研究的"纯公益性腾退"范本。如在破解"融资难"方面，市、区如何联手，如何在投融资方面进行合作与联动；在破解"房源难"方面，在区政府筹措困难的情况下，从市级层面如何提供支持，在房屋建设、宣传、配套设施等方面市、区如何加强合作，让广

---

① 政治中心、文化中心、国际交往中心、科技创新中心。

大居民支持并积极响应；在破解“拆迁安置难”方面，面对复杂的居民家庭情况、产权关系、不同的利益诉求，面对困难群体多，以及“天价拆迁”造成居民过高的补偿预期，如何摸清居民情况，制定绝大多数居民拥护的搬迁补偿政策，依法阳光拆迁，维护社会公平正义，重塑政府公信力。通过对腾退过程的认真研究，探讨其破解资金、房源、拆迁安置等难题的做法及其得失，将对加快项目推进、探索棚户区改造的模式和实施路径大有裨益。

（三）为非文保区棚户区改造提供政策建议

东城区非文保区现有平房（简易楼）共计7.25万间、130.21万平方米，13.5万人，其中许多危楼、危房是今后棚户区改造的重点和难点。研究天坛周边简易楼腾退的模式和路径，并不仅仅局限于挖掘其自身的特殊性，更是要站到东城区棚户区改造的高度，探究纯公益性棚改的一般意义，从中找出一条以改善民生为目标，以政府、市场和居民多元协作为模式，以平和的搬迁腾退为特征的非文保区棚户区改造道路，为中心城区城市更新改造与实现可持续发展提供具体的政策建议。

二　天坛周边简易楼腾退的模式及实施路径

天坛周边简易楼腾退项目（以下简称“天坛棚改”）是市政府2015年折子工程的重要内容，也是东城区2015年城市建设领域的重点项目。为确保“天坛棚改”的顺利实施，东城区成立了项目总指挥部，下设五个分指挥部，组建“一委两团三站四组”[①]工作网络，

① “一委”是临时党委（支部）；“两团”是法律服务团、政策宣讲团；“三站”是居民咨询接待站、社会监督举报站、矛盾纠纷调解站；“四组”是大病认定组、特困帮扶组、补偿预算组、信息公示组。

确立了“政府主导、国企实施、居民参与、整体启动、分步实施”的腾退模式，市、区联手攻坚克难，努力探索纯公益性棚户区改造的具体路径。

（一）融资与房源

融资瓶颈是中心城区城市更新改造的首要难题。建立市级统筹、区级协力的工作机制，避免以往棚改中市区两级投融资平台衔接联动不足的问题，充分发挥市级平台的资源和优势，是破解“天坛棚改”融资和房源难题的关键。

一是纳入全市棚户区改造项目。在市委市政府的大力支持下，“天坛棚改”正式列入“北京市2015年棚户区改造和环境整治任务”和“2013～2017年全国1000万户棚户区改造计划”，可以享受优惠的棚改政策，有资格进入市级统贷统还平台申请贷款，这为项目实施及融资创造了有利的条件。

二是联手组建实施主体，实行专业化运作。“融资难”问题主要由市、区联手解决。由市保障性住房建设投资中心与东城区住宅发展中心联手，组建“天坛棚改”的实施主体——燕华投资有限责任公司，具体负责腾退工作，办理各项手续、落实资金房源，由区征收办委托征收中心负责实施房屋征收。该项目总投资49.5亿元，市、区财政资金合力注入，包括市财政局、市发改委各6.77亿元，区财政7亿元，共计20.54亿元，通过市棚户区项目统贷平台，向国家开发银行申请专项贷款20亿元，剩余资金通过发行政府债筹集。双方商定市级投资以保证项目实施为依据，不受项目资本金限制；区级资金主要用于未来偿还部分贷款及利息。

三是联手落实安置房源及配套设施建设。为解决房源问题，市里筹措焦化厂项目北侧地块为对接房建设用地，明确区政府与市保障房投资中心进行战略合作，加快对接房项目的实施。安置房占地面积

10.3万平方米，总建筑规模约52.3万平方米，计划建设安置房4160套，项目分两期施工，预计2018年4月全部竣工。对于对接地块的房屋建设、宣传、配套设施等问题，由市、区合作解决，双方定期协商，加强统筹协调，与腾退工作协同进行。

（二）政策制定和执行

制定公平合理的补偿政策，关乎居民的切身利益及腾退工作的成败，责无旁贷地落到区委区政府肩上。总指挥部以“解危排险、适度改善居民居住条件、保护古都风貌、提高城市环境品质”为目标，扎实开展前期工作，入户调查民意征询同意率达到97%，完成99.3%的入户调查率，并按照公平、公开、公正原则制定补偿标准。具体做法是：

一是坚持以人为本，适度改善居住条件。腾退补偿政策坚持以人民利益为本，适度改善居住条件，千方百计满足居民实际的居住需求。补偿标准一律由市场评估后确定，但考虑到成套楼厨房、厕所部分的面积等因素，统一再增加40%的补贴金额，如果居民符合速签奖、签约比例奖规定的标准，最终实际补偿价在9万元/平方米左右，高于同地区的市场价格。政府还提供优惠的对接房源，统一定价为1.1万元/平方米（首套房）和1.6万元/平方米（居住困难家庭的第二套奖励房），低于该地区3万元/平方米的市场均价，实际上在房价上又补贴了居民，最大限度为居民谋求利益。

二是增强契约意识，发挥居民主体作用。通过学习外省市棚改的经验，针对只能整楼居民同进退的现实，指挥部确定了57栋“同时启动、整楼腾退”的目标。以楼为单位设定二次征询比例，在北京属于试行，旨在发挥居民的主体作用，培育居民的契约精神，使搬迁由各家各户的家务事，变成整幢楼、邻里之间共同的事情，有利于居民相互做工作，有助于实现整楼腾退。首轮征询中，同意率达到

97.88%，项目正式启动。考虑到预签比例、剩余裁决等问题，二次征询将预签协议生效的比例定为85%，即在预签征收补偿协议期限内，每栋楼的全部被征收人预签协议比例达到85%时，区政府做出征收决定，进入正式签约期；若未达到85%，该栋楼征收自动终止。在征收方案补助与奖励部分，创造性地设定了个人“速签奖”和全楼“签约比例奖”，将补偿与签约率、签约时间挂钩，推动整楼腾退，积极营造“签约速度快、签约比例高、全楼受益多”的氛围。

三是全程公开透明，严格执行政策。指挥部确定了“六公开”原则，即征收程序、调查结果、补偿方案、补偿结果、房源情况、监督方式全公开，就是要确保征收流程的公平公正，杜绝暗箱操作和不当得利，重塑政府的公信力。首先，创建信息化的公示平台。居民可根据承租人身份证号登录系统，随时查询本楼居民的住房面积、补偿款项及最后的购房情况，并且每次在系统上修改数据都留有痕迹；启动签约后，大屏幕实时更新每栋楼的签约比例等情况，做到全过程公开透明，强化居民腾退导向。其次，依托专业化腾退工作团队，做到过程公开透明。通过政府购买服务，利用专业化的调查征询队伍、评估公司、拆迁公司，以及公证和法律服务开展腾退工作。房产评估经居民民主协商、投票、摇号等程序，确定六家评估公司，实现评估过程公开和房产评估结果公开，确保公正。拆迁公司通过招投标方式进驻，征收中心与拆迁公司签订合同，按签约比例支付拆迁服务费，确保协商流程透明与拆迁成本整体可控。拆迁员以楼为单元进行包干，按照整楼签约比例达到85%和未达85%两种情况得到不同的报酬，规范了拆迁员的行为。再次，简化补偿和奖励政策。与以往历次拆迁不同，本次征收补偿借鉴了上海“无搭建补贴”的做法，对自建房不予考虑，而是本着公平的原则，统一确定了40%的补贴标准，“居住困难”者可以公开申请第二套房，防止索要自建房补偿，堵住了违规操作的空间。最后，严守政策，绝不放水。政策确定后绝不能随意更改，根据政策统一确定每户的补偿额，要保持前后一致，做到“一把尺子量到底”。严格认定特殊困难居民，并予以公示。如遇重大共性问题确需调整，则严格按程序进行，并对已签约居民启动召回机制。

（三）搬迁腾退

“天坛棚改”正式启动预签约工作以来，指挥部主要围绕发动群众参与、增强获得感和营造良好的搬迁氛围三个方面，紧张有序地开展搬迁腾退工作。

一是全面动员居民参与。搬迁腾退成败的关键，就在于能否把握和引导好居民微妙的心态，多措并举，营造良好的腾退氛围。首先，贴近群众，把政策讲清楚、讲透彻。充分发挥拆迁员、基层干部、邻里、家人、律师等各类人员的作用，走进每一户家庭，倾听住户心声，从“利”“情”“理”“法”方面贴近住户，设身处地从住户实际出发，把政策的实惠讲到居民心里，增强居民的获得感，赢得居民理解与支持。其次，充分发挥已签约居民的思想作用。签约进入攻坚阶段后，干扰因素增多，签约进度不可避免会拖延。总指挥部统筹各分指挥部，及时召开多个层面的群众座谈会，及时掌握居民的整体情况，增强居民签约意向。最后，加强对未签约居民的思想工作。充分发挥部门、机关、企事业单位和社会组织在腾退中的作用，加强对未签约居民的思想工作；适时召开座谈会，促成未签约居民尽早转变观望心态；各分指挥部还借助微信平台，加强对居民的思想引导和政策解释，助力腾退工作。

二是增强早签约的获得感。项目对接安置房源一共有 4160 套，其中一居室 1038 套，二居室 2490 套，三居室 632 套，套型有限，只能保障居民基本的住房需求，对居民的吸引力还不强。指挥部从实际出发，精心筹划，努力营造加快签约的紧迫感。首先，积极营造加快签约氛围。在周边简易楼及胡同附近，贴满加快签约的标语和海报，加强舆论引导；指挥部现场通过大型沙盘、户型图和价格示意图，营造利于签约的浓厚气氛。其次，确定先签约、先选房、先受益。安置房单价仅设定两个统一价位，第一套 1.1 万元/平方米，第二套 1.6 万元/平方米。本来房地产市场上是一房一价，而有意做出这样的单价安排，就是要利用每套房市场价值的差异，对先签约先选房者进行潜在激励，早签约者在两套房源之间的配比更为自由，能够以更低的价格买到楼层好、面积大的户型，增加居民的获得感。最后，严格规定购房限制条件，强化先选优势。不同于以往的拆迁购房，补偿方案明确规定，原房屋建筑面积大于或等于 32 平方米可购三居、在 15 平方米到 32 平方米之间可购二居、小于 15 平方米可购一居房型。补偿方案对可用于购房的款项（补偿款、补贴款、装修评估，不含奖励及特殊情况补助）也做出了详细规定，不能另增房款。通过这些重重限制，有效地强化了先选优势。

三是营造有利于腾退的社会氛围。加强执法和舆论宣传，是推进搬迁腾退的重要手段。一方面，加大严格执法力度。当前公房管理尚不规范，非法转租、转借带来居民不当得利，这些居民想借拆迁之机“捞一把”，迟迟不愿签约。预签约启动后，总指挥部对非法出租经营活动进行专项整治，彻底清理了所有的非法经营活动，为签约创造了良好的社会环境。另一方面，指挥部运用各种新闻宣传手段，努力营造良好的舆论氛围，使广大居民逐步增进对政府的理解、信任和支持，越来越多的居民从自身居住安全、自身收入普遍较低等实际出发，认清了棚改带来的改善居住条件的宝贵契机，签约的居民越来越多。截至 2015 年 1 月 15 日，天坛简易楼项目预签约 2265 户，占总户数的 93.8%，57 栋简易楼预签比例全部达到 85% 以上，其中 11 栋楼预签约比例达到 100%，协议生效。

（四）项目实施过程中的一些问题探讨

“天坛棚改”在稳步推进的过程中，也暴露出以下一些问题：

一是政策设计经验不足。当前腾退工作的难点，就是如何坚定居民对于补偿政策的信心。保持政策前后一致至关重要，一旦确定了拆迁安置和补偿政策，一定要保持不变。由于“天坛项目”规模大、情况复杂，在政策设计上对一些共性问题考虑不足，造成实施政策时出现多次修正。每次政策修正，哪怕只是严格把握原则的微调，都会引起居民的敏感和摇摆，增加腾退工作的困难和压力。

二是群众工作方法还存在不当之处。腾退工作启用了专业化的征询、评估和法律队伍，但随之而来的是这些人缺乏群众工作经验，工作方法较为生硬，接待居民、沟通交流不畅，反而与居民产生了距离，增加了后期工作的难度。面对居民长期形成的以住房为中心的工作和生活轨迹的重大变动，缺乏换位思考，没有考虑到原有的利益格局被打破，带来居民生活成本增加等问题。

三　推进非文保区棚户区改造的模式与路径

加快推进中心城区城市更新改造，全面提升城市形象品质，是中央、北京市赋予首都功能核心区的一项重要政治任务，也是落实首都“四个中心”城市功能定位和深入实施京津冀协同发展战略的必然要求。“天坛棚改”的实践表明，要破解棚户区改造的难题，必须靠市、区联手，妥善处理政府、市场、社会三者关系，构建以“政府主导[①]、企业实施、居民参与”的多元协作模式和路径，这是今后东城区非文保区棚户区改造的重要方向。

① 这里讲的“政府主导”是指非市场主导，下同。

（一）坚持政府主导、区政府主责、市区联手实施

中心城区无论是当前的危改，还是今后非文保区改造和文保区保护复兴，都是改善群众住房条件的民生工程，均具有很强的公益性质，这和商业性质的房地产开发完全不能混同。借鉴上海、南昌等地旧城改造的经验，应明确中心城区危旧房改造的公益性质，坚持“政府主导、区政府主责、市区联手实施”的模式与路径。“天坛棚改”是这一模式和路径的集中体现，由于市、区两级政府发挥主导作用，没有把纯公益性的棚改项目混同于商业性质的房地产开发，加大财政投入和支持力度，从而确保了立项实施、拆迁安置、房源建设等工作的稳步推进。

为更好地推进中心城区城市更新改造，建议强化市级统筹、区级协力的联动机制，充分发挥市、区各自的资源优势，统筹好资金、房源及配套建设、拆迁安置等方面的工作；精简审批事项，规范审批标准，优化审批流程；增进东城、西城在城市更新改造中的工作协同，制定协调一致的中心城区征收补偿和安置标准；加大与属地中央、部委和市属单位的沟通协调，争取各方面力量对城市更新改造的支持；加强政策研究和集成，创新棚改思路，完善旧城保护规划与行动方案，计划经过持续努力，到2020年彻底改变中心城区城市面貌。

（二）坚持以大型国有企业为实施主体

推进东城区非文保区更新改造、文保区保护复兴工作，意义重大、任务艰巨而又紧迫。但是，实力一般的企业很难承担，也不愿意介入。以“天坛棚改”为例，尽管处于黄金宝地，但是项目收益低、难度大，加上57栋同时腾退存在的潜在挑战，以及房源建设的巨大体量，使得社会资本、实力一般的企业望而却步。

国有企业作为实施主体，有利于把实现社会效益和企业的长远利

益放在首位，应综合考虑参与中心城区城市更新改造所带来的经济效益、政治与社会效益，而不仅仅是算“经济账”。国有企业承担着资金、政策等巨大的投资风险，通过与政府签订合作协议，清晰界定政府、企业的责权利关系，引入 PPP、BOT 等方式，允许实施主体长期持有改造后的房屋土地并获得收益，降低建设成本，帮助企业控制风险，消除国有企业的后顾之忧。

要支持企业在参与中心城区更新改造中进行自有危旧房的改造，并利用自有土地上的安置房源，政府要允许项目异地平衡或若干项目打包平衡；发挥国有企业在项目融资、土地开发经营等方面的优势，推动国有企业全面参与中心城区城市更新改造；通过国有企业收益上缴比例调整、注入资本金、税收优惠等方式，切实保障国有企业参与的积极性。

（三）坚持发挥居民的主体性作用

推进非文保区棚户区改造是利国利民的好事，好事要办好，就要坚持居民全过程参与，充分发挥其主体作用。

一是扎实做好群众工作。“天坛棚改”从项目动议和政策制定开始，始终坚持以群众工作为基础。发挥街道、社区、辖区机关单位等各方面的作用，始终坚持居民全过程参与，培育居民主体意识，对居民思想的转变要有充分的耐心，切忌操之过急。要坚持做到政策制定阳光透明，执行政策前后一致，用公正、公开、公平赢得居民的衷心拥护和支持，促进整个拆迁过程平稳有序。

二是增加群众的获得感。对于进入征收程序的棚改项目，要通过“改建征询”及“预签协议”环节，让居民参与并自主决定是否改造，发挥居民的主体作用。要真正从解决居民实际困难出发，满足合理的民生诉求，增加群众的获得感。以“天坛棚改”为例，居民从原先户均建筑面积约 28.6 平方米、人均建筑面积 8.5 平方米的住房条件，增加到户均两套并自有产权，比其他地区用公租房、廉租房模式更能增加群众的获得感。

三是把握好拆迁安置环节。拆迁安置应充分尊重居民意愿，向居民提供区内平移、跨区异地安置、货币补偿等多种备选方案；建议市级层面要加强对安置房源建设的统筹，将安置房建设与住房保障体系统一考虑，优先保障中心城区重点项目所需的安置房源；从满足群众实际需求出发，做好对接地块的选址、房屋建设、配套设施建设等工作，适当提高对接安置房品质；通过政府购买服务方式，全面推开平房区社区物业管理，提升留住居民生活品质。

（四）其他方面的政策建议

一是重视社会组织的作用。社会组织在腾退中的作用不可低估。要在搬迁启动前引入社会组织，为居民提供各类资源和社会服务。一方面，社会组织通过居民的互动，宣传公益性项目腾退政策，促使居民转变观念；另一方面，社会组织可以一开始就介入、进驻到对接安置房社区，成为政府和居民之间的沟通桥梁，随时化解对接安置房社区居民遇到的各种问题。

二是保护首都风貌与留住乡愁兼顾。保护首都历史风貌是东城区第一位的任务，同时要考虑如何留住乡愁。北京的简易楼是首都特定时期城市平民生活的反映，是为解决住房短缺而形成的时代印痕。在推进非文保区棚改的过程中，最好不要把简易楼统统拆掉，可以留下少量的典型建筑，适当保留那段可触摸的城市历史。可以在天坛周边或其他地方，选取个别简易楼保留下来，将来作为文化类建筑（如博物馆）与文化旅游景观，保留过去生活的印记，体现首都城市发展历史的连续性。

注：本文数据系作者调研、汇总所得。

B.10
挖掘朝阳文化遗产资源，提升朝阳文化软实力

苑焕乔*

摘　要：朝阳区作为北京市的文化大区，文化遗产资源非常丰富，尽管朝阳区在挖掘文化遗产提升文化软实力方面，取得了许多成果，但当前在其文化资源的挖掘利用、传承发展等方面亟须深入，为此，本文提出了营造政策环境、提炼区域文化特色和提升文化形象，进而让文化遗产资源的创新发展成为新的增长点等建议。

关键词：文化遗产　挖掘　提升　文化软实力

习近平总书记在主持中央政治局2013年第12次集体学习时指出，提高国家文化软实力，关系“两个一百年”奋斗目标和中华民族伟大复兴中国梦的实现。北京市“十二五”规划，将加强“文化软实力”建设，作为推动首都科学发展的主要任务之一。

“软实力”（Soft Power）概念，是由美国哈佛大学教授约瑟夫·奈提出来的。约瑟夫·奈指出，一个国家的综合国力既包括由经济、科技、军事实力等表现出来的“硬实力”，也包括由文化和意识形态吸引力体现出来的“软实力”。“文化软实力”是国家实力的核心因

* 苑焕乔，北京联合大学北京学研究所助理研究员，研究方向：历史学和北京历史文化。

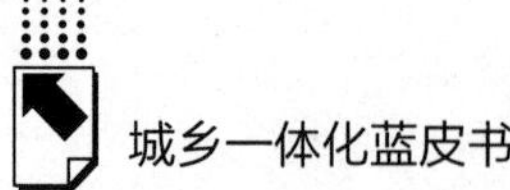

素，是一个国家或地区文化的影响力、凝聚力和感召力。其中，文化遗产资源是一个国家或一个地区文化影响力的源泉，因此，挖掘、利用好文化遗产资源，是提升国家或地区形象的一项重要内容。

朝阳区位于北京市东部，交通便利，文化教育发达，自古有京畿腹地之美誉，是北京市面积最大、人口最多的城区。进入 21 世纪，北京市发展的三大亮点——2008 年世界奥运会举办、CBD 建设、中关村崛起，前两大亮点都在朝阳区。同时，北京 798 艺术区等吸引了中外大批艺术家和文化机构进驻，是国际化艺术创业园区。因此，朝阳区既是北京市重要的经济强区，也是时尚文化、国际化多元艺术的聚集地。但是，当前朝阳区文化软实力和国际形象的提升，亟须文化遗产资源的保护、挖掘和利用。

一　朝阳区文化遗产资源挖掘、利用工作取得显著成效

朝阳区文化遗产资源丰富，文化底蕴深厚。近年来，朝阳区立足首都城市功能拓展区建设，注重文化遗产保护与区域经济社会发展的结合，在文化遗产保护、挖掘和利用等方面做了大量卓有成效的工作。

（一）对文化遗产资源进行调查和普查

从 2005 年至今，朝阳区先后组织了文物、非物质文化遗产调查等工作，对全区文化遗产资源进行了全面摸底，为今后文化遗产保护利用奠定了坚实的基础。据不完全统计，全区有不可移动文物 100 多处，按文物类型划分：古建筑 44 项、古墓葬 6 项、石刻 40 项、古遗址 2 项、近现代重要史迹及代表建筑 14 项，其中，全国重点文物保护单位 6 处，北京市文物保护单位 3 处，区级文物保护单位 8 处。此

外，非物质文化遗产项目完成了10类274项的普查建档工作，已被列入非物质文化遗产项目保护名录的有78项，其中，国家级项目7项，北京市级项目27项，区级非物质文化遗产项目44项。

（二）重视文化遗产保护工作

近十年来，朝阳区政府投入文物修缮及文物保护单位环境治理资金超过4亿元，修缮了东岳庙、元大都城墙遗址（朝阳段）、西黄寺、北顶娘娘庙、龙王庙等11处古建筑群。同时，又多方筹措利用社会资金6000余万元，抢修了常营清真寺、弥陀古寺、来广营护国天仙圣母庙和关帝庙等文物项目20余处。朝阳区许多非遗项目，每年都有来自国家和市区专项资金对其进行保护、传承。

（三）盘活文化遗产资源

朝阳区在加强文化遗产资源保护的同时，重视对其合理利用。将文物项目以河流、道路、历史年代和文物类型等为主线串联，促进文化旅游发展；加强对北京798艺术区等现代建筑遗产的保护利用，发挥文物遗产在经济社会发展中的重要作用。同时，文化馆利用非遗项目——硬木家具制作技艺，参与馆藏老物件的修复工作，还新制作了很多古家具及用品，如日坛祭日用的笾豆案、大明位、龙椅等祭仪用具以及老戏箱等。

（四）积极探索，创新发展

2008年，朝阳区将非遗项目——“中国传统灯彩的扎制技艺”与东方文明象征的“兵马俑”结合在一起，创作了“兵马俑灯”，即典型东方艺术语言的装置作品，这种传统与当代、本土与前卫的结合，使中国传统灯彩艺术走入了当代装置艺术的视域，成为在国际文化交流的舞台上更易于让外国人理解和接受的艺术品。2012年通过

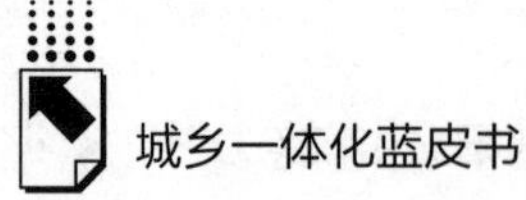

市场化运作，“兵马俑灯”走出国门，赴英国斯托克顿市参加了河畔艺术节。2013 年 10 月继续扩大市场，实现了由英方出资赴英国四市的巡展，随后还将赴悉尼、赫尔辛基等城市展出。

二　文化遗产资源挖掘、创新利用有待加强

近年来，朝阳区在文化遗产资源保护、挖掘、利用方面取得了许多成绩，但与北京市建设文化中心，与朝阳区时尚、国际多元文化相对应的“文化软实力”要求还有很大距离，文化遗产资源仍有广阔的发展、利用空间。

（一）文化遗产挖掘利用工作，缺乏与社会力量的合作

由于区文委文化遗产管理部门人员有限，日常管理事务繁重，时常不能静下心来从事文化遗产内涵的挖掘、创新利用工作，但同时又缺乏与高校、科研院所等的合作。

文化遗产分为文物遗产（也称物质文化遗产）和非物质文化遗产。文物管理所，主要负责文物遗产保护等，其工作职责是：贯彻落实国家、市和区关于文物保护工作的法律、法规和规章制度；负责辖区内的文物保护和管理工作；负责辖区内的文物古迹、历史文化遗址保护区的推荐、公布和文物保护单位的申报工作；会同有关单位对辖区内涉及的各级文物保护单位、文物遗址点、历史文化遗迹（包括古建筑、当代有代表性建筑、名人故居）、地下文物重点保护区（包括古墓葬）及其他可能埋藏文物地区的建设项目，进行依法监管和前期考察；认真完成上级文物行政主管部门交办的其他工作等。而负责非物质文化遗产保护和传承工作的文化馆，其工作职责也有许多，如收集、整理、研究非物质文化遗产，开展非物质文化遗产的普查、展示、宣传活动；指导传承人开展传习活动；运用各种文艺形式宣传

党的路线、方针、政策和国家法律法规；组织开展各类群众文化活动；承担大型文化活动的策划、组织和实施工作等。尽管中共中央办公厅、国务院办公厅出台了《关于加快构建现代公共文化服务体系的意见》，提出政府可以购买社会力量参与公共文化建设等，但目前朝阳区尚缺乏与社会力量，特别是高校、科研院所等文化类社会组织的合作，去共同挖掘、创新利用本区丰富的文化遗产资源。

（二）文化遗产资源被挖掘利用非常有限

当前，朝阳区文化遗产资源的利用率不高，文化遗产资源被创新利用的广度、深度十分有限。首先，文物遗产资源被挖掘利用的主要途径，就是与旅游业等的结合。近年来，朝阳区旅游业取得了长足发展。2014 年朝阳区实现旅游综合收入 883．3 亿元，接待游客 5602 万人，收入总量位居全市第一。但是，在“首都之窗”网站的朝阳旅游 60 个景点中，仅有 5 项区级以上文物保护单位，被列为旅游单位供游人参观，其他花费大量政府财政投入修缮保护的文物建筑单位，多为文物展室或文化活动中心。其次，在朝阳区 78 项非物质文化遗产项目中，因大多传统技艺、传统美术类的代表性传承人仅是民间艺人，资金有限，眼界不开阔，使非物质文化遗产项目的市场竞争力不足，很难走出一条传承与创新发展之路。因此，朝阳区文物遗产和非物质文化遗产资源亟待挖掘、创新利用，比如朝阳区丰富的名人碑刻，以及京张铁路、民间信仰习俗等都具有很大的挖掘利用和创新发展空间。

（三）对文化遗产资源的宣传推介有待加强

过去中国人有一个说法——“酒香不怕巷子深”，意思是说，只要你东西好，不愁没人来买，所以宣传不重要。但是，现在的情况是，宣传的作用与东西的质量都同样重要，有时宣传推介的作用会更大。

朝阳区的北京 798 艺术区，能亲眼去看一看的人很少，但几乎人人都知道近一年才发展起来的文化创意产业园区。为什么？因为人们已经通过各种媒介看到了它的形象，听到了对它的介绍，才使北京 798 艺术区成了举世瞩目、中外游客皆心向往之的胜地。这其中，宣传推介的作用是不言而喻的。

虽然朝阳区有东岳庙、日坛和东岳庙行业祖师信仰习俗等全国文保单位，但我们的旅游、广播、电视、报纸、网络等媒介对它们的宣传还十分有限。外地人、北京人要想了解朝阳区的历史文化、风土人情等文化遗产资源，除了去博物馆参观之外，其他途径则很少。尽管朝阳区区政府、区文委相关部门做了大量的保护、利用和管理等许多工作，但通过多种渠道、采取多种形式的宣传推介工作仍很不足。所以，做好朝阳文化遗产的保护、开发和利用工作，需要加大宣传推介力度，组织开展一系列文化遗产资源宣传、教育活动，普及文化遗产保护知识。

（四）文化遗产资源传承发展，还没有充分与文化创意产业相结合

文化创意产业是指依靠创意人的智慧、技能和天赋，借助高科技对文化资源进行创造与提升，通过知识产权的开发和运用，产出高附加值产品，是具有创造财富和就业潜力的产业。挖掘利用文化遗产资源发展文化创意产业，是提升文化软实力的重要手段。

近年来，朝阳区一直都在致力于文化遗产资源的挖掘利用，在文化遗产与旅游、利用文物建筑开展公益文化活动等方面做了许多工作，并取得了许多成果。但总体上看，除北京 798 艺术区利用文物建筑发展文化创意产业园区以及将“中国传统灯彩扎制技艺”与象征中国文明的“兵马俑”结合创作“兵马俑灯”外，朝阳区大量文化

遗产资源还没有与文化创意产业结合，被修缮的文物建筑多用于公益性文化活动；大部分传统技艺和传统美术类“非遗”项目传承人，也仅是民间艺人着眼于自身生计进行生产，由于资金有限，眼界也有限，很难使传承的传统技艺等具有市场竞争力。

三　关于朝阳文化遗产资源挖掘利用，提升文化软实力的几点思考

挖掘利用文化遗产资源，提升朝阳文化软实力，可以说是一项系统工程，需要文化、教育、宣传、旅游等部门的协同努力。目前，北京市正在全力推进全国文化中心建设，朝阳区作为首都城区的重要组成部分，应遵循“深入挖掘、广泛宣传、抓住契机、创新发展”的思路，充分挖掘文化遗产内涵，围绕建设首都功能拓展区发展定位，大力发展文化创意产业，提升文化软实力和国际形象。为此，今后应着重做好以下几方面工作。

（一）营造有利于文化遗产资源挖掘利用的文化发展政策环境

良好的文化发展政策环境，是提升文化软实力的前提和基础，为此，应充分利用国家和北京市已经出台的鼓励文化事业和文化产业发展的优惠政策，结合朝阳区发展规划，制定有利于文化遗产资源创新发展的地方性政策。比如，制定有利于文化事业和文化产业发展的财政政策，为朝阳区属文化单位设立专项文化研究扶持基金，主动给它们命课题、定任务，鼓励文化部门与高校、科研院所等单位人才合作，挖掘、研究和创新利用文化遗产资源。同时，积极与北京市相关部门沟通，争取引入有利于朝阳区文化遗产保护和发展的课题或项目支持，在财政、税收等方面给予政策倾斜，培育文化创意产业等。

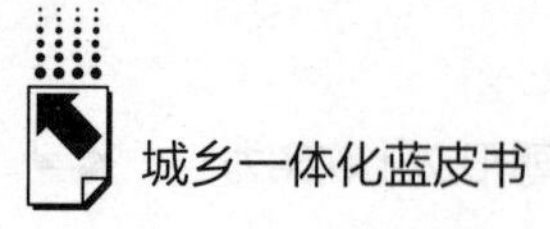

（二）挖掘文化遗产资源内涵，提炼区域文化特色

对文化遗产资源内涵研究，挖掘得越多、越深入，能够发现的特色和亮点就越多，对提升朝阳区文化软实力就越有益。现今，朝阳区文化遗产资源已有一些研究成果，但与朝阳区丰富的文化遗产资源相比，仅是冰山一角。目前，研究朝阳文化遗产的人还不多，仅靠朝阳区文化部门自身努力是不够的，要充分借助外脑，可利用首都人才优势，与高校、科研单位、文博机构及其文化人才广泛合作，广泛深入地开展文化遗产资源的研讨、挖掘工作，并提炼出朝阳区域文化特色。

朝阳区文化遗产比较有特色的文化，有以东岳庙为代表的民俗文化和古代大运河“南粮北运”形成的“漕运文化”等。对东岳庙行业祖师信仰等民俗和通惠河朝阳段二闸进行研究，探索先人的信仰和“漕运文化”，努力寻找朝阳区文化的独特魅力。

（三）加强文化遗产资源的宣传工作，提升朝阳区文化形象

朝阳区文化遗产资源内涵无论多么丰富、研究有多么深入，如果不被社会知晓，就没办法得到普及，再好的研究成果也只能被“留在深闺人未识”，更不会对本区发展产生积极推动作用。因此，加强文化宣传工作至关重要。

一是发挥主流媒体的宣传作用，通过报刊、广播、电视、网站等媒体宣传朝阳区文化，提高广大群众对朝阳区文化遗产资源的知晓率。

二是要通过各个行业进行文化宣传工作。如中小学乡土课堂教学、旅游行业的导游词和旅游宣传手册、博物馆展览、公园介绍，甚至可考虑用公交车等做一些文化活动广告等。

三是编写出版一些大众通俗读物，可考虑通过微信、微电影等形式介绍、传播。

（四）在文化创意产业上下功夫，让文化遗产资源的创新发展成为新的增长点

《国民经济和社会发展第十二个五年规划纲要》，将发展文化创意产业作为“十二五”时期的一项重要内容。为此，朝阳区区委、区政府也提出了“文化强区”战略。近年来，通过“文化强区”战略的大力推进，朝阳区文化创意产业始终以较高速度发展。2014年，朝阳区文化创意产业实现收入2600亿元，约占全区收入的23%，成为朝阳区的支柱产业。

在朝阳区这种文化引领和文化驱动有利环境下，丰富的文化遗产资源也不仅是发展文化事业的条件，而且也应成为发展文化创意产业得天独厚的条件。文化遗产研究的成果不是要束之高阁，而是要让其成为生产力，成为促进社会发展的积极因素，也就是要在“创新利用”上做文章。文化遗产资源研究只有密切地与文化产业相结合，与人民群众日益增长的精神文化需求相结合，才能发挥更大作用，才能成为促进地区经济社会全面发展的动力。

我们要在加紧保护地方知识产权，推进地方文化产品商业化的同时，发展具有地域特色的文化创意产业项目。比如朝阳区丰富的民俗文化和“漕运文化”等，可以与现代时尚、现代人需求相结合，举办各类文化活动、创作人们喜闻乐见的演出节目和微电影等，向来自世界的友人、中外游客、广大市民等推介，提升朝阳文化形象。

总之，文化软实力不是一个虚无缥缈的口号，而是实实在在的生产力，通过社会发展的方方面面体现出来。市场是找出来的，机会是创造出来的。我们只有不断深入挖掘文化遗产内涵，宣传独特的人文魅力，适度创新发展文化创意产业，利用一切可以利用的积极因素，抓住北京创建全国文化中心、朝阳建设首都功能拓展区的历史机遇，

借势发展，文化软实力才能不断得到提升，朝阳社会经济才能实现又好又快的发展。

参考文献

1. 慎海雄：《让我们的文化软实力硬起来》，原载于 2014 年第 2 期《瞭望》新闻周刊，http：//www. gd. xinhuanet. com/newscenter/2014 -01/13/c_ 118942794. htm。
2. 北京市朝阳区文化委员会编《朝阳文物志》，文物出版社，2014。
3. 朝阳区文化馆 2014 年关于“朝阳区非物质文化遗产保护工作汇报”材料。
4. 范学新：《挖掘延庆传统文化资源，提升延庆文化软实力》，http：//wenku. baidu. com/view/9941fd1e6bd97f192279e94b. html。

B.11

智慧交通助推京津冀城乡客运一体化发展

王兆荣　李雪滨*

摘　要：本文简要总结了京津冀区域城乡客运发展面临的新形势，系统地梳理城乡客运服务提质升级的思路，重点围绕交通一卡通互联互通、道路客运联网售票和客运联程服务一体化三个以智慧交通为着力点的改革试点项目，阐述京津冀三地推进城乡客运均质化、均等化服务的工作成效，并描绘未来区域内城乡居民的出行体验。

关键词：京津冀　城乡客运　一卡通　联网售票　客运联程

交通出行等基本公共服务的均等化是城乡一体化的重要标志。在“互联网+”浪潮的驱动下，以一卡通互联互通、道路客运联网售票以及客运联程服务平台为代表的智慧交通成果不断涌现，在公共交通、车票订购和出行规划等服务上打破了空间地域的限制，消除了时间效率的差异，为广大城乡百姓的出行提供了极大便利。当前，北京市正以创新、协调、绿色、开放、共享的发展理念，致力于建设国际

---

* 王兆荣，高级经济师，研究员，北京市交通委员会副主任；李雪滨，长安大学交通运输规划与管理硕士，北京市交通委员会综合运输处主任科员。

一流的和谐宜居之都并积极推进京津冀协同发展，作为先行领域，交通如何保障城乡互动、促进区域协同，是北京乃至京津冀地区未来一段时期城乡一体化发展的重要课题。

一　把握京津冀城乡客运发展新常态

京津冀三地地缘相接、人缘相亲、地域一体、文化一脉，党中央、国务院提出京津冀协同发展的国家战略，既是新时期推进国家治理体系和治理能力现代化的重要举措，也是建设具有国际竞争力的世界级城市群和带动北方腹地经济增长的现实要求。2015 年，京津冀三地总人口 1. 11 亿人，占全国总人口的 8. 1%；GDP 总额 6. 93 万亿元，占全国 GDP 的 10. 2%；客运量 14. 67 亿人次，占全国旅客总客运量的 7. 6%。随着区域经济社会的发展和城镇化进程的演进，人员往来交流愈加密切频繁，城乡客运需求规模不断增加、标准不断提高，呈现发展的“新常态”：

城乡客运发展新常态，“新”在随着京津冀三地“村村通”工程的相继落实，城乡居民对客运服务的要求也不断提高，已由过去的“有车乘”“走得了”提升为当前的“乘车舒适”“走得安全”，加之“互联网 +”催生的各种类型网络约租车的冲击，客观上已倒逼城乡客运发展必须突破传统的路径。

城乡客运发展新常态，“常”在城乡客运运营的既有困境依然没有完全化解，城乡客运的发展定位、运力供给与客流需求在时空上如何更好匹配，地方财政补贴对城乡客运的补贴程度如何做到恰如其分，异地乘客如何与本地乘客一样享受同样的优惠待遇等仍然是城乡客运运营、监管主体需要持续推进的工作。

城乡客运发展新常态，“态”表现为一种趋势，即城乡客运服务不断改进提升的大趋势。这需要服务上追求高标准，精准化地服务城乡居民出行，管理上力求更开放，精细化地管理城乡客运行业。

二 厘清城乡客运服务提质升级思路

面对区域城乡客运发展的新常态，自2014年起，京津冀三地交通主管部门通过多次实地调研和会商研究，深刻认识到，新时期城乡客运服务的提质升级不能循规蹈矩，必须主动求变，顺应“互联网+”的发展趋势，把智慧交通的创新成果与城乡客运服务的各个方面、环节深度融合，推动技术进步、效率提升和组织变革，进而提升城乡客运这一实体经济的创新力和生产力。三地形成改革共识后，又确定了以交通一卡通互联互通、道路客运联网售票、客运联程服务一体化3个智慧交通着力点、连同1个政策突破点（省际毗邻地区客运班线公交化改造）作为先行、先试领域的工作思路。

2015年2月，由北京市交通委员会牵头，会同天津市交通运输委员会、河北省交通运输厅开始编制《深入推进京津冀城乡客运一体化改革试点工作实施方案》（以下简称《方案》）及交通一卡通互联互通、道路客运联网售票、客运联程服务一体化、省际毗邻地区客运班线公交化改造等专项工作方案。《方案》经反复推敲论证、三地交通主管部门会签、交通运输部审核同意，于2015年6月正式印发。

《方案》以《京津冀协同发展规划纲要》和习近平总书记推进京津冀协同发展的指示要求为指导，坚持需求导向和问题导向，把握改革重点，凝聚发展共识，增强市场活力，旨在实现京津冀城乡客运政策协调、布局合理、资源共享、衔接高效、服务一体，并形成易推广、可复制的城乡客运发展新模式。《方案》在执行落实过程中坚持了以下原则：

——市场主导，政策引导。遵循旅客运输市场发展规律，发挥市场配置资源的决定性作用，充分尊重企业的市场主体地位和自主决策。发挥社会组织服务协调、监督约束的作用，搭好旅客运输服务企业与政府间的桥梁。发挥政府引导作用，完善法规标准，理顺体制机制，加强组织实施。

——改革创新，率先有为。紧紧围绕京津冀城乡居民出行服务的新需求、新期待，深化管理机制、法规标准、审批制度、组织模式等方面的改革创新，发扬敢闯敢试的开拓精神，把京津冀作为跨区域、城市群城乡客运一体化改革发展的试验田和先行区，积极探索，率先有为。

——地方为主，科学统筹。充分发挥京津冀三地交通运输主管部门的主动性和积极性，加强区域内省与省之间、毗邻地市之间的沟通协调，建立健全协同联动的工作机制，强化法规、标准和政策对接，形成工作合力。加强部级层面的顶层设计和科学统筹，及时协调解决地方层面反复协调后仍难以突破的问题。

——积极稳妥，务求实效。把握京津冀城乡客运一体化改革试点的战略重点、推进方式和实施步骤，正确处理改革与发展稳定、改革与法制建设以及政府与市场、公平与效率的关系，因地制宜、稳步有序推进各项改革，持续用力，久久为功。

三　全面推进城乡客运服务提质升级

《方案》的印发意味着京津冀区域城乡客运服务的提质升级工作全面启动，在京津冀三地的共同努力以及智慧交通强有力的助推下，京津冀城乡客运在2015年取得了阶段性成果。

（一）交通一卡通互联互通

交通一卡通互联互通，即乘客手持一张印有“交通联合”标识的交通IC卡，可以突破传统公交卡的地区限制，在异地乘坐公共交通工具时同样能刷卡交付车费，从而免去找、换零钱的麻烦。2011年1月，北京市实现了市区公共交通（公交、地铁）与郊区客运线路的一卡通互联互通，而且在刷卡优惠上，北京市郊区居民与城区居民一样，享受同等待遇，城乡客运服务的均质化、均等化通过一卡通的形式表现出来。

随着京津冀一体化进程的加快，区域间互动往来越来越紧密，据调查，河北省在京、津两地的人口分别为155.9万和75.45万人，分别占当地常住外来人口的22.1%和25.2%，“一张卡走遍区域各地”的需求开始显现。2014年6月，经京津冀交通一体化运输服务组（廊坊）会议议定，启动区域内交通一卡通互联互通筹备工作，各地区做好前期调研工作，摸清各地区一卡通工作基础，尽快确定技术路线、制订工作方案。2015年4月30日，中央政治局会议审议通过的《京津冀协同发展规划纲要》明确提出“提升交通智能化管理水平，逐步推进区域内交通‘一卡通’互联互通”工作。

根据方案计划，京津冀三地按照“先示范后推广，分区域、分领域、分阶段推动”的思路，确定了京津冀交通一卡通互联互通一期工作目标，即在确保不影响既有交通IC卡使用的基础上，通过兼容新卡的形式在北京市139条公交线路、天津市119条公交线路及河北省7个试点城市重点公交线路实现“一卡通”（见表1）。为使区域内城乡居民早日分享改革成果，三地全面加快各项工作：建立了由三地交通主管部门的主管领导共同任组长的专项工作机制，设立管理协调组和技术联合组，每周召开一次调度会，协调解决重点难点问题，同时对工作进行督导。2015年9月，交通一卡通互联互通密钥兼容关键技术攻关完成。10月，编制完成了《京津冀交通一卡通互联互通业务导则》、《京津冀交通一卡通互联互通清分结算规则》和《京津冀交通一卡通互联互通卡发行管理办法》，奠定了交通一卡通互联互通的规则基础；充分发挥市场的主体作用，三地一卡通运营企业共同拟定了《京津冀一卡通合作协议框架》《公司间一卡通互联互通商务协议框架》，明确责、权、利。11 月，京津冀区域清分结算中心一期建设竣工，卡结构、系统程序的实验室测试和上路测试、调试相继完成。12 月，全面推进试点公交线路所有运营车辆的刷卡机具改造工作；12 月 25 日，京津冀交通一卡通互联互通在试点公交线路上试运行。

截至 2016 年 1 月 24 日（试运行 1 个月），京津冀区域累计发卡 1.2 万张，其中北京地区发卡 6589 张，北京市域范围内消费 17750 笔；京津冀区域内跨地市消费累计 926 笔，其中，天津、河北发行的卡在北京地区消费 101 笔，北京、河北发行的卡在天津地区消费 262 笔，北京、天津发行的卡在河北省试点城市消费 563 笔。从设备运行情况看，各互联互通城市公交线路车载机具总体运行正常，未发生卡片不识别、扣款错误等问题。

表 1　三地实现交通一卡通互联互通试运行的线路

北京市	天津市	河北省
69 条由四个主要火车站始发的公交线路、39 条出京的公交线路、29 条运通公交线路、2 条旅游观光线路（“铛铛车”）	滨海新区 110 条公交线路、武清区 9 条公交线路	石家庄、保定、邯郸、承德、张家口、沧州、廊坊 7 个城市的重点公交线路

（二）道路客运联网售票

道路客运联网售票，即旅客根据行程安排，依托互联网信息平台选择自己想乘坐的道路客运班车的班次，通过网上支付的方式非现场购买该班次车票，乘车当天取票、验票进而完成出行。2014 年 1 月 1 日，北京市整合全市各省际客运站班次票务数据资源，在全国率先实现道路客运实名制联网售票。这既提高了售票效率，缓解了车站售票窗口的压力，又确保了车内旅客的安全——进站上车的每一名旅客都经过了公安部门的身份证核验。而且，网络售票提前将旅客“锁定”，也压缩了客运站周边“黄牛”倒票、站外揽客的空间，有利于运营环境秩序的整治和改善。

2014 年 12 月，交通运输部运输服务司京津冀工作推进会议决定，启动区域道路客运联网售票工作，打通三地间道路客运信息互联互通的关键通道，探索新的长效运营模式，改变区域内各道路客运站“各自为战、互不往来”的局面，加快形成道路客运信息“一站式”服务能力。按照方案计划，2015 年 4 月，津、冀联网售票分中心和联网客运站系统建设工作启动；7 月，交通运输部《道路客运联网售票系统行业标准》正式发布，全国平台全面建设，天津市、河北省各项工作全面提速；目前，全国平台已实现北京市 11 个二级以上客运站、天津市 10 个二级以上客运站、河北省 28 个一级客运站及部分二级客运站的初步接入。

随着移动互联网时代的到来，手机已然成为人们的“电子器官”，北京在对照部颁标准完善已建成的联网售票系统的基础上，又致力于手机端联网售票 App 的研发。经过一段时间的酝酿，2016 年春运前夕，由运输管理机构官方认定的手机端联网售票 App（快巴汽车票）正式上线。旅客通过手机界面，便可直观查询市内各省际客运站的班次信息，结合自己的出行计划和前往客运站的便捷程度选择购买车票——北京城乡居民的道路客运出行步入“指尖时代”。

从 2016 年春运期间北京道路联网售票系统的运行情况看，旅客通过网络订购车票 14.12 万张，占出售车票总数的 12.1%，较 2014 年春运提升了近 8 个百分点，其中，通过手机端购票 2.35 万张，通过网站购票 11.77 万张。各客运站也与时俱进，增设自助取票机等设备，往年春运期间各站售票窗口前的“长龙”现象得到缓解，站周边治安、交管及交通执法部门的处罚量也有所下降。

（三）客运联程服务一体化

客运联程服务一体化，是将旅客出行链涉及的各个行程环节有机结合、无缝衔接，通过对出行链的统筹设计，使旅客以最经济的方式获得便捷、高效的综合交通出行体验。目前，客运联程服务一体化在理论层面还没有清晰的概念定义和标准规范，但在实践层面，已经在枢纽设施的建设（或改造）、运输组织的衔接、运行信息的共享等方面进行了有益尝试。例如，以天津滨海国际机场北京南站城市航站楼为代表的空铁联运、开行首都机场到北京周边地区道路客运班线的陆空联运、北京站设立八王坟客运站配载点的公铁联运等，是通过设施和运输组织的一体化衔接实现的；而携程、百度等互联网平台则以此为基础，通过对各种运输方式运行大数据的处理，为旅客的行程进行优化设计，并提供“一站式”的购票服务。

客运联程服务一体化能充分发挥各种运输方式的比较优势，释放各个行程节点的运输需求并助其提升换乘效率。以某互联网出行平台借助“天津滨海国际机场北京南站城市航站楼”策划的行程为例，从北京出发前往目的地，如果选择从天津滨海国际机场起飞，虽然增加了一段铁路行程，但由于空铁紧密衔接，又躲避了首都机场陆侧交通的拥堵，总的出行时间反倒比北京直飞短；加之天津滨海国际机场实施的一系列优惠措施，旅客出行费用也较直飞少，旅客在时间、价格上均收获良好体验。天津滨海国际机场的旅客吞吐量也连续两年以200万人次/年的量级攀升。

四　结语与展望

北京建设国际一流的和谐宜居之都、推进京津冀协同发展，交通产业必须先行引领、交通部门必须率先有为。京津冀城乡客运一体化不仅对保障区域城乡居民出行、促进地区间的互动交流发挥了不可替代的支撑作用，对全国也具有重大示范意义。现阶段，虽然依托智慧交通手段，京津冀城乡客运一体化已经取得了一定成绩、惠及了部分城乡居民，但由于交通一卡通互联互通、道路客运联网售票和客运联程服务一体化等工作均处于起步阶段，改革发展的红利尚未完全释放，现代化城乡客运服务仍需进一步推广、普惠。

国民经济和社会发展第十三个五年规划已经绘就，相信通过市场需求的拉动和政府政策的推动，未来2～3年，京津冀三地将实现区域内各城市公共交通及相关运输方式上的“一卡通”，将实现区域内各城市道路客运站的联网售票；未来3～5年，依托基础设施的直连互通、信息技术的跨越发展和综合交通理念的深入人心，京津冀城乡居民出行将通过定制化的出行安排、一次性的行程支付、“零距离”的行程衔接实现客运联程服务一体化。到那时，京津冀城乡居民将共享智慧交通带来的均质化、均等化客运服务。

参考文献

1. 北京市交通委、天津市交通运输委、河北省交通运输厅：《关于推进京津冀城乡客运一体化改革试点的实施方案》，2015。
2. 《2015年国民经济和社会发展统计公报》，国家统计局网站，http://www.stats.gov.cn/tjsj/zxfb/201602/t20160229_1323991.html。
3. 《北京市2015年暨“十二五”时期国民经济和社会发展统计公报》，北京统计信息网，http://www.bjstats.gov.cn/tjsj/tjgb/ndgb/201603/t20160329_346055.html。
4. 《2015年天津市国民经济和社会发展统计公报》，天津统计信息网，http://www.stats-tj.gov.cn/Item/25858.aspx。
5. 《2015年河北省国民经济和社会发展统计公报》，河北省统计局网站，http://www.hetj.gov.cn/res/uploadfile/20160229145526889.pdf。
6. 北京市交通委、天津市交通运输委、河北省交通运输厅：《京津冀综合运输服务

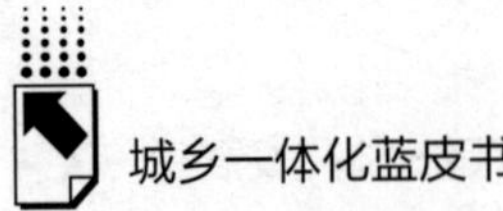

示范区建设实施方案（2015~2018年）》调研成果，2015。

7.《2014年全国机场生产统计公报》，中国民用航空局网站，http：//www.caac.gov.cn/XXGK/XXGK/TJSJ/201511/t20151102_8874.html。

8.《2015年全国机场生产统计公报》，中国民用航空局网站，http：//www.caac.gov.cn/XXGK/XXGK/TJSJ/201603/t20160331_30105.html。

城乡土地问题

Urban-rural Land Resources

B.12

农村集体经营性建设用地入市配套政策及利益分配机制研究

马亚西　刘 东　张 侃*

摘　要：本文对农村集体经营性建设用地入市相关配套政策及利益分配机制进行了初步研究，为做好相关工作提出了意见和建议。

关键词：集体经营性建设用地　入市配套政策　利益分配机制

* 马亚西，北京市委研究室郊区处处长，中国社会科学院金融研究所博士，副研究员，研究方向：农村经济；刘东，北京市委研究室郊区处主任科员，中国人民大学区域经济学硕士，研究方向：农村经济；张侃，北京市委研究室郊区处主任科员，四川大学城市规划与设计硕士，研究方向：农村经济。

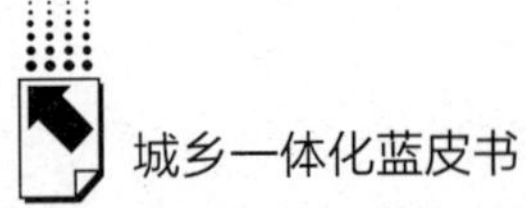

2014年底，中共中央办公厅、国务院办公厅印发了《关于农村土地征收、集体经营性建设用地入市、宅基地制度改革试点工作的意见》。集体经营性建设用地的入市试点，打破了改革开放以来农村土地必须征为国有才能入市交易的既定模式，将为广大农民和集体经济组织平等有序参与城市化进程、实现首都的可持续发展创造重要条件。本文对农村集体经营性建设用地入市相关配套政策及利益分配机制进行了初步研究，为做好相关工作提出了意见和建议。

一　相关配套政策

与国有土地上市相比，农村集体经营性建设用地上市流程和相关政策更为复杂，不同阶段和环节其配套政策也有很大不同。

（一）土地整理阶段

这个阶段是为了整理出符合上市条件的土地，需要从以下几个环节制定相关政策。

1. 有关地块确定的政策

按照中央试点意见的要求精神，在符合城乡规划和用途管制的前提下，上市地块必须是合法的集体经营性建设用地，而不能是占用宅基地或耕地进行建设的现状用地，也不得占用绿地、公益用地等非经营性用地。另外，上市地块必须产权明晰，没有产权纠纷、经济利益纠纷等历史遗留问题，相关村民对地块上市没有重大异议。为此，需要规划、国土部门编制市级至少是试点区域范围的城乡发展规划，出台集体经营性建设用地存量界定标准及程序，制定分散地块、城中村零散地块的整理入市指导意见，为拟上市集体土地确权颁证，对相关工作进行规范。

2. 有关出让主体的政策

根据国家法律规定，农村集体经营性建设用地所有权属于全体村民。因此，村集体作为入市主体，从理论上讲得通。但是，由于受到历史因素、规划因素等影响，集体经营性建设用地在各村之间分配极不平衡，甚至个别村全部为绿地而失去发展空间，容易引发矛盾纠纷和产生隐患。从现实出发，为保障和维护最广大群众的根本利益，有必要将乡镇一级政府作为实施主体，实现乡域统筹、镇域统筹。为此，需要相关部门出台政策措施，如镇级统筹集体经营性建设用地入市指导意见、入市主体及组织形式的指导意见、镇级统筹组织运行及镇村利益分配指导意见等相关政策，从而明确乡镇政府、村集体的相应主体资格，明确各自权利和责任。此外，考虑到市场化运作所需的管理能力、财务实力和市场经验并非所有乡镇都具备，实际情况中可能需要委托代理人或中介组织来进行操作，需要制定对代理人、中介组织、开发商等规范管理的指导意见。

3. 有关地上物腾退拆迁的政策

目前，绝大多数集体经营性建设用地上都有发展的产业、建设的房屋，土地整理入市前必须进行地上物拆迁。因此，有必要参考周边国有土地拆迁补偿政策，制定完善农村集体土地上的地上物腾退拆迁、房屋登记办理等相关政策，明确腾退拆迁主体、补偿价格、补偿方式、完成时限等内容，以保障腾退拆迁工作顺利进行。

（二）入市准备阶段

1. 土地一级开发相关政策

一般来说，国有建设用地上市时会将土地一级开发成本（如“六通一平”[①] 等基础设施）和周边地区的产业、道路、公共服务等

① 根据各地的实际情况，北方城市的基础设施配套程度为七通一平（通路、通上水、通下水、通电、通邮、通暖气、通天燃气或煤气、平整土地）或六通一平（七通一平中无通天燃气或煤气）。

配套设施建设成本打入土地价格，并由政府组织开发、分担成本。目前，对于农村集体经营性建设用地的土地一级开发成本究竟由政府还是村集体承担，是否应同国有建设用地一样分担周边配套设施建设成本，村民们的看法和政府部门的看法并不一致，甚至有较大分歧。因此，制定公平合理的成本分担办法和建立利益协商机制尤为重要。相关政策的设计，必须综合考虑国家、市、区、乡镇、村集体各方利益，总的原则，是要按照“谁受益、谁负责”来合理分担成本。在这一过程中，应通过政策设计和强化宣传，充分发挥市场的决定性作用，引导村民改变“政府包办一切”的思维模式，逐步培育其市场主体意识。

2. 融资支持相关政策

过去，乡镇和村集体获得融资支持的难点就在于法律禁止集体经营性建设用地抵押融资，相应地各金融机构贷款意愿也不强。试点工作的关键，就是要突破原有法律禁止性规定，允许集体经营性建设用地抵押融资。为此，需要研究制定集体经营性建设用地使用权抵押贷款管理办法，系统明确抵押贷款的主体、利率、期限、额度、程序、抵押、担保和还款方式等内容，破解集体建设用地融资难题。

3. 地价评估相关政策

地价评估是一项基础性工作。土地价格必须真实反映土地的稀缺程度和市场价值，才能达到合理配置土地资源的目标。由于改革开放以来我国一直没有建立起农村集体经营性建设用地的交易市场，也没有集体建设用地大规模直接入市交易的案例，相应的地价评估工作只能从参考国有建设用地价格做起，逐步建立起符合集体土地特点的地价评估体系。这就迫切需要国土、发改等部门建立基准地价体系和制定成本评估办法，并在试点工作中不断修订完善。

（三）入市交易阶段

1. 市场交易规则相关政策

市场交易规则的建立应借鉴国有建设用地招拍挂程序，保留发挥市场决定性作用的合理部分，让资产定价机制真正发挥作用。同时，在规则制定过程中，必须充分征求和尊重市场各主体的意见，平衡各方利益诉求，注重保护弱势一方权益，尤其注重优先保护村集体的利益。为此，发改等部门应制定保障农村集体经营性建设用地公平交易的政策措施。针对城乡结合部地区和绿隔地区建设中曾经出现的一些问题，如开发商恶意圈地囤地、“留下骨头吃了肉”等侵害公共利益和村民利益的问题，市区有关部门应考虑建立完善针对各市场主体的信用评级体系、失信惩戒办法等相关政策，让失信行为在市场中寸步难行。

2. 项目建设审批相关政策

按照国务院简政放权工作部署，加快构建便捷高效的审批流程，可在三方面着力推进。首先，在项目建设阶段根据立项、规划审查、开工及产权登记等分工，分别由发改、规划、国土、住建等相关部门牵头制定针对农村集体经营性建设用地的配套政策措施，并在实际审批环节由逐项审批改为并行推进。其次，积极下放市级审批权限，由相关市级部门牵头制定审批权下放政策办法，将一般事项的市级部门审批权限下放至区级相关部门办理，具体审批流程可由区级相关部门编制并报区政府审定。最后，相关部门还应制定农村集体土地上项目建设管理和竣工验收相关政策，确保项目按进度、高质量完成，具体可参考国有土地的建设项目执行。

3. 项目审计监督相关政策

为保证农村集体经营性建设用地入市平稳有序进行，在监督机制建设上，重点是由审计、纪检监察、法制办、维稳办等部门牵头，制定审

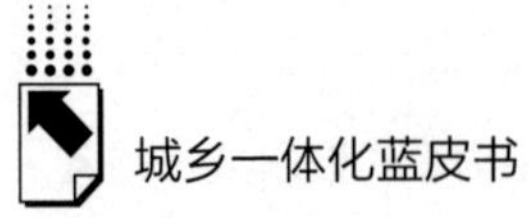

计办法、纪检监察制度、规范性文件合法性审查办法、社会风险评估及防控办法，对入市全过程进行规范监管。对于可能出现的违法犯罪行为，要通过严格的惩戒制度，发现一起查处一起，绝不姑息迁就。

二　收益分配机制

入市收益分配涉及国家、集体、农民个人等多方主体，是确保农村集体经营性建设用地有序入市、保障村集体长远发展、实现社会和谐稳定重中之重的问题。集体土地增值收益目前存在分配机制不健全，国家、集体、农民之间利益兼顾不够等问题。在这个问题上，要着力构建公平合理的入市收益分配机制。首先要保障各方合理收益，其次要平衡当前利益和长远利益，最后要照顾局部利益和全局利益。具体而言，要从外部分配和内部分配两个方面做好工作。

（一）入市收益的外部分配

外部分配主要涉及集体土地所有者和各级政府之间的分配关系，以及政府所获收益在全社会的再分配问题。做好外部分配可以充分调动地方政府的积极性，并有效发挥税收的二次分配功能，平衡利益关系。

1. 合理确定农村集体经营性建设用地初次入市时收取的土地增值调节金比例

从已有的实践探索经验看，有的地方按照集体经营性建设用地出让总价款或基准地价的一定比例收取政府收益。例如苏州市规定：“集体经营性建设用地出让、租赁所取得的土地收益，主要归集体土地所有者所有，但应向政府缴纳不高于流转合同价款 15% 的土地收益。”再如芜湖市，2001 年以前确定土地增值收益在市、县（区）、乡（镇）、集体经济组织四级之间按 1∶2∶5∶2 的比例进行分配；2002

年调整为市级不参加分成，县、乡、集体经济组织按照1∶4∶5的比例进行分配。

参考地方财政收入在中央与地方的分配比例，坚持“让利于农”的原则，建议将入市取得的土地增值收益的10%～20%作为土地增值收益调节金。鉴于当前正处在入市试点阶段，建议市级暂不参与收益分配，土地增值收益调节金由区、镇两级政府分享，并向镇倾斜，调动基层推动改革的积极性。

2. 政府以征收税费的形式参与农村集体经营性建设用地保有及流转环节的收益分配

在已有的探索实践中，有的地方参照城镇国有建设用地的税收标准，将集体经营性建设用地流转纳入了征税的范围，或者征收与城镇国有建设用地有关税收相类似的地方税费。例如广东省规定，集体经营性建设用地使用权出让、转让和出租的，应当向土地行政主管部门申报价格，并依法缴纳有关税费；集体经营性建设用地使用权转让发生增值的，应当参照国有土地增值税的征收标准，向市、县人民政府缴纳有关土地增值收益。建议尽快制定相关配套税收政策，对入市的集体经营性建设用地征收土地使用税。同时，探索建立城乡统一的建设用地流转税制，逐步开征契税、印花税和营业税等，规范和调节集体经营性建设用地入市过程中的土地增值收益分配。

（二）入市收益的内部分配

农村集体经营性建设用地出让总价款扣除土地增值调节金和腾退补偿之后形成的出让纯收益用于内部分配。内部分配主要是集体土地所有者所获收益在集体成员之间的分配问题，涉及集体成员之间以及集体成员与集体经济组织之间的关系。

做好内部分配，需要完善农民集体主体制度，科学制定集体土地资产处置决策程序，确保改革真正惠及广大农民。在目前的试点阶段，建议将土地增值收益的20%直接分配给村民，在农村集体经济组织成员之间公平分配，以此确保农村集体成员从集体经营性建设用地入市中获得实实在在的好处，让农民对改革有更多的获得感。

集体经营性建设用地入市、土地收益分配管理等多属于农村集体内部事宜，政府不应直接进行干预，建议通过制定政策，按照市场经济和乡村治理结构改革的要求，引导集体土地所有权主体健全组织结构，使之成为一个对外具有市场主体资格能够有效行使所有权，对内治理机制顺畅能够充分形成并代表农民意志的所有权主体。农村集体经济组织取得的收益应纳入农村集体资产统一管理，健全集体土地所有权主体、成员及村民自治组织分配土地增值收益的内部管理制度，制定经成员认可的土地增值收益分配办法，防止因土地收益分配不合理引发农村稳定问题。从长期看，应该成立具有现代企业制度特征的专营公司，具体负责经营管理集体资产，严格规范内部分配和使用办法。

参考文献

1.《中共中央国务院关于落实发展新理念加快农业现代化实现全面小康目标的若干意见》，新华网，http：//news. xinhuanet. com/politics/2016 -01/28/c_ 128679303. htm。

2.《全国33个县市区拟允许集体经营性建设用地入市》，新华网，http：//news. xinhuanet. com/local/2015 -02/26/c_ 1114435555. htm。

3.《中央农村工作会议在京召开—习近平对做好“三农”工作作出重要指示—李克强作出批示》，人民网，http：//politics. people. com. cn/n1/2015/1225/c1024 -27978480. html。

4.《集体经营性建设用地入市谁的机遇?》，新华网，http：//news. xinhuanet. com/house/sjz/2015 -03 -06/c_ 1114541753. htm。

B.13

优化用地供应结构　深挖存量土地潜力

——北京经济技术开发区用地管理实践探索

王俊杰*

摘　要：　土地资源是各个开发区最为宝贵的发展资源，是开发区产业赖以发展的承载体。如何优化工业用地供应结构、统筹用好居住用地解决区内职住平衡难题，是摆在每个开发区面前必须破解的难题。通过调研分析北京开发区在工业用地、居住用地上的集约节约做法，力图探讨总结开发区土地管理的有益经验。

关键词：　开发区　土地资源　集约节约　区域整合

土地资源是各个开发区最为宝贵的发展资源，是开发区产业赖以发展的承载体。“引领新常态、打造高精尖、服务京津冀”是北京市市委、市政府赋予北京经济技术开发区（以下简称“北京开发区”或“开发区”）新的要求和历史使命。把没有比较优势的生产环节腾出去，置换以研发、总部为主的新产业，同时建设有高科技、高技术支撑的现代服务业，是北京开发区现在和未来要开展的主要工作。在新的产业发展定位下，如何优化工业用地供应结构、统筹用好居住用地解决区内职住平衡，实现土地利用区域整合，对开发区土地管理工作提出了新的要求。

---

* 王俊杰，北京国土资源局开发区分局局长，管理学硕士。

一　北京开发区土地来源构成与现状分析

北京开发区占地近60平方公里，建设用地均经由政府批准后，依法征收筹集原大兴区、通州区农村集体土地，土地来源中大部分由农用地转用，另有部分为工矿用地、交通用地和未利用土地等。这些土地被征收后，由开发区统一进行土地一级开发，达到“七通一平”①（后又达到“九通一平”）条件后，再通过有偿出让的方式把土地供应给优秀企业进行建设、生产使用。

把大兴、通州两区的农村集体土地通过征地拆迁方式，转变为开发区现在的建设用地，在扩大了开发区发展空间的同时，两区则是减少了农用地，有大量的农民为了腾地搬离了他们世代居住的土地。应该说开发区的经济发展和城乡一体化成果中，饱含着被征地农民的历史性贡献，我们没有理由不十分珍惜宝贵的土地资源的科学使用。

随着开发区的建设发展，区内用地结构比例呈现工业、商业与居住=7∶1∶2的形态，从总体看，商服用地和住宅用地的比例相对偏小，从土地用途结构上看，是一个典型的工业主导型开发区。

二　采取缩短供地年限，科学灵活的管理方式，提高工业用地的集约利用效率

优化工业用地供应结构，提高区域集约利用水平，不仅仅是土地管理工作的要求，更是区域产业发展的深层次需求。如何优化土地的

① “七通一平”指出让宗地已达到：通市政道路、通自来水、通下水（雨水、污水）、通天然气、通电力、通热力、通邮，自然地貌平整。“九通一平”指出让宗地已达到：通市政道路、通自来水、通下水（雨水、污水）、通天然气、通电力、通电信、通热力、通有线电视、通邮，自然地貌平整。

供应、提高集约利用，这个问题是在低效土地盘活的工作实践中提出来的。起初，主要是研究低效用地产生原因及低效用地处置方法，主要视野还是停留在专业的土地管理中，后经多方调查思考，才逐步认识到优化土地供应结构、提高土地集约利用水平，是一个区域产业发展的根本性问题。

（一）北京开发区的发展成果

北京开发区是高技术制造业聚集区、战略性新兴产业发展的策源区，历年来北京开发区的综合发展质量一直处于全国前列。

20 年来，北京开发区累计实现工业总产值突破 2 万亿元，累计实现财政收入 2000 亿元。截至 2015 年入区企业上万家，其中 83 家世界 500 强企业投资项目 119 个，投资总额超过 744 亿美元；2014 年北京开发区内产值亿元以上的企业达 150 家，产值十亿元以上的企业有 42 家。

（二）北京开发区工业用地管理的实践经验分析

随着北京开发区经济的快速发展，土地资源的紧缺性呈现明显的以 10 年为周期的规律：从 1992 年建区到 2002 年，第一个 10 年就出现了无地可用的情形，通过国务院批准扩区的方式暂时渡过难关；到了 2010 年，北京开发区发展即将到第二个 10 年时，区内土地资源紧缺的难题再次呈现。北京市委市政府高瞻远瞩，对大兴区、开发区进行了行政资源整合，才解决了这个阻碍北京开发区经济发展的难题。

在开源的同时，北京开发区的土地管理部门，也在工作实践中不断地探索如何能更加有效地提高开发区的土地利用效率，尽可能地避免出现低效用地，以使北京开发区的产业发展永葆青春。

在北京开发区建区之初，1993 年某企业以 50 年的期限通过出让的方式在开发区购得 7 万多平方米的土地建厂生产。一期建成后因产品市场原因迟迟不能完成二期建设和生产，造成了近3万平方米的土地长期空置浪费。后来经过多次艰难的谈判，开发区才收回了这块土地。新来的企业在不到100天的时间内就完成工厂建设并投入使用，快速盘活了这块土地。

1992年第一家入区的资生堂化妆品公司，是一家中日合资企业，当时公司的合资期限是15年，该企业就以15年的年限通过出让的方式购买了开发区一块3.3万平方米的土地生产产品，此产品即是深受中国女士喜爱的欧珀莱化妆品。经过15年的发展，企业发展良好，自1994年正式投产至2006年，企业累计实现利润总额相当于公司初期投资的27倍，累计给开发区纳税17.7亿元。该公司合资到期后，经合资各方一致同意将经营期限再延长15年。2006年在原土地15年到期后经申请批准，与北京开发区国土分局再次续签了15年的土地使用权合同。最新数据显示，近5年，该企业纳税又达17亿元。

经过20多年的发展，摆在北京开发区面前的土地管理工作面临两道难题：一是开发区未出让的土地资源日益减少；二是开发区对于已出让土地的管理缺乏有效手段。这两个难题就像是硬币的两面，彼此紧密关联。上面一正一反两个案例恰恰为破解这一困境做了有意义的提示：缩短工业用地出让年限，差异化供应工业用地，采用灵活多样的工业用地的供应方式才是解决低效用地、促进区域产业高速发展的有效途径。

（三）对破解开发区工业用地瓶颈的探索

企业的产业生命周期一般不超过20年，20年后，许多原来优秀的企业变得无法正常、高效生产运行。而这时，一方面企业手里还剩余30年的土地使用权作为企业资产留在企业手里，但不能充分发挥效用；另一方面，开发区管委会手里用来招纳届时更优秀企业的工业用地资源严重缺乏。低效企业手里土地多余和管委会手里土地资源的缺少，这一多一少就形成了制约开发区经济持续高效发展的瓶颈。

2013年7月15日，北京开发区出台《北京经济技术开发区关于进一步加强工业用地管理，提高土地节约集约利用水平的实施意见》（以下简称《工业用地管理实施意见》），明确提出，在开发区内，工业用地出让年限由原来的一次性出让50年调整为“一般不高于20年”。2015年底，又更新推出20年基准地价。

缩短工业用地出让年限，一方面在满足企业用地前提下加快工业用地流转速度，提高开发区土地集约节约利用水平；另一方面因为缩短了工业用地出让年限，从而降低了工业用地的价格水平，减少了企业的前期投入成本，使企业能把有限的资金尽量多地投入生产中去，集中力量发展产业。一高一低之间，既保障了开发区招商用地资源的供给，又促进了企业顺利发展。

当然，如果20年后原用地企业“达到入区时承诺的经济指标，仍然正常生产并保持增长态势，可以申请延期使用土地”，保障企业的持续正常发展。

这一土地新政的实施，既体现了一高（集约用地化水平提高）一低（企业前期土地投资降低），又解决了一多（后期企业剩余土地多）一少（政府手里可利用土地少）的难题。当然，企业一样可以把20年土地使用权及后期建筑的地上房屋作为抵押物向银行担保融资，以进一步扩大资金融通渠道，筹集到更多的生产、流动性资金。这一做法，当时在全国是超前的。

三　大力盘活低效存量工业用地，使开发区起步区再次起步

1992年北京开发区建区的时候，当时北京市政府先期批准了3.83平方公里土地作为北京开发区的一期发展建设区，人们称它为

起步区。在起步区内工业用地有90多宗，占地约2.5平方公里，最早出让时间是1992年。由于产业技术和产业市场不断发展等原因，许多工业企业已趋落后，但土地仍然占着。如何调动各方面的积极性，把“老鸟”请出去，把“新鸟”请进来，实现腾笼换鸟凤凰涅槃，把这些土地尽快盘活，是开发区一直探索的重要课题。

经过对企业的甄别性调研，将这些老企业用地划分为不同类别分类处理。对于产业项目确已落后并已转移的，通过各种方式予以收回，重新利用。如诺基亚项目用地，开发区正在采取多种方式盘活这块土地。对于那些虽然原项目落后了，但又有新的符合现在产业规划的项目，则多方合作，共同努力促使其用好土地，再次焕发青春。如有一块老企业的用地，现在正在筹备建设机器人产业园，近期要作为北京主会场承办机器人大会。开发区还准备探索通过土地使用权置换、收地还建房屋和就地改造等方式实现腾笼换鸟，使北京开发区的起步区再次起步。

四　高效合理利用开发区住宅用地，解决区内职住平衡问题

产业发展与产业人口居住是相辅相成的。作为北京市唯一的一个国家级开发区，宝贵的居住用地不是用来搞房地产经营的，而是要瞄准产业从业人群，区分需求层次，分类建房，深挖潜力，最大化地发挥居住用地效率，解决区内职住平衡，留住区内人才，促进开发区产业发展，让高端人才能安居乐业创新发展，这是开发区居住用地管理的原则和目标。一句话，也就是让开发区的人住进开发区的房，一心一意地为开发区的发展服务。

开发区区域性住房保障的主要矛盾是如何妥善解决区内企业员工就近居住的问题。开发区已建成居住用地面积524.86公顷，占开发

区用地总面积的 9.64%，而已建成工业用地面积 1277.24 公顷，占用地总面积的 23.46%，可以看出，开发区的工业用地明显多于住宅用地，基本上实现了职住平衡。

2010 年大兴区、开发区两区行政资源实行整合，两区领导高屋建瓴共同做出决策，对于户籍在北京开发区的符合居住北京市保障房条件的人员，统一由大兴区统筹房源，统一摇号配售、配租。明确北京开发区居住用房主要解决区内产业员工的居住困难问题。

（一）开发区内产业员工情况

开发区现有的 19 万产业员工是开发区职住平衡的保障对象。主要包括企业单位负责人（主要指企业高级管理人员，约 1 万人），在房屋管理上把他们定义为金领；专业技术人员和办事人员（主要指企业的行政专员、人事专员、财务人员等，约 8 万人），把他们定义为白领；商业服务业人员以及生产运输设备操作人员（约 10 万人），把他们定义为蓝领。

（二）开发区形成多层次、多种类住房供应体系以解决区内职住平衡

针对不同层次的住房需求，建设不同种类的住房，形成多层次的住房供应体系，分类解决区内人才的住房困难。住房形式主要包括单身公寓、人才公租房、自住型商品房和普通商品房 4 个不同层次。

1. 单身公寓

40 平方米左右一套，主要针对蓝领工人。共建面积近 30 万平方米，约 8000 间。

2. 人才公租房

到 2015 年开发区建有各类公租房约 120 万平方米。依照鼓励优秀人才和领军人才的原则由产业单位配租。

3. 自住型商品房

主要是满足白领人员购房需求。以每套70平方米为主，90平方米以上的户型不超过开发建设总面积的20%。

开发区自住型商品房实行封闭管理。购房人转让此类房屋产权的，转让对象仍限定为具备北京市自住型商品房购买资格的区内就业人员。在房屋流转中实行人走房留，保障开发区的房住开发区的人。

4. 普通商品房

由管委会主导，通过入区企业与房地产开发企业达成团购协议，使开发区的人能找到开发区的房、开发区的房能找到开发区的人。

总之，开发区内居住用地必须高效合理，住房必须服务于开发区的开发事业。

五　资源整合，成果共享，带动城乡一体化发展

2007年1月，北京市政府正式批复亦庄新城规划（2005～2020年），明确指出以北京经济技术开发区为核心功能区的亦庄新城，是北京东部发展带的重要节点和重点发展的新城之一，是辐射带动京津城镇走廊产业发展的高新技术产业中心。这是开发区发展的一个新纪元。

经过20多年的发展，开发区在经济上取得了显著的成果，但随着城市的建设，社会管理和公共服务资源的劣势逐渐显现。2010年初，中共北京市委、市政府做出大兴区与北京开发区行政资源整合的决策部署，大兴区委书记、开发区工委书记由一人担任，大兴区领导与开发区领导交叉任职。这种整合模式是国家级开发区整合的一种全新模式。整合后，大兴区拿出12平方公里土地发展开发区，开发区则充分发挥区内经济发展迅速，就业岗位优质、充分的优势，前后解决超过3万名大兴区劳动力的就业问题。大兴区和开发区积极推进两

区行政资源整合，实现资源优势互补，放大政策品牌效应，强强联合，优势互补，共同打造南部高技术制造业与战略性新兴产业聚集区，为新区发展增添了强大动力。

在亦庄核心区的辐射带动下，现在的大兴已经实现了从传统农业大区向高端产业新区的跨越转型。截至2014年，新区已经聚集了84家“世界500强”的120个项目，高端化已成为新区项目的基本特征，产业链发展已成为新区做大做强实体经济的强大引擎。

大兴区和开发区的资源整合和成果共享，使新区从经济、人民生活水平、就业和社会保障等方面出现了跨越式发展。

（一）新区经济实现新跨越

初步核算，2014年新区实现地区生产总值1472.5亿元，比上年增长9%。其中，大兴区生产总值实现475亿元，比上年增长8.7%。开发区生产总值实现997.4亿元，比上年增长9.2%。

2014年，大兴区完成地方公共财政预算收入61.5亿元，比上年增长17.4%。开发区完成地方公共财政预算收入120亿元，比上年增长19.7%。

（二）人民生活水平进一步提高

2014年，大兴区农村居民人均纯收入18824元，比上年增长10.4%；其中工资性收入10398元，比上年增长8.1%。农民家庭人均生活消费支出12743元，比上年增长10.6%；在消费分类中增长最快的是衣着消费支出及其他商品和服务消费支出，分别增长15.7%和16.4%。

（三）就业和社会保障实现新发展

2014年，大兴区加快政策调整和机制建设步伐，促进就业工作

全面展开，转移农村劳动力就业 9600 多人，新增绿色就业岗位 1700 余个，完成劳动力技能培训 2 万人，失业率控制在 1.4% 以内。截至 2014 年底，大兴区期末实有城镇登记失业人数 3132 人，比上年增加 53 人。开发区各类企业劳动合同签订率达到 98% 以上。

2014 年，大兴区建立城乡统一的居民基本养老保险制度，城乡居民低保标准分别提高 12% 和 15%，新农合人均参保标准提高至 1000 元，引入“共保联办”机制，农民医保水平进一步提高。

两区创新性的资源整合、成果共享，既为大兴区和开发区创造了巨大的物质财富和宝贵的精神财富，为新区未来发展奠定了坚实的基础，也带动了周边地区的发展，谱写了北京南城城乡一体化的崭新篇章。

参考资料

1. 北京经济技术开发区统计局统计资料。
2. 北京经济技术开发区人事劳动和社会保障局有关数据资料。
3. 《新区（大兴 - 开发区）2014 年国民经济和社会发展统计公报》。

B.14

北京市农村集体土地资源价值评估报告

——基于农业农地多功能的视角

吴志强　熊文武　陈雪原　李 尧　韩 莹　王洪雨*

摘　要： 本文从农业农地承载的多种功能角度，测算了全市农地的不同价值，并通过图斑与基准地价求积的方式，测算了农村集体建设用地的价值，结合与土地资源价值紧密相关的乡村集体经济组织账面积累性资产，形成了关于北京市农村集体土地资源价值的总体评估值。由此，说明了发展壮大集体经济的重要意义。

关键词： 土地资源价值　多功能　集体经济组织　集资委

乡村集体经济是以集体土地为纽带形成的社区性合作经济组织，在促进农民共同富裕，疏解非首都功能中具有重要而特殊的

---

* 吴志强，北京市农村经济研究中心（市农村合作经济经营管理办公室）党组成员、副主任；研究领域：集体产权制度改革、新型城镇化、集体经济。熊文武，北京市农村经济研究中心副巡视员。陈雪原，博士，北京市农村经济研究中心（市农村合作经济经营管理办公室）经济体制处处长；研究领域：集体经济、集体土地制度、城乡规划。李尧，北京金域美境科技有限公司总经理；研究领域：土地整治、土地利用规划、土地政策。韩莹，北京金域美境科技有限公司工程师；研究领域：土地整治、土地利用规划。王洪雨，北京市农村经济研究中心（市农村合作经济经营管理办公室）经济体制处主任科员；研究领域：集体土地制度、城乡规划。

战略地位。为摸清乡村集体经济未来发展的潜力，科学谋划乡村集体经济“十三五”发展规划，主要按照图斑与区位地价求积的方式，课题组对北京市农村集体土地资源价值进行了估算。考虑到农业产业形态和农地利用价值的多维性，从征地价格、生产价值、产业融合价值以及生态价值不同角度进行了测算，获得了最低、中间和最高三类不同结果：按农业产值计算，北京市农村集体土地资源总值约为6.8万亿元；按征地价格或一、二、三产业融合价值计算结果基本相同，总值约为8.3万亿元；按生态价值计算，总值约为8.8万亿元。如果加上0.5万亿元乡村集体账面积累性资产，集体经济“总家底”，分别为7.3万亿元、8.8万亿元和9.3万亿元。

一　农村集体土地资源价值有待于深度挖掘

（一）地不能尽其利

现在北京郊区农业仍以种养业为主，所用资源多为农用地，未形成一、二、三产业联动发展的局面。因大量农村人口外出打工及乡镇企业的不景气，农村大量宅基地及工业用地闲置，特别是农村工业用地规模小、分布散、利用效率低，不能很好地发展集体产业，实现资源资产真正的市场价值。2013年，全市农民人均集体建设用地611平方米，集体产业用地地均产出800万元/公顷，不及亦庄开发区的1/20。

（二）地利未能共享

改革开放30多年来，农村集体土地资源价值快速提升，农村集体资产规模迅速增长，但是，城乡收入差距的鸿沟一直未能得到根本性的改观，城乡绝对收入差距甚至呈现快速拉大趋势。2014 年，本市城市居民年人均可支配收入为 40689 元，而农村居民为 20226 元，约为城市居民收入的一半。在农村居民收入中，财产（资产）性收入仅占 11%。农村虽有大量资源、资产，但未能有效转化为财产性收益。问题的实质是地利未能共享。

（三）城镇化门槛阻隔农民市民化进程

2014 年北京市常住人口城镇化率已经达到 86.4%。但是，自 1990 年以来，郊区农村常住人口总体趋势呈现相对稳定的状态（见图 1）。这既与北京市的城镇化主要由大量外来人口推动，未能有效带动本地农民的就地城镇化进程有关，更与住房、社保和公共服务的高城镇化成本门槛存在直接关系。

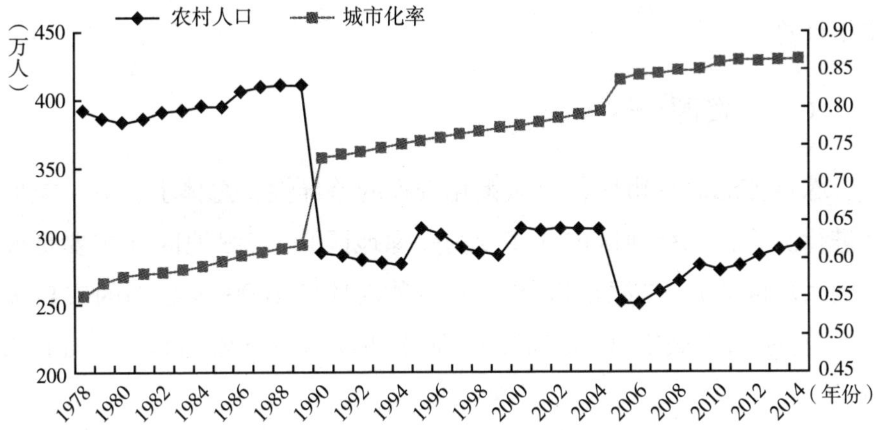

图 1　北京市城镇化率和农村常住人口变动情况

目前对农村的集体土地资源的真实价值，仍缺乏明确的总体性认识。科学估算农村集体土地资源的潜在价值，对于集约高效利用集体土地具有重要的现实意义。

二　集体土地资源价值估算

（一）估算方法

1. 集体建设用地

农村集体建设用地包括集体经营性建设用地、宅基地和部分特交水用地。估算方法是依据国土局数据库数据，利用数据软件，将全市每一块集体经营性建设用地和宅基地与其相应区位基准地价对应，求出其土地总价值。其中，特交水用地以每亩20万元征地价格计算。

2. 农用地

耕地、园地、林地、草地等各类农用地，均以每亩10万元征地价格计算。

（二）资源结构

综合考虑北京市区位与城镇化进程的差异性，总体上，分三类地区进行测算：二绿地区内（主要为一绿地区）、二绿地区（主要是五环到六环区域）、二绿地区外（主要是六环外1000米之外的农村地区），分别属于城市规划建成区、城市边缘地区和农村地区，如图2所示。

基于以上区位类型的划分，北京市农村集体土地资源统计结果如表1、表2所示。

（三）估价结果

全市农村集体土地资源面积为13575.2平方公里，资产估计总值约为8.3万亿元，其中，农地价值1.8万亿元，建设用地6.5万亿元。

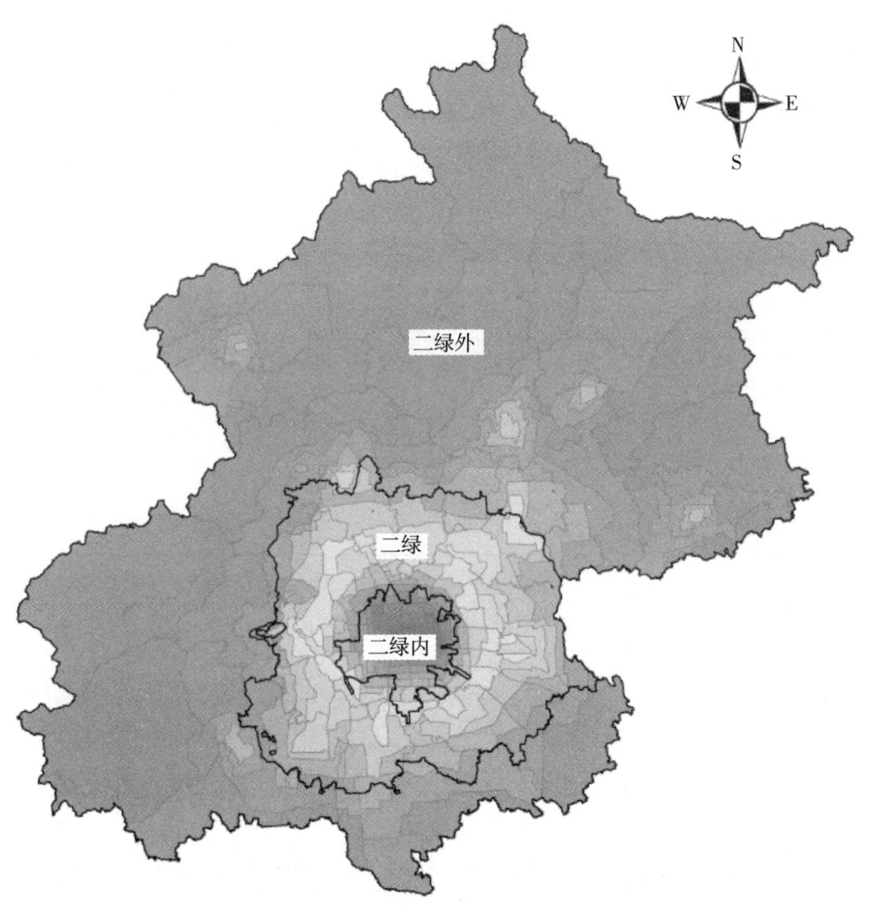

图 2　北京市集体土地资源的空间范围划分与区位地价

表 1　北京市农村集体土地统计

单位：平方公里

地类		二绿地区内（城市规划建成区）	二绿地区（城市边缘地区）	二绿地区外（农村地区）	合计
农用地	耕地	2.25	476.46	1733.00	2211.71
	园地	0.67	132.77	1222.27	1355.71
	林地	8.63	437.27	6934.06	7379.96
	草地	0.03	42.60	810.85	853.48
	合计	11.58	1089.10	10700.18	11800.86

续表

地类		二绿地区内（城市规划建成区）	二绿地区（城市边缘地区）	二绿地区外（农村地区）	合计
建设用地	经营性用地	15.30	278.11	170.53	463.94
	宅基地	17.47	381.91	534.15	933.53
	特交水用地	1.27	132.15	243.44	376.86
	合计	34.04	792.17	948.12	1774.33
总计		45.62	1881.27	11648.30	13575.19

表 2　北京市农村集体土地资源估价统计

单位：平方公里，亿元

项　目		面　积	资产估值	单价或比例
二绿地区内		45.62	4284.90	5.17%
农用地	耕地	2.25	3.37	10 万/亩
	园地	0.67	1.01	10 万/亩
	林地	8.63	12.95	10 万/亩
	草地	0.03	0.05	10 万/亩
建设用地	经营性用地	15.30	1941.02	基准地价
	宅基地	17.47	2322.68	基准地价
	特交水用地	1.27	3.81	20 万/亩
二绿地区		1881.27	47232.91	56.97%
农用地	耕地	476.46	714.68	10 万/亩
	园地	132.77	199.16	10 万/亩
	林地	437.27	655.91	10 万/亩
	草地	42.60	63.90	10 万/亩
建设用地	经营性用地	278.11	19645.54	基准地价
	宅基地	381.91	25557.27	基准地价
	特交水用地	132.15	396.45	20 万/亩

续表

<table>
<tr><th colspan="2">项　目</th><th>面　积</th><th>资产估值</th><th>单价或比例</th></tr>
<tr><td colspan="2">二绿地区外</td><td>11648. 30</td><td>31383. 33</td><td>37. 86%</td></tr>
<tr><td rowspan="4">农用地</td><td>耕地</td><td>1733. 00</td><td>2599. 49</td><td>10 万/亩</td></tr>
<tr><td>园地</td><td>1222. 27</td><td>1833. 40</td><td>10 万/亩</td></tr>
<tr><td>林地</td><td>6934. 06</td><td>10401. 09</td><td>10 万/亩</td></tr>
<tr><td>草地</td><td>810. 85</td><td>1216. 27</td><td>10 万/亩</td></tr>
<tr><td rowspan="3">建设用地</td><td>经营性用地</td><td>170. 53</td><td>3942. 26</td><td>基准地价</td></tr>
<tr><td>宅基地</td><td>534. 15</td><td>10660. 51</td><td>基准地价</td></tr>
<tr><td>特交水用地</td><td>243. 44</td><td>730. 32</td><td>20 万/亩</td></tr>
<tr><td colspan="2">总值</td><td>13575. 19</td><td>82901. 14</td><td>100%</td></tr>
</table>

以五年定期存款为例，北京五年定期存款利率为 3. 15%，则每年的资产性收益约为 2520 亿元。2014 年北京农业户籍人口约为 243. 6 万人，按此收益人均应实现财产性收入约为每年 10 万元。现在农民年人均财产性收入仅 0. 2 万元，为理论值的 1/50。集体土地资源经营效率之低，可见一斑。

（四）农用地估算的不同维度

1. 按征地价格计算——1. 77万亿元

表 3　农地按征地价格估算值

地类	面积(平方公里)	征地价格(万元/亩)	资产估计(亿元)
耕地	2211. 70	10	3317. 549
园地	1355. 71	10	2033. 565
林地	7379. 96	10	11069. 940
草地	853. 48	10	1280. 226
合计	11800. 85	—	17701. 28

本市农用地共11800.85平方公里，按照每亩10万元征地价格计算，其资产估计为17701.28亿元（见表3）。

2. 按农业产值维度计算——0.3万亿元

2014年北京市农业产值421亿元，以地租占农业产值的40%计算，则2014年地租总额为168.4亿元。土地价值等于地租除以当年中长期贷款利率，以2014年中长期真实贷款利率5.6%计算，则当期农用地总值约为3007.14亿元。由此，集体土地资源总价值为6.5+0.3=6.8（万亿元）。

地租=农业产值×40%=421×40%=168.4（亿元）；

土地价值=地租/当年中长期贷款利率=168.4÷5.6%=3007.14（亿元）

3. 按生态价值维度计算——2.3万亿元

依据现行的城市公园、郊野公园及平原造林相关建设成本及养护成本，计算出每年政府所花费的成本（相当于城市向农村地区购买的生态服务价值，即表4中的年总成本），每年成本除以中长期贷款利率即约等于农地的生态价值，分别为62.76万元/亩、40.31万元/亩、10.44万元/亩。

表4 北京绿化年度财政支出及不同类型土地单价折算

单位：元/平方米，万元/亩

类别	建设成本（1）	财务费用（2）	养护费用（3）	土地流转费(4)	年总成本（2+3+4）	总价值
城市公园	8	0.45	1.07	2	3.51	62.76
郊野公园	4	0.22	0.53	1.5	2.26	40.31
平原造林	3	0.17	0.27	0.15	0.58	10.44

注：年总成本为财务费用+养护费用+土地流转费。其中，建设成本属于一次性投入，需要转化为年费用，即折算成每年财务成本。以城市公园为例，财务费用为8×0.056=0.45；平原造林养护费用为3元/平方米，即0.27万元/亩，市区财政各出一半；郊野公园养护费用为4元/平方米，即0.53万元/亩，市区财政出一半，乡镇地方政府出一半；城市公园养护费用为8元/平方米，即1.07万元/亩。财务成本及资本折现率都以银行贷款利率5.6%计算。

同以上测算方法，可以得出农地的生态价值（见表5）。

表5　农地生态价值估算值

单位：平方公里，万元/亩

地类		面积	单价	生态价值(亿元)
二绿内（城市公园）	耕地	2.25	62.76	21.2
	园地	0.67	62.76	6.3
	林地	8.63	62.76	81.2
	草地	0.03	62.76	0.3
	合计	11.58	62.76	109.0
二绿（郊野公园）	耕地	476.46	40.31	2880.9
	园地	132.77	40.31	802.8
	林地	437.27	40.31	2643.9
	草地	42.60	40.31	257.6
	合计	1089.10	40.31	6585.2
二绿外（平原造林）	耕地	1733	10.44	2714.0
	园地	1222.27	10.44	1914.2
	林地	6934.06	10.44	10859.2
	草地	810.85	10.44	1269.8
	合计	10700.18	10.44	16757.2
总计		11800.86		23451.4

注：1平方公里=1500亩。

假定二绿地区内、二绿地区分别建设城市公园、郊野公园，二绿地区外实施及平原造林，全市农地总生态价值=二绿地区内生态价值+二绿地区生态价值+二绿地区外生态价值=109.0+6585.2+16757.2=23451.4（亿元）。

由此，集体土地资源总价值为6.5+2.3=8.8（万亿元）。

4. 按产业融合维度计算——1.8万亿元

首都农业是都市型现代农业，是一、二、三产业相互融合的农业。法国巴黎大区、荷兰城市带、日本都市地区等农业发展的实践表明，大城市地区发展都市型农业是必由之路。中央文件多次提出推进一、二、三产业融合发展，充分开发农业的多种功能和多重价值，将农业溢出到工商业和城市的就业岗位和附加价值内部化，将加工流通、休闲观光和消费环节的收益留在本地、留给农民。

依据经验值，考虑农业复合型产业的增值效应将形成约6倍于农业种植的收益，首都的农地价值按相同比例核算，目前大约在1.8万亿元左右。由此，集体土地资源总价值为8.3万亿元。

三　建议

（一）打破僵化的集体土地管理制度

放宽对集体土地利用限制，引进高端要素，提高集体土地的生产效益。如农村休闲旅游产业发展中的闲置农宅集约利用、停车场建设、农民住宅翻新以及工业大院整治改造等，亟待土地制度政策上的创新。

（二）市、区及乡镇成立集体资产监督管理委员会

加快集体经济组织的上层建筑建设，在市、区（县）及乡镇普遍成立集体资产监督管理委员会，实现对集体资源资产由多头管理向统一管理转变，提高其经营管理的专业化水平。同时，统筹规划集体经济发展，引入高端要素，破解由于集体资产缺乏流动性，资源到资本转化的“肠梗阻”问题，增强集体经济发展的后劲。

（三）健全生态价值补偿制度

进一步加大财政转移支付力度，提高农业生态价值补偿水平，增加农民转移性收入，缩小农民地区间收入差距，促进共同富裕。同时，让集体经济组织主动承担农村相关生态建设及养护等工作，增加集体经济组织的可持续发展能力，进而提高农民，特别是低收入户的就业增收水平。

注：本文所用数据均为作者调研所得。

产业发展

Industrial Development

B.15

2015年北京都市农业发展研究*

杜姗姗　蔡建明　陈奕捷　赵润泽**

摘　要：北京自2003年提出发展都市型现代农业战略，经过“十一五”阶段起步发展期、“十二五”阶段战略性结构调整期，现在正处于制定“十三五”规划的战略关键期。本文全面总结北京都市农业2015年的发展概况，分析其发展特点、存在问题以及对策。总结表明：效益方面，转型升级背景下传统农业生产

* 基金项目：国家自然科学基金项目(41401199)，北京学研究基地资助项目(BJXJD－KT2014－YB01)，北京学研究基地开放课题(SK50201401)。

** 杜姗姗，北京联合大学应用文理学院讲师，博士，研究方向为城乡规划、都市农业；蔡建明，中国科学院地理科学与资源研究所研究员，博士，研究方向为城乡发展、都市农业；陈奕捷，北京市农村经济研究中心资源区划处副处长、经济师，北京观光休闲农业行业协会副秘书长，在读博士，研究方向为休闲农业；赵润泽，北京联合大学应用文理学院学生，研究方向为城乡规划。

规模和效益总体缩减；产业结构方面，北京正处于传统农业向现代农业转变；功能方面，从强调经济功能到多功能并重；产业类型方面，产业类型多样化，满足消费群体的多样化需求；空间组织形式方面，农业园区成为主要空间组织形式；空间布局方面，从圈层布局到区域特色化布局，形成部分产业集群。北京都市农业发展过程中也存在一些问题，例如水土资源匮乏、缺少区域性总体规划、同质化现象严重，政策引导不足。针对这些问题，本文提出相应对策建议，应将北京都市农业融入京津冀合作、编制市域都市农业规划、加强科学研究、出台支持政策、打造产业集群、培育优势品牌。

关键词：都市农业　发展现状　展望　北京市

传统农业产业链短、附加值低、投入高、抗风险能力差，大城市周边区域面临严重的农业要素流失、农业衰败等难题，如何加快转型、提高竞争力已成为大城市郊区农业发展的重大课题。近年来，集生产、生活、生态等诸多功能于一体的都市农业成为促进大城市郊区农业增效、农民增收、农村发展的一剂良药。都市农业是在城市化进程中演化出来的一种以满足城市居民更高层次需求的新型农业形态，应充分利用大城市提供的科技成果及现代化设备进行生产，并紧密服务城市。

拥有2500万人、人均耕地面积仅有全国水平的1/10、人均水资源占有量不到全国平均水平1/8的首都北京，农业增加值不足全市经济总量的1%。随着城乡一体化进程的加快，农业发展空间进一步缩小，又面临严重的水土资源约束和不断上升的劳动力成本，北京农业面临前所未有的发展压力。2003年，北京市提出发展都市型现代农业战略，都市农业成为为北京市民生产和提供不同类型农副产品、保障城市食品供应、为城市居民提供亲近自然的绿色开阔空间、提供避灾避难空间、应对突发危机、科技示范辐射、拓宽就业和促进城乡融合的重要功能空间。经过“十一五”阶段都市农业的起步发展期，北京农业功能得到进一步拓展，农业的基础地位进一步巩固，农业发生了重大的功能性和历史性变化。“十二五”期间是北京形成城乡经济社会发展一体化新格局的关键时期，也是都市型现代农业全面深入发展的重要时期，确立了都市农业是“建设世界城市的特色产业、首都生态宜居的重要基础、首都高端农产品供应和城市应急安全的基本保障”三个定位。

本文试图通过剖析2015年北京都市农业发展现状、问题，旨在为北京都市农业研究增添新的分析视角，并提供可能的政策改进建议。

一 2015年北京都市农业发展总体情况

“十二五”时期，北京农业围绕“人文北京、科技北京、绿色北京”和建设“有中国特色世界城市”的目标，走出了一条具有北京特色的都市型现代农业发展道路。作为“十二五”的收官之年，2015年北京都市农业发展总体情况如下：

（一）效益：传统农业生产规模和效益总体收缩

受水土资源供需矛盾制约，北京市传统农业生产规模和效益呈现总体收缩的走势，2015年实现农、林、牧、渔业总产值368.2亿元，比2014年下降12.3%，扣除价格因素实际下降10.6%。

1. 主要农产品播种面积减少、产量降低

受水土资源供需矛盾制约，北京传统农业生产规模呈现总体收缩的走势，粮食、蔬菜及食用菌、果园面积均出现减少。2015年北京粮食作物播种面积、蔬菜及食用菌种植面积继续减少，同比分别减少13.1%和5.6%。全年粮食产量、蔬菜及食用菌产量分别为62.6和205.1万吨（见表1），下降2%和13.1%。

表1　2015年主要农产品产量

产品名称	单位	产量	比上年增长(%)
粮食	万吨	62.6	-2.0
蔬菜及食用菌	万吨	205.1	-13.1
干鲜果品	万吨	71.4	-4.2
肉类	万吨	36.4	-7.4
出栏生猪	万头	284.4	-7.0
出栏家禽	万只	6688.4	-11.4
禽蛋	万吨	19.6	-0.3
牛奶	万吨	57.2	-3.8
水产品	万吨	6.6	-3.5

资料来源：北京市统计局、国家统计局北京调查总队：《北京市2015年暨“十二五”时期国民经济和社会发展统计公报》，http://www.bjstats.gov.cn/sjjd/jjxs/201602/t20160215_336835.htm。

2. 养殖业规模缩减，畜禽产品产量减少

北京市畜禽产品以生猪、肉禽、牛奶和禽蛋为主，在京津冀协同发展和加快生态环境建设的背景下，养殖业在北京市2015年8月出台的《北京市新增产业的禁止和限制目录》中被列为限制发展的产业。受结构调整影响，2015年北京养殖业规模下降明显。生猪出栏284.4万头，同比下降7%；存栏165.6万头，同比下降7.8%。家禽出栏6688.4万只，同比下降11.4%；存栏2128.4万只，同比下降16.4%。禽蛋产量19.6万吨，同比下降0.3%。牛奶产量57.2万吨，同比下降3.8%。

3. 平原造林接近尾声，林业产值下降

2012~2014年的百万亩平原造林工程使北京林业产值实现了三年高速增长，"十二五"时期林业产值年均增长27.8%，林业成为拉动北京农业产值增长的主要因素。百万亩平原造林工程结束后，北京林木绿化进入平稳增长的新常态，林业对农、林、牧、渔业总产值的影响逐渐减小。2015年完成平原造林面积11.4万亩，实现林业产值57.3亿元，同比下降36.8%，占北京农、林、牧、渔业总产值由2010年的5.1%提高到2015年的15.6%。

（二）产业结构：由传统农业向现代农业转变

2015年，北京市积极推进农业调结构、转方式，发展高效节水农业，推进农业转型升级，传统农业规模进一步收缩，第一产业增加值按可比价格计算，同比下降9.6%。养殖业规模继续缩减，生猪出栏数、牛奶产量以及禽蛋产量分别下降7%、3.8%和0.3%。粮食作物播种面积、蔬菜及食用菌种植面积继续减少，同比分别减少13.1%和5.6%；全年粮食产量、蔬菜及食用菌产量分别下降2%和13.1%。

观光休闲等都市型农业稳步发展。北京市农业观光园2015年已达1328个，比2014年增加27个；农业观光园总收入26.30亿元，增长5.5%。民俗旅游实际经营户8941户，比上年增加78户；民俗旅游总收入12.90亿元，增长14.7%（见表2）。

（三）功能：从强调经济功能到多功能并重，生活、生态功能凸显

农产品生产是都市农业的基本功能，农业为都市提供不同类型的

表2　2011～2015年农村经济发展状况

项目	单位	2011年	2012年	2013年	2014年	2015年
农林牧渔业总产值(现价)	(亿元)	363.10	395.70	421.80	420.10	368.20
农业观光园经营总收入	(亿元)	21.70	26.88	27.36	24.92	26.30
民俗旅游总收入	(亿元)	8.68	9.05	10.20	11.25	12.90
设施农业收入	(亿元)	45.58	51.98	57.32	51.27	55.50

资料来源：北京市统计局、国家统计局北京调查总队：《北京市2011～2014年国民经济和社会发展统计公报》，北京市统计局、国家统计局北京调查总队：《北京市2015年暨“十二五”时期国民经济和社会发展统计公报》，http：//www.bjstats.gov.cn/sjjd/jjxs/201602/t20160215_336835.htm。

农副产品，发展目的是实现农、林、牧、渔业和农林牧渔服务业产值等农业经济价值。相比传统农业，都市农业更加重视生产技术现代化、集约化和科技化，生产集中程度高，土地利用率和农业生产效率高，经济效益好。此外，都市农业延长了传统农业的产业链，极大地提高了农业经营效益，都市农业也因此被当作新型城镇化背景下破解城郊三农问题、提高农民收入的重要途径。

随着农业在国民生产总值中所占比重的不断下降，农产品生产带来的经济功能在城市经济发展中不断弱化，而伴随快速城市化进程的资源稀缺、生态环境恶化、游憩空间匮乏等问题凸显，迫切需要都市农业发挥文化旅游服务价值、景观整治价值等生活功能；保持和增强调节气候、水源涵养、环境净化、生物多样性、防护与减灾等生态功能（见表3）。

表3　都市型现代农业价值指标体系解读

一级指标	解读	二级指标
直接经济价值	体现农业的生产功能	农林牧渔业总产值
		供水价值

续表

一级指标	解读	二级指标
间接经济价值	由于农业所特有的生态优势，在传统农业产值范畴外给人类所带来的、在现实经济生活中实现了的经济效益，体现为农业的生活功能	文化旅游服务价值
		水电蓄能价值
		景观增值价值
生态与环境价值	指农业范畴中的自然资源为人类生存和生活环境改善带来的没有在现实经济生活中实现的效益，体现为农业的生态功能	气候调节价值
		水源涵养价值
		环境净化价值
		生物多样性价值
		防护与减灾价值
		土壤保持价值
		土壤形成价值

资料来源：北京市统计局、国家统计局北京调查总队：《都市型现代农业生态服务价值指标体系解读》，http：//www.bjstats.gov.cn/sjjd/jjxs/201508/t20150826_298338.htm。

由图1可以看出，北京都市农业的直接经济价值远远低于生活功能为主的间接经济价值和生态与环境价值，北京都市农业从片面强调经济功能到多功能并重，近年来生活、生态功能凸显。

（四）空间组织形式：农业园区为都市农业的主要空间组织形式，类型多样化

北京郊区的都市农业，已经不仅仅局限于传统的农业地域形态和空间组织形式，而逐渐演变为带有“产业园区”特征的都市农业园。已经成为北京都市农业的主要空间组织形式。都市农业园是位于城市或城市郊区，在一个特定的区域内建立起来的有明确空间边界，以农业生产经营活动为主，集观光采摘、科技示范、休闲度假、农业教育于一体的特殊农业形态。

都市农业园是北京都市农业的主要形式。从简单的“吃农家饭、

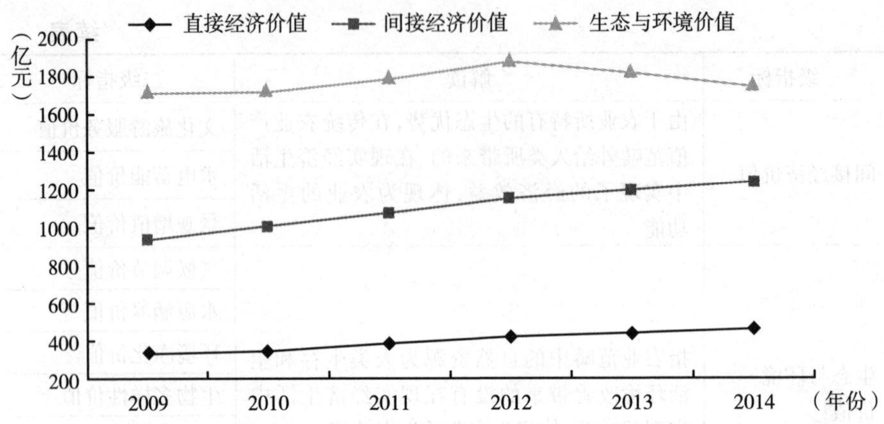

图1　2009～2014年北京都市型现代农业生态服务价值

资料来源：北京市统计局、国家统计局北京调查总队：《2009～2014年北京都市型现代农业生态服务价值监测公报》。

住农家院、摘农家果”的观光采摘园，向“回归自然、认识农业、怡情生活、亲子教育”等多功能、多项目的经营模式转变，经营类型涵盖农业科技园、家庭农场、都市农业园、市民农园、教育农园、文化创意农园、观光采摘园等。

随着人们旅游次数的增加和受教育程度的提高，人们对旅游的需求越来越多样化。针对市民需求变化和愈加强烈的市场竞争，北京都市农业通过产业升级和产业融合、创新，其项目类型已呈现多样化，旅游活动产品日益丰富（见表4）。

表4　北京都市农业园的类型分析

主要功能	类型	案例
科技示范、技术传播	农业科技园	北京国际都市农业科技园
以家庭成员为主要劳动力，从事农业规模化、集约化、商品化生产经营，并以农业收入为家庭主要收入来源的新型农业经营主体	家庭农场	房山区家庭农场No.001——范学连800亩土地家庭农场

续表

<table>
<tr><th colspan="2">主要功能</th><th>类型</th><th>案例</th></tr>
<tr><td colspan="2">依托都市的经济辐射和都市市场需求，将农业生产用地以园区空间的形式进行整合，对一定区域给予较大资金的投入，引入现代农业技术和现代农业设施，采用先进的组织和管理方式，进行高效运作，并有一定规模的集约化农业园</td><td>都市农业园</td><td>朵朵鲜生态蘑菇园</td></tr>
<tr><td colspan="2">基于对食品安全与可持续生活的追求，市民农园是将位于大城市近郊的农业用地规划为若干小区，出租给市民进行农耕体验的园区</td><td>市民农园</td><td>小毛驴市民农园</td></tr>
<tr><td colspan="2">按照公园的经营思路，把农业生产场所、农产品消费场所和休闲旅游场所相结合，以特定的主题进行整体设计，创造出具有农业特色的体验、休闲空间，并兼有休闲娱乐和教育普及的双重功能，以满足不同层次和年龄段游客游憩需求</td><td>教育农园、主题农园（农业主题公园）</td><td>七彩蝶园</td></tr>
<tr><td colspan="2">通过科技手段和艺术创意，形成的生产创意型农产品和创意农业发展模式，将农业的内涵和外延相融合，使农产品获得较高的附加值，实现农业价值最大化</td><td>文化创意农园</td><td>北京紫海香堤香草艺术庄园</td></tr>
<tr><td colspan="2">以生产绿色和特色农产品为主，并依托农业生产空间为游客提供观光、购物及娱乐的场所</td><td>观光采摘园</td><td>老宋瓜园</td></tr>
<tr><td colspan="2">在乡土特色基础上，以休闲农业为主要功能，有一定的接待服务设施和明确的地域范围及独立的经营主体的乡村区域</td><td>休闲农庄</td><td>瑞正园</td></tr>
<tr><td colspan="2">一般规模较大，生态环境优美、配套设施齐全，融合农业观光、体验、休闲、度假和会议等多种形态为一体</td><td>综合性农园</td><td>蟹岛</td></tr>
<tr><td rowspan="3">在地理位置上位于城市郊区或乡村，具有休闲、娱乐、教育功能的综合性旅游住宿单位，是将生态景观、农业景观、田园景观与住宿、餐饮设施进行结合，能够为游客提供乡村休闲体验的经营主体</td><td>规模较小</td><td>农家乐、乡村家庭旅馆</td><td>十渡有山家园</td></tr>
<tr><td>规模较大</td><td>乡村酒店</td><td>房山小河人家</td></tr>
<tr><td>文化气息浓厚</td><td>民宿</td><td>怀柔馥馥时光精品民宿</td></tr>
</table>

（五）空间布局：从圈层布局到区域特色化布局，形成部分产业集群

《北京市“十一五”时期新农村建设发展规划》中提出按“五个圈层”来发展都市农业。《北京市“十二五”时期都市型现代农业发展规划》将北京都市农业空间布局划分为城市农业区、近郊农业区、平原农业区、山区农业区和京外合作区。

近年来，北京郊区各区县发挥资源禀赋优势，优化产品结构，农业布局的区域规模化特色日趋明显。北京市统计局、国家统计局北京调查总队的数据显示，2014 年北京房山区和通州区食用菌产量达到 5 万吨，占全市食用菌总产量的 65.4%；昌平区和通州区草莓产量占全市总量的比重达 64.3%；平谷区禽蛋产量、顺义区生猪出栏量占全市的比重分别达 40.3% 和 28.7%；密云的核桃、怀柔及密云的板栗、平谷的大桃、大兴的西瓜产量占全市的比重分别达 39.4%、87.9%、75.3% 和 52.5%。

在某些农产品优势产区，环境优越、地理条件优势地区，已经初步形成或正在打造以都市农业产业集群，例如通州已形成了以百合花、苹果、草莓、柿子“一花三果”为主导的都市型现代农业集群，房山浅山区致力于打造以中西文化、田园风光为特色的，集葡萄种植、葡萄酒酿造、交易展示、餐饮娱乐、旅游观光、科研教育为一体的葡萄酒产业带。

二　存在问题

北京都市农业发展走在全国的前列，但也存在一系列的问题，主要集中在水土资源约束、缺少区域规划指导、同质化低水平竞争、政策引导不足等几个方面。

（一）水土资源匮乏制约北京都市农业的发展

作为水土资源严重缺乏的特大型城市，水资源和耕地资源供需矛盾制约北京都市农业发展。水资源一直是北京城市发展的最大和最突出的短板，农业是北京城市用水的第一大户。长江水进京后，北京市人均水资源量仅为150立方米左右，南水北调不能根本改变北京缺水的局面，仍然远远低于国际公认的500立方米极度缺水指标线。北京山地多，平原地少，耕地资源短缺，且耕地减少趋势不可逆转，农业生产空间不断被压缩。

（二）都市农业缺少区域性总体规划的指导和控制，空间发展混乱

京郊各区县都很重视都市农业发展，积极培植特色产业，培育特色、打造亮点，由于缺少区域性总体规划的指导和控制，造成部分区县项目雷同，没有形成具有区域特色的品牌农产品或项目，形成同质化竞争。同时，因缺少相关的指导和控制，以致各个小规模的农业园区散、乱分布，空间发展混乱，无法形成产业互补、融合发展的产业集群。

（三）存在同质化现象，缺乏创新

除了部分具有独特资源优势、文化特色的都市农业项目外，北京都市农业仍是粗放的开发模式，简单效仿抄袭，竞争同质化。京郊都市农业项目规模较小，形式单一，集中于采摘果蔬、餐饮住宿等内容，经营项目普遍缺乏创意，生态、文化内涵不高，无法满足消费者多样化、个性化的需求。

（四）政策引导尚显不足

近年来，北京加大了推进都市型现代农业发展的力度，也出台了

一系列促进都市农业、休闲农业发展的相关政策，并通过全国和北京市休闲农业与乡村旅游示范县和示范点评选活动，加强了规范管理，强化了示范带动。但是由于都市农业作为一种新型产业形态和消费业态，发展历史短，尚无成熟经验可供借鉴，扶持都市农业发展的政策文件、规章制度和管理机制只能“摸着石头过河”，在实践中逐步成熟完善，现阶段在用地、财政及配套服务、构建新型农业经营体系、构建科学合理的农业发展格局等方面稍显不足。

三　对策建议

北京都市农业取得了较好的发展，但也存在一些问题，新常态下北京都市农业面临生产空间继续缩减、市场竞争加剧、需求变化、生态压力增加等巨大挑战，建议从以下五个方面入手予以破解。

（一）北京都市农业主动融入京津冀合作

北京水、土、劳动力资源短缺，农产品自给率不足20%，急需与周边省市合作提高农产品的供应调控能力和应急保障能力。而京津冀区域具有深厚的血缘和历史积淀、差别的地理与气候条件，经济社会等方面有联系和互补性，农业合作已有一定基础。2015 年 4 月审议通过的《京津冀协同发展规划纲要》，明确了“京津冀一体化，农业先行”的主旨，北京与天津、张家口、廊坊、保定已经开展了多方面区域农业合作。但京津冀合作还面临诸多困难，例如缺少合作规划作为指导纲领、缺少具体的推进项目库支撑、资金匮乏、行政分割与利益差异瓶颈等，下一步为了更好地优化区域资源配置，带动商品、资本、技术、信息、服务等生产要素流动，北京应主动融入京津冀都市农业区域合作，获得更大的发展空间。

（二）编制市域都市农业规划，并将之纳入城乡规划

北京应结合编制“十三五”规划的契机，结合资源环境条件和文化底蕴为各区县进行都市农业战略定位，选择优势产业和项目，本着深挖资源禀赋、整合优势要素、突出文化内涵、形成自身特色的思路，制定出切实可行的市域都市农业规划，制定适合不同区县、不同乡镇的休闲农业发展模式，构建优势产业区域布局和专业生产格局，以高起点规划引领都市农业高水平发展。

都市农业是一种重要的产业类型，应将都市农业规划纳入城市规划之中，在项目选址、用地、交通、基础设施建设等方面服从城市规划，使得都市农业与城市相互作用、相互促进，促进城乡融合发展。

（三）加强科学研究，规范发展

经过20多年的发展，都市农业已经成为北京的战略性新兴产业，也成为一些郊区县的支柱产业，实践领先于理论，北京都市农业发展存在简单抄袭同质化、产品单一、产品档次较低经营管理不规范、服务水平低等问题。如今已经到了提档升级、转型发展的关键时刻，亟须加强相关理论研究，清晰定位、规范发展、丰富内容，构建一个可持续发展的新产业体系，推动都市农业持续健康发展。

（四）搭建平台、出台支持政策促进都市农业发展

只有更好地发挥政府的作用，才能使得市场在配置资源上的决定性作用切实、合理、有序、可持续的发挥，应充分发挥政府在促进都市农业发展中的作用。首先，应在金融服务、财政扶持、税收优惠、经济补贴、生产标准、竞争条例上提出具体的政策措施，并制定相应的行业标准，通过政策影响企业、产业的发展决策，从而促进北京都市农业快速发展。其次，集中都市农业专项资金，用于编制规划、促

进基础设施和信息化建设、构建都市农业发展平台、加大宣传推介力度和示范创建。最后，利用政府统筹资源的优势，积极打造全国、市级休闲农业与乡村旅游示范县和休闲农业示范点，调动各区县发展休闲农业与乡村旅游的积极性，并通过示范点的打造，总结产业发展规律，探索发展模式。

（五）打造产业集群，培育优势品牌

北京郊区已经形成一些都市农业园区的集聚区，但仍存在一系列问题，例如某些集群只是在一定的区域范围内相对集中，相互之间不是分工协作，而是形成恶性竞争；集群内的龙头企业辐射带动能力不强；组织化程度较低，集群内仍没有形成完整、系统的产业链条；产品同质化严重，知名度不高，缺乏品牌支持。作为一种有效的地域生产组织形式，北京应积极打造都市农业产业集群，并打造一批具有地方特色的产业品牌和区域品牌，提升区域竞争力。

参考文献

1. 韩非：《基于都市农业的村镇发展模式与空间重构研究——以北京市为例》，中国科学院地理科学与资源研究所博士学位论文，2010。
2. 杜姗姗、韩非：《都市农业：应对城市化问题、促进城市可持续发展》，工程研究－跨学科视野中的工程，2011，03，第280～287页。
3. 北京市统计局、国家统计局北京调查总队：《2015年全市经济运行情况》，2016－01－21，http：//www. bjstats. gov. cn/sjjd/jjxs/201601/t20160121_ 333146. htm。
4. 郭为、许珂：《旅游产业融合与新业态形成》，《旅游论坛》2013年第6期。
5. 《北京大桃七成来自平谷》，《北京晨报》2015年7月23日，http：//www. chinanews. com/life/2015/07－23/7422014. shtml。

B.16

北京市区域旅游经济效益与游客旅游购物及餐饮消费行为分析*

逯燕玲　杨广林　高 峰　黄 松**

摘　要：运用空间数据分析方法对北京市2011～2014年旅游收入和游客旅游购物及餐饮消费行为进行分析，研究发现："十二五"时期北京市旅游业经济总量稳步提高，东城、西城、朝阳和海淀四个区接待旅游住宿、旅游购物及餐饮消费和旅游总收入远远高于其他各区。北京市各区的旅游业态虽然呈现多元发展态势，但各区的旅游资源聚集效应存在明显差距，旅游空间发展定位不够清晰，旅游产品需要向高品质转型。

关键词：旅游业　农业观光　民俗旅游　旅游餐饮消费行为　旅游购物消费行为

一　引言

北京作为六朝古都和国际大都市，具有历史悠久的文化底蕴和得

* 北京学研究基地科研项目"新常态下北京城乡旅游一体化发展机制研究"。

** 逯燕玲，北京联合大学应用文理学院教授，主要从事数据分析、离散数学、算法分析和软件工程领域教学和研究工作；杨广林，北京联合大学应用文理学院副教授，博士，主要从事算法分析和模式识别等研究；高峰，北京联合大学应用文理学院，信息与计算科学专业学生；黄松，北京联合大学应用文理学院，信息与计算科学专业学生。

天独厚的优越区位条件。截至2014年底，北京市拥有7处世界文化遗产、206家A级景区、15处国家森林公园、5处国家地质公园、99处全国重点文物保护单位。北京奥运会的成功举办，有力推动了北京市旅游产业的整体提升。“十一五”时期面对自然灾害、国际金融危机等重大不利因素的影响，北京城乡旅游业仍逆势而上，呈现较强的适应能力和良好发展态势，成为扩内需、调结构、惠民生、保增长、保稳定的重要力量。北京市“十二五”时期旅游业发展规划把建成“国际一流的旅游中心城市”作为主要发展目标之一，并明确提出：到“十二五”末期，“北京市旅游业初步建设成为国民经济的战略性支柱产业和人民群众更加满意的现代服务业，在转方式、扩内需、调结构、保增长、促就业、惠民生等战略中发挥更大功能”。分析比较北京市城乡旅游经济效益，可以看出城乡旅游产业格局是否符合北京城市空间发展战略和城乡一体化建设要求。游客旅游购物及餐饮消费额占旅游总收入的一半左右，分析游客旅游购物及餐饮消费行为可以更好地了解旅游市场需求，为今后国际性旅游城市建设和完善旅游服务功能提供参考依据。

二　北京市旅游市场发展概况

根据北京市旅游统计公报数据，北京市旅游总收入五年来持续递增：2010年，旅游总收入2768.0亿元，同比增长13.3%；2011年，旅游总收入3216.2亿元，同比增长16.2%；2012年，旅游总收入3626.6亿元，同比增长12.8%；2013年，旅游总收入3963.2亿元，同比增长9.3%；2014年，旅游总收入为4280.1亿元，同比增长8.0%；2015年，旅游总收入为4607.1亿元，同比增长7.6%。

北京的旅游客源市场分为入境旅游、国内来京旅游和市民在京旅游三个板块，三个板块的旅游者人次及旅游消费的发展不尽相同。

2008 年奥运会的成功举办，为旅游业创造了良好的旅游环境，奥运的良好效应使得北京入境旅游者人数逐年递增，2011 年达到顶峰，旅游外汇收入 54.2 亿美元，推动北京入境旅游业实现了质的飞跃。尽管，2012 年开始入境旅游者人数略有下滑，但 2012 年世界旅游城市联合会成立大会在北京国家会议中心隆重召开，全球第一个以城市为主体的国际性旅游组织总部落户北京；2013 年在北京香山举办的“城市可持续发展与旅游”峰会上，世界旅游城市联合会与联合国国际环境与健康组织签署了战略合作伙伴协议，首次推出了由中国城市主导制定的世界旅游城市服务指南，首次发布了引导世界旅游城市推动城市可持续发展的基本评价体系；2014 年 APEC 峰会和 2015 年的世界田径锦标赛在北京举行，这些都使北京的国际影响力迅速提升。从图 1 可以看出，2014 年入境旅游者人次下滑幅度趋于平稳，北京市旅游委最新公布的 2015 年入境旅游者人次也接近 420.0 万，旅游外汇收入 46.0 亿美元，仍然高于2008 年前后的水平，可以说北京入境旅游业进入新常态。

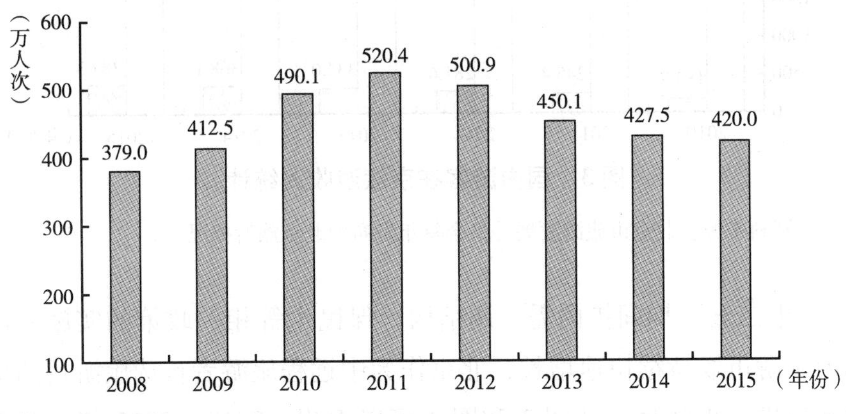

图 1　入境旅游者人次统计

资料来源：北京市旅游发展委员会及北京统计年鉴。

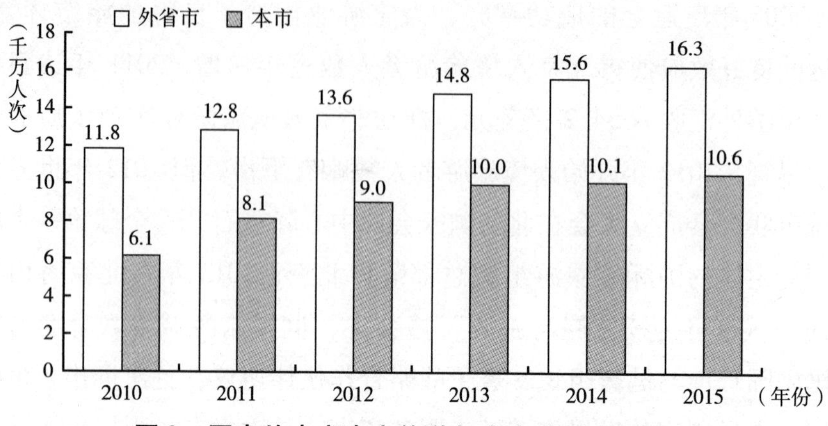

图 2　国内外省市来京旅游与本市游客人次统计

资料来源：北京市旅游发展委员会每年发布的北京旅游概况。

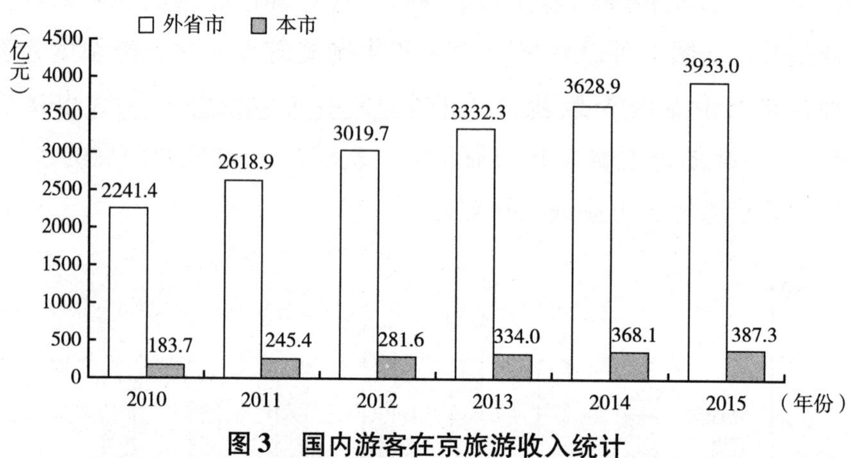

图 3　国内游客在京旅游收入统计

资料来源：北京市旅游发展委员会每年发布的北京旅游概况。

"十二五"期间扩内需、调结构、保民生等相关政策的实施，使国内旅游市场持续快速增长，北京作为中远程旅游者首选旅游目的地的地位进一步凸显。从图 2 和图 3 可以看出，2010 ~ 2015 年，北京市接待国内游客数量和实现旅游收入逐年稳步增长。累计接待国内其他省市来京旅游者 7. 3 亿人次，实现旅游收入 16532. 8 亿元；北京市民在京旅游者累计 4. 8 亿人次，实现旅游收入 1616. 4 亿元。而"十一五”期间，北京市累计接待国内游客（含北京市民在京游）7.5亿人次，实现国内旅游收入9712.9亿元。

三　城乡旅游经济效益分析

结合北京城市空间发展战略和城市主体功能区建设，北京市“十二五”期间大力构建以“一核一轴、两带十二板块”为重点的网络化旅游产业空间布局，东城区重点开发北京中轴旅游、京味文化旅游和国际会议等特色主题旅游产品；西城区重点开发古都文化（六海水系）旅游、现代金融商务公务旅游和都市观光旅游产品；朝阳区重点发展商务会展、文化创意和奥运旅游；海淀区以高端为引领，重点建设西北部（海淀西山）高端文化休闲旅游区，发展皇家园林游、科教体验游、商务会展游、生态休闲游和都市风情游；其他区开发各具特色的休闲度假、乡村与民俗旅游产品，旅游产业集聚发展。

（一）各区旅游业综合收入比较分析

如表1所示，2011年各区旅游业综合收入较2010年均有大幅度提升，并保持了稳定的增长趋势；城市发展新区和生态涵养发展区中除了昌平区原有旅游业综合收入较高外，其他各区的旅游业综合收入都实现了翻番，涨幅最高的是大兴和通州两个区。地铁大兴线于2010年12月30日全线开通，并与4号线实现贯通运营，这无疑带动了大兴区的旅游经济；2011年5月大兴新城滨河森林公园正式对公众免费开放，也为大兴区的旅游业增添了活力。通州区大力弘扬运河文化，保护和修缮了一批文物古迹，2011年4月通州大运河森林公园正式开园，将现代风格与郊野风情融为一体，构建了“一河、两岸、六景区、十八景点”；台湖国画院、宋庄文化创意产业集聚区公共服务平台落成开放，这些都吸引了大量游客。

表1　各区旅游业综合收入情况

单位：亿元

类别	行政区域	2010年	2011年	2012年	2013年	2014年
首都功能核心区	东　城	315.8	514.5	582.3	624.3	668.8
	西　城	175.9	335.2	376.3	403.3	419.7
城市功能拓展区	朝　阳	452.8	643.6	728.8	802.8	883.3
	丰　台	52.1	127.1	144.0	157.3	167.1
	石景山	18.2	31.3	34.5	38.7	44.2
	海　淀	212.9	369.4	409.6	443.3	464.6
城市发展新区	房　山	14.2	32.7	34.8	38.3	40.6
	通　州	5.7	21.0	24.0	25.9	28.6
	顺　义	18.0	40.7	47.7	53.5	57.0
	昌　平	45.4	77.9	89.0	93.5	98.4
	大　兴	9.5	37.6	42.8	47.4	50.8
生态涵养发展区	门头沟	5.5	14.6	16.8	19.2	20.3
	怀　柔	17.4	36.6	41.5	45.7	48.8
	平　谷	8.2	21.2	24.4	26.8	29.2
	密　云	13.0	32.2	36.5	38.6	41.9
	延　庆	18.3	41.9	47.4	50.7	54.1

资料来源：北京市旅游发展委员会每年发布的北京旅游概况。

（二）各区旅游星级酒店收入比较分析

对外地来京游客来说，东城区有世界上最大的皇宫紫禁城、祭天神庙天坛，西城有皇家花园北海、老北京民俗风情，海淀区有皇家园林颐和园，朝阳区有奥运会场馆和798艺术区，延庆有八达岭长城，昌平有明十三陵，这些无疑都是最具吸引力的。而这些国际著名的旅游胜地多数位于城区，再加上交通和购物的便利，游客选择住宿酒店位置自然偏重于城区。如表2所示，仅有东城、西城、朝阳和海淀四个区的旅游星级酒店是有利润的，其他各区的旅游星级酒店年入住率很低，利润基本是负值。

表2　各区旅游星级酒店收入情况

单位：万元

类别	行政区域	营业收入				利润总额			
		2011 年	2012 年	2013 年	2014 年	2011 年	2012 年	2013 年	2014 年
首都功能核心区	东城	576886.0	578284.4	516957.4	479397.4	50158.8	51050.4	22879.9	2570.6
	西城	366320.5	390903.2	321417.5	316713.9	20498.5	30320.5	21865.8	19929.9
城市功能拓展区	朝阳	839574.9	917104.9	858146.8	854169.4	74434.9	90417.2	74265.2	54251.8
	丰台	91533.8	103892.6	97260.5	93427.3	-1326.6	828.1	-984.9	-7335.5
	石景山	15016.6	14224.7	14215.5	14264.0	-562.1	-87.8	268.7	-471.2
	海淀	489968.0	518369.3	494171.3	442764.9	41853.3	32849.5	32476.6	23591.0
城市发展新区	房山	36346.8	37659.7	31579.3	27320.9	-2352.0	-2292.9	-2984.2	-2265.2
	通州	21907.5	23010.3	19133.4	15863.1	-1107.8	-1661.6	-3499.7	-6861.5
	顺义	64473.6	82733.2	68232.8	60338.9	-2447.8	-5305.2	-10421.1	-11933.6
	昌平	198155.8	213102.2	175230.8	150172.9	-4573.6	-4503.1	-7394.6	-36201.8
	大兴	41304.6	40421.5	34419.9	35700.0	713.7	-4066.5	-2910.0	-8007.5
生态涵养发展区	门头沟	19221.3	19465.4	17170.8	12845.3	-1793.0	-1855.1	-3925.5	-3992.6
	怀柔	20860.1	23325.2	23606.8	22811.4	-3294.4	-616.1	-364.5	-889.2
	平谷	17323.7	12065.0	10730.9	9504.5	-1983.3	-495.1	-419.5	-1263.3
	密云	33796.3	33599.2	24015.8	19741.3	-4399.9	-5758.3	-6925.8	-5965.6
	延庆	20668.1	22955.0	21684.8	13149.7	-1444.7	671.4	-257.6	-2657.2
合　计		2853357.6	3031115.8	2727974.3	2568184.9	162374.0	179495.4	111668.8	12499.1

资料来源：北京统计年鉴。

（三）农业观光与民俗旅游

北京市居民特别是城区居民在京旅游，多以京郊森林公园、百花山、灵山、妙峰山、松山、十渡风景区等自然旅游资源和农业观光与乡村民俗为旅游目的地，而且，市民的乡村旅游活动规模不断扩大，已经形成以“吃农家饭、住农家院、观自然景、赏民俗情、享田园乐”等为主要内容的特色旅游。如表 3 所示，全市 1300 个农业观光园每年接待人次 1900 万。其中，怀柔、平谷、密云三个区农业观光园的经营总收入逐年提高，怀柔的农业观光园个数最多，2010～2011 年有 234 个，2013～2014 年缩减到 217 个，但其接待人次和经营总

表 3　各区农业观光园（店）经营总收入情况

类别	行政区域	接待人次(万人次)				经营总收入(万元)			
		2011	2012	2013	2014	2011	2012	2013	2014
城市功能拓展区	朝阳	122.4	132.6	117.3	143.9	40803.0	45654.0	42229.0	37069.7
	丰台	120.4	116.5	63.3	68.1	2196.0	2687.0	2283.4	2085.1
	海淀	41.1	32.0	34.7	34.6	6638.0	6912.0	7050.0	6831.9
城市发展新区	房山	180.0	159.7	162.9	168.2	17033.0	16691.0	16905.0	15181.0
	通州	63.5	65.5	77.4	83.3	10207.0	15624.0	20573.0	18518.4
	顺义	87.9	77.1	94.8	70.5	13379.0	14216.0	13856.0	11594.3
	昌平	120.9	199.1	188.4	180.8	32062.0	53406.0	51226.0	37358.4
	大兴	211.7	217.4	191.6	135.5	18240.0	19666.0	19682.0	13200.1
生态涵养发展区	门头沟	52.7	49.3	40.4	41.5	7775.0	7730.0	6290.0	4996.9
	怀柔	174.3	177.5	189.2	194.6	13993.0	14938.0	16287.0	17182.0
	平谷	316.5	336.5	376.5	403.8	20376.0	23790.0	29032.0	32438.7
	密云	297.9	322.9	357.3	327.8	29820.0	41942.0	42867.0	45960.6
	延庆	53.4	53.7	50.6	58.6	4617.0	5555.0	5315.0	6734.3
合计		1842.7	1939.8	1944.3	1911.2	217139.0	268811.0	273594.0	249151.4

资料来源：北京统计年鉴。

收入居中；密云的农业观光园个数一直保持在150多个，生态环境优越，接待人次不断增加，经营总收入2014年最高；平谷的春季桃花节和秋季大桃采摘吸引了众多游客，历年都是接待人次最多的，2014年接待人次超过了400万人次。朝阳和昌平两个区农业观光园距离市区较近，2010～2011年的经营总收入位居第一、第二，但朝阳只有16个农业观光园，2014年减少到11个，其接待人次和经营总收入也仍然相当可观；昌平区2012年接待人次猛增，2012～2013年的经营总收入均位居第一。

如表4所示，全市乡村民俗旅游接待人次和总收入逐年稳步提高，位居前四位的是平谷、延庆、密云和怀柔。房山区的农业观光园和

表4　各区民俗旅游总收入情况

类别	行政区域	游接待人次(万人次)				总收入(万元)			
		2011	2012	2013	2014	2011	2012	2013	2014
城市功能拓展区	朝阳	0.4	0.5	0.3	0.1	28.0	34.0	19.5	9.0
	丰台	2.5				155.0			
	海淀	4.2	4.9			234.0	297.0		
城市发展新区	房山	216.3	172.6	157.8	172.5	12943.0	9204.0	9022.9	9864.2
	通州	3.2	3.2	2.5	2.9	891.0	1003.0	893.0	1099.6
	顺义	2.3	2.3	1.8	2.3	75.0	75.0	74.8	83.0
	昌平	168.0	128.4	118.6	120.1	7678.0	5924.0	5604.7	5856.1
	大兴	37.7	40.1	40.9	43.6	1328.0	1447.0	1600.7	1582.8
生态涵养发展区	门头沟	68.2	65.0	65.0	73.2	5031.0	4893.0	5156.2	5792.3
	怀柔	213.0	214.9	219.3	217.5	13175.0	13807.0	14450.1	14917.0
	平谷	346.6	371.7	401.8	413.3	16658.0	19649.0	23724.2	25976.6
	密云	290.5	314.4	345.1	433.6	14107.0	15499.0	17914.2	24102.3
	延庆	315.8	377.8	448.8	430.9	14520.0	18716.0	23188.0	22972.4
合　计		1668.9	1695.8	1802.1	1910.1	86822.2	90548.4	101648.3	112255.3

资料来源：北京统计年鉴。

民俗旅游在“十一五”期间收入一直很可观，2012年的7·21大暴雨对房山的乡村旅游还是有一定影响。

四 旅游餐饮及购物消费行为分析

2013年国家出台了《中华人民共和国旅游法》，旅游业的政策法规、标准化体系得到加强，北京在深化旅游综合改革、转变旅游发展方式、整治旅游市场秩序等方面做出了努力，旅游发展环境进一步改善，游客的旅游消费日渐成熟且理性。旅游六大要素概括为吃、住、行、游、购、娱，2014年，北京旅游购物与餐饮消费达到2142亿元，超过旅游总收入的50.0%，占社会消费品零售总额的比重达到23.5%。尤其是国内其他省市来京旅游者的花费构成中，购物占28.2%，餐饮占22.1%，交通、住宿、景区游览等花费所占比重都低于购物与餐饮消费。

（一）旅游餐饮及购物消费行为调查样本分布

调查对象为2014年入境旅游者、国内外省市来京游客和北京市本地游客。对入境旅游者都是在首都机场离京方向随机进行拦截问卷访谈；对国内外省市来京游客的抽样调查采取在机场、火车站、汽车站等口岸、景点以及住宿设施等调查地点随机对游客进行问卷访谈；对北京市市民则根据2013年各区常住人口比例抽取进行问卷访谈。总体样本量及年龄分布如表5所示。

北京是全国的政治、交通和文化中心，外地来京和北京市内交通都十分便利，因此，游客更愿意选择个人、家庭或与亲朋结伴游玩的旅游方式，故散客比例较高。表5所示样本中，国外入境旅游者的散客比例为61.8%；国内外省市来京游客的散客比例达91.5%；北京本地游客的散客比例为83.1%。

表 5　总体样本量及年龄分布

单位：人，%

样本分布	样本量	30 岁以下	31～50 岁	51～70 岁	70 岁以上	散客占比
入境游客	1002	375	540	79	8	61.8
国内外省市来京游客	3614	1396	1737	476	5	91.5
北京本地游客	2400	963	1232	205	—	83.1
合　计	7016	2734	3509	760	13	—

在国内外省市来京游客中，北京周边省市来京游客较多，河北、山东、河南、山西、内蒙古分列前5位。如表6所示，在2014年随机抽样的外省市游客中，华北省份游客来京人数仍然最多，占31.8%，其次是华东、华中和东北省份，黑龙江和辽宁游客人数都超出了内蒙古。

表 6　国内外省市来京游客客源地样本量分布

单位：人

地区		样本量	地区		样本量
华北(1151)	天津	80	华东(711)	江苏	154
	河北	660		浙江	96
	山西	260		安徽	88
	内蒙古	151		山东	306
东北(522)	辽宁	200		上海	67
	吉林	103	华南(247)	福建	53
	黑龙江	219		广东	140
	江西	45		广西	41
华中(525)	河南	291		海南	13
	湖北	100	西北(229)	陕西	77
	湖南	89		甘肃	70
	重庆	51		青海	26
西南(229)	四川	113		宁夏	19
	贵州	26		新疆	37
	云南	38	合计		3614
	西藏	1			

如表7所示，在访谈的2400名北京市本地游客中，既有出境旅游的游客，也有到外省市旅游的游客，但在游客为去外省市或出境旅游做准备有购物行为的占比为72.4%，因此，旅游餐饮行为问卷访谈的样本量为1150，购物消费行为问卷访谈的样本量为1250。

表7　北京市本地游客样本量情况

单位：人，%

类别	行政领域	样本量	在京游客		到外省旅游游客		出境游客	
			数量	比例	数量	比例	数量	比例
首都功能核心区	东　城	113	57	50.4	39	34.5	17	15.0
	西　城	143	73	51.0	46	32.2	24	16.8
城市功能拓展区	朝　阳	429	236	55.0	148	34.5	45	10.5
	丰　台	250	114	45.6	87	34.8	49	19.6
	石景山	80	27	33.8	37	46.3	16	20.0
	海　淀	377	242	64.2	97	25.7	38	10.1
城市发展新区	房　山	101	43	42.6	39	38.6	19	18.8
	通　州	140	59	42.1	51	36.4	30	21.4
	顺　义	101	26	25.7	58	57.4	17	16.8
	昌　平	198	114	57.6	66	33.3	18	9.1
	大　兴	160	62	38.8	52	32.5	46	28.8
生态涵养发展区	门头沟	61	21	34.4	27	44.3	13	21.3
	怀　柔	65	24	36.9	32	49.2	9	13.8
	平　谷	61	9	14.8	28	45.9	24	39.3
	密　云	60	29	48.3	16	26.7	15	25.0
	延　庆	61	14	23.0	28	45.9	19	31.1
合　计		2400	1150	—	851	—	399	—

（二）旅游餐饮消费行为分析

近几年，北京旅游客源表现出以国内散客为主的特征，2014年国内外游客以个人、家庭或与亲朋结伴旅行的散客占总体的84.7%，尤其是国内外省市散客所占比例达到90%以上。游客旅游期间选择饮食场所更为自主，主要看重是否符合饮食习惯与口味，其次是有北京特色、食品卫生更有保证。如图4所示，入境游客以中高档饭店、咖啡店为主，其次是连锁快餐、小吃街与饮食广场；国内游客以家常菜馆为主，其次是连锁快餐、小吃街与饮食广场。如表7所示，北京的中高档饭店、咖啡店地处东城、朝阳、西城、海淀等中心城区的旅游住宿地及周边，这也是入境游客在朝阳、海淀、东城、西城等中心城区住宿较集中的原因之一。

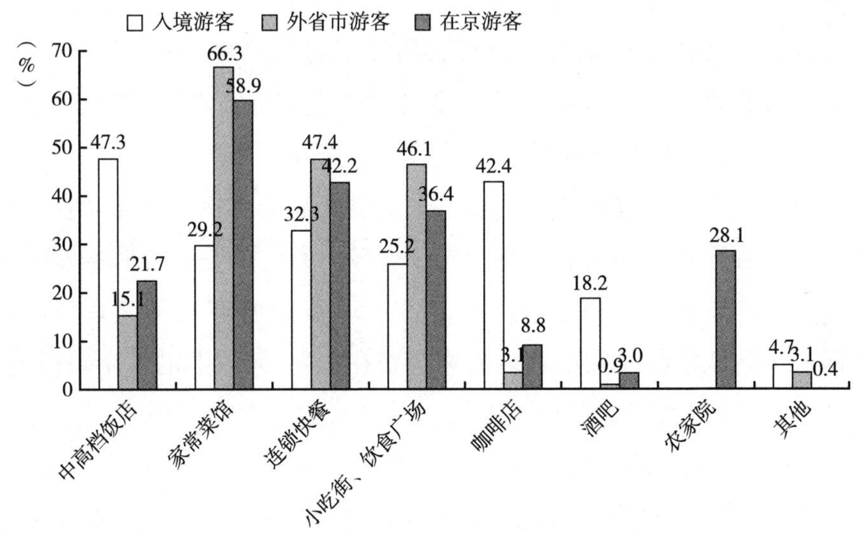

图4　游客选择饮食场所的类型分布

外地来京游客一般都是由住宿酒店提供早餐，午餐和晚餐的就餐花费差异不大，入境游客人均午餐花费232.6元，人均晚餐花费249.1元；国内外省市游客人均午餐花费301.2元，人均晚餐花费303.9元；北京市本地游客人均午餐花费142.2元，人均晚餐花费133.8元。主要差异在于：入境游客每餐花费1～200元所占比例最高，约占35%，其次是201～400元，约占23%；国内外省市游客每餐花费1～100元所占比例最高，约占35%，其次是101～200元，约占25%；北京市本地游客每餐花费101～500元的所占比例最高，约占43%，其次是501～1000元，约占26%。

国内外游客对旅游用餐较为满意，尤其是北京市本地游客满意率为97.3，外来游客不满意率也不足10%。个别国内游客主要对价格过高不满意，国外游客主要对用餐地拥挤、秩序不好不满意，国内外游客都认为旅游餐饮需要提高食物、用餐环境卫生质量。

（三）旅游购物消费行为分析

入境游客在北京旅游期间有购物计划的近30%，有42.5%的游客会购买北京特产，购买服装、茶叶和工艺品的游客比例都超过了20%；女性游客购买北京特产、化妆品、茶叶、服装类商品的比例略高于男性，而男性游客购买钟表、烟酒类商品的比例略高于女性；70岁以上的游客除了购买北京特产外，比较感兴趣的是茶叶和服装类商品，不会购买化妆品和电子产品；31～50岁的游客购买北京特产的比例低于其他年龄段的游客。购物花费在2000元以上的占半数以上，人均购物花费为3082.7元。

国内外省市游客在京旅游期间多数没有明确的购物计划，所占比例为77.7%，但至少三分之二的游客会购物，购物种类主要集中在北京特产、其他食品类和服装鞋帽类商品。如图5所示，有65.3%游客会购买一些北京特产，还有49.0%的游客会购买一些其他食品类商品；有15.8%的男性游客会购买烟酒，很少关注化妆品；而11.9%的女性会购买化妆品，很少关注烟酒；70岁以上的游客只买北京特产、其他食品和茶叶类商品。花费501～2000元的所占比例为40.4%，花费500元以下的所占比例为35.8%，除了团队游客外购物花费在2000元以上的就很少了，人均购物花费为1297.2元。

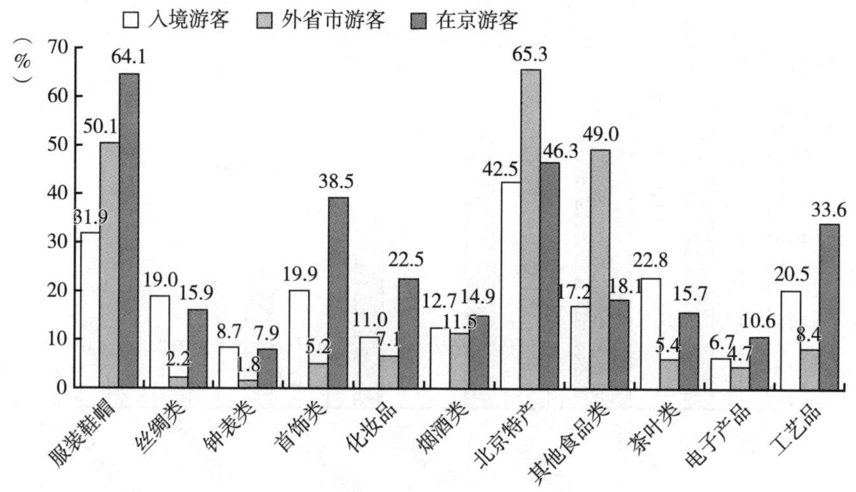

图 5　游客在京旅游购物种类分布

北京市本地游客在京旅游期间购物虽然较少，但游客在做出旅游准备特别是去外省市或出境旅游前，人均购物花费 563. 9 元，所购买商品集中在服装类商品、北京特产和旅行用食品与日用品；另外，购买箱包或其他旅行装备的比例为 37. 6%，购买旅行用药品的比例为 36. 7%。

如图 6 所示，入境游客在了解旅游所购商品时，主要是通过网络搜索，其次是亲友介绍，购物渠道主要集中在购物街、商场；国内外省市游客在了解旅游所购商品时，主要是通过亲友介绍，其次是商场、导购与导游推荐，购物渠道主要集中在商场、购物街；北京本地游客对购物场所相对比较了解，购物渠道主要集中在购物街、商场，所占比例达 60% 以上，在旅游景点购物的比例也达到 55% 以上；沿途路上会有部分游客购物，旅游住宿地或周边购物的游客略少。国内外游客都是旅行社组织的团队在购物街购物的比例更高，达到 70% 以上；外地游客虽然不能记住所有购物场所，但游客选择购物街购买商品时主要在王府井和西单，所占比例王府井略高于西单；还有选择

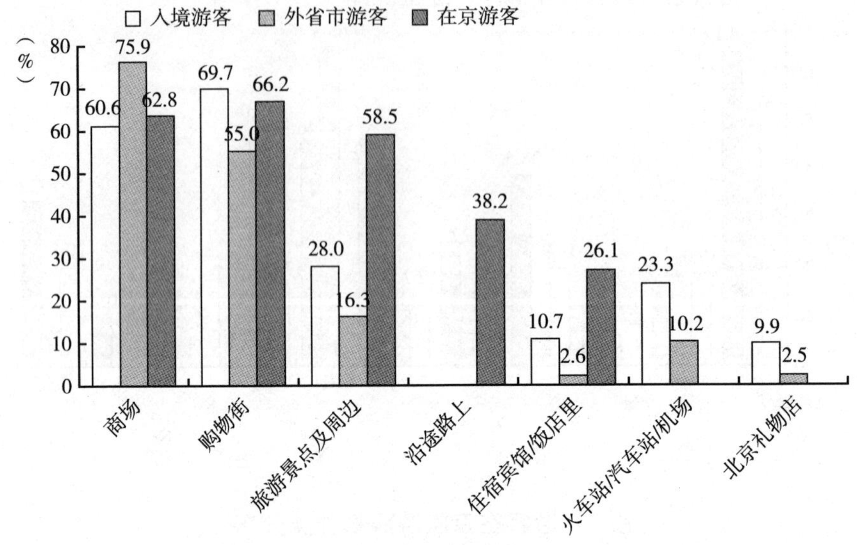

图6　游客在京旅游购物商品地点分布

前门与大栅栏、南锣鼓巷、中关村、三里屯、五道口、东单、世贸天阶等。如表8所示，游客旅游购物也主要集中在东城、西城、朝阳和海淀等中心城区。

表8　游客选择旅游餐饮及购物消费场所分布区域

单位：%

类别	行政区域	入境游客		外省市		本市游客	
		餐饮	购物	餐饮	购物	餐饮	购物
首都功能核心区	东城	48.2	59.1	44.0	50.0	24.2	33.9
	西城	28.5	33.8	36.6	44.2	24.2	31.7
城市功能拓展区	朝阳	33.6	32.3	36.7	25.3	29.9	38.1
	丰台	3.7	3.6	11.0	7.5	16.0	18.1
	石景山	2.2	2.6	2.9	1.0	18.6	25.5
	海淀	13.5	16.3	24.1	18.2	27.5	29.9

续表

类别	行政区域	入境游客		外省市		本市游客	
		餐饮	购物	餐饮	购物	餐饮	购物
城市发展新区	房山	0.7	0.4	0.4	0.2	8.7	9.1
	通州	2.7	2.5	2.4	1.4	6.1	6.4
	顺义	19.7	14.1	1.5	1.3	6.8	2.5
	昌平	2.6	1.3	4.1	1.3	10.2	4.3
	大兴	0.8	0.7	1.6	0.9	5.6	1.6
生态涵养发展区	门头沟	1.3	1.0	0.4	0.1	8.9	9.6
	怀柔	3.1	3.2	0.7	0.1	10.2	4.4
	平谷	1.2	0.7	0.2	0.1	3.3	1.2
	密云	1.6	0.9	0.2	0.1	5.4	1.1
	延庆	0.9	0.5	1.8	0.3	3.6	0.5

五　结束语

旅游消费分散在旅游过程中的不同空间，尽管它是一种流动消费，但因旅游资源的聚集，带来了旅游消费市场的聚集。显然，北京市各区的旅游资源聚集效应存在明显差距，而游客的空间行为规律是旅游产业空间集聚的动力，随着人民生活水平的不断提高，北京城市发展新区和生态涵养发展区的旅游产品逐渐向观光旅游、休闲度假旅游、乡村旅游（农业观光、民俗旅游等）和专项旅游（演艺节目、会展旅游等）多样化发展，但各区旅游空间发展定位不够清晰，尚缺乏特色鲜明和高品质的吸引物聚集。

据世界旅游组织预测，到2020年中国将成为全球旅游第一大国。中国人通过消费享受休闲的时代正在到来，也正在成为一种趋势。尽管中国目前还属于发展中国家，在旅游消费构成上，休闲度假占整个旅游的比重仅为20%左右，远低于旅游发达国家50%左右的比重，尚未进入真正“休闲时代”。但北京市民的休闲度假旅游消费需求是高于全国平均水平的，而享受高品质旅游服务是北京市民选择出境旅游比例较高的原因之一。北京城市发展新区和生态涵养发展区的旅游客源主要来自北京市民，休闲经济只具备相当规模是不够的，尤其是在建设资源节约型、环境友好型和谐社会背景下，打造特色鲜明和高品质的休闲度假旅游产品，才会呈现可持续发展的旅游业态。

参考文献

1. 北京市旅游发展委员会、北京市发展和改革委员会：《北京市“十二五”时期旅游业发展规划》，http：//zhengwu. beijing. gov. cn/ghxx/sewgh/t1204036. htm。
2. 北京市旅游局：《北京旅游产业区域特色研究》，中国旅游出版社，2009。
3. 张佰瑞：《北京市旅游产业的区域经济效应研究》，北京燕山出版社，2009。
4. 薛峰、伍进、何原荣等：《我国城乡旅游景区游客消费差异分析》，《技术与市场》2010年第8期。
5. 樊信友：《论区域旅游产业空间布局的形成机制》，《特区经济》2008年第11期。
6. 朱鹤、刘家明、陶慧等：《基于网络信息的北京市旅游资源吸引力评价及空间分析》，《自然资源学报》2015年第12期。

B.17

房山区不同类型旅游资源开发经营效益情况的调查与分析

董恒年　赵　圳　周爱华　任国柱　刘剑刚　史梦頔*

摘　要： 城郊旅游资源的开发利用及旅游产业的发展是当代城乡一体化发展的重要组成部分。房山区7大类型旅游资源的开发经营效益差异较为显著。总体上看，旅游资源开发所形成的公共旅游产品及项目直接经济效益并不十分显著，但其社会效益不能忽视和否认；与北京其他行政区知名度高、垄断性强且区位条件优越的自然和文化遗产类旅游景区相比，房山区各自然和文化遗产类旅游景区经营效益呈现冷热不均的状况，部分自然和文化遗产类旅游景区经营效益并不十分理想；开发经营效益较好的主要有亲水性休闲度假类旅游产品与项目、综合性度假酒店类旅游产品与项目和依托重要旅游景区的民俗村及农家院旅游产品与项目；经营效益成长性显著的是新型主题休闲度假类旅游产品与项目；经营效益处在下滑阶段或还无法判明走势的

* 董恒年，博士，北京联合大学应用文理学院副教授，主要从事经济地理与旅游规划方面的教学与研究；赵圳，博士，房山区旅游发展委，主要从事旅游行政管理及环境工程、旅游管理等的研究；周爱华，硕士，副教授，主要从事3S技术及计算机制图方面的教学与研究；任国柱，中科院地理所副研究员，主要从事乡村旅游与旅游规划研究工作；刘剑刚，北京联合大学应用文理学院讲师，主要从事建筑学与建筑规划设计教学与研究工作；史梦頔，北京联合大学应用文理学院硕士研究生，主要主要从事文化遗产保护规划研究。

是高尔夫和红酒庄园等高端休闲度假类旅游产品与项目。

关键词： 房山区 旅游资源 开发 经营效益 调查与分析

2015 年 3 ~12 月，北京联合大学应用文理学院所属北京新奥都规划设计咨询有限责任公司受房山区旅游发展委员会的委托，对房山区 25 个乡镇、街道和地区办事处行政管辖范围内的旅游资源进行了普查。普查结果显示，房山区共有各类旅游资源单体 753 项，其中，已经开发利用了的旅游资源单体共 397 项，占全区旅游资源单体数的 52.7%（见图 1）。已开发利用的特级旅游资源单体 20 项，占已开发利用旅游资源单体数的 5.03%，占全区旅游资源单体数的 2.7%；已开发利用的一级旅游资源单体 47 项，占已开发利用旅游资源单体数的 11.8%，占全部旅游资源单体数的 6.2%；已开发利用的二级旅游资源单体 179 项，占已开发利用旅游资源单体数的 45.1%，占全部旅游资源单体数的 23.8%；已开发利用的三级旅游资源单体 151 项，占已开发利用旅游资源单体数的 38.0%，占全部旅游资源单体数的 20.1%。

房山区是首都北京西南部的远郊区，在地理上，与河北省保定市的涞源县、易县、涞水县及涿州市共同构成了跨京冀两省市的京西南生态与文化旅游发展带，在北京西南生态与文化旅游发展、京津冀协同发展以及北京城乡一体化发展中有着举足轻重的地位和作用。在进行旅游资源普查的同时，普查组对全区已经开发利用的主要类型旅游资源经营主体的实际经营情况进行了访谈与调查，并在此基础上，对不同类型旅游资源的开发经营效益情况做了相应分析，以期对“十三五”期间房山区和京西南生态与文化旅游发展带旅游资源的开发与旅游产业的布局以及北京城乡一体化发展提供借鉴。

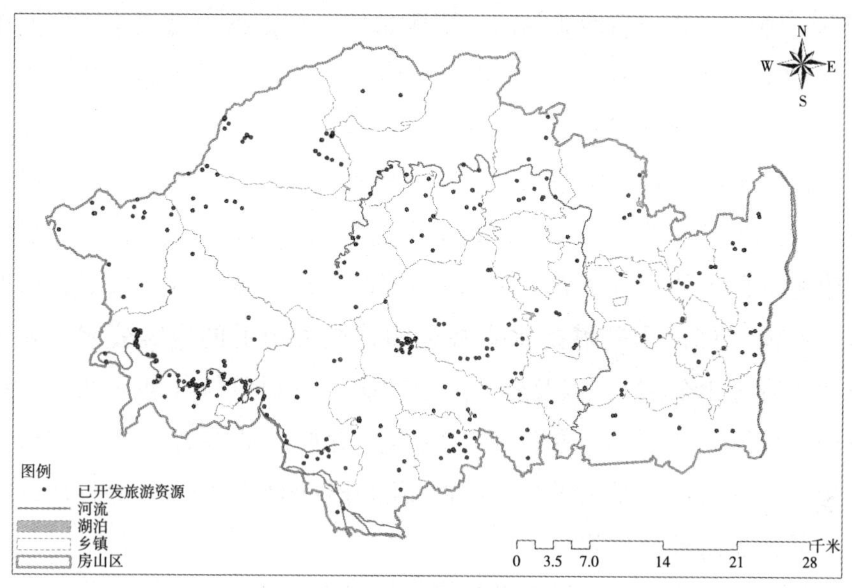

图1 房山区397项已开发旅游资源分布情况

需要特别说明的是，本报告所涉及的相关数据，均为调查员根据在房山区旅游资源普查过程中的访谈记录所整理的数据，而并非被调查经营主体正式对外公开的准确数据，因此，不排除存在由于访谈过程中听不清楚而个别数据记录有误，或记录过程中本身出现失误而使数据丧失真实性等情况，引用者需加以甄别。

房山区目前已经开发利用的397项旅游资源单体中，由于资源单体所形成的旅游产品与经营项目的性质、所有制情况等均存在显著差异，所以其经营效益也明显不同。从总体上来看，主要有以下几种情况。

一 公共旅游产品的开发经营效益情况

本次普查结果表明，房山区共有3～4类特殊旅游资源单体，属于具有纯粹公共产品性质的旅游资源单体，包括博物馆类旅游资源单体（如房山世界地质公园博物馆、十渡国家地质公园博物馆、周口店北京人遗址博物馆、周口店北京人遗址博物馆新馆、西周燕都遗址博物馆、平西抗日战争纪念馆、上石堡纪念馆、没有共产党就没有新中国纪念馆、中国核工业科技馆 9 项博物馆类旅游产品），基础设施类旅游资源单体（如首都西南旅游集散中心），城乡园林景观类旅游资源单体（如房山新城滨水森林公园、城关街道的迎宾公园、朝曦公园和卧虎山公园），以及烈士陵园类旅游资源单体（如平西抗日战争烈士陵园）等。这些旅游资源单体开发形成的旅游产品或旅游经营项目，绝大部分是为满足公共需要而开发的具有公共产品性质的旅游产品或旅游经营项目。

这些旅游产品和旅游经营项目的运营和管理主要由财政全额拨款维持，因此，经济效益并非衡量这类旅游资源单体开发经营情况的唯一尺度。相反，社会影响和社会效益则是衡量这类旅游资源单体的重要尺度。

就公共旅游资源单体或公共旅游产品的社会影响和社会效益而言，一般是以接待游客数的多少衡量其社会影响和社会效益。从这一点来看，房山区 9 大博物馆类旅游资源单体中，除没有共产党就没有新中国纪念馆年接待游客量超过 10 万人次以外，其余均未超过 10 万人次，这与北京市 160 多家博物馆类旅游产品中规模最大、级别最高、区位条件最优越、年接待游客量达到 1000 万人次的国家博物馆等顶级博物馆相比，其社会影响和社会效益几乎是微乎其微的。

事实上，在网络虚拟旅游产品不断涌现的时期，博物馆类旅游资源单体的游客接待量，并不能完全反映其社会影响和社会效益。目前，网络信息和智能终端几近全面普及，旅游产品经营机构和网络公司、电信公司等在共同推波助澜开发网络旅游产品，已经将这类旅游资源从展室布局到浏览路线，再到展品精美图片、优美文字介绍以及融知识、幽默和娱乐等于一体的视频向大众游客进行了展示。游客通过点击网站或网页上的旅游产品，足不出户便欣赏到了这类旅游资源单体完成了对旅游产品的虚拟消费，网络公司和电信公司也从中赚足了点击费和流量费，唯独博物馆类旅游资源单体经营机构，虽然扩张了文化影响力、传播了知识、传承了文化，但也自然而然地丧失了网络信息时代前的盈门客源。加上受区位条件的影响，即使是级别很高、知名度很大、垄断性很强的博物馆类旅游资源单体或旅游产品，也很难避免网络时代游客对网上的青睐与对线下的冷落的状况。

而首都西南旅游集散中心这一基础设施类旅游资源单体，从其投入使用之日起，就面临北京及周边城市居民自驾游迅速崛起的严峻挑战，是游客消费方式变化导致基础设施类旅游资源单体丧失其服务功能的典型案例。因此，其服务大众游客的社会效益也将大打折扣。

因此，关于房山区具有公共产品性质的旅游资源单体的开发经营效益情况，还很难给出一个全面而准确的答案。未来可借助消费者调查和游客消费特征的大数据分析来解决这一难题。

二　垄断性自然与文化遗产类旅游资源单体开发经营效益情况

就具有垄断性特征的自然与文化遗产类旅游资源单体开发所形成的旅游产品和经营项目而言，其开发经营效益往往受多种因素的影响。在房山区，具有垄断性的各自然与文化遗产类旅游产品和经营项目，其经营效益除受资源自身特征的影响外，还突出地受到近年来一直处在转型中的旅游需求的影响，即越来越多的游客随着收入水平的提高，其旅游需求迅速从观光需求向休闲度假需求转变，从而使以自然与文化遗产观光为特征的旅游产品和项目的经营受到越来越显著的影响。此外，房山区具有垄断性的自然与文化遗产类旅游产品和经营项目，其效益情况还受房山区自然与文化遗产旅游资源单体较为偏远的区位条件影响。因此，与北京市其他行政区知名度高、垄断性强且区位条件优越的自然与文化遗产类旅游景区相比，房山区各自然与文化遗产类旅游景区经营效益呈现冷热不均的状况，部分自然与文化遗产类旅游景区经营效益并不十分理想。

十渡风景区是房山所有自然与文化遗产类旅游景区中接待游客最多的景区，2014 年游客接待量超过 160 万人次，旅游经营收入达 6.4 亿元；第二为石花洞景区，2014 年游客接待量超过 65 万人次，旅游经营收入达 1.1 亿元；第三为周口店北京人遗址景区，2014 年游客接待量超过 13.4 万人次，旅游经营收入达 0.19 亿元；第四为云居寺景区，2014 年游客接待量超过 11.6 万人次，旅游经营收入达 0.24 亿元；第五为上方山国家森林公园，2014 年游客接待量超过 8 万人次，旅游经营收入达 0.31 亿元，其他自然与文化遗产类旅游景区，2014 年游客接待量均在 5 万人次以下，旅游经营收入在 0.3 亿元以下。

三　高端休闲度假类旅游资源单体开发经营效益情况

房山区是北京市拥有高端休闲度假类旅游资源单体较多的一个区，目前共拥有高尔夫球场 6 家，建成和在建的红酒庄园 6 家。

高尔夫球场在我国的发展，经历了从 20 世纪 80 年代到 90 年代前中期为吸引海外投资在新产业区附近布局和 20 世纪 90 年代后期至 21 世纪前期为吸引高端业主向高级住宅区附近布局的发展历程。近两年，随着对公共开支的严格控制和对公务人员进行高尔夫球等消费行为的相应限制，国内高尔夫球场开始面临市场剧烈变动的严峻挑战。

房山区的6家高尔夫球场中，加州水郡高尔夫俱乐部和京辉高尔夫俱乐部为占地1800亩的27洞标准高尔夫球场，长阳国际高尔夫俱乐部为占地1200亩的27洞标准高尔夫球场，员工均在300～400人，其他均为占地1000亩左右的18洞标准高尔夫球场，员工在200～300人。2014年加州水郡高尔夫俱乐部客流量在4万人次左右，长阳国际高尔夫俱乐部客流量在3万人次左右，京辉高尔夫俱乐部客流量在1.8万人次左右。考虑到高昂的维护成本和人力成本，高尔夫球场的经营效益已接近亏损或开始亏损。在旅游资源普查过程中，京辉高尔夫俱乐部和加州水郡高尔夫俱乐部都声称已经出现亏损。

因此，面对严峻的市场剧变，未来高尔夫球场只有实行经营转型，通过市场创新和经营模式创新，方能在剧变的市场中经营和获利。

红酒庄园是目前房山区最具特色的高端休闲度假旅游产品之一。除现有的长阳莱恩堡酒庄、张坊龙熙堡酒庄、沃德酒庄、周口店键昊龙红酒庄园、青龙湖乾元酒庄以及南窖乡金杏湾红酒庄园以外，房山区正在青龙湖镇建设青龙湖酒城核心区，并在青龙湖镇另外规划了六大酒庄。在旅游资源普查过程中了解到，周口店键昊龙红酒庄园已处于停业状态，长阳莱恩堡酒庄尚在酿酒设备安装中，青龙湖酒城核心区尚在建设中。从访谈情况看，酒庄经营者对酒庄的会员制经营模式深信不疑，每周举办一次品酒鉴酒活动并进行相应的品牌经营，每次活动的会员参与者保持在50～200人，酒庄经营效益不成问题。

莱恩堡酒庄是长阳镇正在建设的一个酒庄，调查时酒庄正在安装酿酒设备。该酒庄占地1000亩，葡萄种植面积800亩，据介绍亩产可达400～500斤，100多亩旅游用地。目前，该酒庄引进了7个葡萄品种，培育出30多个酿酒新品种，计划年产葡萄酒10000瓶左右。现在建设中的酒堡建筑面积达20000平方米。一层是酿酒车间，半地下和地下是酒窖。由于该酒堡尚未全面投入运营，故对其开发经营效益还难以评估。

毫无疑问，随着近两年国内对公共开支的严格控制和红酒价格的普遍走低，红酒消费市场开始重新洗牌。按照目前200～300元的红酒平均价格计算，一座一次活动可容纳200人参与并实现会员制经营的红酒庄园，如果每年的品酒鉴酒活动达到50～100次（平均每周1～2次），那么其品酒鉴酒经营收入少则两三百万元，多则五六百万元，再加上餐饮、住宿和娱乐消费，每年红酒庄园的经营收入可能在1000万元上下，扣除掉700万～800万元的经营成本，届时，该红酒庄园确能实现一定的盈利。但是，如果红酒平均价格继续走低，经营成本进一步上升，品酒鉴酒频次达不到预期，那么红酒庄园可能和高尔夫球场一样，必须进行市场创新和经营模式创新，否则其经营效益将会大打折扣。

四　亲水性休闲度假类旅游资源单体的开发经营效益

亲水性休闲度假类旅游资源单体是房山区重要的旅游资源之一，在本次旅游资源普查中，房山区有湖泊类亲水性休闲旅游资源单体6项，大石河干流有亲水性休闲旅游资源单体3项，拒马河干流有亲水性休闲旅游资源单体9项，包括一些小的垂钓池等在内，房山区共有各类亲水性休闲度假类旅游资源20项之多。

在各种亲水性休闲度假类旅游资源单体中，拒马河干流的7项漂流和2项高山滑水旅游资源单体最具有典型性，突出表现为经营竞争异常激烈。在旅游资源普查过程中了解到，拒马河干流漂流项目中，漂流最长的河段为3000米，最短的仅1000多米，漂流对外公开价格为80元或75元，实际收取价格20元，团队人均15元即可。由于漂流项目中仅使用橡皮艇或竹排，经营的固定成本一般都很低。比如，一艘7500元的橡皮艇，当日接待游客达到8人、年接待游客达到150日时，3个月即可收回固定成本。而一个漂流项目正常的经营服务人员为4～5人，多的为10人左右，每日人工成本在1500～3000元。因此，一个拥有30艘橡皮艇的漂流项目，即使人均价格降到15元，项目经营者仍有较为丰厚的利润空间。

五　综合性度假酒店类旅游资源单体的开发经营效益情况

房山区有一定数量的综合性度假酒店类旅游资源单体，普渡山庄、笔架山庄、龙锐山庄度假酒店、北京新发展度假酒店等都是十渡著名的度假酒店类旅游资源单体。

普渡山庄位于十渡镇西河村，2000年开始承租西河村村委会土地开设度假酒店，包括乐佛寺在内共租赁西河村300亩土地，年租金30000元。山庄开发经营乐佛寺，目前累计投资已达3亿元，仅乐佛寺音乐大典项目投资就达2.85亿元。山庄共有客房70多间，床位150张左右，员工44人，管理人员8人，年度员工成本在140万元左右。

目前，普渡山庄乐佛寺项目尚在建设之中。仅就普渡山庄酒店而言，考虑到年度固定资本折旧额在150万元左右（调查员记录的山庄酒店建筑面积为3000平方米，这个数据可能有误，特此说明），只要山庄年销售收入达到300万～350万元，其经营即有利可图。也就是说，每年床位入住率达到55%，每间客房价格在200元左右，山庄经营就不亏损。

笔架山庄是一家占地52亩的集餐饮、住宿和游乐为一体的度假酒店。1992年开始经营，共有客房93间（标准间78间），床位171

张，餐厅可供240人同时就餐。山庄总建筑面积为9565.4平方米，拥有员工30人。2014年共接待游客15847人，实现销售收入376万元。

从笔架山庄1992年开始经营判断，其经营固定成本在200万元左右，加上人工成本约100万元，其在2014年客房入住率只有30%的情况下仍保持小幅盈利，说明山庄经营较为成功。

其实，在旅游资源普查过程中了解到，只要游客量达到一定水平，加上恰当的经营管理和成本控制，度假酒店类旅游资源单体的经营效益还是能够保证的。北京新发展度假酒店和龙锐山庄度假酒店的情况同笔架山庄和普渡山庄相差无几。

六　民俗村及农家院旅游资源单体的开发经营效益

民俗村及农家院是本次旅游资源普查中数量较多的旅游资源单体，共普查了现市级民俗村6个，原市级民俗村约30个（原市级主管部门实际认定的市级民俗村33个），其他民俗村4个，共普查了40个民俗村。

虽然在实际中也普查了一些规模较大的农家院，但仔细分析，这些农家院拥有的客房数和床位数都较多，相当于小型的酒店。因此，这里着重分析位于民俗村的小户型农家院的经营情况。

十渡镇是民俗村最多的也是较为复杂的一个乡镇，其经营效益分析具有典型性。十渡镇原来认定的市级民俗村有7个，包括西庄村、九渡村、七渡村、西河村、五合村、西关上村和八渡村，在普查时获得的民俗村数量超过了10个。各个民俗村中原来认定的民俗户都有独立的营业执照，后来想作为民俗户的旅游经营户，已无法取得独立的营业执照，按照规定只能通过合作组织形式（合作社）取得集体营业执照。所以，每个民俗村都有有营业执照的民俗户、有集体营业执照的民俗户和无营业执照的民俗户。

如八渡村，是原市级民俗村，全村共有4200多公顷土地，160户左右居民。其中有独立营业执照的民俗户20户，无营业执照的民俗户30多户，规模大的民俗户共10户，日接待规模在30～40人。民俗户中，别墅民俗户33户，平房民俗18户。

一般正常的民俗户家庭有客房5～10间，床位数15～25张（有些房间2张，有些房间3张）。据民俗户介绍，在黄金周期间，客房入住率可达90%以上，平时在40%～50%。按照农村砖混结构房屋及年经营200天计算，10间客房的床位日折旧额在25元左右。民俗户家庭一日三餐加住宿一般价格在100元至120元不等，黄金周价格可涨到150元甚至更高。因此，从这些数据能够判断，十渡镇民俗旅游经营户的经营效益还是很不错的。

不可否认，在一些远离重点旅游景区的乡村民俗旅游经营户，其经营效益远不及紧靠重点旅游景区的民俗经营户效益好。云居寺水头村即是典型案例。受云居寺寺前建设规划的调整，原来云居寺寺前的许多饭店都被拆除，因此游客游毕云居寺只好离开，水头村民俗旅游经营户的经营活动也因此受到严重影响。在普查时了解到，水头村民俗旅游经营户由原来认定时的50多户，下降到目前的不足10户，且各户经营效益均较惨淡。

七　新型主题休闲度假类旅游资源单体的开发经营效益情况

在普查过程中了解到，房山区平原地区一些新兴的主题式休闲度假类旅游资源单体经营者，由于其经营理念较为超前、经营方式较为灵活、产品设计较为时尚、利用网络和微信群等新兴营销方式，其经营越来越受到年轻消费者的青睐，市场成长得很快，经营效益也很显著。

韩村河镇皇后台村的尚大－沃联福亲子农场就是典型案例。该农场共租赁400亩土地，租赁期50年。建筑面积2000多平方米，2012年正式投入运营，以亲子农事体验为主题。其中，采摘用地360亩，保证参与者能亲自进行农耕体验和农事呵护，有采摘、草编、制作等体验活动，开发了租赁摊位达30多个的美食一条街，以租赁形式经营美食街。同时引入了皮影戏、魔术、杂技和木偶等多种娱乐项目，供参与者随时体验。而且还设计了昆虫观察、扁担挑水等众多项目供孩子们体验，激发他们对农业的感知和兴趣。从2012年至2015年5月，已累计接待游客6万多人次，2014年销售收入达100多万元。

上述分析结果表明，房山区7大类型旅游资源的开发经营效益差异较为显著。从总体上来看，具有公共产品性质的旅游资源开发所形成的旅游产品与项目直接经济效益并不十分显著，但其社会效益不能被忽视和否认；与北京市其他行政区知名度高、垄断性强且区位条件优越的自然与文化遗产类旅游景区相比，房山区各自然与文化遗产类旅游景区经营效益呈现冷热不均的状况，部分自然与文化遗产类景区经营效益并不十分理想；开发经营效益较好的主要有亲水性休闲度假类旅游产品与项目、综合性度假酒店类旅游产品与项目和依托重要旅游景区的民俗村及农家院旅游产品与项目；经营效益成长性显著的是新型主题休闲度假类旅游产品与项目；经营效益处在下滑阶段或还无法判明走势的是高尔夫和红酒庄园等高端休闲度假类旅游产品与项目。

注：文中数据，除来自参考文献的之外，其余均来自实地调研。

参考文献

1. 房山区旅游发展委员会、北京新奥都规划设计咨询有限责任公司：《房山区旅游资源普查与评价》，2015。

2. 房山区旅游发展委员会、北京新奥都规划设计咨询有限责任公司：《房山区旅游资源普查图集》，2015。

3. 房山区旅游发展委员会、北京新奥都规划设计咨询有限责任公司：《房山区旅游资源单体表汇编》，2015。

B.18

房山区旅游资源空间分布特征研究*

周爱华　董恒年　赵 圳　刘剑刚　杜姗姗**

摘　要：　本文基于房山区旅游资源普查数据，应用统计分析与GIS空间分析方法，从总体特征、与主干道关系、行政区划及地理空间等角度对房山区旅游资源空间分布特征进行分析。结果显示，房山区旅游资源数量多，种类全，交通便利，呈现非均衡性分布的特点，在房山区拒马河流域、大石河流域及中部区域有明显集聚。

关键词：　房山区　旅游资源　空间分布　空间分析

导　言

自大众旅游诞生以来，世界旅游业取得了有目共睹的巨大进步，

---

* 基金项目：国家自然科学基金项目（41401199），北京联合大学自然科学类新起点计划项目（ZK201201），北京学研究基地资助项目（BJXJD－KT2014－YB01），北京学研究基地开放课题（SK50201401）。

** 周爱华，北京联合大学应用文理学院副教授。主要从事3S技术及计算机制图方面的教学与研究。E－mail：aihuazhou@ buu. edu. cn。董恒年，北京联合大学应用文理学院副教授。主要从事区域经济与旅游规划的教学与研究。E－mail：hengnian@ buu. edu. cn。赵圳，博士，房山区旅游发展委，主要从事旅游行政管理及环境工程、旅游管理等的研究；刘剑刚，北京联合大学应用文理学院讲师，硕士，主要从事建筑学与建筑规划设计教学与研究工作；杜姗姗，北京联合大学应用文理学院讲师，博士，主要从事城乡规划方面的教学与研究。

旅游已成为当代居民的基本生活方式，旅游业也已发展成为全球经济的重要支柱。世界旅游业理事会（WTTC）的测算结果表明，2015 年世界旅游业对全球国内生产总值（GDP）的综合贡献高达7.8 万亿美元，占全球国内生产总值的份额达 10%，同期世界旅游业创造的就业岗位达2.84 亿个，占全球就业总量的 9.5%。中国自改革开放以来，旅游业取得的进步更是无比惊人，截至 2015 年末，国内旅游人数已突破40 亿人次，旅游收入超过4 万亿元，出境旅游更达到了1.2 亿人次。中国国内旅游、出境旅游人次和国内旅游消费、境外旅游消费均列世界第一。世界旅游业理事会（WTTC）测算，中国旅游产业对 GDP 综合贡献达 10.1%，超过教育、银行、汽车产业。国家旅游数据中心测算结果也显示，中国旅游就业人数占总就业人数的 10.2%。

北京地处华北平原北部，西临太行山，北靠燕山，自然风光秀美，为北京发展旅游业提供了多样化的自然旅游资源。北京有三千多年的建城史和800 多年的建都史，历史悠久，文化灿烂，孕育并保存了大量历史古迹和文化遗产，使北京拥有丰富多样的人文旅游资源。丰富多样的旅游资源和国家首都所赋予的特殊地位，使北京旅游业发展一直处在国内各省份前列，2015 年北京旅游业接待游客量达到2.73 亿人次，其中，接待国际游客420 万人次，国内来京游客1.63 亿人次，北京本地游客 1.06 亿人次，旅游总收入达到 4607.1 亿元。

房山区是北京西南部的远郊区，在地理上与河北省保定市的涞源县、易县、涞水县及涿州市共同构成了跨京冀两省市的京西南生态与文化旅游发展带，房山区旅游资源的开发利用与有效保护以及旅游产业的科学布局，在北京城乡一体化发展、京西南生态与文化旅游发展以及京津冀协同发展上有着举足轻重的地位和作用。2014 年房山区全年接待游客量达到 724 万人次，旅游总收入达到 40.6

亿元。未来，随着北京城乡一体化发展的深入，京津冀旅游协同发展步伐的进一步加快，首都郊区旅游从观光旅游向休闲度假旅游的进一步转型和深化发展，都需要从宏观视角对房山旅游资源进行合理利用与有效保护以及对全区旅游产业进行科学布局。而了解和掌握房山区旅游资源空间分布特征，则是对房山旅游资源进行合理利用与有效保护并对旅游产业进行科学布局的先决条件。为此，本文采用应用统计分析、GIS 空间分析等方法，对房山区旅游资源分布特征进行分析和研究，并分析其影响因素，以期为房山区旅游资源的合理利用和有效保护以及全区旅游产业的科学、合理布局提供科学依据与建议，促进房山区旅游业的健康运行与可持续发展。

一 研究区域与数据来源

（一）研究区域概况

房山区地处华北平原与太行山交界地带，介于北纬 39°30′～39°55′，东经 115°25′～116°15′，西部和北部是山地、丘陵，东部和南部为沃野平原。主要山脉大房山、大安山、三角山、百花山、西占山等均系太行山分支。境内有大小河流 13 条，拒马河、大石河迂回曲折，永定河、小清河穿境而过，如图 1 所示。房山区自然生态资源、人文与自然旅游资源、地热资源、矿产及建材资源较为丰富，历史上曾是京郊著名的“建材之乡”“建筑之乡”“煤炭之乡”，目前是北京著名的“林果之乡”、“避暑胜地”和“旅游胜地”；有周口店北京人遗址、琉璃河西周燕都遗址、云居寺、石花洞等世界闻名的旅游景点，房山世界地质公园、十渡国家地质公园、石花洞国家地质公园、上方山国家森林公园、霞云岭国家森林公园等自然遗产和森林生态系统独具特色。

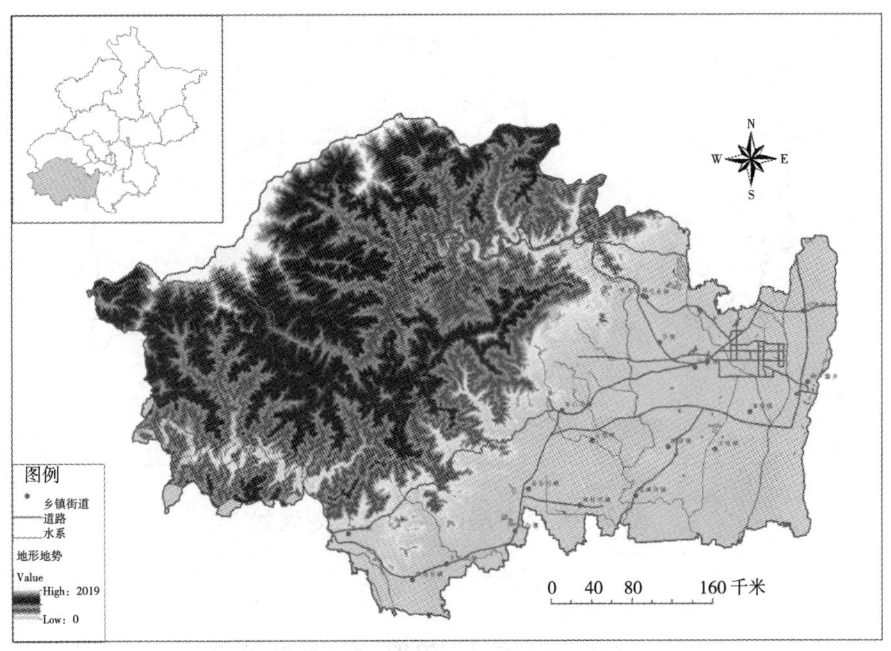

图1 房山区地形地势

（二）数据来源

本文以房山区旅游资源单体为研究对象，数据以2015年完成的房山区旅游资源普查现场实际调查数据为主，调查方式包括手持GPS坐标现场采集、现场访谈及摄影拍照等方式。行政区划图来源于房山区民政局的2009年行政区划图，对该图进行配准并依据此图进行数字化处理，获得房山区行政区划及房山区主要水域、河流及道路等相关信息（见图2），并建立相关数据库。

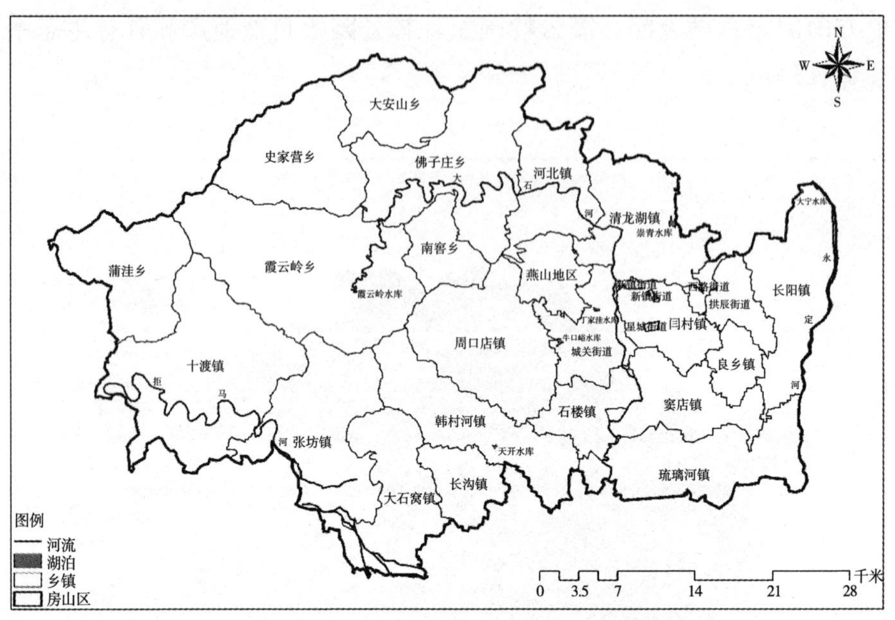

图2　北京市房山区行政区划现状

二　房山区旅游资源单体数量及类型体系构成状况

根据《旅游资源分类、调查与评价标准》（GB/T18972－2003，下文简称《标准》）所确立的我国旅游资源分类体系及旅游资源调查规范，对房山区25个乡镇、街道和地区办事处行政管辖范围内的旅游资源进行了普查。普查结果显示，房山区旅游资源单体数量非常多，目前已经开发利用、正在开发中和尚未开发的各类旅游资源单体多达753个。

按照《标准》分类体系区分，房山区753个旅游资源单体可分为A地文景观、B水域风光、C生物景观、D天象与气候景观、E遗址遗迹、F建筑与设施、G旅游商品、H人文活动8个主类，各主类旅游资源构成情况见图3。按照《标准》分类体系中的亚类和基本类型划分，房山区共有28个亚类，104种基本类型，分别占《标准》应有的8个旅游资源主类、31个旅游资源亚类和176个旅游资源基本类型（包括本次普查新增的21个基本类型）的100%、90%和59.1%。这说明，房山区旅游资源种类丰富，多样性显著。其中，本次普查所得旅游资源基本类型数，比“十二五”时期房山旅游资源基本类型数（共83个，见《北京市房山区旅游业“十二五”发展规划》）增加了21个，增长幅度达25%，使房山旅游资源基本类型占《标准》应有旅游资源基本类型的比例提高了5.3个百分点。

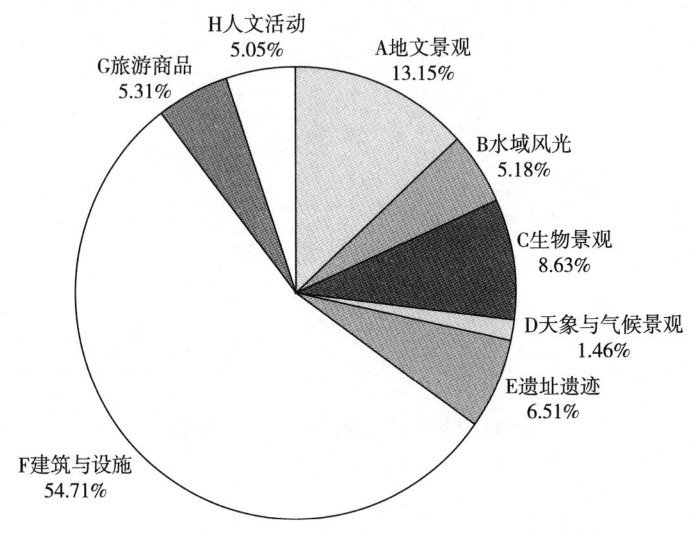

图3　房山区旅游资源大类构成情况

三　房山区旅游资源单体空间分布特征

本文用房山区旅游资源普查时所获得的旅游资源单体位置数据作为空间分布特征分析的基本数据。由于每个旅游资源单体位置数据均为空间离散点位，经过整理、归类，在 ArcGIS10 中建库可视化，得出房山区旅游资源单体的分布图（见图 4），直接从图上看，在拒马河与大石河上中游河段旅游资源有明显聚集，但在其他区域空间分布趋势不显著，因此借助 ArcGIS 中的空间分析与统计分析模块对其进行分析，判断其空间分布特征。

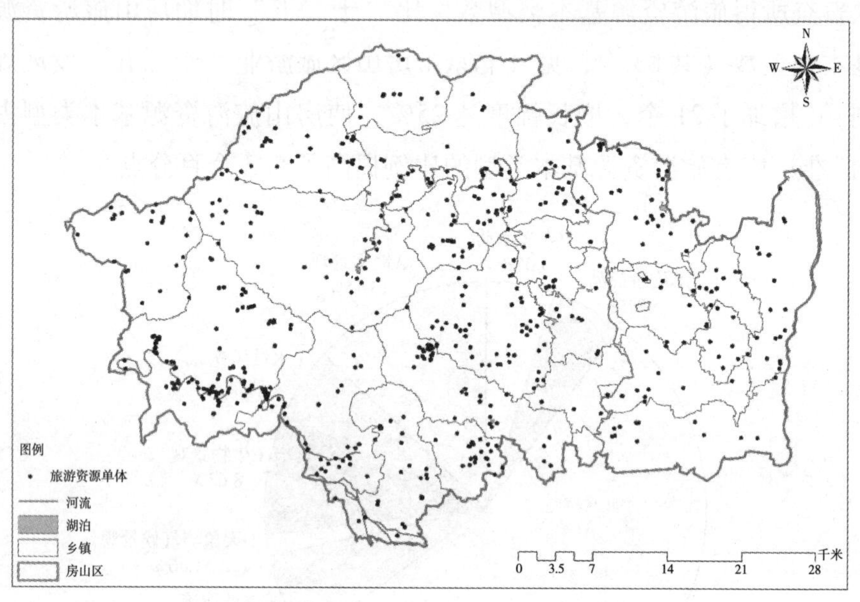

图 4　房山区旅游资源单体分布

（一）总体分布特征

ArcGIS 中内置的空间分析模块——平均最近的相邻要素分析法和核密度分析等，是判断空间点位的分布趋势与集聚特征的常用方法。本文利用房山区旅游资源普查单体数据，用平均最近的相邻要素分析，获得了房山旅游资源平均最近的相邻要素汇总情况（见图 5）。分析结果表明，房山区旅游资源单体的空间集聚较为显著。在进行平均最近的相邻要素分析基础上，还进行了旅游资源单体的核密度分析，借助一个规则的移动窗口对点的分布集聚程度进行估计，获得旅游资源单体的核密度图，并将核密度值分为4级（见图6）。

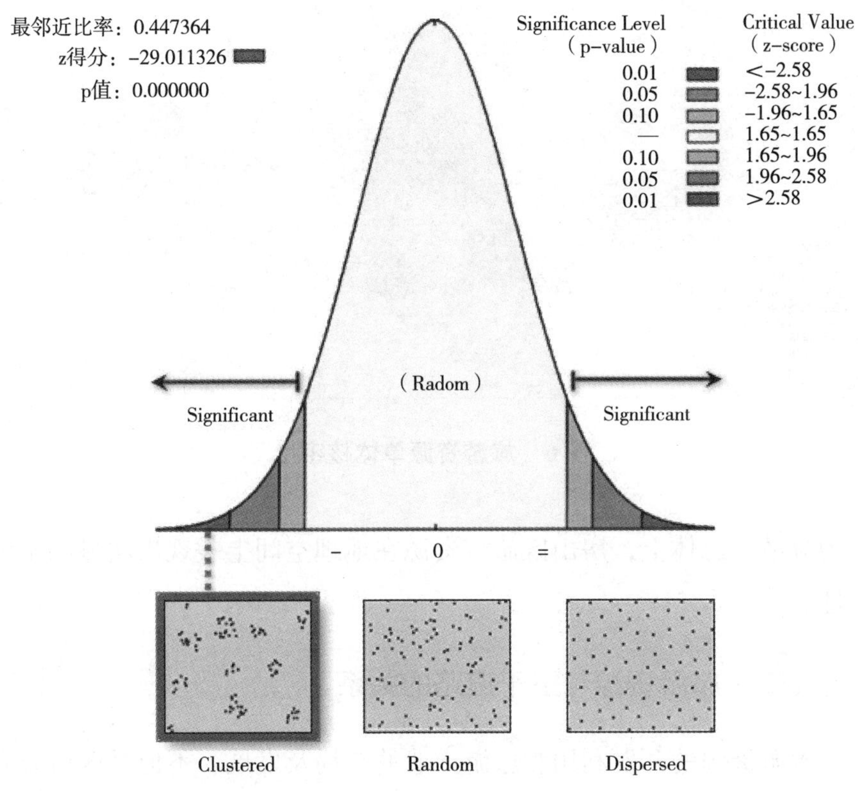

图5　平均最近的相邻要素汇总

依据上述两种分析可以得出结论，从总体上看，房山区中部及西南部旅游资源较为集中，在某些区域能连接成片，尤其是十渡至六渡的拒马河谷两岸地带、上方山国家森林公园和圣莲山风景区等旅游资源集聚度显著。另外，佛子庄乡南部、河北镇南部以及周口店镇、南窖乡、韩村河镇、长沟镇、十渡镇、史家营乡以及大石窝镇和张坊镇南部，旅游资源单体也较为集中，其他区域旅游资源单体较少，分布

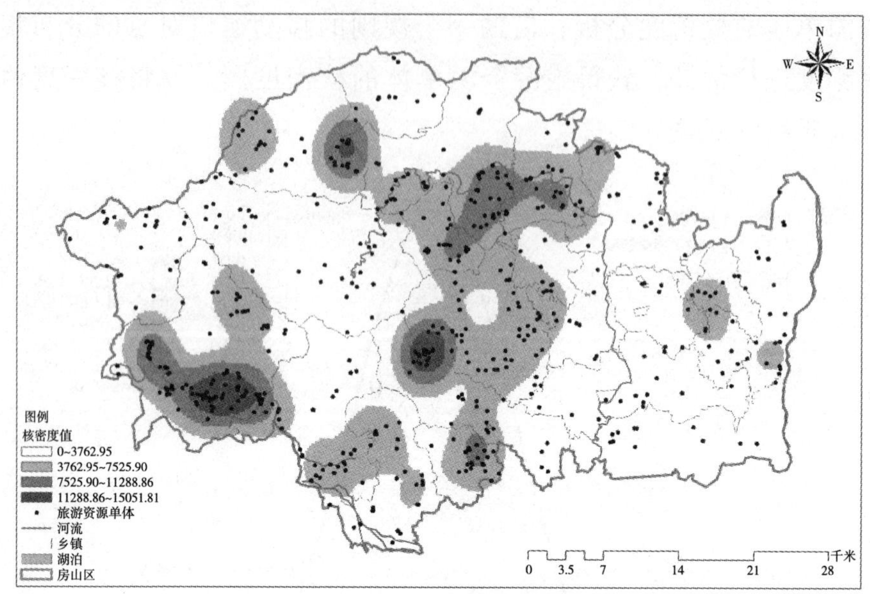

图6　旅游资源单体核密度

较为分散。总体上，房山区旅游资源在地理空间上表现出明显的不均衡性。

（二）旅游资源与主干道路的关系

旅游资源的开发利用和旅游产业的布局及发展，不但受区域既有主干交通的影响，同时也能反映未来区域旅游资源的开发利用和旅游产业的布局对交通基础设施的需求。

为判断房山区旅游资源单体与区内现有交通主干道的关系，本文利用 ArcGIS 平台，以区内现有主干道为基准，分别以 50 米、100 米、200 米、500 米和 1000 米为半径绘制缓冲区，并与全区旅游资源单体点位进行叠加，得到反映区内旅游资源单体与既有交通主干道的关系（见图 7）。结果显示，全区与主干道路距离小于或等于 50 米的旅游资源单体共有 75 项，其中特级旅游资源单体 5 项，一级旅游资源单体7项。在距主干道路50～100米范围内，有旅游资源单体67项，其中特级旅游资源单体3项，一级旅游资源单体7项。在距主干道路100～200米范围内，共有旅游资源单体141项，其中特级旅游资源单体5项，一级旅游资源单体14项。在距主干道路200～500米范围内，有旅游资源单体192项，其中特级旅游资源单体3项，一级旅游资源单体19项。在距主干道路500～1000米范围内，有旅游资源单体133项，其中特级旅游资源单体4项，一级旅游资源单体30项。在距主干道路1000米以外范围内，总共有旅游资源单体608项，占全区全部旅游资源单体的80.7%；其中，特级旅游资源单体19项，一级旅游资源单体77项，分别占全区特级和一级旅游资源单体总量的86.4%和83.7%。

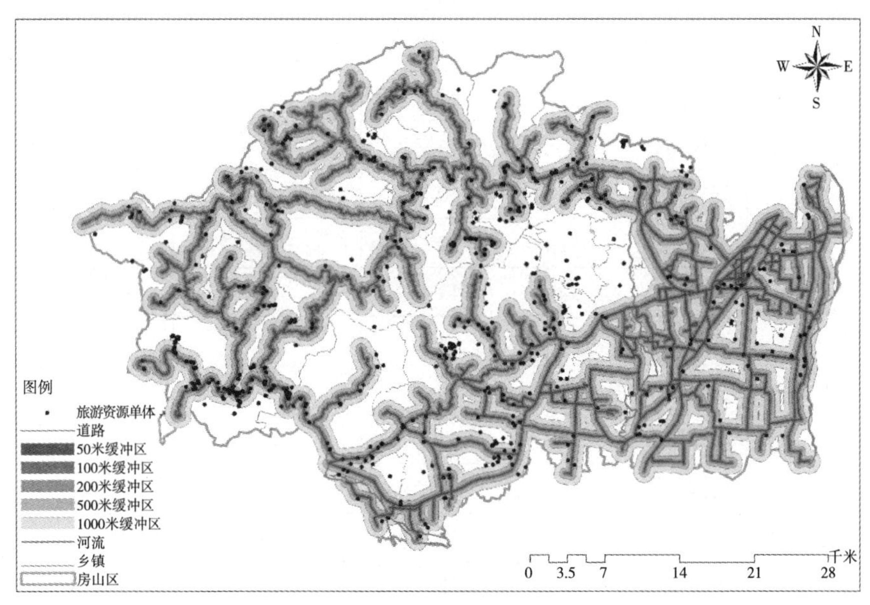

图7　旅游资源单体与主干道路关系

由此可以得出结论，房山区旅游资源在某些区域沿道路呈线性分布，总体上，交通便捷度高，且等级越高的旅游资源交通相对更加便利。

（三）基于行政区划的旅游资源分布特征

房山区全部753项旅游资源单体，在各个行政区间的分布呈现明显的不平衡性特征（见表1和图8）。

表1 房山区旅游资源在各乡镇街道和地区等行政区的分布情况

类型	乡镇及街道名称	旅游资源单体总数(项)	自然旅游资源单体(项)	人文旅游资源单体(项)
平原及低丘陵区乡镇	城关街道	9	0	9
	燕山地区	10	1	9
	良乡镇	8	1	7
	拱辰街道	10	2	8
	西潞街道	1	0	1
	周口店镇	63	16	47
	琉璃河镇	14	0	14
	阎村镇	10	2	8
	新镇街道	2	0	2
	窦店镇	13	2	11
	石楼镇	4	1	3
	长阳镇	20	0	20
	河北镇	44	22	22
	长沟镇	24	4	20
	大石窝镇	39	2	37
	张坊镇	37	4	33
	韩村河镇	50	16	34
	青龙湖镇	31	3	28
平原乡镇小计		389	76	313

续表

类型	乡镇及街道名称	旅游资源单体总数(项)	自然旅游资源单体(项)	人文旅游资源单体(项)
山区乡镇	十渡镇	136	63	73
	霞云岭乡	40	25	15
	南窖乡	26	4	22
	佛子庄乡	58	17	41
	大安山乡	12	1	11
	史家营乡	64	20	44
	蒲洼乡	28	9	19
山区乡镇小计		364	139	225
全区合计		753	215	538

十渡镇分布着全区数量最多的旅游资源单体，总数达136项之多，占全区旅游资源单体总量的比重高达18%。其次是周口店镇和史家营乡，分别为63项和64项，分别占全区旅游资源单体总量的8.4%和8.5%。再次是佛子庄乡和韩村河镇，分别为58项和50项，分别占全区旅游资源单体总量的7.7%和6.6%。又次是河北镇和霞云岭乡，分别为44项和40项，占全区旅游资源单体总量的5.8%和5.3%。

大石窝镇、张坊镇、青龙湖镇、蒲洼乡、南窖乡、长沟镇及长阳镇所拥有的旅游资源单体数在20~40项之间，分别为39项、37项、31项、28项、26项、24项和20项，占全区旅游资源单体总量的5.2%、4.9%、4.1%、3.7%、3.4%、3.2%和2.7%。琉璃河镇、窦店镇、阎村镇、拱辰街道和燕山地区所拥有的旅游资源单体数在10~15项之间，分别占全区旅游资源单体总量的1.9%、1.7%、1.3%、1.3%和1.3%。

城关街道、良乡镇、石楼镇、新镇街道和西潞街道所拥有的旅游资源单体数较少，都不足10项，分别为9项、8项、4项、2项和1

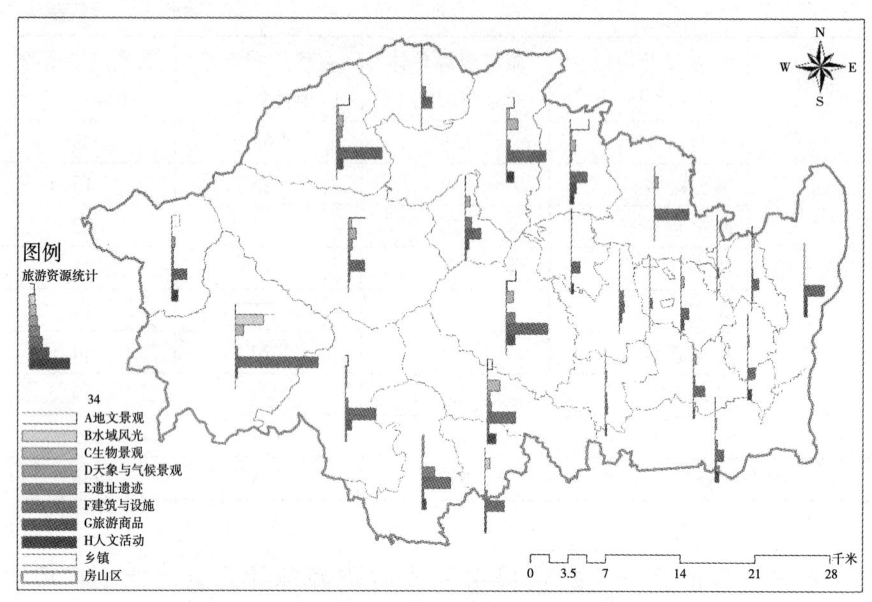

图8　房山区旅游资源单体统计

项，占全区旅游资源单体总量均在1.2%以下，最少的西潞街道仅1项，占全区旅游资源单体总量仅为0.1%。

（四）基于地理空间的旅游资源分布特征

房山区旅游资源类型在地理空间上的分布也呈现不平衡性，主要有以下几种情况。

一是自然旅游资源在地理空间分布上也呈现山区多平原少的不平衡特征。位于山区的蒲洼乡、霞云岭乡、史家营乡、大安山乡、佛子庄乡、南窖乡和十渡镇7个乡镇，共分布各类自然旅游资源单体139项，占全区自然旅游资源单体总量高达65%，而位于低丘陵和平原区的其他18个乡镇、街道和地区，仅分布76项自然旅游资源单体，占全区自然旅游资源单体总量仅为35%。

二是人文旅游资源的分布则呈现平原丘陵区较多和山区较少的不

平衡特征。从表1的统计数据可以看出，18个平原和低丘陵区的乡镇和街道及地区，共分布313项人文旅游资源单体，7个山区乡镇则分布225项人文旅游资源单体，占全区人文旅游资源单体总量的58.2%和41.8%。与自然旅游资源的分布相比，人文旅游资源在地理空间上分布的不平衡性有所降低。

显然，自然旅游资源和人文旅游资源的这种分布格局，与房山区的地理大势完全吻合（见图1）。山区海拔较高，是森林、草地和水风景等自然旅游资源的天然富集区，加之山区自14亿年以来发育并保存了中元古代和早古生代两个时期的不同地表及地下喀斯特地貌及景观，因而自然旅游资源分布较为突出。平原地区及平原向山区过渡的低丘陵地带，历来是人类活动的重要场所，因而也保存了一定数量的古人类活动遗址遗迹和大量人类历史时期的各种活动场所及遗址遗迹，加之当代人类活动更是以平原地区为主，平原地区经济发展水平较高，旅游投资力度和旅游资源开发力度都较大，人工形成的各种旅游吸引物多。因此，平原地区的人文旅游资源分布相对较多。

三是级别高、垄断性强的人文旅游资源主要分布在平原地区，而级别高、垄断性强的自然旅游资源则主要分布在海拔较高的山区和拒马河与大石河峡谷地区。

四是人文旅游资源在部分乡镇还呈现相对集中的分布态势，如十渡镇、佛子庄乡、史家营乡、周口店镇、大石窝镇、韩村河镇、张坊镇和青龙湖等乡镇，其他乡镇集中程度相对较低。

四　结论

房山区旅游资源数量多，种类全，总体呈现非均衡分布的特征，尤其是在十渡至六渡拒马河谷地两岸地带、上方山国家森林公园和圣莲山风景区等区片旅游资源集聚度较为显著，部分旅游资源沿大石河、拒马河呈线性集聚。房山区旅游资源距主干道路较近，交通较为便利，且级别越高的旅游资源交通越便利。从行政区划上看，十渡镇、周口店镇、史家营乡是旅游资源单体最多的单个乡镇。从地理空间上看，自然旅游资源具有山区多平原少的特征，而人文旅游资源的分布则呈现平原丘陵区较多而山区较少的特征，且在部分乡镇还呈现相对集中的分布态势。级别高、垄断性强的人文旅游资源主要分布在平原地区，而级别高、垄断性强的自然旅游资源则主要分布在海拔较高的山区和拒马河与大石河峡谷地区。

参考文献

1. 赵圳：《房山区旅游资源经济分析与产业发展研究》，《中国人口·资源与环境(专刊)》2013 年第 5 期。
2. 北京市统计局 2015 年有关旅游的相关资料。
3. 赵圳：《首都西南生态与文化旅游发展带发展战略研究》，《中国科学报》2014 年 11 月 14 日。
4. 百度百科，http：//baike. baidu. com/view/368652. htm。
5. 周爱华、张远索、付晓、朱海勇、董恒年：《北京城区餐饮老字号空间格局及其影响因素研究》，《世界地理研究》2015 年第 1 期。
6. 周爱华、张宝秀、董恒年、付晓：《基于 GIS 的北京城区老字号小吃店空间分布特征研究》，《北京联合大学学报》2015 年第 4 期。

B.19
海淀区并购市场发展情况及引导政策研究

崔述强*

摘　要：　本文通过分析国际、国内并购市场的发展历史和现状，总结北京市海淀区并购市场发展的优势和存在的问题，探索建设海淀区并购资本中心，支持鼓励区内企业通过并购做大做强的可行性，并提出相关政策建议。

关键词：　并购市场　核心竞争力　资本中心

一　前言

京津冀协同发展规划提出建设“以首都为核心的世界级城市群”，北京市定位为“全国政治中心、文化中心、国际交往中心、科技创新中心”，海淀区作为北京中心城区之一，在大力疏解非首都功能的同时，须进一步强化科技创新功能，促进区内城乡进一步向高端融合。海淀区集聚了丰富的科技和人才资源，是我国培育和发展战略性新兴产业的策源地，是中国创新创业最活跃的地区，上市公司特别是创业板、新三板企业云集。在城乡一体化加速推进，国内经济“新常态”和国际多极化发展格局下，在“大众创业、万众创新”背

* 崔述强，中共北京市海淀区区委书记，经济学博士。

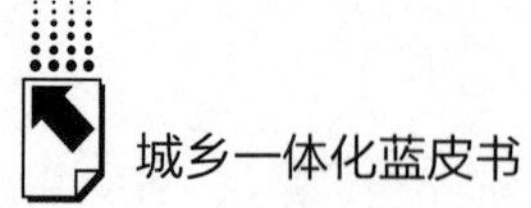

景下，海淀区如何持续不断提高自主创新能力和活力，完善高端集群产业链、提升产业核心竞争力是“十三五”期间面临的重要课题。

科技创新包括原始创新、集成创新、引进消化吸收再创新。现代产权理论通过交易成本解释了企业规模扩张与资源配置效率提升的现象。企业通过并购行为做大做强是现代经济史上一个突出的现象。从思科、谷歌、苹果等科技企业巨头的成长历程看，并购起到了不可或缺的推动作用。企业并购可以降低企业间的交易成本，是企业在竞争中迅速获得优势及互补资源，提高自身经营能力的重要手段。可以说，并购是企业外部成长战略中的最重要和最快捷的方式。同时，企业并购也是宏观经济发展的重要驱动因素，可以实现区域经济的规模效应和协同效应。

海淀区作为中关村自主创新示范区核心区，创新要素高度聚集：全国40%的“两院”院士和数以十万计的科学家、工程师云集在此，奋力攀登自主创新的科技高峰；全国1/5的“千人计划”入选者会聚在此，集成创新全球前沿技术成果；1万名外籍人才和2万名海外留学人才荟萃在此，带来了全球化视野、国际化理念，集散着全球的信息流、技术流、资本流。立足于这样一个得天独厚的创新高地，海淀区必须高瞻远瞩、系统筹划，用足、用好并购这一重要金融工具，面向全球整合创新资源和创新链条，成为在全球范围内配置高端创新要素资源的枢纽。坚实的产业基础、丰富的技术创新、创新的商业模式，都为海淀区并购市场发展奠定了基础。

近年来，海淀区企业实施的并购案例和规模快速增长，企业在并购过程中对土地、资金、人才、信息以及服务的需求不断提升。本课题将通过分析国际、国内并购市场的发展历史和现状，总结海淀区并购市场发展的优势和存在问题，探索建设海淀区并购资本中心，支持鼓励区内企业通过并购做大做强的可行性，并提出相关政策建议。

二　国际并购市场发展特点

20 世纪以来，全球已经历过六次企业并购浪潮，每次浪潮都形成了一批大型和超大型的企业，深刻地影响着世界经济发展方向。沿产业的发展逻辑开展横向、纵向或者相关多元化的收购，是产业发展到一定阶段的必然趋势。目前，以产业为基本逻辑的并购成为世界并购市场的主流。

从并购的行业、规模、形式、范围和动机看，国际并购浪潮随社会生产力发展阶段表现出不同的特征，形成了递进式的发展路径，具体表现为：并购重点行业由基础制造向技术前沿发展，并购规模由小至大向强强联合发展，并购形式由关联并购向战略并购发展，并购范围自内而外向全球资源整合发展，并购动机由追求规模效益向寻求战略布局发展。

近年来，中国企业海外并购热情持续高涨。2014 年以来，国务院、发改委及外管局分别发布《关于进一步优化企业兼并重组市场环境的意见》、《境外投资项目核准和备案管理办法》和《跨国公司外汇资金集中运营管理规定（试行)》，简化了海外并购的外汇管理，大幅放宽海外并购项目的核准权限，为企业海外并购创造了良好的政策环境。2008 ~2015 年，中国企业海外并购市场规模年复合增长率为 18.37%，交易数量年复合增长率为 31.3%。

三　国内并购市场发展特点

十一届三中全会以来，与市场化改革相关联的企业并购出现并获得发展。目前国内企业并购方式以横纵联合、产业链整合为主；并购目标上注重科技和产业升级，海外并购持续升温；实现手段上开始与金融机构紧密合作，并购支付方式多元化，并购规模和效率不断提升。

（一）小型并购和跨境并购迎来发展机遇

据统计，2015 年中国并购市场共完成并购交易 2692 起，披露金额的并购交易总计 2317 起，涉及金额约 1.14 万亿元，同比增长 44%。其中，国内并购 2490 起，涉及金额 8145.72 亿元；在 283 起跨境并购中，海外并购 222 起，同比增长 46%，涉及金额 1936.99 亿元，同比微降 2.4%（见图 1）；外资并购保持增长态势，全年完成并购交易 61 起，涉及交易金额 354.54 亿元，同比增长 22.0%。

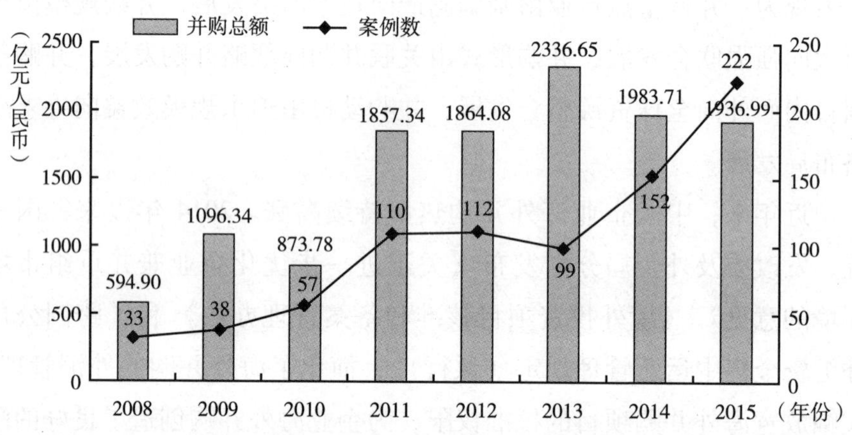

图 1　2008～2015 年中国海外并购交易数量及规模

资料来源：清科私募通。

随着中国经济的持续稳定增长，“一带一路”上升为国家战略，为国内企业海外并购提供了新的机遇，商务部修订的《境外投资管理办法》正式施行，“备案为主、核准为辅”的管理模式也将大幅提升海外并购效率。在国家经济结构转型和鼓励创新创业的背景下，企业并购规模更趋于小型化，且民营企业和非上市公司正在并购市场扮演越来越重要的角色。但海外并购资金需求大，难度高，需要相关机构予以资金支持，并优化交易设计。

（二）基金成为并购实施工具

近两年来，以上市企业为核心的产业并购基金逐步兴起，2015年，北京、上海、广州和深圳四地共募集完成并购基金129只，募集资金总规模约493亿元人民币，主要为上市企业与券商、PE或银行三种机构进行合作。其中北京共设立并购基金42只，募集资金总规模约136亿元人民币，基金数量和募集规模均次于深圳，居于第二位（见图2）。

从投资的产业领域来看，北京并购基金投资领域主要集中在新兴产业、生物医药、航空航天与国防和医疗健康领域，上海主要集中在影视娱乐、节能环保、生物医药和信息服务业领域，广州主要集中在生物医药、电力电子和节能环保领域，深圳主要集中在电子信息、文化传媒、机械制造和信息服务业领域。

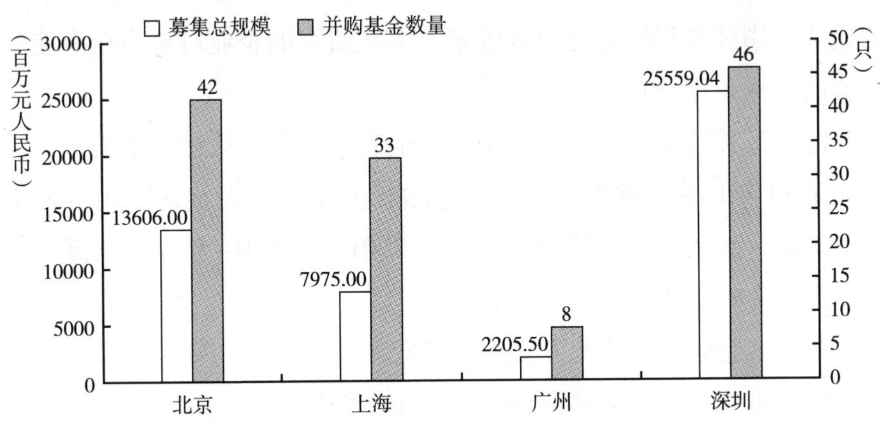

图2　2015年度北京、上海、广州、深圳并购基金情况比较

资料来源：清科私募通。

（三）新兴产业成为并购热点

近年来，随着产业结构的调整和优化，以及技术变革带来的发展机遇，传统企业纷纷并购新兴产业企业寻求转型。据统计，2014 年，互联网、IT、清洁技术、机械制造、生物医疗 5 个行业并购交易居前，占并购交易总量的 46%。在海外并购中，企业更加关注境外的科学技术资源，积极寻找产品、科技和产业升级机会，电子信息、生物医疗、环保等新兴行业成为并购重点领域。

四　海淀区并购市场发展分析

（一）海淀区并购市场基本情况

截至 2015 年 12 月底，海淀区上市挂牌企业累计达 554 家，其中沪深上市公司 107 家（主板 41 家，中小板 22 家，创业板 44 家），新三板挂牌企业 382 家，境外板块 65 家。综合考虑上市公司在并购中的重要作用和数据统计分析等因素，本次研究的企业对象为在海淀区注册的沪深上市公司。

海淀区并购交易规模高速增长。随着上市公司数量不断增多，海淀区 2013 年以来并购交易规模快速增长。2014 年海淀区发生并购交易 149 起，涉及金额达到 1537 亿元，2001 年至 2014 年年平均复合增长率为 167%（见图 3）。

海淀区企业通过并购方式加速产业调整。2001 ~ 2014 年涉及海淀区上市公司的并购交易共计 549 起，其中 422 起交易的“买方”为海淀区企业，占比 77%（见图 4）。在经济“新常态”和“调结构转方式促升级”形势下，海淀区企业在整合先机下加速进行产业调整。其中，信息通信和先进制造业的并购交易数量分别占比 28% 和 23%（见图 5）。

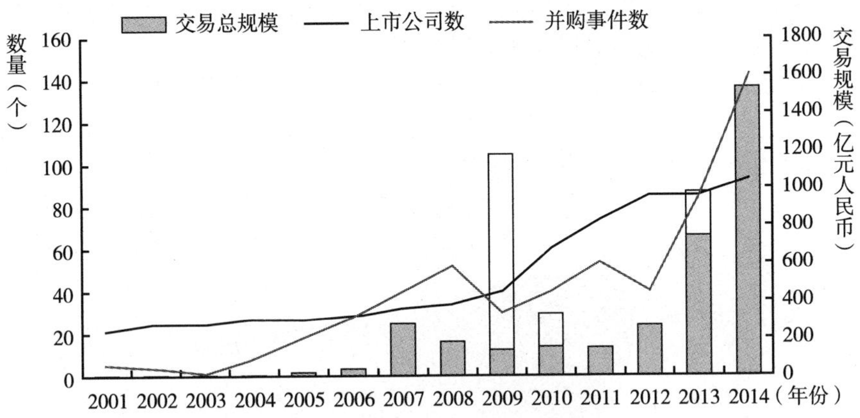

图3　2001～2014 年海淀区并购规模

注：上图柱状图中灰色部分为偶发特大型并购案例：2009 年中国长江电力股份有限公司（600900. SH）1043 亿元收购三峡工程发电资产和专业化公司股权，2010 年中国船舶重工股份有限公司（601989. SH）174 亿元收购大船重工、渤船重工、山船重工全部资产以及北船重工 94. 85% 的股权，2013 年信威集团（600485. SH）225 亿元收购北京信威 95. 61% 股权等大型案例。

资料来源：Wind 资讯。

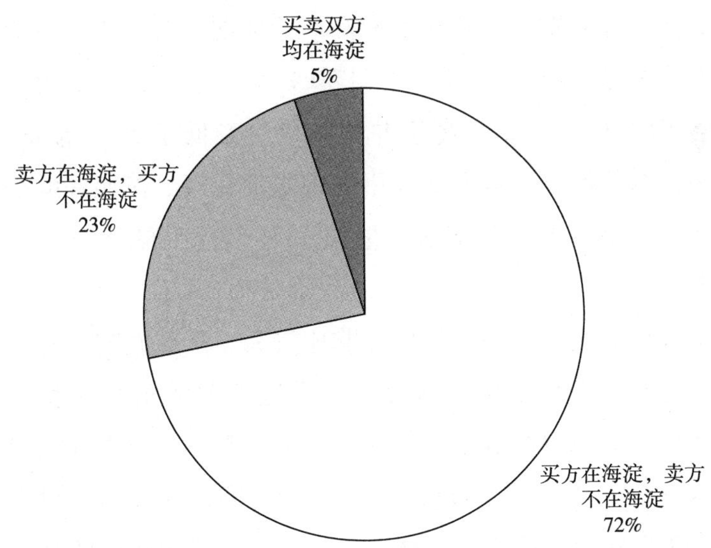

图4　2001～2014 年海淀区并购交易买卖双方分布情况

资料来源：Wind 资讯。

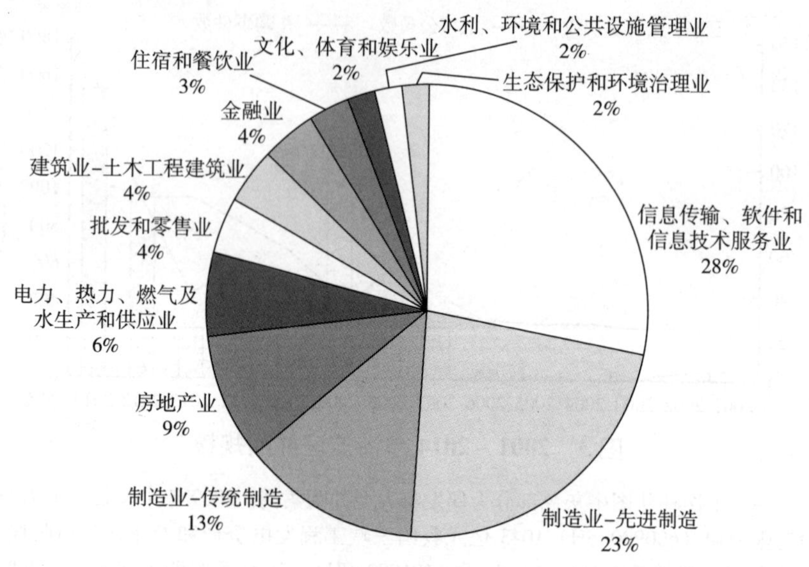

图5　2001～2014年海淀区并购行业分布

资料来源：Wind资讯。

海淀区企业并购以收购控制权和产业横向整合为主。海淀区企业约60%的并购交易获取被并购公司50%及以上的股权份额，且并购成功率在71%以上，明显高于并购股权份额低于50%的成功比率。收购方在获取控制权的并购活动中表现更加积极。按照并购目的来分类，产业横向整合占并购交易总量的63%，行业整合占11%，垂直整合占3%。

海淀区企业实施的中小规模并购比重大，多数并购交易方式为现金支付。约82%的海淀区并购交易规模低于5亿元人民币，约53%的海淀区并购交易规模低于1亿元人民币。现金支付占并购交易总数的比例达86%，以股权＋现金支付的交易占8%。现金支付交易的平均体量为3.8亿元人民币。总体来看，在交易规模较小的情况下，企业倾向于选择现金支付。

海淀区企业海外并购呈现迅速上升趋势。2014年海淀区企业海外并购交易有6起，2015年激增到29起，这些并购交易均为海淀区上市公司收购境外公司交易。海外并购标的项目大多集中在北美及欧洲国家，主要集中在信息服务、软件、电子设备等高新技术行业，以横向整合为主。

（二）海淀区并购市场存在的问题

企业海外并购比例不高。2011～2015年，涉及买方为海淀区上市公司的并购交易共474起，其中海外并购46起。2015年就有29起海外并购，尽管上升趋势明显，但是交易数量占比略高于全国12.6%的平均水平，与北京地区整体水平和上海地区相比优势并不明显。

2015年，涉及买方为海淀区上市公司的并购交易219起，总交易金额2088.12亿元，相比2014年发生的并购交易112起，总交易金额1430.08亿元分别上涨95.54%和46.01%。在这219起并购交易中，海外并购29起，涉及交易金额656.07亿元，占同期区内总并购交易数量和交易金额的13.24%和31.42%；平均每起并购交易规模为9.53亿元，海外并购平均每起交易规模为22.62亿元，远高于平均规模。

并购基金参与程度偏低。2011～2015年，海淀区企业作为并购方在并购交易中，有并购基金参与的并购仅为4起。其中，2015年海淀区并购基金参与数量为3起，参与度为1.37%，远低于上海和深圳的5.15%和4.04%（见图6）。

并购基金能够提升并购成功率，尤其在参与卖方的并购交易中效果较为明显。从买卖双方的统计数据来看，并购基金参与的并购交易成功率显著高于无基金参与的并购交易（见图7）。并购基金在项目源、融资、产业整合等方面对企业并购有重要的作用。

财务顾问参与程度不足。2001～2014年海淀区发生的549起并购交易中，有独立财务顾问参与的交易共54起，占比9.8%，财务

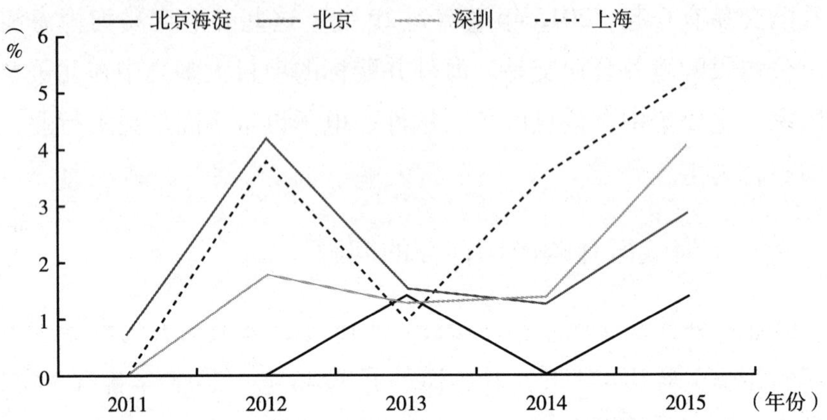

图6　2011～2015年北京海淀、北京、上海、深圳并购基金参与度

资料来源：以上数据来自Wind资讯，为上市公司并购交易中的买方统计数据。

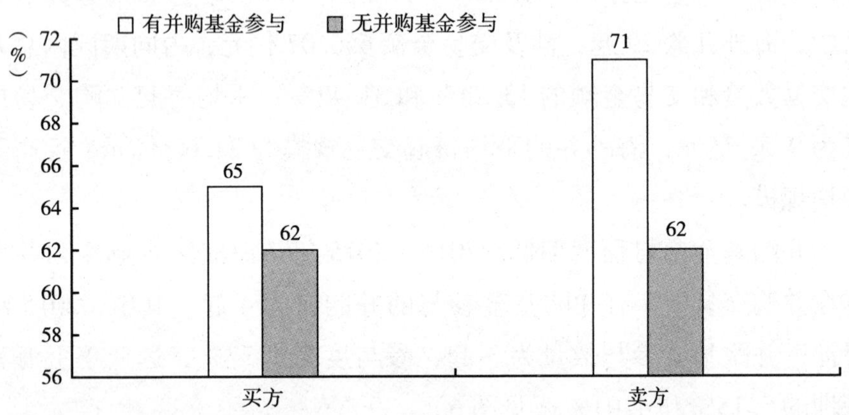

图7　2001～2014年海淀区并购交易成功率分析

资料来源：Wind资讯。

顾问参与度低。在独立财务顾问参与的54起并购交易中，成功43起，成功率为79.6%。而无财务顾问参与的并购交易并购成功率为65%，差距明显。

并购交易中除了独立财务顾问，其他中介机构的作用也不容小觑，例如会计师事务所、律师事务所以及资产评估机构。分析显示，在这549起并购交易中，中介机构参与的共有168起，占比30.6%。

财务顾问在并购交易中充当咨询和经纪的角色，与企业关系紧密，而在海外并购交易中买方顾问的作用尤为重要。寻找并确定收购标的、收购策略和交易结构设计并执行是海外并购成功的关键。然而2001～2014年海淀区海外并购共计17起，其中聘用财务顾问的并购交易仅为一起。

五　海淀区建设全国并购资本中心可行性分析及政策建议

（一）具备成熟的条件和丰富资源

（1）海淀区高校和科研院所集聚，并实施了人才特区计划，拥有世界一流的科研能力，具备了实现并购技术上的自主创新和提升的人才基础。

（2）海淀区拥有国际竞争力的金融资源，截至2015年6月，股权投资管理机构480家，各大银行在此设立分支机构，拥有了并购金融服务的资金基础。

（3）海淀区拥有优质上市公司群体，上市挂牌企业457家。伴随“大众创业、万众创新”不断涌现的优秀创新创业企业，拥有了开展企业并购的市场基础和项目渠道。

（二）建设全国并购资本中心的目标和基本路径

（1）目标。到2018年，打造一个中心（全国并购资本中心），开拓二个市场（国内、境外），提供三种服务（项目、政策、人才），建设核心区“三个千”工程（千亿元社会资本集聚、千个境外优质项目、千亿规模的并购资本体系）。

（2）实施路径。拓展空间载体吸引境内外知名并购机构集聚，完善政策体系、打造并购产业发展生态环境，搭建服务平台、支撑并购资本中心发展，整合银投企资源、构建金融服务产业链，建立高效信息服务和对外合作机制，鼓励培养、引进并购行业高级人才。

（三）建设全国并购资本中心的政策建议

通过海外并购达到先进技术的快速积累，已经成为国内企业参与国际竞争的重要砝码。由于技术并购复杂度高，在商业模式构建、技术及团队整合等方面均需要专业机构的支持。因此，建议海淀区建设全国并购资本中心，重点对代表世界高技术前沿的发展方向，对未来新兴产业的形成和发展具有引领作用，有利于产业技术的更新换代，具备较好的创新基础，可实现技术自主创新的海外并购行为予以重点扶持和鼓励。

（1）设立“中关村并购资本中心”，作为并购基金和中介等机构进驻的办公场所，形成并购机构集聚效应，打造并购项目的展示空间。

（2）发起设立“中关村并购协会”，建立并购综合服务平台，实现并购信息集聚，撮合并购交易行为，提高海淀区企业的并购效率；完善并购资本服务流程，简化工商、税务等部门登记审核流程，缩短审核时间。建立从注册登记、办公场所、人才激励到项目对接的一条龙服务体系，方便境内外并购基金来核心区开展业务。充分发挥行业协会作用，鼓励行业自律。

（3）推动外汇政策先行先试。充分发挥中国人民银行中关村国家自主创新示范区中心支行（国家外管局中关村国家自主创新示范区中心支局）等金融管理部门的作用，支持并购基金纳入核心区试点企业范围，推动并购基金纳入中关村境外并购外汇管理试点企业范围，符合试点条件的企业境外并购项目可先行办理境外并购外汇登记，申请境外并购款预先支付；推进投资者境外投资外汇额度政策（QDLP）核心区试点工作。

（4）设立政府参与、市场化运作、以海外并购为特色的并购基金，吸纳国际知名金融投资机构为战略投资者，打通国外优质项目资源渠道，同时带动区域内企业并购的专业化运作能力和水平的提高。

（5）设立专项资金，支持各类主体开展海外并购。对实施海外并购的股权基金、上市公司和行业领军企业所发生的中介费用，实行一定比例的补贴；对海外并购中提供服务的中介机构按照成效予以补助和奖励；鼓励设立海外孵化器、产业园，培育海外原创技术和项目回核心区落地发展。

（6）建立并购人才培养、引进机制。支持并购高级人才申请中央“千人计划”、北京“海聚工程”、中关村“高聚工程”、海淀区“海英计划”人才政策等。设立科技金融高级人才培养计划，与国际知名高校和金融机构合作，定期组织培训课程、交流活动，会聚行业高级人才。

参考文献

1. 图表资料数据来源：清科私募通、wind 资讯。
2. 海淀区相关数据资料系本课题调查汇总。

新农村建设

New Rural Construction

B.20

2015年农业农村经济形势分析报告

尹 博*

摘 要： 2015年北京市加快推进农业发展方式转变，农业“调转节”① 成效进一步显现，都市型现代农业创新发展，农村固定资产投资较快增长，新型城镇化和美丽农村建设成效良好，农村改革稳步推进，农民收入较快增长。“十二五”时期，全市农业农村经济发展形势良好，实现了“六个加快”：产业结构加快调整、一二三产业加快融合、生态环境加快提升、农村改革加快推进、社保水平加快提高、农民收入加快增长。2016年是“十三五”时期的开局之年，“三农”工作机遇大

* 尹博，北京市农村工作委员会发展规划处副处长，经济师。

① “调转节”指北京市都市农业“调结构、转方式，发展高效节水农业”的发展方向。

于挑战，预计全年农业农村经济形势继续稳定向好。

关键词：　农业“调转节”　农村改革　城镇化　农民增收

2015年，在北京市委、市政府的坚强领导下，全市“三农”工作坚持改革创新，加快推进农业发展方式转变，深入推进“新三起来”，多渠道促进农民增收，农业农村经济实现平稳健康发展。

据初步统计，2015年，全市农、林、牧、渔总产值实现368.2亿元，同比下降12.3%；

第一产业增加值完成140.2亿元，按可比价格计算同比下降9.6%；

农民人均纯收入实现20569元，同比增长9.0%，扣除物价因素实际增长7.1%[①]；

20%的低收入组农民人均可支配收入8494元，同比增长12.1%；

农村固定资产投资完成723.9亿元，同比增长13.9%；

第一产业完成固定资产投资111亿元，同比下降32.2%。

一　2015年农业农村经济运行情况及特点

（一）产业结构继续调整，农业节水成效明显

1. 传统农业规模继续收缩

据初步统计，2015年，全市粮食作物播种面积156.7万亩，同比下降13.1%（2014年同比下降24%）；粮食总产量63.9万吨，同

① 2015年全国农村居民人均可支配收入11422元，比上年增长8.9%，扣除价格因素，实际增长7.5%。北京市城镇居民人均可支配收入52859元，同比增长8.9%，实际增长7.0%。

比下降2.0%。蔬菜及食用菌播种面积81.4万亩，同比下降5.6%（2014年同比下降7.3%）；产量205.1万吨，同比下降13.1%（2014年同比下降11.5%）。养殖业规模继续下降，生猪出栏数、家禽出栏数、禽蛋产量、牛奶产量同比分别下降7%、11.4%、0.3%、3.8%（2014年增幅分别为-2.7%、-11.5%、12.2%、-3.2%）。除禽蛋产量外，基本延续了2014年的下降趋势（见表1）。

表1 北京市2015年主要农产品生产情况

	产量/出栏			产值	
	单位	数量	增长(%)	数量(亿元)	增长(现价)(%)
粮食	万吨	63.9	-2.0	13.6	-8.1
蔬菜及食用菌	万吨	205.1	-13.1	71.0	9.1
水果	万吨	67.4	-5.4	40.5	-6.5
生猪	万头	284.7	-7	44.2	-0.6
牛奶	万吨	57.2	-3.8	21.1	-17.8
家禽	万只	6688.4	-11.4	11.9	-12.4
禽蛋	万吨	19.6	-0.3	24.9	-9.1

2. 农业节水成效明显

全年粮食作物占用耕地面积110.5万亩，同比减少15.7万亩，下降12.4%。大力推广应用高效节水设施和农艺节水技术，小麦应用喷灌面积达到54%，同比提高9个百分点；蔬菜水肥一体化、覆膜灌溉等高效节水技术覆盖率达到45%，同比提高9个百分点；畜牧业改造提升节水设施与粪污处理设施55家；水产业推进标准化池塘建设、工厂化养殖和新型生态循环养殖模式。通过结构调整和节水技术，预计全年全市农业用新水同比节约4000余万立方米。

3. 农业产值总体持平，农、林、牧、渔业总产值出现下降

受产业结构调整，特别是平原造林政策的影响，农、林、牧、渔业总产值出现下降。据初步统计，2015年全市实现农、林、牧、渔

业总产值368.2亿元，同比下降12.4%；第一产业增加值142.6亿元，按可比价值同比下降9.5%。农业结构继续优化，在产量下降的条件下实现产值154.5亿元，与上年总体持平（2014年农业产值同比下降9%）。平原造林11.4万亩，同比减少24万亩，实现林业产值57.3亿元，同比下降36.8%（2014年林业产值同比增长19.5%）。受产量总体下降和牛奶、禽蛋等价格较低的影响，牧业产值同比下降11%（2014年牧业产值同比下降1.4%）（见表2）。

表2 北京市2014年、2015年农、林、牧渔业总产值变化比较

单位：亿元，%

指标名称	按现价计算			按可比价计算	
	2015年	2014年	增长率	2015年	增长率
农林牧渔业总产值	368.2	420.1	-12.4	370.6	-10.6
农　业	154.5	155.1	-0.4	158.3	3.3
林　业	57.3	90.7	-36.8	57.3	-33.2
牧　业	135.9	152.7	-11	134.4	-11.6
渔　业	11.9	13.2	-9.9	12.1	-2.1
农林牧渔服务业	8.7	8.4	3.6	8.5	1.1
第一产业增加值	142.6	161.3	-11.6	144	-9.5

（二）都市型现代农业创新发展，产业融合不断推进

1. 设施农业优化调整见成效

根据初步统计，2015年全市设施农业播种面积61.6万亩，同比增长7.8%。其中温室播种面积35.5万亩，同比增长7.2%，所占比重达到57.6%。设施农业收入55.5亿元，同比增长8.2%（2014年设施农业收入51.3亿元，同比下降10.6%）。其中，温室收入39.6亿元，所占比重达到71.4%。近年来，设施农业的类型结构、种植结构继续调整优化。中小棚播种面积下降到4.5万亩，占设施农业的比重仅为7.3%。种植品种优化，生产周期短、产量高的蔬菜和食用

菌所占比重上升，带动设施农业收入增长。

2. 休闲农业和乡村旅游加快发展

一是会展农业蓬勃发展。2015 年世界马铃薯大会、第三届农业嘉年华、第四届中国兰花大会等一批农业会展相继举办。根据初步统计，2015 年全市共举办 25 项农事节庆活动，接待人数 187.7 万人，实现收入 1.2 亿元。二是景观农业初具规模。截至 2015 年，全市建成大田、沟域、园区三大农业景观 10 万余亩。预计全年农田观光人次达到 750 万，带动三产增收 3 亿元。三是沟域经济健康发展。2015 年重点建设怀柔白桦谷、平谷九里山桃花谷、密云酒乡之路等 9 条沟域，涉及 8 个区、178 个行政村、13.2 万余人。9 条沟域共实施五项工程项目 237 个，完成投资 20.7 亿元。

根据初步统计，2015 年全市观光园接待游客 1903.3 万人次，同比下降 0.4%；实现收入 26.3 亿元，同比增长 5.6%（2014 年观光园接待人次、收入同比下降 1.7% 和 8.9%）。民俗旅游接待游客 2139.7 万人次，同比增长 11.8%，实现收入 12.9 亿元，同比增长 14.2%（2014 年民俗旅游接待人次、收入同比增长 6% 和 10.4%）。

3. 籽种农业发展良好

推动通州国际种业科技园区建设，举办京津冀沪渝种业发展论坛，促进种业科技创新。2015 年，全市完成 10 万亩籽种田建设任务，比上年翻了一番。在外埠建有种子生产基地 72.6 万亩，与往年相比基本保持稳定。本市研制的京科 968 玉米推广面积达 1600 万亩，市农科院蔬菜中心的大白菜、西瓜等作物育种市场占有率达到 80%。

4. “互联网 + 农业”初见成效

2015 年，成立了北京农业互联网联盟，借助京东商城、我买网、美团网等网站，培育沱沱工社、任我在线、本来生活等生鲜农产品电商企业，扩大农产品销售渠道。全市休闲农业与乡村旅游的 5059 个图点实现百度地图标注，每周检索量约 150 万次，为 60% 的休闲农业出行者提供服务。

5. 农业龙头企业和农加工企业稳定发展

截至2015年11月，全市农产品加工企业2234家，北京市规模以上农加工企业301家，1～11月规模以上企业主营业务收入988.7亿元，同比增长1.6%，预计全年超过1000亿元；利润总额37.8亿元，同比增长12.7%。市级以上龙头企业162家，其中国家级39家。

6. 国家现代农业示范区创建稳步推进

制定了《北京市国家现代农业示范区建设实施方案（2015～2020年）》（京新农发〔2015〕1号），在房山和顺义创建国家级示范区的基础上，进一步开展大兴、通州两个市级示范区的创建工作。房山区获得3000万元的农业部以奖代补资金。

（三）农村固定资产投资较快增长

根据初步统计，2015年农村固定资产投资完成723.9亿元，同比增长13.9%（2014年农村固定资产投资完成635.7亿元，同比下降6.5%）。其中：第三产业投资511.4亿元，同比增长39.1%，是拉动农村固定资产投资增长的主要因素（见表3）。2015年以来，各郊区加大项目推进力度，市行政副中心和大兴新机场建设全面启动，郊区农电改造、河道治理等工程加快推进，京郊旅游快速发展带动旅游休闲产业升级改造，中国兰花大会（房山）等会展的举办和冬奥会

表3　2015年与2014年农村固定资产投资比较

	农村固定资产投资（亿元）					一产固定资产投资（亿元）							
	合计	农户投资	非农户投资			合计	农户投资	非农户投资					城镇投资
			一产	二产	三产			农业	林业	牧业	渔业	服务业	
2014年	635.7	50.8	157	60.3	367.6	163.9	3.3	16.1	132.3	2.0	0.0	6.6	3.6
2015年	723.9	50	93.1	69.4	511.4	111	1.7	13.3	71.6	2.5	0.7	5.0	16.2

(延庆)、世园会（延庆）等会展的筹办，推动农村固定资产投资快速增长。受平原造林大幅减少影响，第一产业完成固定投资111亿元，同比下降32.3%。

（四）镇村企业平稳发展，产业调整积极推进

1. 镇村企业平稳增长

2015年，京郊13.5万家镇村企业预计完成总收入5684亿元、增加值1020亿元、工业增加值580亿元，分别比上年增长2.5%、1.8%和1.4%。预计支付劳动者报酬525亿元，同比增长13.9%；预计上缴税金256亿元，同比增长7.2%。产业结构有所优化，镇村企业中第二产业比重继续下降，第三产业比重有所上升。

2. 产业调整积极推进

2015年，疏解非首都功能、淘汰落后产能过剩等力度不断加大，“逐步清退工业大院”工作列入市政府折子工程。按照“明确范围、摸清底数、拟定政策、逐步实施”的指导思想稳步推进此项工作。目前已基本摸清底数，着手编制全市“镇村工业大院台账”，全面推进清退工业大院工作。

（五）新型城镇化和美丽乡村建设协调推进

1. 城乡结合部建设扎实推进

编制实施城乡结合部建设三年行动计划，设立首批筹资20亿元的城乡结合部产业引导基金。50个重点村旧村拆除任务全面完成，安置房全部开建，36个村已经回迁，实现拆迁还绿14.2平方公里；35个村完成整建制农转居工作，涉及农民6.1万人。一道绿化隔离地区城市化建设试点扎实推进，朝阳区6个试点乡累计完成拆迁161.2万平方米、转居1.27万人。二道绿化隔离地区重点推进丰台区长辛店镇等地区的城乡一体化建设试点。

2. 小城镇建设迈出新步伐

积极推进通州区、房山区国家新型城镇化综合试点。积极发挥政府投资引导作用，着力完善重点镇供给体系，提高综合承载能力，实施基础设施建设项目 17 个，安排市政府投资 14.4 亿元。前三季度，全市 42 个重点小城镇实际上缴税金 133.49 亿元，同比增长 4.28%；完成公共财政收入 44.72 亿元，同比增长 9.73%；完成全社会固定资产投资 369.21 亿元，其中基础设施投资完成 54.37 亿元，同比分别增长 5.55% 和 30.06%。

3. 美丽乡村建设再上新台阶

继续按照 15% 的村庄比例开展美丽乡村建设，制定了《北京市美丽乡村建设标准》。深入推进农村地区减煤换煤 140 万吨和更换高效节能炉具 10 万台。年前完成优质燃煤配送到户 65.33 万吨，完成年度换煤任务的 89%。“煤改电”取暖工程全部结束，农村地区 5 万户居民改用电力取暖。“煤改气”取暖工程建设的 22 个村庄任务基本完成。“液化石油气送气下乡”工程全面完成，惠及郊区 90 万户农村住户。完成了农宅抗震节能改造 11.1 万户的验收工作，确户 12.2 万户并拨付了预付奖励资金。完成 43 个新型农村社区试点的规划编制，22 个试点社区启动建设，完成民居建设 67.63 万平方米，10 个试点社区完工并入住。山区搬迁工作扎实推进，完成搬迁 4321 户 9052 人，搬迁新村已全部启动建设，市级补助资金 4.2 亿元。

（六）“新三起来”扎实有序推进

1. 农村土地承包经营权确权登记颁证工作取得新进展

在平谷区试点的基础上，新确定大兴区为整区推进试点，其余郊区继续扩大试点范围，目前已有 75 个乡镇 791 个村开展试点。积极引导和规范土地经营权有序流转，目前全市确权土地流转比例已达 61.7%。据农经平台监测，2015 年农地流转平均价格为每亩 1589 元。

2. 农村建设用地制度改革各项试点审慎稳妥推进

稳步推进大兴区集体经营性建设用地入市试点，西红门镇绿隔产业用地集体经营性建设用地使用权挂牌出让。在大兴区西红门、丰台区长辛店等镇继续推进集体经营性建设用地区域统筹集约利用试点。积极推进密云、怀柔盘活农村闲置住房试点，成立农宅专业合作社，积极探索“农户 + 合作社 + 企业”的发展模式。

3. 产权制度改革和集体经济管理不断推进

指导大兴区开展赋予农民集体资产股份权能改革试点。印发《关于引导农村产权流转交易市场健康发展的若干意见》（京政办发〔2015〕40 号)，截至 2015 年末，北京农村产权交易所累计产权交易额 30. 21 亿元，累计成交项目 385 宗。组织清理农村集体经济合同 1. 3 万份，涉及合同金额 147. 3 亿元。组织开展新型集体经济组织五项审计工作，审计资金 3683 亿元。

4. 新型农业经营主体加快培育

大力发展农民合作社，全市登记注册合作社达到 6744 个，农民专业合作社联合社达到 31 家。新培育创建 75 家市级示范社，全市市级示范社累计已达 216 家。采取项目补助、贴息贷款、信用担保等方式，支持和鼓励 26 家农业龙头企业和 32 家合作社发展。继续推进通州区漷县镇黄厂铺村家庭农场试点，完善 50 户家庭林场试点。组织“骨干农民培养”“全科农技员培训”等培育项目，培训中高级职业农民 4800 人，认证新型职业农民 800 名，其中青年农场主 200 人。

5. 农村财政金融改革不断创新

大力改革涉农转移支付制度，下放审批权限，有效整合了 15 项、共计 14 亿元涉农专项转移支付资金。扩大一般转移支付，将 3 项市级专项转移支付资金划入一般转移支付，共计 28. 45 亿元。加大金融支农力度，对 49 家农业专业合作示范社建设单位的 95 个项目，奖励贴息资金 750 万元。发行了“北京农业中小企业集合票据”，为 7 家涉农企业发行了第三支集合票，发行金额4.26亿元。为密云17家农民专业合作社发行总额为2820万元的集合信托产品。推动农业保险创新，在全市推开蜂业气象指数保险、生猪价格指数保险等险种。全市政策性农业保险参保农户9.95万户次；保费收入5.13亿元，同比增长27%。

（七）农民收入实现较快增长

2015年北京市农村居民人均可支配收入20569元，同比增长9%，高于城镇居民收入增速0.1个百分点，扣除物价因素实际增长7.1%，实现了年初确定的7%实际增长的目标。

1. 工资性收入15491元，同比增长8.6%，所占比重为75.3%

主要促进因素有：北京市继续提高最低工资标准和企业工资指导线，落实用人单位招用就业困难人员的补贴政策，加大对新机场、行政副中心等重点项目地区农民就业扶持力度，落实平原造林管护工作中本地农民就业不低于60%的规定。

2. 经营净收入1959元，同比增长5.6%，所占比重为9.5%

其中：第一产业净收入546元，同比下降3.5%，主要是农民牧业收入减少；第二产业净收入80元，同比下降49.4%；第三产业净收入1333元，同比增长18%，主要是乡村旅游的蓬勃发展，带动了交通运输、餐饮业、批发零售业的快速增长。

3. 财产净收入1204元，同比增长47.2%，所占比重为5.9%

其中：出租房屋净收入551元，同比增长54.3%元；红利收入403元，同比增长62.5%；转让承包土地经营权租金净收入175元，同比下降15%，其他财产收入75元。

4. 转移净收入同比下降1%，所占比重为9.3%

城乡居民养老金、低保标准等继续上调，新农合报销医疗费增加，拉动农民人均转移性收入同比增长11.6%。因农民收入增长带动个人所得税、社会保障等支出增幅较大，机关事业单位人员养老保险改革后补扣养老保险金，农民转移性支出同比增长32.3%。

5. 低收入农户人均可支配收入8494元，同比增长12.1%，高于全市农民收入增速3.1个百分点

2015年以来，全市加快落实农村经济薄弱地区发展规划，推进精准帮扶。市财政出资9000万元，郊区财政按照不低于1∶1的比例配套，在大兴、密云两区试点开展了以异地购置物业形式，支持低收入村获得长期收益。通州、昌平、密云、门头沟、大兴、顺义等区，筹集帮扶资金，积极统筹各类涉农政策资金和社会帮扶资源，促进低收入农户持续稳定增收。

“十二五”时期，市委、市政府高度重视“三农”工作，在各级各部门共同努力下，全市农业农村经济发展形势良好，具体表现为“六个加快”：

一是产业结构加快调整。调减高耗水农作物33万亩，高效节水技术覆盖率大幅提升，农业用新水减少0.6亿立方米。2010～2015年，粮食播种面积由335.1万亩调减到156.7万亩，生猪出栏数从311.9万头调减到284.7万头，家禽出栏数从11779.7万只调减到6688.4万只，牛奶产量从64.1万吨调减到57.2万吨。

二是一、二、三产业加快融合。2010～2015年，设施农业收入从40.7亿元增加到55.5亿元，农业观光园收入从17.8亿元增加到26.3亿元，民俗旅游收入从7.3亿元增加到12.9亿元。会展农业强势突起，举办了世界草莓大会、食用菌大会、种子大会、葡萄大会、马铃薯大会等国际性农业重大展会。“种业之都”建设取得明显成效，种业销售额稳定在100亿元以上。全市农产品加工企业达到2234家，农业产业化龙头企业达到162家。

三是生态环境加快提升。全面完成百万亩平原造林工程，平原地区森林覆盖率从14.85%提高到25%，全市森林覆盖率达到41.6%。山区建成生态清洁小流域280条，累计治理水土流失面积6758平方

公里。郊区污水处理率达到66.2%。垃圾无害化处理率达到97.2%。“减煤换煤”压减劣质燃煤380余万吨。全市农林水生态服务价值从2000年的8754亿元提高到2015年的近1万亿元。全市6个区被评为“国家级生态示范区”，2个县被评为“国家生态县”。

四是农村改革加快推进。农村集体土地所有权确权登记颁证工作全面完成，集体建设用地、土地承包经营权确权登记颁证工作加快推进，集体林权制度改革主体任务基本完成。集体经济产权制度改革不断深化，村级完成比例达到98%，326万农民成为股东。积极引导适度规模经营，确权土地流转达到61.6%。农民专业合作社发展加快，创建市级示范社216家，组建联合社31家。

五是农村社会保障水平加快提高。2010~2015年，城乡居民基础养老金由每月的280元提高到470元，福利养老金由每月的200元调整到385元，新农合筹资标准由520元提高到1200元。农民参保率和参合率均达到99%。农村低保标准达到每月710元，实现了低保标准、低收入家庭认定标准和专项救助办法城乡统一。

六是农民收入加快增长。按新口径测算，2010~2015年，农民人均可支配收入由12368元增加到20569元，年均增长11.2%，连续7年快于城镇居民收入增幅。低收入农户人均可支配收入增加到8494元，连续5年快于全市农民平均增速。实现了农民收入增长与经济增长同步，实现了“两个快于”的目标。

二　2016年农业农村经济形势预判

2016年，是“十三五”时期的开局之年，是落实首都城市战略定位、推动京津冀协同发展的重要时期，农业农村发展既面临难得的发展机遇，也面临一些挑战。总体来看，机遇大于挑战。预计2016年农业农村经济形势继续稳定向好。

（一）一产增加值保持总体稳定

2016 年，全市继续贯彻落实《关于调结构转方式发展高效节水农业的意见》，农业调整力度进一步加大。从农、林、牧、渔“四业”生产看：在无不利气候的条件下，粮食产量继续减少，菜田补贴政策的落实将刺激蔬菜生产，高效果园改造推动果品生产略有增长，预计农业产值总体略有增长；造林任务和养护水平与 2015 年基本持平，预计林业产值总体稳定；在全市调整农业结构的目标要求下，生猪、家禽等主要畜产品产量继续下降，预计畜牧业生产仍将下滑；渔业淡水养殖规模略减，远洋捕捞有所增长，预计渔业呈现小幅增长。

预计 2016 年第一产业增加值与 2015 年基本持平。为此，要坚持绿色发展的理念，大力推进农业供给侧结构性改革，推进一、二、三产业融合发展，发展都市型现代农业，实现农业优质高产高效。

（二）农民收入继续保持较快增长，增速可能放缓

“十二五”时期，农民收入实现了较快增长，但增速也出现放缓的趋势，主要原因是工资性收入增速放缓（见表 4）。2016 年农民增收，既有机遇，也有挑战，机遇大于挑战。

表 4　2011 ~ 2015 年农村居民可支配收入及四项构成增速比较

单位：%

类别	2011 年	2012 年	2013 年	2014 年	2015 年	2011 ~ 2015 年年均增长
人均可支配收入	13.6	11.8	11.3	10.3	9.0	11.2
1. 工资性收入	26.9	14.9	17.6	11.8	8.6	15.8
2. 经营净收入	-22.1	-1.8	-33.1	7.1	5.6	-10.3
3. 财产净收入	18.0	13.4	24.8	3.8	47.2	20.6
4. 转移净收入	38.7	16.9	40.5	5.7	-1.0	19.0

1. 农民增收的有利因素

一是宏观经济形势总体向好。预计2016年全市经济增长能够实现中高速，支撑农民收入较快增长。二是北京市将继续实施农民增收的各项政策，如大力促进农民转移就业，继续深入推进农村改革，最低工资标准、企业工资指导线、居民基础养老金和福利养老金、低保标准等将继续上调。三是低收入农户增收工作力度加大。2016年将实施新一轮促进低收入农户增收攻坚工程，预计低收入农户收入能够继续保持快速增长。

2. 农民增收的不利因素

一是按照“调粮、保菜、做精畜牧水产业”的目标，传统种养业继续调减，农民的第一产业、第二产业家庭经营收入将持续下降。二是围绕疏解北京非首都功能，城乡结合部“瘦身健体”、拆违还绿，郊区农村“强身健体”，加快淘汰工业大院和落后产能，推进人口疏解和产业升级。由于农民就业主要集中在农业、制造业、批发与零售业等传统的劳动密集型行业，受到产业疏解影响，就业空间压缩，影响工资性收入较快增长。

预计2016年北京市农民收入增长能够实现与经济增长同步，增速比2015年有所放缓。为此，要全力做好农民就业工作，稳步推进农村改革，继续提高农村社保水平，大力促进低收入农户增收，确保农民收入保持较快增长。

注：本文所用数据均来自北京市统计局和北京市农委。

B.21
以新的发展理念为指导 扎实做好北京农业农村工作

马亚西　刘东　张侃*

摘　要：本文系统总结了“十二五”时期北京农业农村工作取得的成绩和经验，分析了农业农村工作面临的机遇和挑战，提出了以“五大发展理念”为统领，科学谋划好“十三五”时期北京农业农村工作的思路和措施。

关键词：“十二五”成绩　“十三五”思路　五大发展理念

一　“十二五”时期北京农业农村工作取得显著成绩[①]

刚刚过去的“十二五”时期，是北京农业农村领域经历的不平凡的五年。全市上下认真贯彻党中央、国务院关于加强“三农”工作的决策部署，按照率先形成城乡一体化发展新格局的要求，加快推进农业农村发展，各方面工作取得了显著成绩。

一是都市型现代农业发展水平显著提升。按照首都城市战略定

* 马亚西，北京市委研究室郊区处处长，中国社会科学院金融研究所博士，副研究员；刘东，北京市委研究室郊区处主任科员，中国人民大学区域经济学硕士；张侃，北京市委研究室郊区处主任科员，四川大学城市规划与设计硕士。

① 本文引用数据均来源于市农委“十二五”工作总结。

位，全面推进农业调结构转方式，调减高耗水农作物 33 万亩，农业用新水减少 0.6 亿方。重视发挥农业的多种功能，生态农业、休闲农业、旅游农业蓬勃发展，“种业之都”建设取得明显成效，世界草莓大会、食用菌大会、种子大会、葡萄大会、马铃薯大会等会展农业发展迅速。全市创建国家现代农业示范区工作扎实推进，农业科技贡献率、土地产出率、劳动生产率和资源利用率不断提升，农业现代化目标基本实现。

二是郊区农村发展水平显著提升。以“新三起来”[①] 为抓手，推动农村集体土地所有权、承包权、经营权“三权分离”和确权登记颁证工作，扎实推进集体经营性建设用地入市、赋予农民集体股份权能等改革试点。深化集体经济产权制度改革，惠及全市 96.9% 的村、324 万农村居民。加快构建新型农业经营体系，积极引导适度规模经营，确权土地流转达到 61.6%。基本完成城乡结合部地区 50 个重点村建设任务，拆迁还绿 14.2 平方公里。以“一绿”[②] 地区城市化、“二绿”[③] 地区城乡一体化为目标，深入实施“一绿”朝阳区 6 乡城市化建设试点、“二绿”地区乡镇统筹利用集体经营性建设用地试点，系统推进新城、特色小城镇、新型农村社区建设，实施 48 万户农宅抗震节能改造，建设 1000 余个“美丽乡村”。农民人均收入 2015 年突破 2.05 万元，“十二五”年均增长 11.2%，连续 7 年高于

① 为了深入贯彻党的十八大和中央一号文件精神，着力提高农村土地产出率、资产收益率、劳动生产率，全面提升农村发展水平，北京市委、市政府提出了“新三起来”的改革思路，即：处理好农民与资源的关系，推动土地流转起来；处理好农民与积累的关系，让资产经营起来；处理好农民与市场的关系，把农民组织起来。

② “一绿”即第一道绿化隔离地区的简称，是指 2000 年以来为了落实城市总体规划、改善城市生态环境、统筹城乡发展，而在城市中心区和 10 个边缘集团之间用成片的大绿带进行隔离，防止城市中心地区与外围组团之间连成一片，实现城市规划“分散集团式”布局的重大举措。

③ “二绿”即第二道绿化隔离地区的简称，是指在前期工作基础上，于 2004 年全面启动的第二道绿化隔离带，涉及朝阳、海淀、丰台、石景山、门头沟等 10 个区县。

城镇居民增速；低收入农户收入年均增长14.1%，连续5年高于农村居民增速。

三是农村基础设施和公共服务水平显著提升。本市出台了《加强农村基础设施维护和管理的意见》，初步建立起城乡一体的基础设施运行管护长效机制。持续加大城乡统筹力度，市政府固定资产投资投向郊区的比例连续保持在50%以上。强化乡村污水、垃圾等处理设施建设，村镇地区污水处理率达到49%，基本实现农村安全饮水，远郊区垃圾无害化处理率达到97.2%。加快中心城区优质公共服务资源向郊区疏解，全面推进落实城乡教育“四倾斜”政策，学前教育、中小学建设三年行动计划顺利实施，29万农村劳动力实现就业和转移就业，全市四级文化设施建有率达到98%，率先在全国实现城乡公共文化服务设施基本全覆盖。低保标准、低收入家庭认定标准和专项救助办法实现城乡统一。

四是郊区农村生态环境显著改善。始终重视发挥郊区农村特别是生态涵养区的生态服务功能，不断提升生态环境建设水平。深入实施京津风沙源治理、三北防护林建设、太行山绿化等国家级生态工程，全面完成百万亩平原造林工程，全市森林覆盖率达到41.6%，林木绿化率达到59%，平原地区森林覆盖率提高到25%。建成山区生态清洁小流域280条，累计治理水土流失面积6758平方公里，全面完成农业水污染源减排任务。加快调整农村能源结构，“减煤换煤”压减劣质燃煤246万吨，农业秸秆全面禁烧，启动农村电网改造升级，6万余农户实现“煤改电”。全市农林水生态服务价值提高到近1万亿元，6个区被评为“国家级生态示范区”，2个县被评为“国家生态县”。

“十二五”时期农业农村工作成绩来之不易，总体来看，主要有以下几条经验：一是必须始终高度重视农业农村问题，把农业农村发展放在全局工作“重中之重”的地位，不断推动城乡一体化发展；

二是必须解放思想、改革创新，不断加大强农惠农、富农、工作力度，做到出实招、办实事；三是必须充分依托首都科技智力资源优势，推进城乡要素合理配置，增强城乡协调发展能力；四是必须维护农民的主体地位，相信农民、依靠农民，保护好、发展好农民的实际利益和长远利益；五是不断加强和改进对农业农村工作的组织领导，重视发挥农村基层党组织的战斗堡垒作用和党员的先锋模范作用，充分调动各方力量推动农业农村发展。这几条发展经验，需要不断坚持、总结提高，为做好“十三五”时期各项工作提供有力保障。

二　以“五大理念”为统领，科学谋划好“十三五”时期北京农业农村工作

“十三五”时期是全面建成小康社会的决胜阶段，是落实首都城市战略定位、推动京津冀协同发展的关键时期。做好“十三五”时期北京农业农村工作，最终形成城乡一体化发展新格局，既面临难得的发展机遇，也面临现实困难和挑战。

从发展机遇来看，到2020年实现全面建成小康社会的目标，补齐农业农村发展短板已经成为全市广泛共识，对农业农村的政策资金投入和各项改革力度都将进一步强化，农业农村发展活力将进一步提升；落实首都城市战略定位，推动京津冀协同发展，将有助于郊区农村加快非首都功能疏解和产业转型升级，进一步优化城市空间和产业布局，实现在更大范围内配置要素资源，不断提高发展质量和效益；建设国际一流的和谐宜居之都，促进首都可持续发展，郊区农村将发挥更大的生态基础和保障作用，在不断提高生态文明建设水平的同时，实现自身绿色发展。

从困难和挑战来看，适应首都发展新常态，郊区农村落实好区域功能定位，加快疏解非首都功能，打造“高精尖”的产业结构，加

快转型发展的任务仍比较繁重；率先实现全面建成小康社会的目标，促进农民持续增收，特别是低收入农户收入较快增长，不断缩小城乡居民收入差距，任务仍十分艰巨；郊区农村污水、垃圾、电力等基础设施建设仍需加强，教育、医疗、文化等基本公共服务水平和质量有待提高，城乡建设管理一体化的体制机制仍需完善。

面对“十三五”时期的机遇与挑战，郊区农村工作要深入学习贯彻习近平总书记视察北京重要讲话精神，贯彻落实《京津冀协同发展规划纲要》，坚持“创新、协调、绿色、开放、共享”的发展理念，坚持首都城市战略定位，围绕“新型城镇化、农民增收、农业产业结构调整、基本公共服务、基础设施、生态环境、农村改革、乡村治理”等主要方面，全面推进城乡发展一体化，努力取得全面建成小康社会决胜阶段的新胜利。

一是坚持创新发展，激发农业农村发展活力。创新是牵动经济社会发展全局的“牛鼻子”，是引领农业农村发展的第一动力，也是应对机遇与挑战的必然选择。抓创新就是抓发展，谋创新就是谋未来。要以改革创新为驱动，紧紧围绕保护农村集体资产所有权、农户土地承包经营权和农民财产权，加快构建和完善城乡资源要素双向自由流动的体制机制，深入推进土地流转起来、资产经营起来、农民组织起来，不断激发农村发展活力。

二是坚持协调发展，提高城乡发展一体化水平。城乡协调发展是全面建成小康社会的必由之路，“四化同步”是实现国家现代化的必然要求。在新的历史条件下，加快推进城乡发展一体化，意义更加凸显，要求更加紧迫。要注重以协调均衡理念为引领，站在京津冀协同发展的大局高度，围绕落实首都城市战略定位和治理“大城市病”，统筹推进城乡结合部、新城、小城镇、新型农村社区建设，补齐农业农村发展短板，着力解决城乡发展不平衡问题，不断提升城乡发展一体化水平。

三是坚持绿色发展，提高郊区农村绿色发展水平。让农业农村绿起来，是实现农业农村永续发展的必要条件，是包括农民在内的全体首都市民对美好生活追求的重要体现。在推进首都绿色发展和生态文明建设的进程中，农业和农村肩负着重大责任。要推动农业走上绿色发展之路，加快建设资源节约型、环境友好型农业，强化郊区农村生态产品供给功能，把山、水、林、田、湖作为一个生命共同体统筹谋划，建设好美丽宜居乡村。

四是坚持开放发展，拓展农业农村发展新空间。开放发展是拓展首都农业农村发展新空间的基本战略。农业农村工作要增强大局意识和整体观念，善于站在全市发展大局的高度来审视郊区农村发展，积极调整优化农业资源配置，通过引进来、走出去，建设环京津鲜活农产品基地，构建京津冀农业协同创新链，加快首都农业科技成果转化，不断提高北京农业的影响力。强化京津冀三地农林水合作，推动京津冀生态协同发展，加快构建大尺度的生态空间和生态系统，不断扩大首都生态容量，推动生态环境建设合作共赢。

五是坚持共享发展，提升惠农、富农工作水平。共享是中国特色社会主义的本质要求，是全面建成小康社会的根本体现，也是动员农民积极投身于首都发展的强大动力。坚持共享发展，必须有合理的制度安排、形成有效共享机制，让农民尤其是低收入农户有更多的获得感。要加快完善农村基础设施和公共服务，按照全覆盖的要求，加快农村公路、水利、电力、通信、互联网等基础设施建设，推动义务教育、就业服务、社会保障、基本医疗和公共卫生、公共文化、环境保护等基本公共服务向农村延伸，逐步实现城乡制度上并轨、标准上统一，让广大农民分享改革发展的成果。

三　认真抓好“十三五”时期的重点任务

做好“十三五”时期农业农村工作，要深入贯彻落实习近平总书记视察北京的重要讲话和中央农村工作会议精神，把适应新常态、把握新常态、引领新常态作为贯穿发展全局和全过程的大逻辑，把“创新、协调、绿色、开放、共享”的发展理念贯穿经济社会发展全过程和各领域，立足于服务首都城市战略定位这个大方向，更加扎实有效地做好各方面工作，加快建设国际一流和谐宜居之都。

一是加快推进农业结构性改革。推进结构性改革特别是供给侧结构性改革，是中央做出的重大决策，是适应和引领经济发展新常态的必然要求，也是促进农业持续稳定发展的关键所在。推进农业供给侧结构性改革，核心是要围绕人的需求特别是首都消费需求进行生产，使农产品供给数量上更充足、品种和质量上更契合首都消费者需要，真正形成结构更加合理、保障更加有力的农产品有效供给。要进一步加快推进农业结构调整，以全市整体创建国家现代农业示范区为契机，建立健全调、转、节的农业政策保障体系。要发展多种形式的适度规模经营，采取多种流转形式，规范引导土地流转，形成土地流转、托管、入股等多种规模经营模式，大力发展农业生产性服务业，探索创新政府购买农业公益性服务机制。要积极推进农业产业化，引导农民以市场为导向，加快调整种养结构，大力发展绿色农业、循环农业、特色农业和品牌农业。要加快推动休闲农业和乡村旅游提档升级，引导和支持社会资本参与休闲旅游项目开发，全面提高旅游乡村公共服务水平。要创新发展“互联网＋”现代农业，发挥北京互联网领域领先优势，应用大数据、云计算、物联网、移动互联网等技术，促进互联网与农业关键环节深度融合，推进农业电子商务发展，抢占行业制高点。

二是全面深化农村各项改革。全面深化改革是做好郊区农村工作的关键所在。要立足当前，着眼长远，把近期难题和长远目标更好地结合起来，以全面深化改革解决存在的问题、激发新的发展活力。为此，必须从政府和市场“两手”发力。一方面，要发挥政府有形之手的作用，促进城乡公共资源均衡配置，健全农村基础设施投入长效机制，推动公共服务向农村延伸。另一方面，要发挥市场无形之手的作用，引导城市资金、技术、信息、人才、管理等现代要素向农业农村流动，培育农村产权和要素市场，彰显农村各类资源要素的市场价值。要继续深化农村土地制度改革，提高农民在土地增值收益中的分配比例，加快推进农村土地承包经营权确权登记颁证，稳妥有序开展农村承包土地的经营权抵押、担保试点工作。要继续稳妥推进大兴区集体经营性建设用地入市试点工作，在总结首宗入市地块工作经验的基础上，不断完善农村集体经营性建设用地产权流转和增值收益分配制度。要总结怀柔区、密云区的经验做法，稳步推进盘活农村闲置房屋发展健康养老、乡村旅游试点，切实增加农民和集体经济组织收入。要深化集体经济产权制度改革，加强新型集体经济组织规范化管理，完善集体经济收益分配制度，深入推进赋予农民对集体资产股份权能改革试点，鼓励集体资产经营管理创新。要加快农业科技体制机制改革，不断提升北京农业科技创新能力，加快北京国家现代农业科技城建设，提升农业科技进步贡献率。要深化农村金融改革，完善农村金融扶持政策，放大财政支农政策效应，引导推动金融资本投入“三农”，解决“融资难”“融资贵”问题。

三是下大力气解决低收入村和低收入户增收问题。十八届五中全会明确提出，我国到2020年要全面建成小康社会。对北京来讲，重点是要提高低收入村、低收入农户的收入水平。市委、市政府制定了《关于促进低收入农户增收和农村经济薄弱地区发展的意见》，要按照部署，采取力度更大、针对性更强、效果更可持续的精准帮扶措施，加快推进低收入村发展和低收入农户增收，确保到2020年实现全面小康。要从实际出发，根据全面建成小康社会新的目标要求，根据居民收入增长与经济增长同步、缩小城乡差距的要求，认真研究年度农民增收的目标，制订促进农民增收的计划，并将目标分解到具体措施上，确保农民收入稳定增长。要落实精准帮扶措施，实施扶持产业、促进就业、山区搬迁、生态建设、社会保障、社会帮扶的“六个一批”分类帮扶，按照新的低收入农户及低收入村认定标准，抓紧完成好精准识别、建档立卡工作。要有效整合各级政策和资金资源，向低收入农户和低收入村倾斜，加大投入力度，创新投入方式，重点扶持促进产业发展和就业的项目，开辟农民收入新的增长点，坚决打赢低收入农户增收攻坚战。

四是进一步加大郊区农村生态环境建设力度。落实绿色发展理念，深入推进生态文明建设，必须发挥郊区农村主阵地的作用，不断加大绿化造林、环境整治、水污染治理、减煤换煤等工作力度，逐步恢复山、水、林、田、湖一体的自然生态系统，积极构建京津冀一体的区域生态景观网络，为实现蓝天常在、青山常存、绿水常流的美丽家园奠定坚实基础，为首善之区打造强有力的生态屏障，为广大市民提供绿色福利。要通过划定农业空间保护红线，加强土地、水、森林等资源的有效保护和合理利用，深入推进环首都国家公园、京津风沙源治理等重点生态工程，巩固山区绿色生态屏障，继续推进平原地区造林绿化工程，不断提高森林覆盖率。要加快郊区水源涵养和水系治理，加强地下水保护和水源地农业面源污染防控，加强生态清洁小流域建设，加强城乡结合部水环境治理，推动永定河、北运河、潮白河三大干流河道水生态恢复，推动重要河湖水系治理还清。要持续推进农村人居环境综合整治，实施农村生活垃圾治理5年专项行动，完善农村地区垃圾清运体系，因地制宜开展农村地区污水处理设施建设，加快推进农村地区能源结构调整，实施优质清洁能源替代，建设美丽宜居乡村。

五是突出抓好城乡结合部改造。近年来，市委、市政府集中力量在城乡结合部改造方面做了不少探索，在全面启动50个重点村改造的基础上，又重点抓了朝阳区“一绿”地区城市化建设试点、“二绿”地区“一乡一镇一场”建设试点，取得了显著成效。下一步，要深入贯彻实施市委、市政府关于城乡结合部建设三年行动计划，按照“一绿建成、全面实现城市化，二绿建好、加快城乡一体化”的总体目标，推进城乡结合部地区功能疏解、人口调控、产业升级、环境治理、生态增绿。要加快编制城乡结合部专项规划，落实城乡结合部水务建设三年行动方案，加快推进市政基础设施和公共服务设施建设项目。要基本完成朝阳“一绿”6 个乡试点任务，启动丰台南苑乡、大兴旧宫镇城市化建设试点，推进丰台长辛店镇集体经营性建设用地集约利用试点工作。要深入总结海淀区东升镇、大兴区西红门镇的经验做法，推动集体建设用地腾退减量和集中集约利用，使集体建设用地更好地服务和推动城乡发展。要坚持依法治理，严格集体建设用地规划建设管理，严控违法建设，强化日常监管和突出隐患问题综合整治，促进人口调减、用地集约、产业升级、环境改善和农民增收。

参考文献

1.《中共中央关于制定国民经济和社会发展第十三个五年规划的建议》，人民出版社，2015。
2.《十八大以来重要文献选编（上）》，中央文献出版社，2014。
3.“十二五”工作总结和“十三五”工作计划，北京市农委、市农业局、市国土局、市园林绿化局等，2015 年 12 月。

B.22 全面提升农民专业合作社发展能力*

于鹙隆　孙进军　蔡少庆　金俊峰　韩振华　李　宇**

摘　要：　农民专业合作社作为新型农业经营主体的一种典型形态，在组织农民、提供服务、对接市场等方面发挥着积极的作用。"十三五"时期，北京农民专业合作社将进入从数量扩张向质量提升的关键时期。本文从北京农民专业合作社的现状和发展趋势出发，在对多家农民专业合作社进行深入调研的基础上，着重分析合作社发展面临的主要问题，并试图为全面提升北京农民专业合作社发展能力寻求可行的对策建议。

关键词：　新型农业经营主体　农民专业合作社　政策建议

农民专业合作社（以下简称"农民合作社"或"合作社"）是国家大力支持和鼓励发展的新型农业经营主体，是对农户家庭承包经营制度的补充，是完善双层经营体制的关键，在"把农民组织起来"

* 本文是北京市政府研究室《北京农民专业合作社发展问题研究》课题组的调研报告，其中未标明出处的数据均为调研所得。

** 于鹙隆，北京市政府研究室副主任，经济学博士；孙进军，北京市政府研究室农村发展处处长，经济学硕士；蔡少庆，北京市政府研究室农村发展处副处长，经济学硕士；金俊峰，中国农业银行风险管理部副处长（课题研究期间在北京市政府研究室农村发展处挂职），经济学硕士；韩振华，北京市政府研究室农村发展处干部，管理学硕士；李宇，北京市政府研究室农村发展处干部，经济学硕士。

"连接小农户与大市场"中发挥着独特而重要的作用。"十三五"时期，是本市农民合作社从数量扩张向质量提升的关键时期，既要坚持以市场为导向、尊重合作社发展规律，也要加强政策集成、完善支持措施，抓住城乡发展一体化和京津冀协同发展机遇，以改革创新破解发展过程的困难和问题，着力培育一批服务能力强、经营规模大、管理规范好的农民合作社，充分发挥农民合作社的市场主体作用，全面提升农民合作社发展能力，为率先全面建成小康社会做出更大贡献。

一　农民合作社发展趋势

当前，本市农民合作社发展已粗具规模。截至2014年底，工商登记注册的农民合作社达到6044家，登记注册的成员18.6万名，辐射带动农户25.3万户，占全市从事一产农户总数的近3/4。合作社经营领域覆盖了农业的主导产业和特色产品，其中最多的是以种植业为主业，共3547家、占比58.7%，最少的是以手工业为主业，共59家、占比1%，综合性合作社287家、占比4.8%（见图1）。

合作社服务范围包含了农业生产经营产前、产中、产后各个领域，实行产加销一体化服务的5298家、占比87.7%；以生产服务为主的374家、占比6.2%；以信息技术服务为主的201家、占比3.3%；以购销服务为主的136家、占比2.3%；以农产品加工服务为主的35家、占比0.6%（见图2）。

从调研情况看，农民合作社提高了本市农业生产的组织化程度，提升了农业生产经营效益，促进了都市型现代农业的发展，是农业规模化、产业化、现代化发展的重要实现形式，契合本市农业发展的内在要求，得到了广大农民的拥护。一是发挥了规模经济效应，维护了农民的生产经营利益。农民合作社通过提供采购、销售服务，将单个农户小规模的采购、销售聚集起来，降低了农资采购成本，稳定了农

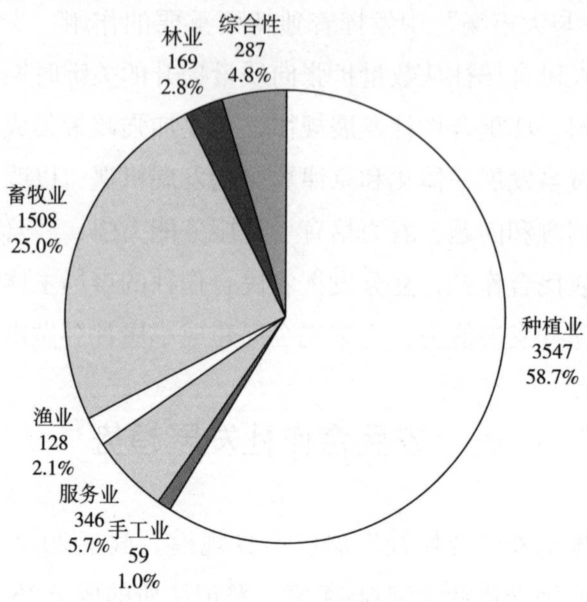

图1　北京市农业合作社经营主业情况

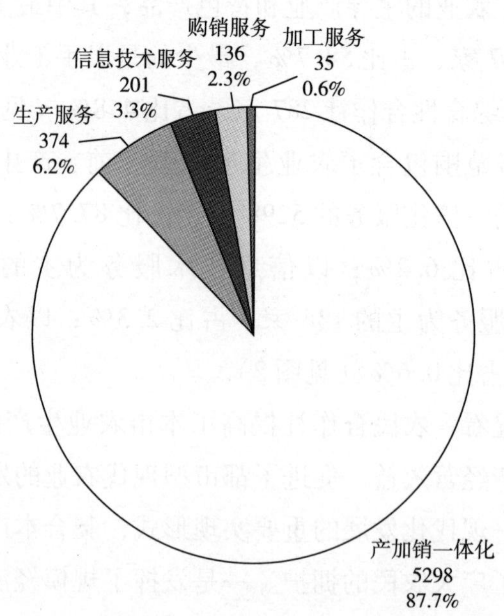

图2　北京市农业合作社服务范围情况

产品销售市场。2014 年，农民合作社为成员统一购买农业生产投入品总值 23.5 亿元，统一销售农产品总值 62.6 亿元。二是发挥了桥梁作用，改善了农业生产社会化服务，提升了农产品生产质量。通过农民合作社将分散的农户有效地联合和组织起来，促进了农业机械的广泛应用和先进农业技术的推广普及，农业标准化生产水平显著提高。三是发挥了市场信息传递和生产引导作用。农民合作社连接了小农户与大市场，顺应了农业生产经营的市场化需求，完善了农业生产经营的资源配置，调整优化了农业结构。

近年来，本市农民合作社发展势头良好，涌现出一批服务农户能力较强、经营规模较大、经营效益良好、具有较强市场竞争力的优秀合作社。目前，全市共有区级以上示范社 504 家，其中市级 216 家（含国家级 111 家）、区级 288 家。2014 年 3 月，发起设立了北京市农民专业合作社联合会，郊区 199 家合作社成为首批会员，标志着本市合作社发展向提升质量、整合资源、联合发展、做大做强的方向进行转变，主要呈现以下发展趋势：

1. 经营领域逐步扩大

部分合作社向农业产业链一体化方向发展，进入农产品深加工领域。平谷的荣涛豌豆产销合作社投资 1700 万元建设了豌豆食品加工厂，年加工豌豆 5000 吨。密云的京纯养蜂合作社投资 3000 万元建设了蜂蜜加工厂，年加工销售蜂蜜 2000 吨。密云的奥金达蜂产品合作社与北京百花蜂产品公司建立合作关系，合作社上连农户、下连加工企业，形成产加销一体化经营格局。

2. 服务模式不断创新

部分合作社不断创新服务模式，提高服务能力。平谷的福兴顺农机服务合作社探索创新，形成“保姆式”土地托管模式，为农户种粮提供全流程机耕服务，并发挥规模优势，为农户统一购买农业资料、销售农产品，显著提高了农户种粮的经济效益。延庆的张书安农机服务合作社发挥农机装备优势，探索出了“农户 + 农机合作社 + 秸秆用户”的残留秸秆综合利用运作模式，形成本地区玉米秸秆处理和综合利用生产模式，实现了经营效益与生态效益双赢。

3. 科技应用普遍加强

部分合作社注重引进先进农业科技，持续提高农产品质量。延庆的夏都果业合作社积极推广先进的葡萄栽培技术和新品种，聘请专家开展技术培训和种植指导；延庆的北菜园合作社大力发展有机蔬菜种植，取得了近百个蔬菜品种的有机认证。密云的奥仪凯源蔬菜种植合作社成功选育出国内唯一的白色草莓品种，并在 2012 年世界草莓大会上获得银奖。房山的泰华芦村种植合作社以北京市农林科学院为技术依托，积极推广水肥一体化、覆膜灌溉等高效节水技术。

4. 合作联社加快发展

部分合作社由单打独斗，向相互联合、协同发展方向转变。2015 年 6 月，由平谷的绿谷汇德果品产销合作社等区内 9 家从事果品销售和农资供应的合作社，联合成立了平谷区首家合作联合社，实现了优势互补、资源整合，服务果农与市场销售能力显著增强。目前，全市经工商登记已经成立了 31 家合作联合社。

5. 跨区发展稳步推进

部分合作社开始走出去，进一步向区外以及外埠地区发展。如平谷的福兴顺和密云的河南寨农机服务专业合作社，将农机作业服务延伸到周边区以及河北、内蒙古等邻近省区。密云的京纯养蜂专业合作社在河北发展了 165 户养蜂社员。

二　合作社发展面临的主要问题

近年来，本市专业大户、家庭农场等适度规模新型农业经营主体有所发展，但相比欧美发达国家农民合作社一百多年的发展历程以及其经营规模和服务能力，本市农民合作社发展时间较短，组织机构松散、经营规模偏小、服务能力偏弱等问题还普遍存在，在市场竞争中处于弱势状态，合作社发展仍然处于初级阶段。

1. 经营规模小，服务能力受到限制

从目前北京市农民合作社成员数量看，10 户以下的合作社占 60%，10 户至 100 户的合作社占 22.8%，100 户以上的合作社占 17.2%；从成员分布区域看，分布在村域范围内的合作社占 57.4%，分布在乡镇域范围内的占 28.9%，分布在区范围内的占 11.7%，分布在全市及跨省范围的只占 2%；从成员入资情况看，入资 100 万元以上的合作社只占 7.7%，入资不足 100 万元的占 40.7%，没有入资的却占 51.6%。多数合作社停留在种植、养殖等一些低层次服务上，停留在农资采购、农业生产技术培训或者农产品销售环节的简单合作上。合作社经营管理能力薄弱，在标准化生产、产品深加工和市场开拓等方面缺乏手段和能力，在市场开拓、信息收集、技术引进等方面缺乏经验，再加上合作社之间缺乏必要的联合，造成多数合作社抵御市场风险的能力和竞争力脆弱。一些涉农机构、科研院所、农产品加工与流通企业对这些合作社缺乏信任，不愿意与合作社签订商业合同、开展商业合作；农产品消费者也更倾向于信任公司制企业，致使这部分合作社自我发展能力和服务能力不够。

2. 合作社治理机制不健全，合作社与成员的利益联结不紧密

目前，90% 的合作社由农村经纪人、种养大户、农技专业人员等农村能人领办，领办人兼任合作社理事长及经理，负责合作社经营管理，领办人家庭成员帮忙日常工作。多数合作社未聘请专业管理人员和技术人员，成员大会、理事会、监事会等机构运行质量不高，部分合作社机构设置仅停留在章程上，并未实际运行。合作社与成员的利益联结不紧密，大多数体现为简单的商业买卖关系，没有形成真正的利益共同体。成员既缺乏参与合作社经营管理的积极性，也没有形成

“风险共担、利益共享”的收益分配机制。有的合作社实际成为领办人的个人企业，或者被少数核心成员控制，没有充分体现“民办、民管、民受益”的合作原则。部分合作社领办人另外设立了由自己控制的公司，合作社主要用于与农户之间的农产品收购，组织农业生产，而公司主要用于加工农产品或对外销售农产品，经营利润主要留存在公司，导致部分合作社成为领办人个人谋利或套取财政补贴以及惠农政策的工具。

3. 合作社产业化程度低，经营利润空间小

多数合作社停留在产业链底端，业务领域主要局限在农业生产环节，难以进入农产品流通与深加工领域，难以协调整合产业链上、下游各类资源与经营主体。单个合作社能够组织带动的农业生产经营规模也普遍不大，经营利润空间小。从收入情况看，总收入100万元以上的合作社占10.4%，不足100万元的占16.5%，无收入的占73.1%（见图3）；从净资产看，100万元以上的合作社占15.2%，不足100万元的占46.6%，无净资产的仍占38.2%（见图4）。许多合作社缺乏必要的办公场地与农业生产经营服务设施。以销售型合作社为例，大多数合作社没有自主品牌，“三品一标”认证率低，缺乏农产品仓储设施，销售网络不健全、不稳定。全市拥有注册商标的合作社334家、占比仅为5.53%，实施农产品生产质量标准的合作社202家、占比仅为3.34%。

4. 金融支持力度不够，鼓励政策有待加强

多数合作社面临资金不足的困境。从调研情况看，合作社资金实力和盈余积累普遍不足，在购买农资、收购农产品时欠缺流动资金，在兴建农业设施和购买农产品加工设备时欠缺项目资金。有些合作社反映，向银行贷款手续繁杂，贷款费用高，贷款难度大；金融企业认为合作社缺少抵押产品，信用等级低，管理不规范，贷款风险大。据统计，2014年末，本市获得金融机构贷款的合作社有65家，贷款余

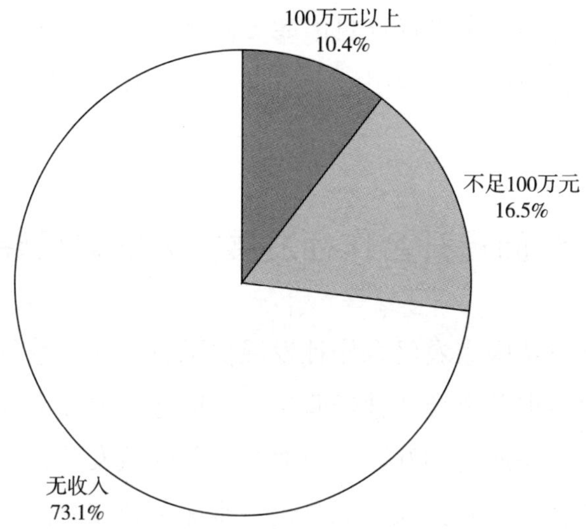

图 3　北京市农民合作社总收入情况

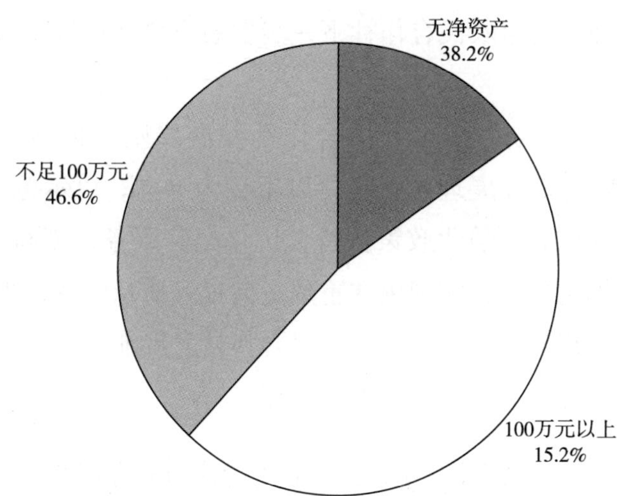

图 4　北京市农民合作社净资产情况

额仅有 1.1 亿元。政策扶持力度不够。在促进合作社发展方面鼓励引导政策不够，在购置国外农机、合作社产品采购等方面缺乏具体的指

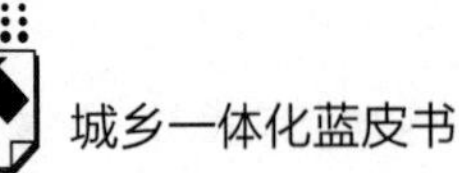

导政策。此外，随着部分合作社的发展壮大，合作社农业设施存放存在一定困难，有的农机合作社只能露天停放农机，有的合作社只能将生产加工设施藏进蔬菜大棚中，不同程度地影响了合作社的规范化发展。

三　全面提升合作社发展能力的对策建议

从欧美等发达国家农民合作社发展情况看，通过竞争与联合，合作社数量减少，但单个合作社经营规模、服务能力和市场竞争力持续扩大和增强。一是通过相互联合与兼并，跨区域发展，带动农户数量和经营规模持续增加和扩大。二是进一步完善合作社治理机制，引入专业经营管理人员，合作社经营管理能力大幅提升。三是进一步向产加销一体化、综合化服务方向发展，合作社为成员服务的能力和盈利能力持续加强。本市农民合作社下一步发展也要从数量发展向质量发展转变。

“十三五”时期，本市农民合作社发展要坚持创新、协调、绿色、开放、共享的发展理念，坚持以市场为导向，以示范社为重点，以能力建设为核心，强化政策扶持，优化配套服务，创新发展模式，提高农民组织化程度，实现由注重数量向提升质量转变，大力推进农民合作社规范化建设，全面提升农民合作社发展能力，为推动京津冀协同发展、全面建成小康社会做出贡献。

（一）充分认识重要意义，提升合作社的影响力

2015 年 11 月，中央下发的《深化农村改革综合性实施方案》中指出“加快培育家庭农场、专业大户、农民合作社、农业产业化龙头企业等新型农业经营主体，构建符合国情和发展阶段的以农户家庭经营为基础、合作与联合为纽带、社会化服务为支撑的立体式、复合

型现代农业经营体系，提高农业经营集约化、规模化、组织化、社会化、产业化水平”。大力发展农民合作社，是市场经济条件下提升农业发展水平，增强农民市场竞争能力，提高农民组织化程度，增加农民收入的重要手段。当前，国家正在研究修订《农民专业合作社法》，这将为“十三五”时期本市合作社的发展带来新的机遇。要高度重视合作社的发展，为合作社的发展创造更好的软硬件条件，加强宣传引导，营造全社会正确认识合作社、支持合作社发展的良好舆论氛围。

鼓励和促进各类机构加强与农民合作社合作。充分发挥本市科技优势，鼓励科研院所、农业技术部门积极参与合作社的建设，加强合作交流，提升合作社为农业生产服务的能力。鼓励和支持农资生产企业、农业龙头企业、农产品流通企业加强与合作社的合作，构建农户、合作社、企业之间互利共赢的合作模式，让农民更多分享产业链增值收益。

（二）加强规范化建设，提高合作社的管理能力

按照“民主办社、民主管理、民主监督”的原则，完善合作社治理机制以及合作社与成员的利益联结机制。从合作社内部着手，进一步健全成员大会、理事会、监事会运作机制。加强对合作社领办人、理事长、经理等经营管理人员的培训，促进其从农村能人向现代经营管理者转变。大力开展对广大农民的培训，引导广大农民积极参加合作社建设与发展。鼓励经营规模大、经济实力强的合作社引进专业管理和技术人才。

抓好示范社创建活动，完善示范社动态管理机制，促进示范社提高规范管理水平。开展合作社财务托管服务，以财务规范为重点，促进合作社加强规范管理。按年度对示范社治理机制进行监督评价，实行优胜劣汰，引导合作社规范发展。发挥好合作社联合会的平台作

用，加强交流协作、规范自律。进一步健全完善市、区合作社联席会议制度，全面加强指导和服务，及时协调解决合作社发展遇到的困难。

（三）鼓励创新发展，提升合作社竞争能力

鼓励乡村集体经济组织牵头兴办农民合作社，发展更多的集体经济组织 + 合作社 + 农户的合作形式；鼓励龙头企业辐射带动农民合作社发展，发展更多的龙头企业 + 合作社的合作形式，尤其是鼓励首农集团、二商集团、供销社等市属国有涉农企业加强与合作社的合作，发挥其引领带动作用。鼓励合作社之间联合协作、整合资源，成立联合社。鼓励跨区域发展、联合协作发展，有条件的合作社以强带弱，并购、吸纳经营规模小、服务能力弱的合作社。鼓励有条件的合作社到外埠组建合作社并建设生产加工基地，调整首都农业结构，发展高端高效农业。

鼓励和扶持合作社延长农业产业经营链，进入农产品加工和销售领域。以示范社为重点，鼓励开展高质量的农产品供应链管理，支持农产品质量认证和农产品品牌化管理，带动农业标准化生产。鼓励发展农产品加工业务，创新农业产业链组织形式，让农民更多分享产业链增值收益。鼓励开拓市场，根据市场需求调整产品生产，拓展销售网络，开拓合作社 + 社区、合作社 + 场店等直销模式，减少销售成本。

（四）完善政策扶持，提升合作社的发展能力

政策支持要向强化合作社能力建设方面倾斜。整合扶持资金，重点支持合作社董事长、经理和领办人的培训，提升他们的经营管理服务能力和市场开拓能力。支持合作社开展农户培训，提升社员的生产经营能力和合作服务能力。加大对示范社的扶持力度，提升其抵御市

场风险的能力和市场竞争力。支持合作社的“三品一标”[①]认证、商标注册等工作，优先安排具备条件的合作社承担各类涉农项目。研究政府采购合作社产品的政策，调整完善农机等生产设备的补贴政策。强化合作社完善财务核算，切实落实国家已经明确的对合作社的税收优惠政策。

进一步研究农村集体土地政策，本着集约利用的原则，适度支持合作社发展。对设施农业项目中的生产设施、附属设施和配套设施鼓励集中兴建，提高农业设施使用效率，促进土地节约集约利用。在符合乡镇土地利用总体规划的前提下，依法优先安排农民合作社生产经营用地。支持和鼓励农村集体经济组织以兴建的农产品加工、仓储、冷藏等设施参股合作社，实现互利共赢。

加大对合作社的人才支持力度。组织选聘一定数量的大学生村官到合作社任职，鼓励合同期满的大学生村官自愿留任合作社。鼓励大专院校、专家、专业技术人员、大学生等以资金、技术等参股或领办合作社。探索合作社相关人员享受相关社保政策的途径，支持和鼓励有条件的合作社相关人员按规定参加城镇职工社会保险。

（五）完善金融支持政策，稳步推进合作社内部信用合作

积极为金融机构支持农民合作社发展创造条件。充分发挥本市农业担保机构作用，积极开展担保品种创新和担保模式创新，扩大用于担保的财产范围，为更多的合作社提供融资担保，并适度降低担保费用。采取贷款贴息和担保费补助等多种方式，支持符合条件的合作社贷款融资，降低专业合作社融资成本。鼓励各涉农银行金融机构开发针对合作社的金融产品，创新贷款模式和担保方式，不断满足农民合作社贷款需求，提高合作社的竞争能力。

① 无公害农产品、绿色食品、有机农产品和农产品地理标志统称“三品一标”。

稳健推进农民合作社开展内部信用合作。合作社开展内部信用合作是入社农户之间进行内部资金融通的重要渠道。农民专业合作与农民信用合作犹如一个硬币的两面，专业合作会向信用合作发展，专业合作与信用合作相互促进、相互推动。支持有条件的合作社开展内部信用合作试点，及时总结经验，适时出台合作社内部信用合作指引。

参考文献

1.《中华人民共和国农民专业合作社法》，2007 年。
2. 2007 ~2015 历年中央一号文件。
3. 国务院：《农民专业合作社登记管理条例》，2007 年。
4. 北京市农委：《北京市农民专业合作社示范章程（试行）》，2007 年。
5.《北京市实施〈中华人民共和国农民专业合作社法〉办法》，2010 年。
6. 北京市农委等部门：《关于金融支持专业合作社发展的意见》，2011 年。
7. 北京市农委等部门：《关于扶持本市农民合作社发展的若干意见》，2013 年。
8. 宋洪远等：《中国新型农业经营主体发展研究》，中国金融出版社，2015 年。
9. 郭光磊等：《北京市农民专业合作社融资问题研究》，北京市农村经济研究中心，2013 年。
10. 刘守英：《中国农业转型与农业现代化》，国研网，2015 年。

B.23

密云区农村土地承包经营权流转工作的实践与思考*

董向东**

摘　要：　本文对密云区近年来推进农村土地承包经营权流转工作的基本情况、主要做法和取得的成效，进行了系统的回顾和总结，深入剖析了工作推进过程中存在的土地流转价格缺乏增长机制、农民流转意愿不强、流转程序不规范等实际问题，并提出全面推进农村土地确权登记颁证工作、建立健全土地承包经营权流转市场、完善土地流转价格评估机制、加强政策引导等对策建议。

关键词：　农村土地承包经营权流转　流转合同　政策与工作

近年来，密云区坚持农村基本经营制度，按照依法自愿有偿原则，鼓励和支持农民将承包土地向专业大户、家庭农场、农民专业合作组织、龙头企业流转，构建了新型农业生产经营体系，促进了农村土地集约利用和适度规模经营。为了进一步加强和规范本区农村土地承包经营权流转工作，本文进行了以下研究。

* 本文采用的数据均是密云区经营管理站日常工作调研所得。

** 董向东，北京市密云区经管站党组书记、站长。

一　基本情况和主要做法

截至2015年，密云区已流转土地10.1万亩，占土地确权面积（28万亩）的36.1%。其中，采取确权确利方式流转3.8万亩，确权确地后流转6.3万亩。在确权确地流转中，本村内部流转0.4万亩，向村外流转5.9万亩。从流转方式看，出租5.1万亩，转包1万亩，其他方式流转0.2万亩；从流转对象看，向企业流转3.4万亩，向专业合作组织流转0.3万亩，其他2.6万亩（主要是平原造林）；从流转用途看，用于粮食、蔬菜种植2.4万亩，用于果品生产0.2万亩，用于林木种植2.4万亩，综合开发1.2万亩，其他0.1万亩。全区共签订土地流转合同6.4万份。保障农村土地承包经营权有序流转的主要做法是：

（一）加大宣传培训力度

通过电视、广播、网络等多种形式，加大力度宣传跟农村土地承包经营权流转相关的法律法规、政策文件，让每家每户都知晓或了解土地流转的相关知识。经管站印制了10000多份土地流转宣传材料，利用各镇农贸大集，发放到农民手中，面对面向农民宣讲土地流转的好处和土地流转的各项政策法规。同时，注重加强镇村两级经管干部的业务培训，努力让其吃透政策、熟悉业务、掌握方法。

（二）建立信息服务平台

2009年，建立了土地流转信息平台，利用互联网信息容量大和交互性的特点，延长了土地流转的信息半径。有土地流转意愿的农民只需把流转土地的信息上传上去，坐在家里就可以“等”来受让方，既不求人，也不花钱。2011年，成立了北京产权交易所密云办事处，土地流转交易服务平台进一步完善，区镇村三级都建立了土地流转交易机构和队伍。

（三）强化合同签订指导

为了推进土地流转工作的规范进行，经管站制定了详细的土地流转规程，加强对土地流转工作的业务指导和统一管理，引导流转双方做到程序合法、合同规范、手续完备。流转合同使用经管站统一印制的《农村土地承包经营权流转合同书》，双方当事人可以向镇经管站申请鉴定。流转合同签订后，经管站将流转合同和相关材料及时整理归档，妥善保管。同时，要求镇村也建立健全农用土地流转台账，完善土地承包档案资料管理。

（四）加强收益兑现审计

从 2004 年开始，每年针对上一年确权确利的收益兑现情况开展审计工作，针对审计中发现的问题，提出整改意见，规范流转行为。同时，经管站及时向未兑现的镇村发函，督促其按约定兑现收益款。2014 年，本区应兑现确权确利收益总额 1275. 8 万元，已兑现 1214. 9 万元，兑现率达 95. 2% 。

（五）建立联动工作机制

在土地流转工作中，努力探求新思路、新举措。区农业承包合同仲裁委员会（办事机构设在经管站）与区法院民二庭建立了对接联动机制，双方签订了《裁判对接联动工作机制协议书》。仲裁委员会定期组织仲裁员到法院学习，旁听民二庭涉及农村土地承包、流转合同纠纷案件的审理，不定期地与法院民二庭法官进行典型案件交流研讨。通过建立联动工作机制，区法院和区经管站可以联手化解有关农村土地承包经营权和土地流转合同方面的纠纷，从而保障了流转双方的合法权益。

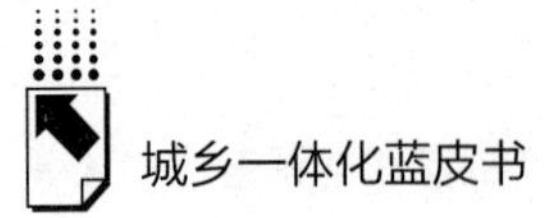

二　取得的成效

（一）促进了土地适度规模经营，增加了农民就业岗位

土地向种植能手、龙头企业和农村经济组织集中，变传统的一家一户分散经营为适度规模经营，有利于发展优质高效农业，促进农业与二、三产业的融合，带动农民就业增收。古北口镇引进北京紫海香堤艺术庄园项目，汤河、司马台两村成立了两个香草合作社。合作社通过土地流转，获得1200亩土地的经营权，采取“公司＋农户＋合作社”的生产模式，开发汤河流域，发展香草种植观光业、果品观光采摘业，促进了土地产出的高效益。合作社实行统一管理、统一经营，使全体社员共享收益，其中200余名农民通过参与种植，还获得了就业岗位，增加了工资性收入。

（二）加快了农业结构调整步伐，带动了地区经济发展

经流转获得土地经营权的企业和经营者，通过引进新品种、采用新技术等方式，集中精力发展高效农业，加快了当地农业产业结构的调整步伐，带动了地区经济发展。过去，北庄镇农作物种植主要以传统农业生产种植为主，经济效益相对较低。2007年，该镇因地制宜，坚持农民自愿参与的原则，大规模发展特色花卉种植。该镇大岭村与海华文景有限公司签订了30亩土地租赁合同，建设了温室大棚种植百合花，当年实现收入100余万元，并为30余名村民提供了就业岗位。2008～2009年，海华文景有限公司又扩大了百合花种植规模，从该镇朱家湾、暖泉会两村流转土地440亩，逐步将花卉种植业打造成该镇的特色产业，有效带动了镇域经济发展。

（三）推动了农民转移就业，实现了农民增收致富

农村土地流转，既维护了农民的土地承包权，又解除了农民外出创业就业的后顾之忧，使更多的农民从土地上解放出来，安心地打工、经商。同时，通过土地流转产生的经营大户，又为农民再就业提供了广阔平台。2007 年，东邵渠镇通过招商引资，引进了汇源果汁企业，大力发展果汁加工业。企业投资 5 亿元，流转东邵渠村土地 1921 亩、西邵渠村土地 677 亩，涉及农户 739 户，建成了北京汇源果树果品研发中心和北京汇源技术培训中心，共为两村 1000 余人提供了就业岗位，每户每年增加收入 9000 余元。北庄镇引进互润公司，从 2003 年至今，流转土地 1156 亩，每亩流转价格 800～1000 元，每 5 年递增约 5%，涉及 4 个村、722 户，解决劳动力转移就业 70 人，人均每年增收 1500～4500 元。北庄镇引进的艾德伟业公司自 2012～2015 年，流转农民土地 1135.6 亩，流转价格每年每亩 800 元，每 5 年递增 5%，涉及 3 个村、298 户，解决劳动力转移就业 70 人左右，人均每年增收 1500～4500 元。

（四）搞活了沟域经济，带动了民俗旅游业发展

“十二五”期间，北京市重点开发七条沟域，密云古北口镇司马台村及周边地区成为沟域经济的重点扶持对象之一。2010 年，密云县政府与中青旅控股有限公司达成合作协议，决定实施司马台长城景区环境综合整治工程，开发建设北京密云古北水镇项目，同时，建设司马台新村，大力促进民俗旅游业规范、高效发展。司马台村从农民承包土地中流转出 1936 亩用于项目建设，目前，该项目已成为生态涵养区发展沟域经济和休闲旅游业的示范项目，古北水镇已成为北京市乃至全国的文化旅游新地标，司马台村也成为高标准、有特色、设施全的乡村旅游目的地和新农村建设示范点。

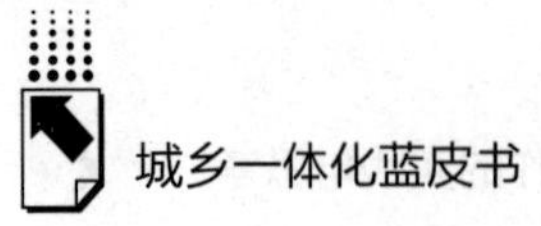

三　存在的问题

（一）土地流转价格缺乏增长机制，农民长远利益得不到保障

近5年来，密云区土地流转平均价格约为1000元/亩，最高达到1600元/亩，最低的只有600元/亩。在土地流转过程中，农民与接转方存在严重的信息不对称等现象，在流转价格协商中处于弱势地位，过于被动。同时，一部分流转合同在价格条款中没有约定增长机制，农民的长远利益得不到更好保障。如某村2700亩土地流转给一家公司，期限50年，其中耕地700亩按500元/亩/年、旱地500亩按200元/亩/年、荒山1500亩按10元/亩/年的价格进行流转，没有约定价格增长机制，几年过后，农民纷纷到镇里上访要求提高租金。

（二）农民有后顾之忧，流转意愿不强

当前农村社会保障机制不够健全，土地具有社会保障和就业功能，农民把土地视为命根子，认为只要有了土地，生活就有了退路，宁可粗放经营，也不愿意流转出去。因此，当前密云区土地流转大多数都是在政府主导下进行的，外埠企业或个人承接得多，集体经济组织内部个人作为接转方进行土地规模经营的数量较少，适度规模经营发展缓慢。

（三）流转程序不规范，存在监管隐患

有个别农户私下流转土地，双方仅凭口头协议进行，村集体毫不知情。这种做法逃避监管，干扰正常的农地流转市场，影响地区农业产业布局，流转土地农户的正当权益得不到法律保护，存在一定的隐患。

（四）利益矛盾多，流转阻碍大

一些土地流转是由镇、村集体组织协调的，这类流转往往涉及土

地面积较大、租期较长，各种利益诉求交织在一起，容易产生矛盾和冲突。当一小部分人的利益诉求与大部分人的利益诉求不一致时，土地流转难以顺利达成协议。

四 需要重点做好的工作

党的十八届五中全会提出，“稳定农村土地承包关系，完善土地所有权、承包权、经营权分置办法，依法推进土地经营权有序流转，构建培育新型农业经营主体的政策体系”，“深化农村土地制度改革，完善农村集体产权权能”。这为密云区今后规范和推进农村土地承包经营权流转工作，指明了方向，明确了任务。今后，密云区要重点做好以下几方面工作。

（一）全面推进农村土地确权、登记、颁证工作

开展农村土地承包经营权确权登记颁证工作，是中央从深化农村改革全局出发做出的一项重大决策，也是当前和今后农村工作的一项重大任务，中央和北京市对此十分重视。通过确权登记颁证，将承包地块、面积、空间位置和证书全面落实到户，能够让农民放心流转土地，发展农业适度规模经营。通过确权登记颁证，建立涉及土地承包经营权的转让、互换、变更、抵押等内容的登记制度，可赋予农村承包土地更多权能，确认农户对承包土地的占有、使用、收益等各项权利，强化对土地承包经营权的物权保护。因此，做好土地承包经营权确权登记颁证工作，将为促进农村土地承包经营权依法、规范、有序流转奠定坚实基础。要根据中央精神，按照市、区统一部署，全面推进密云区农村土地确权登记颁证工作，力争到 2017 年全面完成。

（二）建立健全土地承包经营权流转市场

2015 年，北京市政府办公厅下发了《关于引导农村产权流转交

易市场健康发展的若干意见》，为建立全市农村产权交易市场、规范农村产权流转交易行为明确了依据。要按照意见要求，重点做好以下几项工作：

一是制定实施《密云区农村产权流转交易管理办法》，加强本区农村产权流转交易服务中心组织建设，组建区、镇农村产权流转交易监督管理委员会，负责对区、镇农村产权流转交易市场的指导和监督，统一规范农村产权交易流转行为。

二是在搭建农村土地流转交易有形市场基础上，完善区、镇农村产权交易网络信息平台建设，充分发挥信息平台功能，积极开展土地流转供求登记、信息发布、土地评估、政策咨询等服务工作，降低土地流转成本和风险，提高流转效率。

三是政府和相关主管部门要主动介入土地流转市场，充分发挥桥梁与纽带作用，鼓励农户以土地承包经营权入股形式组建土地股份合作社，引导投资主体与土地股份合作社、社员之间形成利益共同体，发展多种形式适度规模经营。

（三）完善土地流转价格评估机制

为切实维护和保障农民合法权益，当前应建立以政府为引导、符合市场规律的土地流转价格指导体系，完善农村土地流转价格评估机制。要结合全区产业发展现状和发展前景，参考各镇村现行农村土地流转价格、土地产出水平，提出农村土地流转市场价格的指导性建议，提高农村流转土地入市透明度，增强可操作性。为保障农民长远利益不受侵害，土地流转合同中应对土地流转价格的增长机制做出约定。

（四）加强政策引导

现代经济越来越朝着规模经济的方向发展，没有规模，就没有效益，也就没有市场竞争力。政府和主管部门要加强政策引导，在土地承包经营权流转工作中，注重科学规划和统筹安排，切实解决好土地流转的规模问题。所以，可以采取大户经营、企业经营和专业合作社经营等多种方式，推进土地流转工作，培育区域主导产业和优势发展项目。要依托资源优势，推进规模经营，逐步形成区域规模、产业规模和市场规模，提高土地的综合效益，构建新型农业经营体系，加快农业现代化进程。

（五）强化服务体系建设

推进农村土地流转工作，既要遵循市场规律，又要尊重农民意愿，重点做好服务工作。一是健全组织机构，加强业务培训。尤其要加强镇村两级土地流转管理及服务机构建设，有条件的村应设置专兼职土地流转管理人员。区级业务主管部门要定期组织业务培训，不断提升土地流转管理人员的业务能力，提高服务水平。二是健全完善土地流转合同签订、登记备案、流转台账、档案管理等相关制度，促进村级土地流转规范化、制度化，实现土地流转信息实时掌控及流转价格的动态监测。三是加大土地流转矛盾纠纷调处、仲裁力度，切实维护农户的土地承包权益，保障农村土地流转依法有序开展。

参考文献

1.《中国共产党第十八次全国代表大会工作报告》。

2.《中共中央关于全面深化改革若干重大问题的决定》。

3.《北京农村经济》2015 年 1 ~ 12 期。

法律声明

权威·前沿·原创

SSAP
社会科学文献出版社

皮书系列

2015年

盘点年度资讯 预测时代前程

社会科学文献出版社 学术传播中心 编制

社会科学文献出版社成立于1985年，是直属于中国社会科学院的人文社会科学专业学术出版机构。

成立以来，特别是1998年实施第二次创业以来，依托于中国社会科学院丰厚的学术出版和专家学者两大资源，坚持“创社科经典，出传世文献”的出版理念和“权威、前沿、原创”的产品定位，社科文献立足内涵式发展道路，从战略层面推动学术出版五大能力建设，逐步走上了智库产品与专业学术成果系列化、规模化、数字化、国际化、市场化发展的经营道路。

先后策划出版了著名的图书品牌和学术品牌“皮书”系列、“列国志”、“社科文献精品译库”、“全球化译丛”、“全面深化改革研究书系”、“近世中国”、“甲骨文”、“中国史话”等一大批既有学术影响又有市场价值的系列图书，形成了较强的学术出版能力和资源整合能力。2014年社科文献出版社发稿5.5亿字，出版图书1500余种，承印发行中国社科院院属期刊71种，在多项指标上都实现了较大幅度的增长。

凭借着雄厚的出版资源整合能力，社科文献出版社长期以来一直致力于从内容资源和数字平台两个方面实现传统出版的再造，并先后推出了皮书数据库、列国志数据库、中国田野调查数据库等一系列数字产品。数字出版已经初步形成了产品设计、内容开发、编辑标引、产品运营、技术支持、营销推广等全流程体系。

在国内原创著作、国外名家经典著作大量出版，数字出版突飞猛进的同时，社科文献出版社从构建国际话语体系的角度推动学术出版国际化。先后与斯普林格、荷兰博睿、牛津、剑桥等十余家国际出版机构合作面向海外推出了“皮书系列”“改革开放30年研究书系”“中国梦与中国发展道路研究丛书”“全面深化改革研究书系”等一系列在世界范围内引起强烈反响的作品；并持续致力于中国学术出版走出去，组织学者和编辑参加国际书展，筹办国际性学术研讨会，向世界展示中国学者的学术水平和研究成果。

此外，社科文献出版社充分利用网络媒体平台，积极与中央和地方各类媒体合作，并联合大型书店、学术书店、机场书店、网络书店、图书馆，逐步构建起了强大的学术图书内容传播平台。学术图书的媒体曝光率居全国之首，图书馆藏率居于全国出版机构前十位。

上述诸多成绩的取得，有赖于一支以年轻的博士、硕士为主体，一批从中国社科院刚退出科研一线的各学科专家为支撑的300多位高素质的编辑、出版和营销队伍，为我们实现学术立社，以学术品位、学术价值来实现经济效益和社会效益这样一个目标的共同努力。

作为已经开启第三次创业梦想的人文社会科学学术出版机构，2015年的社会科学文献出版社将迎来她30周岁的生日，“三十而立”再出发，我们将以改革发展为动力，以学术资源建设为中心，以构建智慧型出版社为主线，以社庆三十周年系列活动为重要载体，以“整合、专业、分类、协同、持续”为各项工作指导原则，全力推进出版社数字化转型，坚定不移地走专业化、数字化、国际化发展道路，全面提升出版社核心竞争力，为实现“社科文献梦”奠定坚实基础。

社长致辞

我们是图书出版者，更是人文社会科学内容资源供应商；

我们背靠中国社会科学院，面向中国与世界人文社会科学界，坚持为人文社会科学的繁荣与发展服务；

我们精心打造权威信息资源整合平台，坚持为中国经济与社会的繁荣与发展提供决策咨询服务；

我们以读者定位自身，立志让爱书人读到好书，让求知者获得知识；

我们精心编辑、设计每一本好书以形成品牌张力，以优秀的品牌形象服务读者，开拓市场；

我们始终坚持“创社科经典，出传世文献”的经营理念，坚持“权威、前沿、原创”的产品特色；

我们“以人为本”，提倡阳光下创业，员工与企业共享发展之成果；

我们立足于现实，认真对待我们的优势、劣势，我们更着眼于未来，以不断的学习与创新适应不断变化的世界，以不断的努力提升自己的实力；

我们愿与社会各界友好合作，共享人文社会科学发展之成果，共同推动中国学术出版乃至内容产业的繁荣与发展。

社会科学文献出版社社长
中国社会学会秘书长

谢寿光

2015 年 1 月

皮书起源

“皮书”起源于十七、十八世纪的英国，主要指官方或社会组织正式发表的重要文件或报告，多以“白皮书”命名。在中国，“皮书”这一概念被社会广泛接受，并被成功运作、发展成为一种全新的出版形态，则源于中国社会科学院社会科学文献出版社。

皮书定义

皮书是对中国与世界发展状况和热点问题进行年度监测，以专业的角度、专家的视野和实证研究方法，针对某一领域或区域现状与发展态势展开分析和预测，具备权威性、前沿性、原创性、实证性、时效性等特点的连续性公开出版物，由一系列权威研究报告组成。皮书系列是社会科学文献出版社编辑出版的蓝皮书、绿皮书、黄皮书等的统称。

皮书作者

皮书系列的作者以中国社会科学院、著名高校、地方社会科学院的研究人员为主，多为国内一流研究机构的权威专家学者，他们的看法和观点代表了学界对中国与世界的现实和未来最高水平的解读与分析。

皮书荣誉

皮书系列已成为社会科学文献出版社的著名图书品牌和中国社会科学院的知名学术品牌。2011 年，皮书系列正式列入“十二五”国家重点出版规划项目；2012~2014 年，重点皮书列入中国社会科学院承担的国家哲学社会科学创新工程项目；2015 年，41 种院外皮书使用“中国社会科学院创新工程学术出版项目”标识。

经 济 类

经济类皮书涵盖宏观经济、城市经济、大区域经济，
提供权威、前沿的分析与预测

经济蓝皮书

2015 年中国经济形势分析与预测

李　扬 / 主编　　2014 年 12 月出版　　定价 :69.00 元

◆ 本书为总理基金项目，由著名经济学家李扬领衔，联合中国社会科学院、国务院发展中心等数十家科研机构、国家部委和高等院校的专家共同撰写，系统分析了 2014 年的中国经济形势并预测 2015 年我国经济运行情况，2015 年中国经济仍将保持平稳较快增长，预计增速 7% 左右。

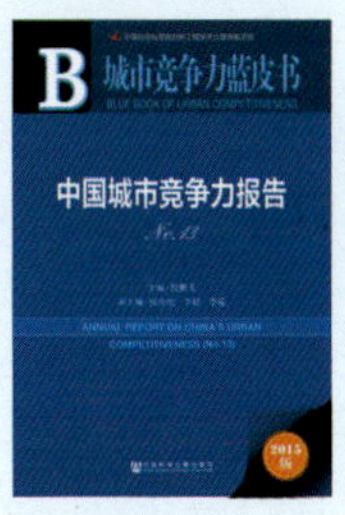

城市竞争力蓝皮书

中国城市竞争力报告 No.13

倪鹏飞 / 主编　　2015 年 5 月出版　　定价 :89.00 元

◆ 本书由中国社会科学院城市与竞争力研究中心主任倪鹏飞主持编写，以“巨手：托起城市中国新版图”为主题，分别从市场、产业、要素、交通一体化角度论证了东中一体化程度不断加深。建议：中国经济分区应该由四分区调整为二分区；按照“一团五线”的发展格局对中国的城市体系做出重大调整。

西部蓝皮书

中国西部发展报告（2015）

姚慧琴　徐璋勇 / 主编　　2015 年 7 月出版　　估价 :89.00 元

◆ 本书由西北大学中国西部经济发展研究中心主编，汇集了源自西部本土以及国内研究西部问题的权威专家的第一手资料，对国家实施西部大开发战略进行年度动态跟踪，并对 2015 年西部经济、社会发展态势进行预测和展望。

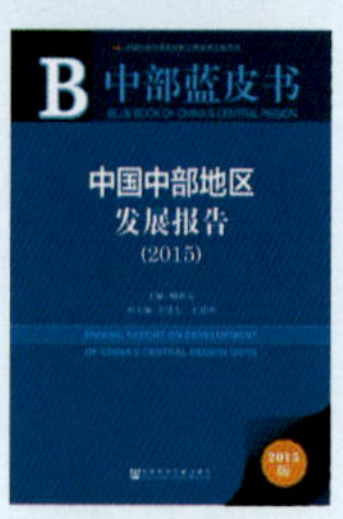

中部蓝皮书

中国中部地区发展报告（2015）

喻新安 / 主编　　2015 年 7 月出版　　估价 :69.00 元

◆　本书敏锐地抓住当前中部地区经济发展中的热点、难点问题，紧密地结合国家和中部经济社会发展的重大战略转变，对中部地区经济发展的各个领域进行了深入、全面的分析研究，并提出了具有理论研究价值和可操作性强的政策建议。

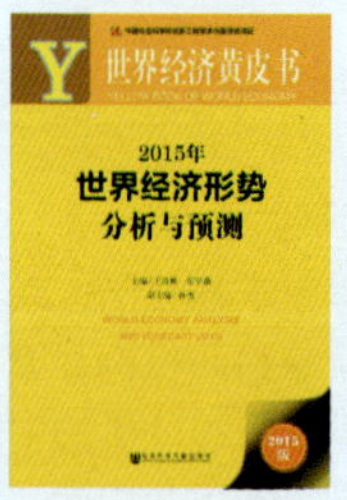

世界经济黄皮书

2015 年世界经济形势分析与预测

王洛林　张宇燕 / 主编　　2015 年 1 月出版　　定价 :69.00 元

◆　本书为中国社会科学院创新工程学术出版资助项目，由中国社会科学院世界经济与政治研究所的研创团队撰写。该书认为，2014 年，世界经济维持了上年度的缓慢复苏，同时经济增长格局分化显著。预计 2015 年全球经济增速按购买力平价计算的增长率为 3.3%，按市场汇率计算的增长率为 2.8%。

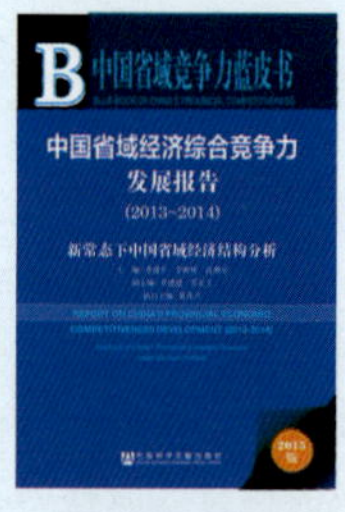

中国省域竞争力蓝皮书

中国省域经济综合竞争力发展报告（2013~2014）

李建平　李闽榕　高燕京 / 主编　　2015 年 2 月出版　定价 :198.00 元

◆　本书充分运用数理分析、空间分析、规范分析与实证分析相结合、定性分析与定量分析相结合的方法，建立起比较科学完善、符合中国国情的省域经济综合竞争力指标评价体系及数学模型，对 2012~2013 年中国内地 31 个省、市、区的经济综合竞争力进行全面、深入、科学的总体评价与比较分析。

城市蓝皮书

中国城市发展报告 No.8

潘家华　魏后凯 / 主编　2015 年 9 月出版　　估价 :69.00 元

◆　本书由中国社会科学院城市发展与环境研究中心编著，从中国城市的科学发展、城市环境可持续发展、城市经济集约发展、城市社会协调发展、城市基础设施与用地管理、城市管理体制改革以及中国城市科学发展实践等多角度、全方位地立体展示了中国城市的发展状况，并对中国城市的未来发展提出了建议。

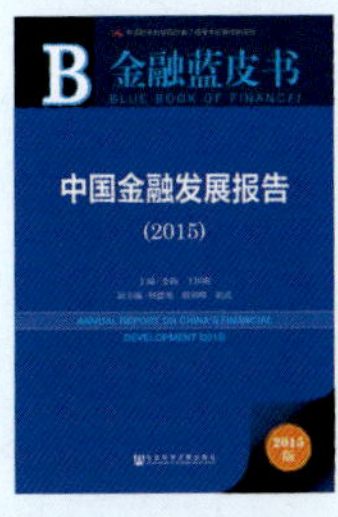

金融蓝皮书

中国金融发展报告（2015）

李　扬　王国刚 / 主编　2014 年 12 月出版　定价 :75.00 元

◆　由中国社会科学院金融研究所组织编写的《中国金融发展报告（2015）》，概括和分析了 2014 年中国金融发展和运行中的各方面情况，研讨和评论了 2014 年发生的主要金融事件。本书由业内专家和青年精英联合编著，有利于读者了解掌握 2014 年中国的金融状况，把握 2015 年中国金融的走势。

低碳发展蓝皮书

中国低碳发展报告（2015）

齐　晔 / 主编　2015 年 7 月出版　估价 :89.00 元

◆　本书对中国低碳发展的政策、行动和绩效进行科学、系统、全面的分析。重点是通过归纳中国低碳发展的绩效，评估与低碳发展相关的政策和措施，分析政策效应的制度背景和作用机制，为进一步的政策制定、优化和实施提供支持。

经济信息绿皮书

中国与世界经济发展报告（2015）

杜　平 / 主编　2014 年 12 月出版　定价 :79.00 元

◆　本书是由国家信息中心组织专家队伍精心研究编撰的年度经济分析预测报告，书中指出，2014 年，我国经济增速有所放慢，但仍处于合理运行区间。主要新兴国家经济总体仍显疲软。2015 年应防止经济下行和财政金融风险相互强化，促进经济向新常态平稳过渡。

低碳经济蓝皮书

中国低碳经济发展报告（2015）

薛进军　赵忠秀 / 主编　2015 年 6 月出版　定价 :85.00 元

◆　本书汇集来自世界各国的专家学者、政府官员，探讨世界金融危机后国际经济的现状，提出“绿色化”为经济转型期国家的可持续发展提供了重要范本，并将成为解决气候系统保护与经济发展矛盾的重要突破口，也将是中国引领“一带一路”沿线国家实现绿色发展的重要抓手。

社会政法类

社会政法类皮书聚焦社会发展领域的热点、难点问题，提供权威、原创的资讯与视点

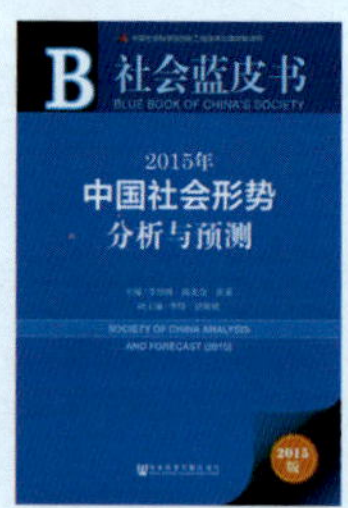

社会蓝皮书

2015 年中国社会形势分析与预测

李培林　陈光金　张　翼 / 主编　2014 年 12 月出版　定价 :69.00 元

◆ 本书由中国社会科学院社会学研究所组织研究机构专家、高校学者和政府研究人员撰写，聚焦当下社会热点，指出 2014 年我国社会存在城乡居民人均收入增速放缓、大学生毕业就业压力加大、社会老龄化加速、住房价格继续飙升、环境群体性事件多发等问题。

法治蓝皮书

中国法治发展报告 No.13（2015）

李　林　田　禾 / 主编　2015 年 3 月出版　定价 :105.00 元

◆ 本年度法治蓝皮书回顾总结了 2014 年度中国法治取得的成效及存在的问题，并对 2015 年中国法治发展形势进行预测、展望，还从立法、人权保障、行政审批制度改革、反价格垄断执法、教育法治、政府信息公开等方面研讨了中国法治发展的相关问题。

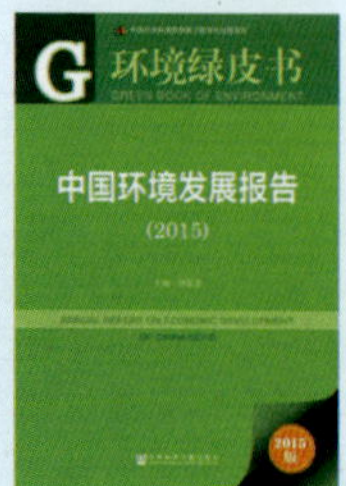

环境绿皮书

中国环境发展报告（2015）

刘鉴强 / 主编　2015 年 7 月出版　估价 :79.00 元

◆ 本书由民间环保组织“自然之友”组织编写，由特别关注、生态保护、宜居城市、可持续消费以及政策与治理等版块构成，以公共利益的视角记录、审视和思考中国环境状况，呈现 2014 年中国环境与可持续发展领域的全局态势，用深刻的思考、科学的数据分析 2014 年的环境热点事件。

反腐倡廉蓝皮书

中国反腐倡廉建设报告 No.4

李秋芳 张英伟 / 主编 2014 年 12 月出版 定价 :79.00 元

◆ 本书继续坚持“建设”主题，既描摹出反腐败斗争的感性特点，又揭示出反腐政治格局深刻变化的根本动因。指出当前症结在于权力与资本“隐蔽勾连”、“官场积弊”消解“吏治改革”效力、部分公职人员基本价值观迷乱、封建主义与资本主义思想依然影响深重。提出应以科学思维把握反腐治标与治本问题，建构“不需腐”的合理合法薪酬保障机制。

女性生活蓝皮书

中国女性生活状况报告 No.9（2015）

韩湘景 / 主编 2015 年 4 月出版 定价 :79.00 元

◆ 本书由中国妇女杂志社、华坤女性生活调查中心和华坤女性消费指导中心组织编写，通过调查获得的大量调查数据，真实展现当年中国城市女性的生活状况、消费状况及对今后的预期。

华侨华人蓝皮书

华侨华人研究报告 (2015)

贾益民 / 主编 2015 年 12 月出版 估价 :118.00 元

◆ 本书为中国社会科学院创新工程学术出版资助项目，是华侨大学向世界提供最新涉侨动态、理论研究和政策建议的平台。主要介绍了相关国家华侨华人的规模、分布、结构、发展趋势，以及全球涉侨生存安全环境和华文教育情况等。

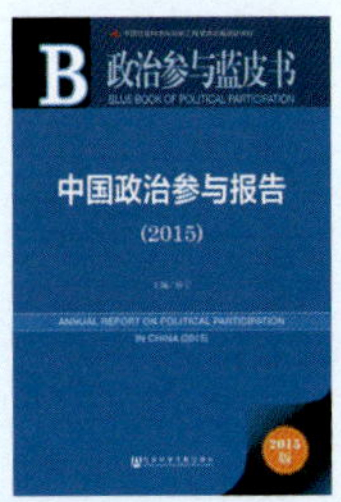

政治参与蓝皮书

中国政治参与报告（2015）

房 宁 / 主编 2015 年 7 月出版 估价 :105.00 元

◆ 本书作者均来自中国社会科学院政治学研究所，聚焦中国基层群众自治的参与情况介绍了城镇居民的社区建设与居民自治参与和农村居民的村民自治与农村社区建设参与情况。其优势是其指标评估体系的建构和问卷调查的设计专业，数据量丰富，统计结论科学严谨。

行业报告类

行业报告类皮书立足重点行业、新兴行业领域，
提供及时、前瞻的数据与信息

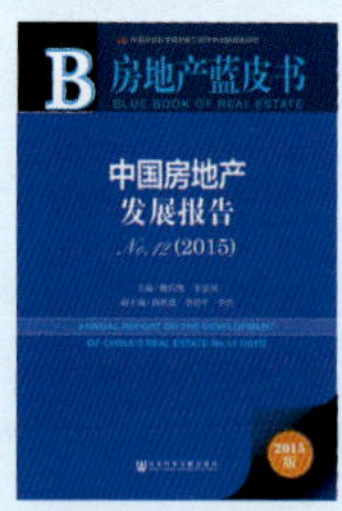

房地产蓝皮书

中国房地产发展报告 No.12（2015）

魏后凯　李景国 / 主编　　2015 年 5 月出版　　定价 :79.00 元

◆　本年度房地产蓝皮书指出，2014 年中国房地产市场出现了较大幅度的回调，商品房销售明显遇冷，库存居高不下。展望 2015 年，房价保持低速增长的可能性较大，但区域分化将十分明显，人口聚集能力强的一线城市和部分热点二线城市房价有回暖、房价上涨趋势，而人口聚集能力差、库存大的部分二线城市或三四线城市房价会延续下跌（回调）态势。

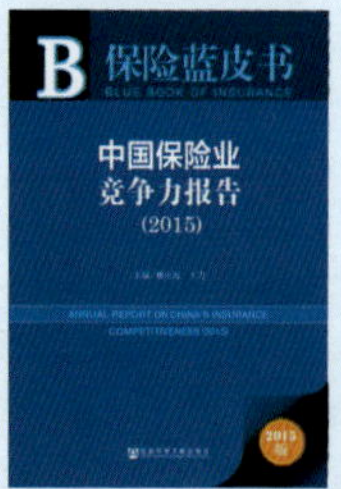

保险蓝皮书

中国保险业竞争力报告（2015）

姚庆海　王　力 / 主编　2015 年 12 出版　　估价 :98.00 元

◆　本皮书主要为监管机构、保险行业和保险学界提供保险市场一年来发展的总体评价，外在因素对保险业竞争力发展的影响研究；国家监管政策、市场主体经营创新及职能发挥、理论界最新研究成果等综述和评论。

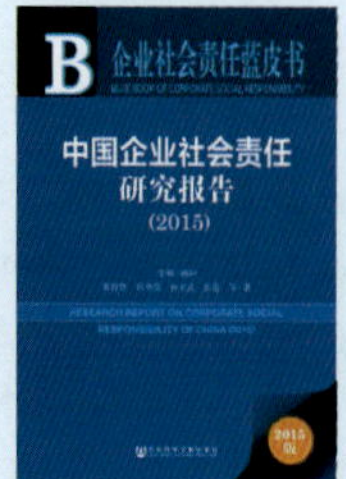

企业社会责任蓝皮书

中国企业社会责任研究报告（2015）

黄群慧　彭华岗　钟宏武　张　蒽 / 编著
2015 年 11 月出版　估价 :69.00 元

◆　本书系中国社会科学院经济学部企业社会责任研究中心组织编写的《企业社会责任蓝皮书》2015 年分册。该书在对企业社会责任进行宏观总体研究的基础上，根据 2014 年企业社会责任及相关背景进行了创新研究，在全国企业中观层面对企业健全社会责任管理体系提供了弥足珍贵的丰富信息。

投资蓝皮书

中国投资发展报告（2015）

谢　平 / 主编　　2015 年 4 月出版　　定价 :128.00 元

◆ 2014 年，适应新常态发展的宏观经济政策逐步成型和出台，成为保持经济平稳增长、促进经济活力增强、结构不断优化升级的有力保障。2015 年，应重点关注先进制造业、TMT 产业、大健康产业、大文化产业及非金融全新产业的投资机会，适应新常态下的产业发展变化，在投资布局中争取主动。

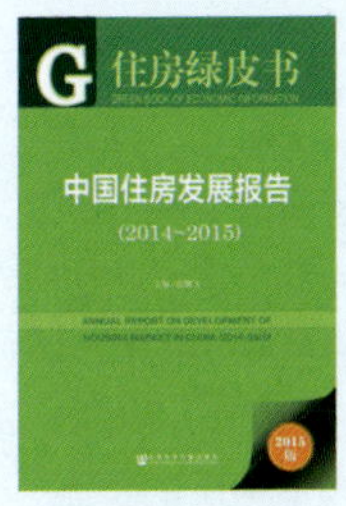

住房绿皮书

中国住房发展报告（2014~2015）

倪鹏飞 / 主编　　2014 年 12 月出版　　定价 :79.00 元

◆ 本年度住房绿皮书指出，中国住房市场从 2014 年第一季度开始进入调整状态，2014 年第三季度进入全面调整期。2015 年的住房市场走势：整体延续衰退，一、二线城市 2015 年下半年、三四线城市 2016 年下半年复苏。

人力资源蓝皮书

中国人力资源发展报告（2015）

余兴安 / 主编　　2015 年 9 月出版　　估价 :79.00 元

◆ 本书是在人力资源和社会保障部部领导的支持下，由中国人事科学研究院汇集我国人力资源开发权威研究机构的诸多专家学者的研究成果编写而成。 作为关于人力资源的蓝皮书，本书通过充分利用有关研究成果，更广泛、更深入地展示近年来我国人力资源开发重点领域的研究成果。

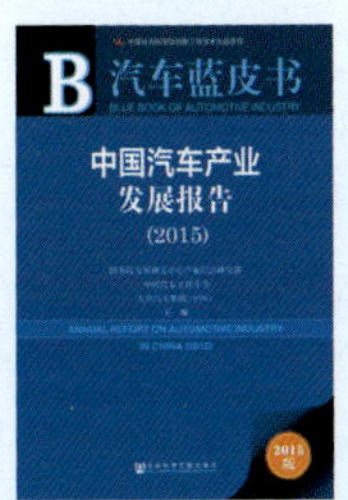

汽车蓝皮书

中国汽车产业发展报告（2015）

国务院发展研究中心产业经济研究部 中国汽车工程学会
大众汽车集团（中国）/ 主编　2015 年 8 月出版　　估价 :128.00 元

◆ 本书由国务院发展研究中心产业经济研究部、中国汽车工程学会、大众汽车集团（中国）联合主编，是关于中国汽车产业发展的研究性年度报告，介绍并分析了本年度中国汽车产业发展的形势。

国别与地区类

国别与地区类皮书关注全球重点国家与地区，提供全面、独特的解读与研究

亚太蓝皮书

亚太地区发展报告（2015）

李向阳 / 主编　　2015 年 1 月出版　　定价 :59.00 元

◆ 本年度的专题是“一带一路”，书中对“一带一路”战略的经济基础、“一带一路”与区域合作等进行了阐述。除对亚太地区 2014 年的整体变动情况进行深入分析外，还在此基础上提出了对于 2015 年亚太地区各个方面发展情况的预测。

日本蓝皮书

日本研究报告（2015）

李　薇 / 主编　　2015 年 4 月出版　　定价 :69.00 元

◆ 本书由中华日本学会、中国社会科学院日本研究所合作推出，是以中国社会科学院日本研究所的研究人员为主完成的研究成果。对 2014 年日本的政治、外交、经济、社会文化作了回顾、分析，并对 2015 年形势进行展望。

德国蓝皮书

德国发展报告（2015）

郑春荣　伍慧萍 / 主编　2015 年 5 月出版　定价 :69.00 元

◆ 本报告由同济大学德国研究所组织编撰，由该领域的专家学者对德国的政治、经济、社会文化、外交等方面的形势发展情况，进行全面的阐述与分析。德国作为欧洲大陆第一强国，与中国各方面日渐紧密的合作关系，值得国内各界深切关注。

国际形势黄皮书

全球政治与安全报告（2015）

李慎明　张宇燕 / 主编　2015 年 1 月出版　定价 :69.00 元

◆　本书对中、俄、美三国之间的合作与冲突进行了深度分析，揭示了影响中美、俄美及中俄关系的主要因素及变化趋势。重点关注了乌克兰危机、克里米亚问题、苏格兰公投、西非埃博拉疫情以及西亚北非局势等国际焦点问题。

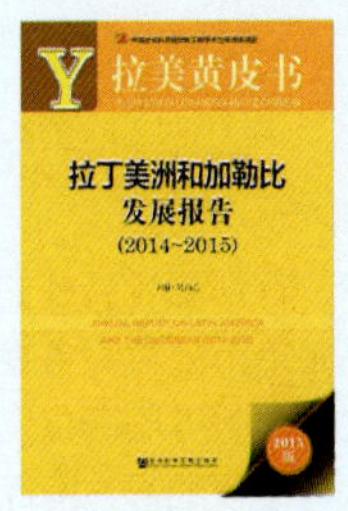

拉美黄皮书

拉丁美洲和加勒比发展报告（2014~2015）

吴白乙 / 主编　2015 年 5 月出版　定价 :89.00 元

◆　本书是中国社会科学院拉丁美洲研究所的第 14 份关于拉丁美洲和加勒比地区发展形势状况的年度报告。 本书对 2014 年拉丁美洲和加勒比地区诸国的政治、经济、社会、外交等方面的发展情况做了系统介绍，对该地区相关国家的热点及焦点问题进行了总结和分析，并在此基础上对该地区各国 2015 年的发展前景做出预测。

美国蓝皮书

美国研究报告（2015）

郑秉文　黄　平 / 主编　2015 年 6 月出版　定价 :89.00 元

◆　本书是由中国社会科学院美国所主持完成的研究成果，重点讲述了美国的“再平衡”战略，另外回顾了美国 2014 年的经济、政治形势与外交战略，对 2014 年以来美国内政外交发生的重大事件以及重要政策进行了较为全面的回顾和梳理。

大湄公河次区域蓝皮书

大湄公河次区域合作发展报告（2015）

刘　稚 / 主编　2015 年 9 月出版　估价 :79.00 元

◆　云南大学大湄公河次区域研究中心深入追踪分析该区域发展动向，以把握全面，突出重点为宗旨，系统介绍和研究大湄公河次区域合作的年度热点和重点问题，展望次区域合作的发展趋势，并对新形势下我国推进次区域合作深入发展提出相关对策建议。

地方发展类

地方发展类皮书关注大陆各省份、经济区域，
提供科学、多元的预判与咨政信息

北京蓝皮书

北京公共服务发展报告（2014~ 2015）

施昌奎 / 主编　　2015 年 1 月出版　定价：69.00 元

◆　本书是由北京市政府职能部门的领导、首都著名高校的教授、知名研究机构的专家共同完成的关于北京市公共服务发展与创新的研究成果。本年度主题为“北京公共服务均衡化发展和市场化改革”，内容涉及了北京市公共服务发展的方方面面，既有对北京各个城区的综合性描述，也有对局部、细部、具体问题的分析。

上海蓝皮书

上海经济发展报告（2015）

沈开艳 / 主编　　2015 年 1 月出版　定价 :69.00 元

◆　本书系上海社会科学院系列之一，本年度将“建设具有全球影响力的科技创新中心”作为主题，对 2015 年上海经济增长与发展趋势的进行了预测，把握了上海经济发展的脉搏和学术研究的前沿。

广州蓝皮书

广州经济发展报告（2015）

李江涛　朱名宏 / 主编　　2015 年 7 月出版　估价 :69.00 元

◆　本书是由广州市社会科学院主持编写的“广州蓝皮书”系列之一，本报告对广州 2014 年宏观经济运行情况作了深入分析，对 2015 年宏观经济走势进行了合理预测，并在此基础上提出了相应的政策建议。

文化传媒类

文化传媒类皮书透视文化领域、文化产业，
探索文化大繁荣、大发展的路径

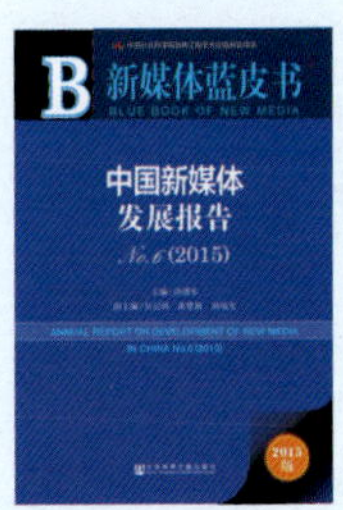

新媒体蓝皮书

中国新媒体发展报告 No.6（2015）

唐绪军 / 主编　　2015 年 7 月出版　　定价 :79.00 元

◆　本书深入探讨了中国网络信息安全、媒体融合状况、微信谣言问题、微博发展态势、互联网金融、移动舆论场舆情、传统媒体转型、新媒体产业发展、网络助政、网络舆论监督、大数据、数据新闻、数字版权等热门问题，展望了中国新媒体的未来发展趋势。

舆情蓝皮书

中国社会舆情与危机管理报告（2015）

谢耘耕 / 主编　　2015 年 8 月出版　　估价 :98.00 元

◆　本书由上海交通大学舆情研究实验室和危机管理研究中心主编，已被列入教育部人文社会科学研究报告培育项目。本书以新媒体环境下的中国社会为立足点,对 2014 年中国社会舆情、分类舆情等进行了深入系统的研究，并预测了 2015 年社会舆情走势。

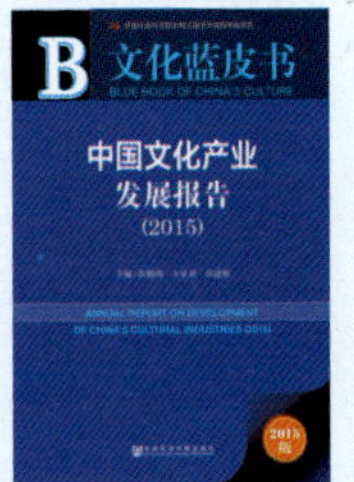

文化蓝皮书

中国文化产业发展报告（2015）

张晓明　王家新　章建刚 / 主编　　2015 年 7 月出版　　估价 :79.00 元

◆　本书由中国社会科学院文化研究中心编写。 从 2012 年开始，中国社会科学院文化研究中心设立了国内首个文化产业的研究类专项资金——“文化产业重大课题研究计划”，开始在全国范围内组织多学科专家学者对我国文化产业发展重大战略问题进行联合攻关研究。本书集中反映了该计划的研究成果。

经济类

G20国家创新竞争力黄皮书
二十国集团(G20)国家创新竞争力发展报告(2015)
著(编)者:黄茂兴 李闽榕 李建平 赵新力
2015年9月出版 / 估价:128.00元

产业蓝皮书
中国产业竞争力报告(2015)
著(编)者:张其仔 2015年7月出版 / 估价:79.00元

长三角蓝皮书
2015年全面深化改革中的长三角
著(编)者:张伟斌 2015年10月出版 / 估价:69.00元

城乡一体化蓝皮书
中国城乡一体化发展报告(2015)
著(编)者:付崇兰 汝信 2015年12月出版 / 估价:79.00元

城市创新蓝皮书
中国城市创新报告(2015)
著(编)者:周天勇 旷建伟 2015年8月出版 / 估价:69.00元

城市竞争力蓝皮书
中国城市竞争力报告(2015)
著(编)者:倪鹏飞 2015年5月出版 / 定价:89.00元

城市蓝皮书
中国城市发展报告NO.8
著(编)者:潘家华 魏后凯 2015年9月出版 / 估价:69.00元

城市群蓝皮书
中国城市群发展指数报告(2015)
著(编)者:刘新静 刘士林 2015年10月出版 / 估价:59.00元

城乡统筹蓝皮书
中国城乡统筹发展报告(2015)
著(编)者:潘晨光 程志强 2015年7月出版 / 估价:59.00元

城镇化蓝皮书
中国新型城镇化健康发展报告(2015)
著(编)者:张占斌 2015年7月出版 / 估价:79.00元

低碳发展蓝皮书
中国低碳发展报告(2015)
著(编)者:齐晔 2015年7月出版 / 估价:89.00元

低碳经济蓝皮书
中国低碳经济发展报告(2015)
著(编)者:薛进军 赵忠秀 2015年6月出版 / 定价:85.00元

东北蓝皮书
中国东北地区发展报告(2015)
著(编)者:马克 黄文艺 2015年8月出版 / 估价:79.00元

发展和改革蓝皮书
中国经济发展和体制改革报告(2015)
著(编)者:邹东涛 2015年11月出版 / 估价:98.00元

工业化蓝皮书
中国工业化进程报告(2015)
著(编)者:黄群慧 吕铁 李晓华 2015年11月出版 / 估价:89.00元

国际城市蓝皮书
国际城市发展报告(2015)
著(编)者:屠启宇 2015年1月出版 / 定价:79.00元

国家创新蓝皮书
中国创新发展报告(2015)
著(编)者:陈劲 2015年7月出版 / 估价:59.00元

环境竞争力绿皮书
中国省域环境竞争力发展报告(2015)
著(编)者:李建平 李闽榕 王金南
2015年12月出版 / 估价:198.00元

金融蓝皮书
中国金融发展报告(2015)
著(编)者:李扬 王国刚 2014年12月出版 / 定价:75.00元

金融信息服务蓝皮书
金融信息服务发展报告(2015)
著(编)者:鲁广锦 殷剑峰 林义相
2015年7月出版 / 估价:89.00元

经济蓝皮书
2015年中国经济形势分析与预测
著(编)者:李扬 2014年12月出版 / 定价:69.00元

经济蓝皮书·春季号
2015年中国经济前景分析
著(编)者:李扬 2015年5月出版 / 定价:79.00元

经济蓝皮书·夏季号
中国经济增长报告(2015)
著(编)者:李扬 2015年7月出版 / 估价:69.00元

经济信息绿皮书
中国与世界经济发展报告(2015)
著(编)者:杜平 2014年12月出版 / 定价:79.00元

就业蓝皮书
2015年中国大学生就业报告
著(编)者:麦可思研究院 2015年7月出版 / 估价:98.00元

就业蓝皮书
2015年中国高职高专生就业报告
著(编)者:麦可思研究院 2015年6月出版 / 定价:98.00元

就业蓝皮书
2015年中国本科生就业报告
著(编)者:麦可思研究院 2015年6月出版 / 定价:98.00元

临空经济蓝皮书
中国临空经济发展报告(2015)
著(编)者:连玉明 2015年9月出版 / 估价:79.00元

民营经济蓝皮书
中国民营经济发展报告(2015)
著(编)者:王钦敏 2015年12月出版 / 估价:79.00元

农村绿皮书
中国农村经济形势分析与预测(2014~2015)
著(编)者:中国社会科学院农村发展研究所
国家统计局农村社会经济调查司
2015年4月出版 / 定价:69.00元

农业应对气候变化蓝皮书
气候变化对中国农业影响评估报告（2015）
著(编)者:矫梅燕　2015年8月出版 / 估价:98.00元

企业公民蓝皮书
中国企业公民报告（2015）
著(编)者:邹东涛　2015年12月出版 / 估价:79.00元

气候变化绿皮书
应对气候变化报告（2015）
著(编)者:王伟光 郑国光　2015年10月出版 / 估价:79.00元

区域蓝皮书
中国区域经济发展报告（2014~2015）
著(编)者:梁昊光　2015年5月出版 / 定价:79.00元

全球环境竞争力绿皮书
全球环境竞争力报告（2015）
著(编)者:李建建 李闽榕 李建平 王金南
2015年12月出版 / 估价:198.00元

人口与劳动绿皮书
中国人口与劳动问题报告No.15
著(编)者:蔡昉　2015年1月出版 / 定价:59.00元

商务中心区蓝皮书
中国商务中心区发展报告（2015）
著(编)者:中国商务区联盟
中国社会科学院城市发展与环境研究所
2015年10月出版 / 估价:69.00元

商务中心区蓝皮书
中国商务中心区发展报告No.1（2014）
著(编)者:魏后凯　李国红　2015年1月出版 / 定价:89.00元

世界经济黄皮书
2015年世界经济形势分析与预测
著(编)者:王洛林　张宇燕　2015年1月出版 / 定价:69.00元

世界旅游城市绿皮书
世界旅游城市发展报告（2015）
著(编)者:鲁勇 周正宇 宋宇　2015年7月出版 / 估价:88.00元

西北蓝皮书
中国西北发展报告（2015）
著(编)者:赵宗福　孙发平　苏海红　鲁顺元　段庆林
2014年12月出版 / 定价:79.00元

西部蓝皮书
中国西部发展报告（2015）
著(编)者:姚慧琴 徐璋勇　2015年7月出版 / 估价:89.00元

新型城镇化蓝皮书
新型城镇化发展报告（2015）
著(编)者:李伟　2015年10月出版 / 估价:89.00元

新兴经济体蓝皮书
金砖国家发展报告（2015）
著(编)者:林跃勤 周文　2015年7月出版 / 估价:79.00元

中部竞争力蓝皮书
中国中部经济社会竞争力报告（2015）
著(编)者:教育部人文社会科学重点研究基地
南昌大学中国中部经济社会发展研究中心
2015年9月出版 / 估价:79.00元

中部蓝皮书
中国中部地区发展报告（2015）
著(编)者:喻新安　2015年7月出版 / 估价:69.00元

中国省域竞争力蓝皮书
中国省域经济综合竞争力发展报告（2013~2014）
著(编)者:李建平 李闽榕 高燕京
2015年2月出版 / 定价:198.00元

中三角蓝皮书
长江中游城市群发展报告（2015）
著(编)者:秦尊文　2015年10月出版 / 估价:69.00元

中小城市绿皮书
中国中小城市发展报告（2015）
著(编)者:中国城市经济学会中小城市经济发展委员会
《中国中小城市发展报告》编纂委员会
中小城市发展战略研究院
2015年10月出版 / 估价:98.00元

中原蓝皮书
中原经济区发展报告（2015）
著(编)者:李英杰　2015年7月出版 / 估价:88.00元

社会政法类

北京蓝皮书
中国社区发展报告（2015）
著(编)者:于燕燕　2015年7月出版 / 估价:69.00元

殡葬绿皮书
中国殡葬事业发展报告（2014~2015）
著(编)者:李伯森　2015年4月出版 / 定价:158.00元

城市管理蓝皮书
中国城市管理报告（2015）
著(编)者:谭维克 刘林　2015年12月出版 / 估价:158.00元

城市生活质量蓝皮书
中国城市生活质量报告（2015）
著(编)者:中国经济实验研究院　2015年7月出版 / 估价:59.00元

城市政府能力蓝皮书
中国城市政府公共服务能力评估报告（2015）
著(编)者:何艳玲　2015年7月出版 / 估价:59.00元

创新蓝皮书
创新型国家建设报告（2015）
著(编)者:詹正茂　2015年7月出版 / 估价:69.00元

慈善蓝皮书
中国慈善发展报告（2015）
著(编)者:杨团　2015年6月出版 / 定价:79.00元

地方法治蓝皮书
中国地方法治发展报告No.1（2014）
著(编)者:李林　田禾　2015年1月出版 / 定价:98.00元

法治蓝皮书
中国法治发展报告No.13（2015）
著(编)者:李林 田禾　2015年3月出版 / 定价:105.00元

反腐倡廉蓝皮书
中国反腐倡廉建设报告No.4
著(编)者:李秋芳　张英伟　2014年12月出版 / 定价:79.00元

非传统安全蓝皮书
中国非传统安全研究报告（2014~2015）
著(编)者:余潇枫 魏志江　2015年5月出版 / 定价:79.00元

妇女发展蓝皮书
中国妇女发展报告（2015）
著(编)者:王金玲　2015年9月出版 / 估价:148.00元

妇女教育蓝皮书
中国妇女教育发展报告（2015）
著(编)者:张李玺　2015年7月出版 / 估价:78.00元

妇女绿皮书
中国性别平等与妇女发展报告（2015）
著(编)者:谭琳　2015年12月出版 / 估价:99.00元

公共服务蓝皮书
中国城市基本公共服务力评价（2015）
著(编)者:钟君 吴正杲　2015年12月出版 / 估价:79.00元

公共服务满意度蓝皮书
中国城市公共服务评价报告（2015）
著(编)者:胡伟　2015年12月出版 / 估价:69.00元

公共外交蓝皮书
中国公共外交发展报告（2015）
著(编)者:赵启正 雷蔚真　2015年4月出版 / 定价:89.00元

公民科学素质蓝皮书
中国公民科学素质报告（2015）
著(编)者:李群 许佳军　2015年7月出版 / 估价:79.00元

公益蓝皮书
中国公益发展报告（2015）
著(编)者:朱健刚　2015年7月出版 / 估价:78.00元

管理蓝皮书
中国管理发展报告（2015）
著(编)者:张晓东　2015年9月出版 / 估价:98.00元

国际人才蓝皮书
中国国际移民报告（2015）
著(编)者:王辉耀　2015年2月出版 / 定价:79.00元

国际人才蓝皮书
中国海归发展报告（2015）
著(编)者:王辉耀 苗绿　2015年7月出版 / 估价:69.00元

国际人才蓝皮书
中国留学发展报告（2015）
著(编)者:王辉耀 苗绿　2015年9月出版 / 估价:69.00元

国家安全蓝皮书
中国国家安全研究报告（2015）
著(编)者:刘慧　2015年7月出版 / 估价:98.00元

行政改革蓝皮书
中国行政体制改革报告（2014~2015）
著(编)者:魏礼群　2015年4月出版 / 定价:98.00元

华侨华人蓝皮书
华侨华人研究报告（2015）
著(编)者:贾益民　2015年12月出版 / 估价:118.00元

环境绿皮书
中国环境发展报告（2015）
著(编)者:刘鉴强　2015年7月出版 / 估价:79.00元

基金会蓝皮书
中国基金会发展报告（2015）
著(编)者:刘忠祥　2016年6月出版 / 估价:69.00元

基金会绿皮书
中国基金会发展独立研究报告（2015）
著(编)者:基金会中心网　2015年8月出版 / 估价:88.00元

基金会透明度蓝皮书
中国基金会透明度发展研究报告（2015）
著(编)者:基金会中心网 清华大学廉政与治理研究中心
2015年9月出版 / 估价:78.00元

教师蓝皮书
中国中小学教师发展报告（2014）
著(编)者:曾晓东 鱼霞　2015年6月出版 / 定价:69.00元

教育蓝皮书
中国教育发展报告（2015）
著(编)者:杨东平　2015年5月出版 / 定价:79.00元

科普蓝皮书
中国科普基础设施发展报告（2015）
著(编)者:任福君　2015年7月出版 / 估价:59.00元

劳动保障蓝皮书
中国劳动保障发展报告（2015）
著(编)者:刘燕斌　2015年7月出版 / 估价:89.00元

老龄蓝皮书
中国老年宜居环境发展报告(2015)
著(编)者:吴玉韶　2015年9月出版 / 估价:79.00元

连片特困区蓝皮书
中国连片特困区发展报告（2014~2015）
著(编)者:游俊　冷志明 丁建军 2015年3月出版 / 定价:98.00元

民间组织蓝皮书
中国民间组织报告(2015)
著(编)者:潘晨光 黄晓勇　2015年8月出版 / 估价:69.00元

民调蓝皮书
中国民生调查报告（2015）
著(编)者:谢耘耕　2015年7月出版 / 估价:128.00元

民族发展蓝皮书
中国民族发展报告（2015）
著(编)者:郝时远 王延中 王希恩
2015年4月出版 / 定价:98.00元

女性生活蓝皮书
中国女性生活状况报告No.9（2015）
著(编)者:韩湘景 2015年4月出版 / 定价:79.00元

企业公众透明度蓝皮书
中国企业公众透明度报告(2014~2015)No.1
著(编)者:黄速建 王晓光 肖红军
2015年1月出版 / 定价:98.00元

企业国际化蓝皮书
中国企业国际化报告(2015)
著(编)者:王辉耀 2015年10月出版 / 估价:79.00元

汽车社会蓝皮书
中国汽车社会发展报告（2015）
著(编)者:王俊秀 2015年7月出版 / 估价:59.00元

青年蓝皮书
中国青年发展报告No.3
著(编)者:廉思 2015年7月出版 / 估价:59.00元

区域人才蓝皮书
中国区域人才竞争力报告（2015）
著(编)者:桂昭明 王辉耀 2015年7月出版 / 估价:69.00元

群众体育蓝皮书
中国群众体育发展报告（2015）
著(编)者:刘国永 杨桦 2015年8月出版 / 估价:69.00元

人才蓝皮书
中国人才发展报告（2015）
著(编)者:潘晨光 2015年8月出版 / 估价:85.00元

人权蓝皮书
中国人权事业发展报告（2015）
著(编)者:中国人权研究会 2015年8月出版 / 估价:99.00元

森林碳汇绿皮书
中国森林碳汇评估发展报告（2015）
著(编)者:闫文德 胡文臻 2015年9月出版 / 估价:79.00元

社会保障绿皮书
中国社会保障发展报告（2015）No.7
著(编)者:王延中 2015年4月出版 / 定价:89.00元

社会工作蓝皮书
中国社会工作发展报告（2015）
著(编)者:民政部社会工作研究中心
2015年8月出版 / 估价:79.00元

社会管理蓝皮书
中国社会管理创新报告（2015）
著(编)者:连玉明 2015年9月出版 / 估价:89.00元

社会蓝皮书
2015年中国社会形势分析与预测
著(编)者:李培林 陈光金 张 翼
2014年12月出版 / 定价:69.00元

社会体制蓝皮书
中国社会体制改革报告No.3（2015）
著(编)者:龚维斌 2015年4月出版 / 定价:79.00元

社会心态蓝皮书
中国社会心态研究报告（2015）
著(编)者:王俊秀 杨宜音 2015年10月出版 / 估价:69.00元

社会组织蓝皮书
中国社会组织评估发展报告（2015）
著(编)者:徐家良 廖鸿 2015年12月出版 / 估价:69.00元

生态城市绿皮书
中国生态城市建设发展报告（2015）
著(编)者:刘举科 孙伟平 胡文臻 2015年7月出版 / 估价:98.00元

生态文明绿皮书
中国省域生态文明建设评价报告（ECI 2015）
著(编)者:严耕 2015年9月出版 / 估价:85.00元

世界社会主义黄皮书
世界社会主义跟踪研究报告（2014~2015）
著(编)者:李慎明 2015年4月出版 / 定价:258.00元

水与发展蓝皮书
中国水风险评估报告（2015）
著(编)者:王浩 2015年9月出版 / 估价:69.00元

土地整治蓝皮书
中国土地整治发展研究报告No.2
著(编)者:国土资源部土地整治中心 2015年5月出版 / 定价:89.00元

网络空间安全蓝皮书
中国网络空间安全发展报告（2015）
著(编)者:惠志斌 唐涛 2015年4月出版 / 定价:79.00元

危机管理蓝皮书
中国危机管理报告（2015）
著(编)者:文学国 2015年8月出版 / 估价:89.00元

协会商会蓝皮书
中国行业协会商会发展报告（2014）
著(编)者:景朝阳 李勇 2015年4月出版 / 定价:99.00元

形象危机应对蓝皮书
形象危机应对研究报告（2015）
著(编)者:唐钧 2015年7月出版 / 估价:149.00元

医改蓝皮书
中国医药卫生体制改革报告（2015～2016）
著(编)者:文学国 房志武 2015年12月出版 / 估价:79.00元

医疗卫生绿皮书
中国医疗卫生发展报告（2015）
著(编)者:申宝忠 韩玉珍 2015年7月出版 / 估价:75.00元

应急管理蓝皮书
中国应急管理报告（2015）
著(编)者:宋英华 2015年10月出版 / 估价:69.00元

政治参与蓝皮书
中国政治参与报告（2015）
著(编)者:房宁 2015年7月出版 / 估价:105.00元

政治发展蓝皮书
中国政治发展报告（2015）
著(编)者:房宁 杨海蛟　2015年7月出版 / 估价:88.00元

中国农村妇女发展蓝皮书
流动女性城市融入发展报告（2015）
著(编)者:谢丽华　2015年11月出版 / 估价:69.00元

宗教蓝皮书
中国宗教报告（2015）
著(编)者:金泽 邱永辉　2016年5月出版 / 估价:59.00元

行业报告类

保险蓝皮书
中国保险业竞争力报告（2015）
著(编)者:项俊波　2015年12月出版 / 估价:98.00元

彩票蓝皮书
中国彩票发展报告（2015）
著(编)者:益彩基金　2015年4月出版 / 定价:98.00元

餐饮产业蓝皮书
中国餐饮产业发展报告（2015）
著(编)者:邢颖　2015年4月出版 / 定价:69.00元

测绘地理信息蓝皮书
智慧中国地理空间智能体系研究报告（2015）
著(编)者:库热西・买合苏提　2015年12月出版 / 估价:98.00元

茶业蓝皮书
中国茶产业发展报告（2015）
著(编)者:杨江帆 李闽榕　2015年10月出版 / 估价:78.00元

产权市场蓝皮书
中国产权市场发展报告（2015）
著(编)者:曹和平　2015年12月出版 / 估价:79.00元

电子政务蓝皮书
中国电子政务发展报告（2015）
著(编)者:洪毅 杜平　2015年11月出版 / 估价:79.00元

杜仲产业绿皮书
中国杜仲橡胶资源与产业发展报告（2014~2015）
著(编)者:杜红岩 胡文臻 俞锐
2015年1月出版 / 定价:85.00元

房地产蓝皮书
中国房地产发展报告No.12（2015）
著(编)者:魏后凯 李景国　2015年5月出版 / 定价:79.00元

服务外包蓝皮书
中国服务外包产业发展报告（2015）
著(编)者:王晓红 刘德军　2015年7月出版 / 估价:89.00元

工业和信息化蓝皮书
移动互联网产业发展报告（2014~2015）
著(编)者:洪京一　2015年4月出版 / 定价:79.00元

工业和信息化蓝皮书
世界网络安全发展报告（2014~2015）
著(编)者:洪京一　2015年4月出版 / 定价:69.00元

工业和信息化蓝皮书
世界制造业发展报告（2014~2015）
著(编)者:洪京一　2015年4月出版 / 定价:69.00元

工业和信息化蓝皮书
世界信息化发展报告（2014~2015）
著(编)者:洪京一　2015年4月出版 / 定价:69.00元

工业和信息化蓝皮书
世界信息技术产业发展报告（2014~2015）
著(编)者:洪京一　2015年4月出版 / 定价:79.00元

工业设计蓝皮书
中国工业设计发展报告（2015）
著(编)者:王晓红 于炜 张立群　2015年9月出版 / 估价:138.00元

互联网金融蓝皮书
中国互联网金融发展报告（2015）
著(编)者:芮晓武 刘烈宏　2015年8月出版 / 估价:79.00元

会展蓝皮书
中外会展业动态评估年度报告（2015）
著(编)者:张敏　2015年1月出版 / 估价:78.00元

金融监管蓝皮书
中国金融监管报告（2015）
著(编)者:胡滨　2015年4月出版 / 定价:89.00元

金融蓝皮书
中国商业银行竞争力报告（2015）
著(编)者:王松奇　2015年12月出版 / 估价:69.00元

客车蓝皮书
中国客车产业发展报告（2014~2015）
著(编)者:姚蔚　2015年2月出版 / 定价:85.00元

老龄蓝皮书
中国老龄产业发展报告（2015）
著(编)者:吴玉韶 党俊武　2015年9月出版 / 估价:79.00元

流通蓝皮书
中国商业发展报告（2015）
著(编)者:荆林波　2015年7月出版 / 估价:89.00元

旅游安全蓝皮书
中国旅游安全报告（2015）
著(编)者:郑向敏 谢朝武　2015年5月出版 / 定价:128.00元

旅游景区蓝皮书
中国旅游景区发展报告（2015）
著(编)者:黄安民　2015年7月出版 / 估价:79.00元

旅游绿皮书
2014~2015年中国旅游发展分析与预测
著(编)者:宋瑞　2015年1月出版 / 定价:98.00元

煤炭蓝皮书
中国煤炭工业发展报告（2015）
著(编)者:岳福斌　2015年12月出版 / 估价:79.00元

民营医院蓝皮书
中国民营医院发展报告（2015）
著(编)者:庄一强　2015年10月出版 / 估价:75.00元

闽商蓝皮书
闽商发展报告（2015）
著(编)者:王日根 李闽榕　2015年12月出版 / 估价:69.00元

能源蓝皮书
中国能源发展报告（2015）
著(编)者:崔民选 王军生　2015年8月出版 / 估价:79.00元

农产品流通蓝皮书
中国农产品流通产业发展报告（2015）
著(编)者:贾敬敦 张东科 张玉玺 孔令羽 张鹏毅
2015年9月出版 / 估价:89.00元

企业蓝皮书
中国企业竞争力报告（2015）
著(编)者:金碚　2015年11月出版 / 估价:89.00元

企业社会责任蓝皮书
中国企业社会责任研究报告（2015）
著(编)者:黄群慧　彭华岗　钟宏武　张蒽
2015年11月出版 / 估价:69.00元

汽车安全蓝皮书
中国汽车安全发展报告（2015）
著(编)者:中国汽车技术研究中心
2015年7月出版 / 估价:79.00元

汽车工业蓝皮书
中国汽车工业发展年度报告（2015）
著(编)者:中国汽车工业协会 中国汽车技术研究中心
丰田汽车（中国）投资有限公司
2015年4月出版 / 定价:128.00元

汽车蓝皮书
中国汽车产业发展报告（2015）
著(编)者:国务院发展研究中心产业经济研究部
中国汽车工程学会 大众汽车集团（中国）
2015年7月出版 / 估价:128.00元

清洁能源蓝皮书
国际清洁能源发展报告（2015）
著(编)者:国际清洁能源论坛（澳门）
2015年9月出版 / 估价:89.00元

人力资源蓝皮书
中国人力资源发展报告（2015）
著(编)者:余兴安　2015年9月出版 / 估价:79.00元

融资租赁蓝皮书
中国融资租赁业发展报告（2014~2015）
著(编)者:李光荣　王力　2015年1月出版 / 定价:89.00元

软件和信息服务业蓝皮书
中国软件和信息服务业发展报告（2015）
著(编)者:陈新河　洪京一　2015年12月出版 / 估价:198.00元

上市公司蓝皮书
上市公司质量评价报告（2015）
著(编)者:张跃文 王力　2015年10月出版 / 估价:118.00元

设计产业蓝皮书
中国设计产业发展报告（2014~2015）
著(编)者:陈冬亮　梁昊光　2015年3月出版 / 定价:89.00元

食品药品蓝皮书
食品药品安全与监管政策研究报告（2015）
著(编)者:唐民皓　2015年7月出版 / 估价:69.00元

世界能源蓝皮书
世界能源发展报告（2015）
著(编)者:黄晓勇　2015年6月出版 / 定价:99.00元

碳市场蓝皮书
中国碳市场报告（2015）
著(编)者:低碳发展国际合作联盟
2015年11月出版 / 估价:69.00元

体育蓝皮书
中国体育产业发展报告（2015）
著(编)者:阮伟 钟秉枢　2015年7月出版 / 估价:69.00元

体育蓝皮书
长三角地区体育产业发展报告（2014~2015）
著(编)者:张林　2015年4月出版 / 定价:79.00元

投资蓝皮书
中国投资发展报告（2015）
著(编)者:谢平　2015年4月出版 / 定价:128.00元

物联网蓝皮书
中国物联网发展报告（2015）
著(编)者:黄桂田　2015年7月出版 / 估价:59.00元

西部工业蓝皮书
中国西部工业发展报告（2015）
著(编)者:方行明 甘犁 刘方健 姜凌 等
2015年9月出版 / 估价:79.00元

西部金融蓝皮书
中国西部金融发展报告（2015）
著(编)者:李忠民　2015年8月出版 / 估价:75.00元

新能源汽车蓝皮书
中国新能源汽车产业发展报告（2015）
著(编)者:中国汽车技术研究中心
日产（中国）投资有限公司 东风汽车有限公司
2015年8月出版 / 估价:69.00元

信托市场蓝皮书
中国信托业市场报告（2014~2015）
著(编)者:用益信托工作室　2015年2月出版 / 定价:198.00元

信息产业蓝皮书
世界软件和信息技术产业发展报告（2015）
著(编)者:洪京一　2015年8月出版 / 估价:79.00元

信息化蓝皮书
中国信息化形势分析与预测（2015）
著(编)者:周宏仁　2015年8月出版 / 估价:98.00元

信用蓝皮书
中国信用发展报告（2014~2015）
著(编)者:章政　田侃　2015年4月出版 / 定价:99.00元

休闲绿皮书
2015年中国休闲发展报告
著(编)者:刘德谦　2015年7月出版 / 估价:59.00元

医药蓝皮书
中国中医药产业园战略发展报告（2015）
著(编)者:裴长洪　房书亭　吴篠心　2015年7月出版 / 估价:89.00元

邮轮绿皮书
中国邮轮产业发展报告（2015）
著(编)者:汪泓　2015年9月出版 / 估价:79.00元

中国上市公司蓝皮书
中国上市公司发展报告（2015）
著(编)者:许雄斌 张平 2015年9月出版 / 估价:98.00元

中国总部经济蓝皮书
中国总部经济发展报告（2015）
著(编)者:赵弘　2015年7月出版 / 估价:79.00元

住房绿皮书
中国住房发展报告（2014~2015）
著(编)者:倪鹏飞　2014年12月出版 / 定价:79.00元

资本市场蓝皮书
中国场外交易市场发展报告（2015）
著(编)者:高峦　2015年8月出版 / 估价:79.00元

资产管理蓝皮书
中国资产管理行业发展报告（2015）
著(编)者:智信资产管理研究院　2015年6月出版 / 定价:89.00元

文化传媒类

传媒竞争力蓝皮书
中国传媒国际竞争力研究报告（2015）
著(编)者:李本乾　2015年9月出版 / 估价:88.00元

传媒蓝皮书
中国传媒产业发展报告（2015）
著(编)者:崔保国　2015年5月出版 / 定价:98.00元

传媒投资蓝皮书
中国传媒投资发展报告（2015）
著(编)者:张向东　2015年7月出版 / 估价:89.00元

动漫蓝皮书
中国动漫产业发展报告（2015）
著(编)者:卢斌 郑玉明 牛兴侦　2015年7月出版 / 估价:79.00元

非物质文化遗产蓝皮书
中国非物质文化遗产发展报告（2015）
著(编)者:陈平　2015年5月出版 / 定价:98.00元

广电蓝皮书
中国广播电影电视发展报告（2015）
著(编)者:杨明品　2015年7月出版 / 估价:98.00元

广告主蓝皮书
中国广告主营销传播趋势报告（2015）
著(编)者:黄升民　2015年7月出版 / 估价:148.00元

国际传播蓝皮书
中国国际传播发展报告（2015）
著(编)者:胡正荣 李继东 姬德强
2015年7月出版 / 估价:89.00元

国家形象蓝皮书
2015年国家形象研究报告
著(编)者:张昆　2015年7月出版 / 估价:79.00元

纪录片蓝皮书
中国纪录片发展报告（2015）
著(编)者:何苏六　2015年9月出版 / 估价:79.00元

科学传播蓝皮书
中国科学传播报告（2015）
著(编)者:詹正茂　2015年7月出版 / 估价:69.00元

两岸文化蓝皮书
两岸文化产业合作发展报告（2015）
著(编)者:胡惠林 李保宗　2015年7月出版 / 估价:79.00元

媒介与女性蓝皮书
中国媒介与女性发展报告（2015）
著(编)者:刘利群　2015年8月出版 / 估价:69.00元

全球传媒蓝皮书
全球传媒发展报告（2015）
著(编)者:胡正荣　2015年12月出版 / 估价:79.00元

少数民族非遗蓝皮书
中国少数民族非物质文化遗产发展报告（2015）
著(编)者:肖远平　柴立　2015年6月出版 / 定价:128.00元

世界文化发展蓝皮书
世界文化发展报告（2015）
著(编)者:张庆宗　高乐田　郭熙煌
2015年7月出版 / 估价:89.00元

视听新媒体蓝皮书
中国视听新媒体发展报告（2015）
著(编)者:袁同楠　2015年7月出版 / 定价:98.00元

文化创新蓝皮书
中国文化创新报告（2015）
著(编)者:于平 傅才武　2015年7月出版 / 估价:79.00元

文化建设蓝皮书
中国文化发展报告（2015）
著(编)者:江畅 孙伟平 戴茂堂
2016年4月出版 / 估价:138.00元

文化科技蓝皮书
文化科技创新发展报告（2015）
著(编)者:于平 李凤亮　2015年10月出版 / 估价:89.00元

文化蓝皮书
中国文化产业供需协调检测报告（2015）
著(编)者:王亚南 2015年2月出版 / 定价:79.00元

文化蓝皮书
中国文化消费需求景气评价报告（2015）
著(编)者:王亚南 2015年2月出版 / 定价:79.00元

文化蓝皮书
中国文化产业发展报告（2015）
著(编)者:张晓明 王家新 章建刚
2015年7月出版 / 估价:79.00元

文化蓝皮书
中国公共文化投入增长测评报告(2015)
著(编)者:王亚南　2014年12月出版 / 定价:79.00元

文化蓝皮书
中国文化政策发展报告（2015）
著(编)者:傅才武 宋文玉 燕东升
2015年9月出版 / 估价:98.00元

文化品牌蓝皮书
中国文化品牌发展报告（2015）
著(编)者:欧阳友权　2015年4月出版 / 定价:89.00元

文化遗产蓝皮书
中国文化遗产事业发展报告（2015）
著(编)者:刘世锦　2015年12月出版 / 估价:89.00元

文学蓝皮书
中国文情报告（2014~2015）
著(编)者:白烨　2015年5月出版 / 定价:49.00元

新媒体蓝皮书
中国新媒体发展报告No.6（2015）
著(编)者:唐绪军　2015年7月出版 / 定价:79.00元

新媒体社会责任蓝皮书
中国新媒体社会责任研究报告（2015）
著(编)者:钟瑛　2015年10月出版 / 估价:79.00元

移动互联网蓝皮书
中国移动互联网发展报告（2015）
著(编)者:官建文　2015年6月出版 / 定价:79.00元

舆情蓝皮书
中国社会舆情与危机管理报告（2015）
著(编)者:谢耘耕　2015年8月出版 / 估价:98.00元

地方发展类

安徽经济蓝皮书
芜湖创新型城市发展报告（2015）
著(编)者:杨少华 王开玉　2015年7月出版 / 估价:69.00元

安徽蓝皮书
安徽社会发展报告（2015）
著(编)者:程桦　2015年4月出版 / 定价:89.00元

安徽社会建设蓝皮书
安徽社会建设分析报告（2015）
著(编)者:黄家海 王开玉 蔡宪　2015年7月出版 / 估价:69.00元

澳门蓝皮书
澳门经济社会发展报告（2014~2015）
著(编)者:吴志良 郝雨凡　2015年5月出版 / 定价:79.00元

北京蓝皮书
北京公共服务发展报告（2014~2015）
著(编)者:施昌奎　2015年1月出版 / 定价:69.00元

北京蓝皮书
北京经济发展报告（2014~2015）
著(编)者:杨松　2015年6月出版 / 定价:79.00元

北京蓝皮书
北京社会治理发展报告（2014~2015）
著(编)者:殷星辰　2015年6月出版 / 定价:79.00元

北京蓝皮书
北京文化发展报告（2014~2015）
著(编)者:李建盛　2015年5月出版 / 定价:79.00元

北京蓝皮书
北京社会发展报告（2015）
著(编)者:缪青　2015年7月出版 / 估价:79.00元

北京蓝皮书
北京社区发展报告（2015）
著(编)者:于燕燕　2015年1月出版 / 定价:79.00元

北京旅游绿皮书
北京旅游发展报告（2015）
著(编)者:北京旅游学会　2015年7月出版 / 估价:88.00元

北京律师蓝皮书
北京律师发展报告（2015）
著(编)者:王隽　2015年12月出版 / 估价:75.00元

北京人才蓝皮书
北京人才发展报告（2015）
著(编)者:于淼　2015年7月出版 / 估价:89.00元

北京社会心态蓝皮书
北京社会心态分析报告（2015）
著(编)者:北京社会心理研究所　2015年7月出版 / 估价:69.00元

北京社会组织管理蓝皮书
北京社会组织发展与管理（2015）
著(编)者:黄江松　2015年4月出版 / 定价:78.00元

北京养老产业蓝皮书
北京养老产业发展报告（2015）
著(编)者:周明明　冯喜良　2015年4月出版 / 定价:69.00元

滨海金融蓝皮书
滨海新区金融发展报告（2015）
著(编)者:王爱俭 张锐钢　2015年9月出版 / 估价:79.00元

城乡一体化蓝皮书
中国城乡一体化发展报告（北京卷）（2014~2015）
著(编)者:张宝秀 黄序　2015年5月出版 / 定价:79.00元

创意城市蓝皮书
北京文化创意产业发展报告（2015）
著(编)者:张京成　2015年11月出版 / 估价:65.00元

创意城市蓝皮书
无锡文化创意产业发展报告（2015）
著(编)者:谭军 张鸣年　2015年10月出版 / 估价:75.00元

创意城市蓝皮书
武汉市文化创意产业发展报告（2015）
著(编)者:袁堃 黄永林　2015年11月出版 / 估价:85.00元

创意城市蓝皮书
重庆创意产业发展报告（2015）
著(编)者:程宇宁　2015年7月出版 / 估价:89.00元

创意城市蓝皮书
青岛文化创意产业发展报告（2015）
著(编)者:马达 张丹妮　2015年7月出版 / 估价:79.00元

福建妇女发展蓝皮书
福建省妇女发展报告（2015）
著(编)者:刘群英　2015年10月出版 / 估价:58.00元

甘肃蓝皮书
甘肃舆情分析与预测（2015）
著(编)者:陈双梅　郝树声　2015年1月出版 / 定价:79.00元

甘肃蓝皮书
甘肃文化发展分析与预测（2015）
著(编)者:安文华　周小华　2015年1月出版 / 定价:79.00元

甘肃蓝皮书
甘肃社会发展分析与预测（2015）
著(编)者:安文华　包晓霞　2015年1月出版 / 定价:79.00元

甘肃蓝皮书
甘肃经济发展分析与预测（2015）
著(编)者:朱智文 罗哲　2015年1月出版 / 定价:79.00元

甘肃蓝皮书
甘肃县域经济综合竞争力评价（2015）
著(编)者:刘进军　2015年7月出版 / 估价:69.00元

甘肃蓝皮书
甘肃县域社会发展评价报告（2015）
著(编)者:刘进军　柳民　王建兵　2015年1月出版 / 定价:79.00元

广东蓝皮书
广东省电子商务发展报告（2015）
著(编)者:程晓　2015年12月出版 / 估价:69.00元

广东蓝皮书
广东社会工作发展报告（2015）
著(编)者:罗观翠　2015年7月出版 / 估价:89.00元

广东社会建设蓝皮书
广东省社会建设发展报告（2015）
著(编)者:广东省社会工作委员会　2015年10月出版 / 估价:89.00元

广东外经贸蓝皮书
广东对外经济贸易发展研究报告（2014~2015）
著(编)者:陈万灵　2015年5月出版 / 定价:89.00元

广西北部湾经济区蓝皮书
广西北部湾经济区开放开发报告（2015）
著(编)者:广西北部湾经济区规划建设管理委员会办公室
广西社会科学院广西北部湾发展研究院
2015年8月出版 / 估价:79.00元

广州蓝皮书
广州社会保障发展报告（2015）
著(编)者:蔡国萱　2015年7月出版 / 估价:65.00元

广州蓝皮书
2015年中国广州社会形势分析与预测
著(编)者:张强 陈怡霓 杨秦　2015年6月出版 / 定价:79.00元

广州蓝皮书
广州经济发展报告（2015）
著(编)者:李江涛 朱名宏　2015年7月出版 / 估价:69.00元

广州蓝皮书
广州商贸业发展报告（2015）
著(编)者:李江涛 王旭东 荀振英　2015年7月出版 / 估价:69.00元

广州蓝皮书
2015年中国广州经济形势分析与预测
著(编)者:庾建设 沈奎 谢博能
2015年6月出版 / 定价:79.00元

广州蓝皮书
中国广州文化发展报告（2015）
著(编)者:徐俊忠 陆志强 顾涧清
2015年7月出版 / 估价:69.00元

广州蓝皮书
广州农村发展报告（2015）
著(编)者:李江涛 汤锦华　2015年8月出版 / 估价:69.00元

广州蓝皮书
中国广州城市建设与管理发展报告（2015）
著(编)者:董皞 冼伟雄　2015年7月出版 / 估价:69.00元

广州蓝皮书
中国广州科技和信息化发展报告（2015）
著(编)者:邹采荣 马正勇 冯元
2015年7月出版 / 估价:79.00元

广州蓝皮书
广州创新型城市发展报告（2015）
著(编)者:李江涛 2015年7月出版 / 估价:69.00元

广州蓝皮书
广州文化创意产业发展报告（2015）
著(编)者:甘新 2015年8月出版 / 估价:79.00元

广州蓝皮书
广州志愿服务发展报告（2015）
著(编)者:魏国华 张强 2015年9月出版 / 估价:69.00元

广州蓝皮书
广州城市国际化发展报告（2015）
著(编)者:朱名宏 2015年9月出版 / 估价:59.00元

广州蓝皮书
广州汽车产业发展报告（2015）
著(编)者:李江涛 杨再高 2015年9月出版 / 估价:69.00元

贵州房地产蓝皮书
贵州房地产发展报告（2015）
著(编)者:武廷方 2015年6月出版 / 定价:89.00元

贵州蓝皮书
贵州人才发展报告（2015）
著(编)者:于杰 吴大华 2015年7月出版 / 估价:69.00元

贵州蓝皮书
贵安新区发展报告（2014）
著(编)者:马长青 吴大华 2015年4月出版 / 定价:69.00元

贵州蓝皮书
贵州社会发展报告（2015）
著(编)者:王兴骥 2015年5月出版 / 定价:79.00元

贵州蓝皮书
贵州法治发展报告（2015）
著(编)者:吴大华 2015年5月出版 / 定价:79.00元

贵州蓝皮书
贵州国有企业社会责任发展报告（2015）
著(编)者:郭丽 2015年10月出版 / 估价:79.00元

海淀蓝皮书
海淀区文化和科技融合发展报告（2015）
著(编)者:孟景伟 陈名杰 2015年7月出版 / 估价:75.00元

海峡西岸蓝皮书
海峡西岸经济区发展报告（2015）
著(编)者:黄端 2015年9月出版 / 估价:65.00元

杭州都市圈蓝皮书
杭州都市圏发展报告（2015）
著(编)者:董祖德 沈翔 2015年7月出版 / 估价:89.00元

杭州蓝皮书
杭州妇女发展报告（2015）
著(编)者:魏颖 2015年4月出版 / 定价:79.00元

河北经济蓝皮书
河北省经济发展报告（2015）
著(编)者:马树强 金浩 刘兵 张贵 2015年3月出版 / 定价:89.00元

河北蓝皮书
河北经济社会发展报告（2015）
著(编)者:周文夫 2015年1月出版 / 定价:79.00元

河北食品药品安全蓝皮书
河北食品药品安全研究报告（2015）
著(编)者:丁锦霞 2015年6月出版 / 定价:79.00元

河南经济蓝皮书
2015年河南经济形势分析与预测
著(编)者:胡五岳 2015年2月出版 / 定价:69.00元

河南蓝皮书
河南城市发展报告（2015）
著(编)者:谷建全 王建国 2015年3月出版 / 定价:79.00元

河南蓝皮书
2015年河南社会形势分析与预测
著(编)者:刘道兴 牛苏林 2015年4月出版 / 定价:69.00元

河南蓝皮书
河南工业发展报告（2015）
著(编)者:龚绍东 赵西三 2015年1月出版 / 定价:79.00元

河南蓝皮书
河南文化发展报告（2015）
著(编)者:卫绍生 2015年3月出版 / 定价:79.00元

河南蓝皮书
河南经济发展报告（2015）
著(编)者:喻新安 2014年12月出版 / 定价:79.00元

河南蓝皮书
河南法治发展报告（2015）
著(编)者:丁同民 闫德民 2015年7月出版 / 估价:69.00元

河南蓝皮书
河南金融发展报告（2015）
著(编)者:喻新安 谷建全 2015年6月出版 / 定价:69.00元

河南蓝皮书
河南农业农村发展报告（2015）
著(编)者:吴海峰 2015年4月出版 / 定价:69.00元

河南商务蓝皮书
河南商务发展报告（2015）
著(编)者:焦锦淼 穆荣国 2015年4月出版 / 定价:88.00元

黑龙江产业蓝皮书
黑龙江产业发展报告（2015）
著(编)者:于渤 2015年9月出版 / 估价:79.00元

黑龙江蓝皮书
黑龙江经济发展报告（2015）
著(编)者:曲伟 2015年1月出版 / 定价:79.00元

黑龙江蓝皮书
黑龙江社会发展报告（2015）
著(编)者:张新颖 2015年1月出版 / 定价:79.00元

湖北文化蓝皮书
湖北文化发展报告（2015）
著(编)者:江畅 吴成国 2015年7月出版 / 估价:89.00元

湖南城市蓝皮书
区域城市群整合
著(编)者:童中贤 韩未名 2015年12月出版 / 估价:79.00元

湖南蓝皮书
2015年湖南电子政务发展报告
著(编)者:梁志峰 2015年5月出版 / 定价:98.00元

湖南蓝皮书
2015年湖南社会发展报告
著(编)者:梁志峰 2015年5月出版 / 定价:98.00元

湖南蓝皮书
2015年湖南产业发展报告
著(编)者:梁志峰 2015年5月出版 / 定价:98.00元

湖南蓝皮书
2015年湖南经济展望
著(编)者:梁志峰 2015年5月出版 / 定价:128.00元

湖南蓝皮书
2015年湖南县域经济社会发展报告
著(编)者:梁志峰 2015年5月出版 / 定价:98.00元

湖南蓝皮书
2015年湖南两型社会与生态文明发展报告
著(编)者:梁志峰 2015年5月出版 / 定价:98.00元

湖南县域绿皮书
湖南县域发展报告No.2
著(编)者:朱有志 2015年7月出版 / 估价:69.00元

沪港蓝皮书
沪港发展报告（2014~2015）
著(编)者:尤安山 2015年4月出版 / 定价:89.00元

吉林蓝皮书
2015年吉林经济社会形势分析与预测
著(编)者:马克 2015年2月出版 / 定价:89.00元

济源蓝皮书
济源经济社会发展报告（2015）
著(编)者:喻新安 2015年4月出版 / 定价:69.00元

健康城市蓝皮书
北京健康城市建设研究报告（2015）
著(编)者:王鸿春 2015年4月出版 / 定价:79.00元

江苏法治蓝皮书
江苏法治发展报告（2015）
著(编)者:李力 龚廷泰 2015年9月出版 / 估价:98.00元

京津冀蓝皮书
京津冀发展报告（2015）
著(编)者:文魁 祝尔娟 2015年4月出版 / 定价:89.00元

经济特区蓝皮书
中国经济特区发展报告（2015）
著(编)者:陶一桃 2015年7月出版 / 估价:89.00元

辽宁蓝皮书
2015年辽宁经济社会形势分析与预测
著(编)者:曹晓峰 张晶 梁启东 2014年12月出版 / 定价:79.00元

南京蓝皮书
南京文化发展报告（2015）
著(编)者:南京文化产业研究中心 2015年12月出版 / 估价:79.00元

内蒙古蓝皮书
内蒙古反腐倡廉建设报告（2015）
著(编)者:张志华 无极 2015年12月出版 / 估价:69.00元

浦东新区蓝皮书
上海浦东经济发展报告（2015）
著(编)者:沈开艳 陆沪根 2015年1月出版 / 定价:69.00元

青海蓝皮书
2015年青海经济社会形势分析与预测
著(编)者:赵宗福 2014年12月出版 / 定价:69.00元

人口与健康蓝皮书
深圳人口与健康发展报告（2015）
著(编)者:曾序春 2015年12月出版 / 估价:89.00元

山东蓝皮书
山东社会形势分析与预测（2015）
著(编)者:张华 唐洲雁 2015年7月出版 / 估价:89.00元

山东蓝皮书
山东经济形势分析与预测（2015）
著(编)者:张华 唐洲雁 2015年7月出版 / 估价:89.00元

山东蓝皮书
山东文化发展报告（2015）
著(编)者:张华 唐洲雁 2015年7月出版 / 估价:98.00元

山西蓝皮书
山西资源型经济转型发展报告（2015）
著(编)者:李志强 2015年5月出版 / 定价:89.00元

陕西蓝皮书
陕西经济发展报告（2015）
著(编)者:任宗哲 白宽犁 裴成荣 2015年1月出版 / 定价:69.00元

陕西蓝皮书
陕西社会发展报告（2015）
著(编)者:任宗哲 白宽犁 牛昉 2015年1月出版 / 定价:69.00元

陕西蓝皮书
陕西文化发展报告（2015）
著(编)者:任宗哲 白宽犁 王长寿 2015年1月出版 / 定价:65.00元

陕西蓝皮书
丝绸之路经济带发展报告（2015）
著(编)者:任宗哲 石英 白宽犁
2015年8月出版 / 估价:79.00元

上海蓝皮书
上海文学发展报告（2015）
著(编)者:陈圣来 2015年1月出版 / 定价:69.00元

上海蓝皮书
上海文化发展报告（2015）
著(编)者:荣跃明 2015年1月出版 / 定价:74.00元

上海蓝皮书
上海资源环境发展报告（2015）
著(编)者:周冯琦 汤庆合 任文伟
2015年1月出版 / 定价:69.00元

上海蓝皮书
上海社会发展报告（2015）
著(编)者:杨雄 周海旺 2015年1月出版 / 定价:69.00元

上海蓝皮书
上海经济发展报告（2015）
著(编)者:沈开艳 2015年1月出版 / 定价:69.00元

上海蓝皮书
上海传媒发展报告（2015）
著(编)者:强荧 焦雨虹 2015年1月出版 / 定价:69.00元

上海蓝皮书
上海法治发展报告（2015）
著(编)者:叶青 2015年5月出版 / 定价:69.00元

上饶蓝皮书
上饶发展报告（2015）
著(编)者:朱寅健 2015年7月出版 / 估价:128.00元

社会建设蓝皮书
2015年北京社会建设分析报告
著(编)者:宋贵伦 冯虹 2015年7月出版 / 估价:79.00元

深圳蓝皮书
深圳劳动关系发展报告（2015）
著(编)者:汤庭芬 2015年7月出版 / 估价:75.00元

深圳蓝皮书
深圳经济发展报告（2015）
著(编)者:张骁儒 2015年7月出版 / 估价:79.00元

深圳蓝皮书
深圳社会发展报告（2015）
著(编)者:叶民辉 张骁儒 2015年7月出版 / 估价:89.00元

深圳蓝皮书
深圳法治发展报告（2015）
著(编)者:张骁儒 2015年5月出版 / 定价:69.00元

四川蓝皮书
四川文化产业发展报告（2015）
著(编)者:侯水平 2015年4月出版 / 定价:79.00元

四川蓝皮书
四川企业社会责任研究报告（2014~2015）
著(编)者:侯水平 盛毅 2015年4月出版 / 定价:79.00元

四川蓝皮书
四川法治发展报告（2015）
著(编)者:郑泰安 2015年1月出版 / 定价:69.00元

四川蓝皮书
四川生态建设报告（2015）
著(编)者:李晟之 2015年4月出版 / 定价:79.00元

四川蓝皮书
四川城镇化发展报告（2015）
著(编)者:侯水平 范秋美 2015年4月出版 / 定价:79.00元

四川蓝皮书
四川社会发展报告（2015）
著(编)者:郭晓鸣 2015年4月出版 / 定价:79.00元

四川蓝皮书
2015年四川经济发展形势分析与预测
著(编)者:杨钢 2015年1月出版 / 定价:89.00元

四川法治蓝皮书
四川依法治省年度报告No.1（2015）
著(编)者:李林 杨天宗 田禾 2015年3月出版 / 定价:108.00元

天津金融蓝皮书
天津金融发展报告（2015）
著(编)者:王爱俭 杜强 2015年9月出版 / 估价:89.00元

温州蓝皮书
2015年温州经济社会形势分析与预测
著(编)者:潘忠强 王春光 金浩 2015年4月出版 / 定价:69.00元

扬州蓝皮书
扬州经济社会发展报告（2015）
著(编)者:丁纯 2015年12月出版 / 估价:89.00元

长株潭城市群蓝皮书
长株潭城市群发展报告（2015）
著(编)者:张萍 2015年7月出版 / 估价:69.00元

郑州蓝皮书
2015年郑州文化发展报告
著(编)者:王哲 2015年9月出版 / 估价:65.00元

中医文化蓝皮书
北京中医药文化传播发展报告（2015）
著(编)者:毛嘉陵 2015年5月出版 / 定价:79.00元

珠三角流通蓝皮书
珠三角商圈发展研究报告（2015）
著(编)者:林至颖 王先庆 2015年7月出版 / 估价:98.00元

国别与地区类

阿拉伯黄皮书
阿拉伯发展报告（2015）
著(编)者:马晓霖 2015年7月出版 / 估价:79.00元

北部湾蓝皮书
泛北部湾合作发展报告（2015）
著(编)者:吕余生 2015年8月出版 / 估价:69.00元

大湄公河次区域蓝皮书
大湄公河次区域合作发展报告（2015）
著(编)者:刘稚 2015年9月出版 / 估价:79.00元

大洋洲蓝皮书
大洋洲发展报告（2015）
著(编)者:喻常森 2015年8月出版 / 估价:89.00元

德国蓝皮书
德国发展报告（2015）
著(编)者:郑春荣 伍慧萍 2015年5月出版 / 定价:69.00元

东北亚黄皮书
东北亚地区政治与安全（2015）
著(编)者:黄凤志 刘清才 张慧智
2015年7月出版 / 估价:69.00元

东盟黄皮书
东盟发展报告（2015）
著(编)者:崔晓麟 2015年7月出版 / 估价:75.00元

东南亚蓝皮书
东南亚地区发展报告（2015）
著(编)者:王勤 2015年7月出版 / 估价:79.00元

俄罗斯黄皮书
俄罗斯发展报告（2015）
著(编)者:李永全 2015年7月出版 / 估价:79.00元

非洲黄皮书
非洲发展报告（2015）
著(编)者:张宏明 2015年7月出版 / 估价:79.00元

国际形势黄皮书
全球政治与安全报告（2015）
著(编)者:李慎明 张宇燕 2015年1月出版 / 定价:69.00元

韩国蓝皮书
韩国发展报告（2015）
著(编)者:刘宝全 牛林杰 2015年8月出版 / 估价:79.00元

加拿大蓝皮书
加拿大发展报告（2015）
著(编)者:仲伟合 2015年4月出版 / 定价:89.00元

拉美黄皮书
拉丁美洲和加勒比发展报告（2014~2015）
著(编)者:吴白乙 2015年5月出版 / 定价:89.00元

美国蓝皮书
美国研究报告（2015）
著(编)者:郑秉文 黄平 2015年6月出版 / 定价:89.00元

缅甸蓝皮书
缅甸国情报告（2015）
著(编)者:李晨阳 2015年8月出版 / 估价:79.00元

欧洲蓝皮书
欧洲发展报告（2015）
著(编)者:周弘 2015年7月出版 / 估价:89.00元

葡语国家蓝皮书
葡语国家发展报告（2015）
著(编)者:对外经济贸易大学区域国别研究所 葡语国家研究中心
2015年7月出版 / 估价:89.00元

葡语国家蓝皮书
中国与葡语国家关系发展报告·巴西（2014）
著(编)者:澳门科技大学 2015年7月出版 / 估价:89.00元

日本经济蓝皮书
日本经济与中日经贸关系研究报告（2015）
著(编)者:王洛林 张季风 2015年5月出版 / 定价:79.00元

日本蓝皮书
日本研究报告（2015）
著(编)者:李薇 2015年4月出版 / 定价:69.00元

上海合作组织黄皮书
上海合作组织发展报告（2015）
著(编)者:李进峰 吴宏伟 李伟
2015年9月出版 / 估价:89.00元

世界创新竞争力黄皮书
世界创新竞争力发展报告（2015）
著(编)者:李闽榕 李建平 赵新力
2015年12月出版 / 估价:148.00元

土耳其蓝皮书
土耳其发展报告（2015）
著(编)者:郭长刚 刘义 2015年7月出版 / 估价:89.00元

图们江区域合作蓝皮书
图们江区域合作发展报告（2015）
著(编)者:李铁 2015年4月出版 / 定价:98.00元

亚太蓝皮书
亚太地区发展报告（2015）
著(编)者:李向阳 2015年1月出版 / 定价:59.00元

印度蓝皮书
印度国情报告（2015）
著(编)者:吕昭义 2015年7月出版 / 估价:89.00元

印度洋地区蓝皮书
印度洋地区发展报告（2015）
著(编)者:汪戎 2015年5月出版 / 定价:89.00元

中东黄皮书
中东发展报告（2015）
著(编)者:杨光 2015年11月出版 / 估价:89.00元

中欧关系蓝皮书
中欧关系研究报告（2015）
著(编)者:周弘 2015年12月出版 / 估价:98.00元

中亚黄皮书
中亚国家发展报告（2015）
著(编)者:孙力 吴宏伟 2015年9月出版 / 估价:89.00元

中国皮书网

www.pishu.cn

发布皮书研创资讯，传播皮书精彩内容
引领皮书出版潮流，打造皮书服务平台

栏目设置：

- □ 资讯：皮书动态、皮书观点、皮书数据、皮书报道、皮书发布、电子期刊
- □ 标准：皮书评价、皮书研究、皮书规范
- □ 服务：最新皮书、皮书书目、重点推荐、在线购书
- □ 链接：皮书数据库、皮书博客、皮书微博、在线书城
- □ 搜索：资讯、图书、研究动态、皮书专家、研创团队

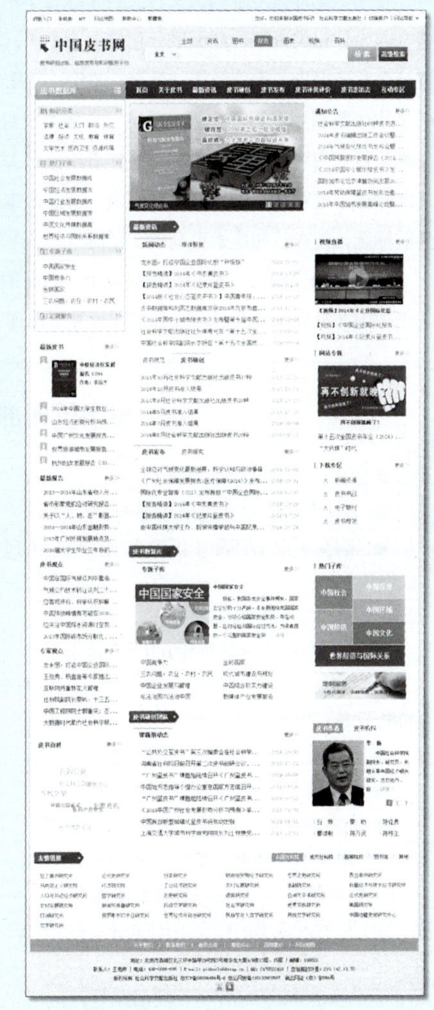

中国皮书网依托皮书系列“权威、前沿、原创”的优质内容资源，通过文字、图片、音频、视频等多种元素，在皮书研创者、使用者之间搭建了一个成果展示、资源共享的互动平台。

自 2005 年 12 月正式上线以来，中国皮书网的 IP 访问量、PV 浏览量与日俱增，受到海内外研究者、公务人员、商务人士以及专业读者的广泛关注。

2008 年、2011 年，中国皮书网均在全国新闻出版业网站荣誉评选中获得“最具商业价值网站”称号；2012 年，获得“出版业网站百强”称号。

2014 年，中国皮书网与皮书数据库实现资源共享，端口合一，将提供更丰富的内容，更全面的服务。

报告 图书

首页 数据库检索 学术资源群 我的文献库 皮书全动态 有奖调查 皮书报道 皮书研究 联系我们 读者荐购 搜索报告

权威报告　热点资讯　海量资源

当代中国与世界发展的高端智库平台

皮书数据库 www.pishu.com.cn

皮书数据库是专业的人文社会科学综合学术资源总库，以大型连续性图书——皮书系列为基础，整合国内外相关资讯构建而成。包含七大子库，涵盖两百多个主题，囊括了近十几年间中国与世界经济社会发展报告，覆盖经济、社会、政治、文化、教育、国际问题等多个领域。

皮书数据库以篇章为基本单位，方便用户对皮书内容的阅读需求。用户可进行全文检索，也可对文献题目、内容提要、作者名称、作者单位、关键字等基本信息进行检索，还可对检索到的篇章再做二次筛选，进行在线阅读或下载阅读。智能多维度导航，可使用户根据自己熟知的分类标准进行分类导航筛选，使查找和检索更高效、便捷。

权威的研究报告，独特的调研数据，前沿的热点资讯，皮书数据库已发展成为国内最具影响力的关于中国与世界现实问题研究的成果库和资讯库。

皮书俱乐部会员服务指南

1. 谁能成为皮书俱乐部成员?

- 皮书作者自动成为俱乐部会员
- 购买了皮书产品（纸质书/电子书）的个人用户

2. 会员可以享受的增值服务

- 免费获赠皮书数据库100元充值卡
- 加入皮书俱乐部，免费获赠该纸质图书的电子书
- 免费定期获赠皮书电子期刊
- 优先参与各类皮书学术活动
- 优先享受皮书产品的最新优惠

3. 如何享受增值服务?

（1）免费获赠100元皮书数据库体验卡

第1步 刮开皮书附赠充值的涂层（右下）；

第2步 登录皮书数据库网站（www.pishu.com.cn），注册账号；

第3步 登录并进入“会员中心”—“在线充值”—“充值卡充值”，充值成功后即可使用。

（2）加入皮书俱乐部，凭数据库体验卡获赠该书的电子书

第1步 登录社会科学文献出版社官网（www.ssap.com.cn），注册账号；

第2步 登录并进入“会员中心”—“皮书俱乐部”，提交加入皮书俱乐部申请；

第3步 审核通过后，再次进入皮书俱乐部，填写页面所需图书、体验卡信息即可自动兑换相应电子书。

4. 声明

解释权归社会科学文献出版社所有

皮书俱乐部会员可享受社会科学文献出版社其他相关免费增值服务，有任何疑问，均可与我们联系。

图书销售热线：010-59367070/7028 图书服务QQ：800045692 图书服务邮箱：duzhe@ssap.cn

数据库服务热线：400-008-6695 数据库服务QQ：2475522410 数据库服务邮箱：database@ssap.cn

欢迎登录社会科学文献出版社官网（www.ssap.com.cn）和中国皮书网（www.pishu.cn）了解更多信息

皮书大事记
（2014）

☆　2014年10月，中国社会科学院2014年度皮书纳入创新工程学术出版资助名单正式公布，相关资助措施进一步落实。

☆　2014年8月，由中国社会科学院主办，贵州省社会科学院、社会科学文献出版社承办的“第十五次全国皮书年会（2014）”在贵州贵阳隆重召开。

☆　2014年8月，第二批淘汰的27种皮书名单公布。

☆　2014年7月，第五届优秀皮书奖评审会在京召开。本届优秀皮书奖首次同时评选优秀皮书和优秀皮书报告。

☆　2014年7月，第三届皮书学术评审委员会于北京成立。

☆　2014年6月，社会科学文献出版社与北京报刊发行局签订合同，将部分重点皮书纳入邮政发行系统。

☆　2014年6月，《中国社会科学院皮书管理办法》正式颁布实施。

☆　2014年4月，出台《社会科学文献出版社关于加强皮书编审工作的有关规定》《社会科学文献出版社皮书责任编辑管理规定》《社会科学文献出版社关于皮书准入与退出的若干规定》。

☆　2014年1月，首批淘汰的44种皮书名单公布。

☆　2014年1月，“2013(第七届)全国新闻出版业网站年会”在北京举办，中国皮书网被评为“最具商业价值网站”。

☆　2014年1月,社会科学文献出版社在原皮书评价研究中心的基础上成立了皮书研究院。

权威·前沿·原创

SSAP

社会科学文献出版社

皮书系列

2016年

盘点年度资讯　预测时代前程

社会科学文献出版社 学术传播中心 编制

社长致辞

我们是图书出版者，更是人文社会科学内容资源供应商；

我们背靠中国社会科学院，面向中国与世界人文社会科学界，坚持为人文社会科学的繁荣与发展服务；

我们精心打造权威信息资源整合平台，坚持为中国经济与社会的繁荣与发展提供决策咨询服务；

我们以读者定位自身，立志让爱书人读到好书，让求知者获得知识；

我们精心编辑、设计每一本好书以形成品牌张力，以优秀的品牌形象服务读者，开拓市场；

我们始终坚持“创社科经典，出传世文献”的经营理念，坚持“权威、前沿、原创”的产品特色；

我们“以人为本”，提倡阳光下创业，员工与企业共享发展之成果；

我们立足于现实，认真对待我们的优势、劣势，我们更着眼于未来，以不断的学习与创新适应不断变化的世界，以不断的努力提升自己的实力；

我们愿与社会各界友好合作，共享人文社会科学发展之成果，共同推动中国学术出版乃至内容产业的繁荣与发展。

社会科学文献出版社社长

中国社会学会秘书长

2016年1月

社会科学文献出版社
SOCIAL SCIENCES ACADEMIC PRESS (CHINA)

社会科学文献出版社成立于1985年，是直属于中国社会科学院的人文社会科学专业学术出版机构。

成立以来，特别是1998年实施第二次创业以来，依托于中国社会科学院丰厚的学术出版和专家学者两大资源，坚持“创社科经典，出传世文献”的出版理念和“权威、前沿、原创”的产品定位，社科文献立足内涵式发展道路，从战略层面推动学术出版五大能力建设，逐步走上了智库产品与专业学术成果系列化、规模化、数字化、国际化、市场化发展的经营道路。

先后策划出版了著名的图书品牌和学术品牌“皮书”系列、“列国志”、“社科文献精品译库”、“全球化译丛”、“全面深化改革研究书系”、“近世中国”、“甲骨文”、“中国史话”等一大批既有学术影响又有市场价值的系列图书，形成了较强的学术出版能力和资源整合能力。2015年社科文献出版社发稿5.5亿字，出版图书约2000种，承印发行中国社科院院属期刊74种，在多项指标上都实现了较大幅度的增长。

凭借着雄厚的出版资源整合能力，社科文献出版社长期以来一直致力于从内容资源和数字平台两个方面实现传统出版的再造，并先后推出了皮书数据库、列国志数据库、“一带一路”数据库、中国田野调查数据库、台湾大陆同乡会数据库等一系列数字产品。数字出版已经初步形成了产品设计、内容开发、编辑标引、产品运营、技术支持、营销推广等全流程体系。

在国内原创著作、国外名家经典著作大量出版，数字出版突飞猛进的同时，社科文献出版社从构建国际话语体系的角度推动学术出版国际化。先后与斯普林格、博睿、牛津、剑桥等十余家国际出版机构合作面向海外推出了“皮书系列”“改革开放30年研究书系”“中国梦与中国发展道路研究丛书”“全面深化改革研究书系”等一系列在世界范围内引起强烈反响的作品；并持续致力于中国学术出版走出去，组织学者和编辑参加国际书展，筹办国际性学术研讨会，向世界展示中国学者的学术水平和研究成果。

此外，社科文献出版社充分利用网络媒体平台，积极与中央和地方各类媒体合作，并联合大型书店、学术书店、机场书店、网络书店、图书馆，逐步构建起了强大的学术图书内容传播平台。学术图书的媒体曝光率居全国之首，图书馆藏率居于全国出版机构前十位。

上述诸多成绩的取得，有赖于一支以年轻的博士、硕士为主体，一批从中国社科院刚退出科研一线的各学科专家为支撑的300多位高素质的编辑、出版和营销队伍，为我们实现学术立社，以学术品位、学术价值来实现经济效益和社会效益这样一个目标的共同努力。

作为已经开启第三次创业梦想的人文社会科学学术出版机构，我们将以改革发展为动力，以学术资源建设为中心，以构建智慧型出版社为主线，以“整合、专业、分类、协同、持续”为各项工作指导原则，全力推进出版社数字化转型，坚定不移地走专业化、数字化、国际化发展道路，全面提升出版社核心竞争力，为实现“社科文献梦”奠定坚实基础。

经 济 类

经济类皮书涵盖宏观经济、城市经济、大区域经济，
提供权威、前沿的分析与预测

经济蓝皮书

2016 年中国经济形势分析与预测

李　扬 / 主编　　2015 年 12 月出版　　定价 :79.00 元

◆　本书为总理基金项目，由著名经济学家李扬领衔，联合中国社会科学院等数十家科研机构、国家部委和高等院校的专家共同撰写，系统分析了 2015 年的中国经济形势并预测 2016 年我国经济运行情况。

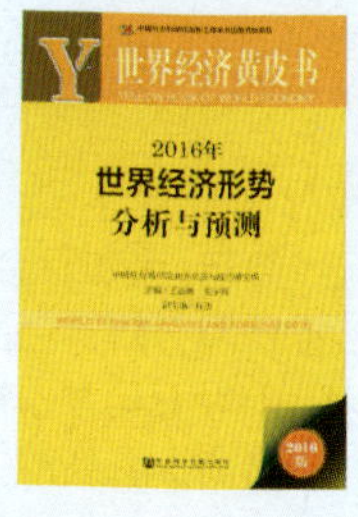

世界经济黄皮书

2016 年世界经济形势分析与预测

王洛林　张宇燕 / 主编　　2015 年 12 月出版　　定价 :79.00 元

◆　本书由中国社会科学院世界经济与政治研究所的研究团队撰写，2015 年世界经济增长继续放缓，增长格局也继续分化，发达经济体与新兴经济体之间的增长差距进一步收窄。2016 年世界经济增长形势不容乐观。

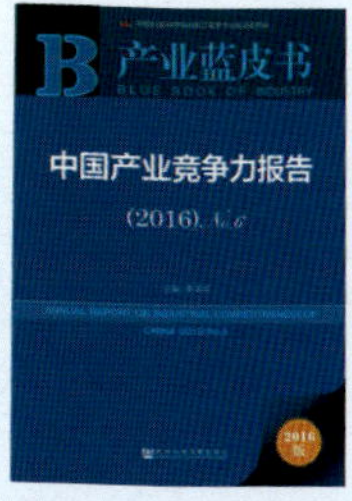

产业蓝皮书

中国产业竞争力报告（2016）NO.6

张其仔 / 主编　　2016 年 12 月出版　　定价 :98.00 元

◆　本书由中国社会科学院工业经济研究所研究团队在深入实际、调查研究的基础上完成。通过运用丰富的数据资料和最新的测评指标，从学术性、系统性、预测性上分析了 2015 年中国产业竞争力，并对未来发展趋势进行了预测。

G20国家创新竞争力黄皮书

二十国集团（G20）国家创新竞争力发展报告（2016）

李建平　李闽榕　赵新力 / 主编　　2016年11月出版　估价 :138.00 元

◆　本报告在充分借鉴国内外研究者的相关研究成果的基础上，紧密跟踪技术经济学、竞争力经济学、计量经济学等学科的最新研究动态，深入分析G20国家创新竞争力的发展水平、变化特征、内在动因及未来趋势，同时构建了G20国家创新竞争力指标体系及数学模型。

国际城市蓝皮书

国际城市发展报告（2016）

屠启宇 / 主编　　2016年2月出版　　定价 :79.00 元

◆　本书作者以上海社会科学院从事国际城市研究的学者团队为核心，汇集同济大学、华东师范大学、复旦大学、上海交通大学、南京大学、浙江大学相关城市研究专业学者。立足动态跟踪介绍国际城市发展实践中，最新出现的重大战略、重大理念、重大项目、重大报告和最佳案例。

金融蓝皮书

中国金融发展报告（2016）

李　扬　王国刚 / 主编　2015年12月出版　定价 :79.00 元

◆　本书由中国社会科学院金融研究所组织编写，概括和分析了2015年中国金融发展和运行中的各方面情况，研讨和评论了2015年发生的主要金融事件。本书由业内专家和青年精英联合编著，有利于读者了解掌握2015年中国的金融状况，把握2016年中国金融的走势。

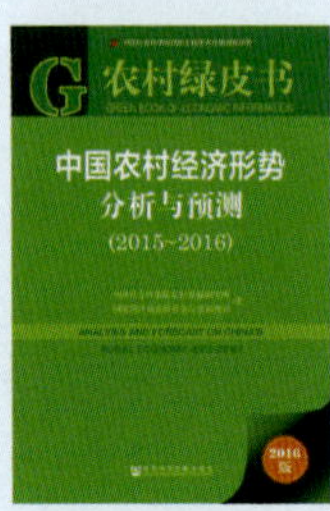

农村绿皮书

中国农村经济形势分析与预测（2015 ~ 2016）

中国社会科学院农村发展研究所　国家统计局农村社会经济调查司 / 著
2016年4月出版　估价 :69.00 元

◆　本书描述了2015年中国农业农村经济发展的一些主要指标和变化，以及对2016年中国农业农村经济形势的一些展望和预测。

西部蓝皮书

中国西部发展报告（2016）

姚慧琴　徐璋勇 / 主编　　2016 年 7 月出版　　估价 :89.00 元

◆　本书由西北大学中国西部经济发展研究中心主编，汇集了源自西部本土以及国内研究西部问题的权威专家的第一手资料，对国家实施西部大开发战略进行年度动态跟踪，并对 2016 年西部经济、社会发展态势进行预测和展望。

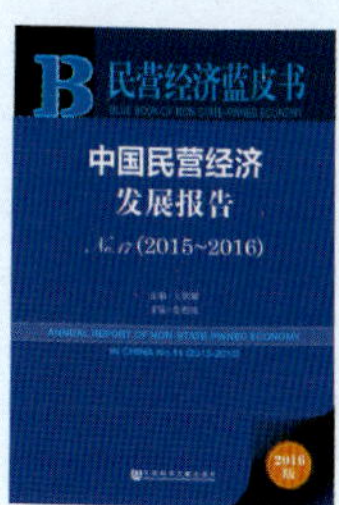

民营经济蓝皮书

中国民营经济发展报告 NO.12（2015 ~ 2016）

王钦敏 / 主编　2016 年 4 月出版　估价 :75.00 元

◆　改革开放以来，民营经济从无到有、从小到大，是最具活力的增长极。本书是中国工商联课题组的研究成果，对 2015 年度中国民营经济的发展现状、趋势进行了详细的论述，并提出了合理的建议。是广大民营企业进行政策咨询、科学决策和理论创新的重要参考资料，也是理论工作者进行理论研究的重要参考资料。

经济蓝皮书夏季号

中国经济增长报告（2015 ~ 2016）

李　扬 / 主编　2016 年 8 月出版　估价 :69.00 元

◆　中国经济增长报告主要探讨 2015~2016 年中国经济增长问题，以专业视角解读中国经济增长，力求将其打造成一个研究中国经济增长、服务宏微观各级决策的周期性、权威性读物。

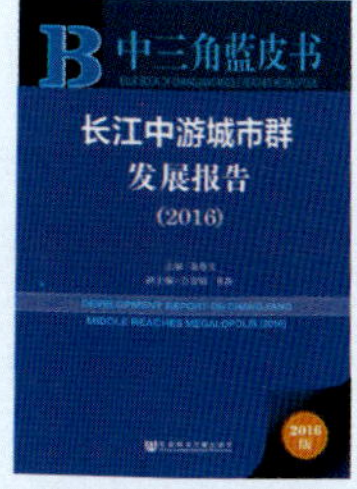

中三角蓝皮书

长江中游城市群发展报告（2016）

秦尊文 / 主编　2016 年 10 月出版　估价 :69.00 元

◆　本书是湘鄂赣皖四省专家学者共同研究的成果，从不同角度、不同方位记录和研究长江中游城市群一体化，提出对策措施，以期为将“中三角”打造成为继珠三角、长三角、京津冀之后中国经济增长第四极奉献学术界的聪明才智。

社会政法类

社会政法类皮书聚焦社会发展领域的热点、难点问题，提供权威、原创的资讯与视点

社会蓝皮书

2016 年中国社会形势分析与预测

李培林　陈光金　张　翼 / 主编　2015 年 12 月出版　定价 :79.00 元

◆　本书由中国社会科学院社会学研究所组织研究机构专家、高校学者和政府研究人员撰写，聚焦当下社会热点，对 2015 年中国社会发展的各个方面内容进行了权威解读，同时对 2016 年社会形势发展趋势进行了预测。

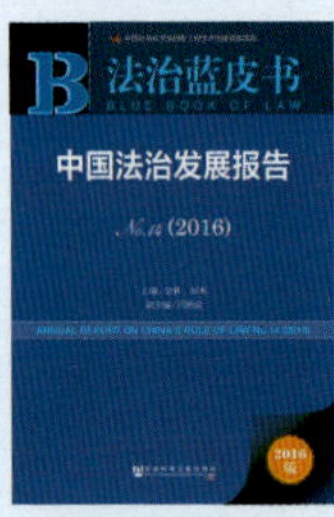

法治蓝皮书

中国法治发展报告 NO.14（2016）

李　林　田　禾 / 主编　　2016 年 3 月出版　　定价 :118.00 元

◆　本年度法治蓝皮书回顾总结了 2015 年度中国法治发展取得的成就和存在的不足，并对 2016 年中国法治发展形势进行了预测和展望。

反腐倡廉蓝皮书

中国反腐倡廉建设报告 NO.6

李秋芳　张英伟 / 主编　2017 年 1 月出版　　估价 :79.00 元

◆　本书抓住了若干社会热点和焦点问题，全面反映了新时期新阶段中国反腐倡廉面对的严峻局面，以及中国共产党反腐倡廉建设的新实践新成果。根据实地调研、问卷调查和舆情分析，梳理了当下社会普遍关注的与反腐败密切相关的热点问题。

生态城市绿皮书

中国生态城市建设发展报告（2016）

刘举科　孙伟平　胡文臻 / 主编　2016 年 6 月出版　估价 :98.00 元

◆　报告以绿色发展、循环经济、低碳生活、民生宜居为理念，以更新民众观念、提供决策咨询、指导工程实践、引领绿色发展为宗旨，试图探索一条具有中国特色的城市生态文明建设新路。

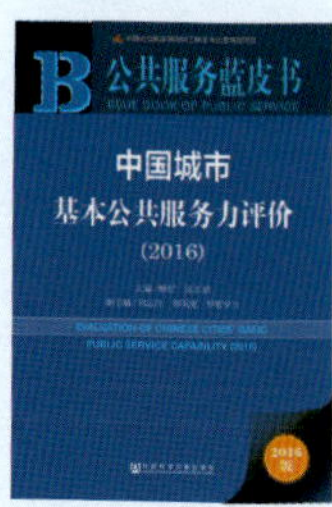

公共服务蓝皮书

中国城市基本公共服务力评价（2016）

钟　君　吴正杲 / 主编　2016 年 12 月出版　估价 :79.00 元

◆　中国社会科学院经济与社会建设研究室与华图政信调查组成联合课题组，从 2010 年开始对基本公共服务力进行研究，研创了基本公共服务力评价指标体系，为政府考核公共服务与社会管理工作提供了理论工具。

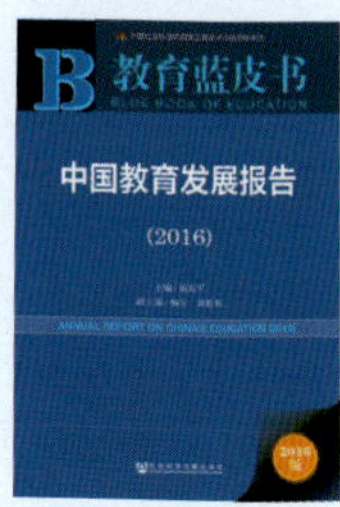

教育蓝皮书

中国教育发展报告（2016）

杨东平 / 主编　2016 年 4 月出版　定价 :79.00 元

◆　本书由国内的中青年教育专家合作研究撰写。深度剖析 2015 年中国教育的热点话题，并对当下中国教育中出现的问题提出对策建议。

生态文明绿皮书

中国省域生态文明建设评价报告（ECI 2016）

严耕 / 主编　2016 年 12 月出版　估价 :85.00 元

◆　本书基于国家最新发布的权威数据，对我国的生态文明建设状况进行科学评价，并开展相应的深度分析，结合中央的政策方针和各省的具体情况，为生态文明建设推进，提出针对性的政策建议。

行业报告类

行业报告类皮书立足重点行业、新兴行业领域，
提供及时、前瞻的数据与信息

房地产蓝皮书

中国房地产发展报告 NO.13（2016）

魏后凯　李景国 / 主编　　2016 年 5 月出版　　估价 :79.00 元

◆　蓝皮书秉承客观公正、科学中立的宗旨和原则，追踪 2015 年我国房地产市场最新资讯，深度分析，剖析因果，谋划对策，并对 2016 年房地产发展趋势进行了展望。

旅游绿皮书

2015 ~ 2016 年中国旅游发展分析与预测

宋　瑞 / 主编　　2016 年 4 出版　　定价 :89.00 元

◆　本书中国社会科学院旅游研究中心组织相关专家编写的年度研究报告，对 2015 年旅游行业的热点问题进行了全面的综述并提出专业性建议，并对 2016 年中国旅游的发展趋势进行展望。

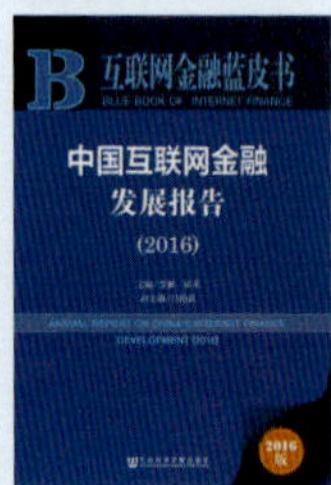

互联网金融蓝皮书

中国互联网金融发展报告（2016）

李东荣 / 主编　　2016 年 8 月出版　　估价 :79.00 元

◆　近年来，许多基于互联网的金融服务模式应运而生并对传统金融业产生了深刻的影响和巨大的冲击，“互联网金融”成为社会各界关注的焦点。本书探析了 2015 年互联网金融的特点和 2016 年互联网金融的发展方向和亮点。

资产管理蓝皮书

中国资产管理行业发展报告（2016）

智信资产管理研究院 / 编著　2016 年 6 月出版　估价 :89.00 元

◆ 中国资产管理行业刚刚兴起，未来将中国金融市场最有看点的行业，也会成为快速发展壮大的行业。本书主要分析了 2015 年度资产管理行业的发展情况，同时对资产管理行业的未来发展做出科学的预测。

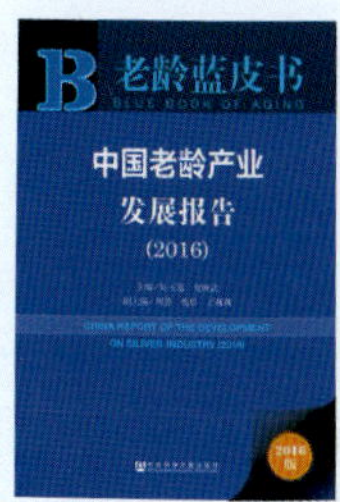

老龄蓝皮书

中国老龄产业发展报告（2016）

吴玉韶 党俊武 / 编著
2016 年 9 月出版　估价 :79.00 元

◆ 本书着眼于对中国老龄产业的发展给予系统介绍，深入解析，并对未来发展趋势进行预测和展望，力求从不同视角、不同层面全面剖析中国老龄产业发展的现状、取得的成绩、存在的问题以及重点、难点等。

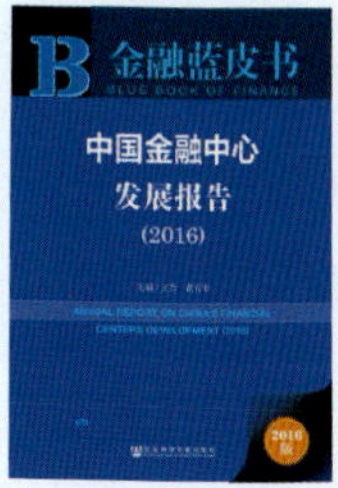

金融蓝皮书

中国金融中心发展报告（2016）

王　力　黄育华 / 编著　2017 年 11 月出版　估价 :75.00 元

◆ 本报告将提升中国金融中心城市的金融竞争力作为研究主线，全面、系统、连续地反映和研究中国金融中心城市发展和改革的最新进展，展示金融中心理论研究的最新成果。

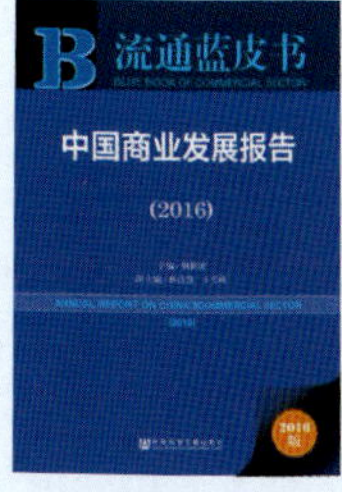

流通蓝皮书

中国商业发展报告（2016）

荆林波 / 编著　2016 年 5 月出版　估价 :89.00 元

◆ 本书是中国社会科学院财经院与利丰研究中心合作的成果，从关注中国宏观经济出发，突出了中国流通业的宏观背景，详细分析了批发业、零售业、物流业、餐饮产业与电子商务等产业发展状况。

国别与地区类

国别与地区类皮书关注全球重点国家与地区，提供全面、独特的解读与研究

美国蓝皮书

美国研究报告（2016）

黄　平　郑秉文 / 主编　2016 年 7 月出版　估价 :89.00 元

◆　本书是由中国社会科学院美国所主持完成的研究成果，它回顾了美国 2015 年的经济、政治形势与外交战略，对 2016 年以来美国内政外交发生的重大事件以及重要政策进行了较为全面的回顾和梳理。

拉美黄皮书

拉丁美洲和加勒比发展报告（2015~2016）

吴白乙 / 主编　2016 年 5 月出版　估价 :89.00 元

◆　本书对 2015 年拉丁美洲和加勒比地区诸国的政治、经济、社会、外交等方面的发展情况做了系统介绍，对该地区相关国家的热点及焦点问题进行了总结和分析，并在此基础上对该地区各国 2016 年的发展前景做出预测。

日本经济蓝皮书

日本经济与中日经贸关系研究报告（2016）

王洛林　张季风 / 编著　2016 年 5 月出版　估价 :79.00 元

◆　本书系统、详细地介绍了 2015 年日本经济以及中日经贸关系发展情况，在进行了大量数据分析的基础上，对 2016 年日本经济以及中日经贸关系的大致发展趋势进行了分析与预测。

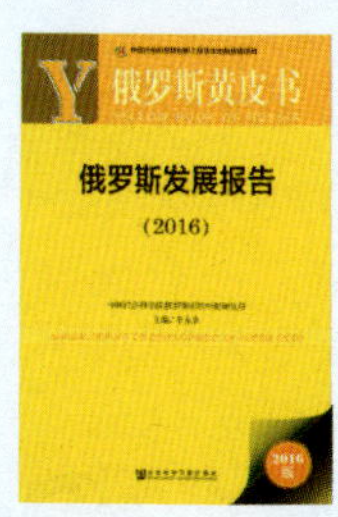

俄罗斯黄皮书

俄罗斯发展报告（2016）

李永全 / 编著　2016 年 7 月出版　估价 :79.00 元

◆　本书系统介绍了 2015 年俄罗斯经济政治情况，并对 2015 年该地区发生的焦点、热点问题进行了分析与回顾；在此基础上，对该地区 2016 年的发展前景进行了预测。

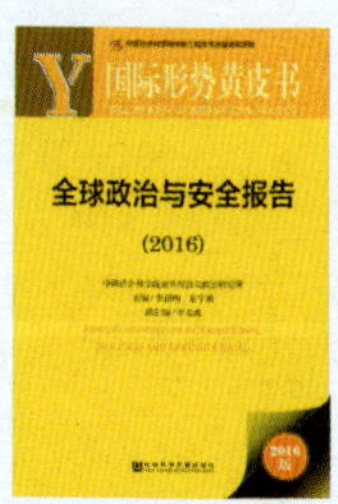

国际形势黄皮书

全球政治与安全报告（2016）

李慎明　张宇燕 / 主编　2015 年 12 月出版　定价 :69.00 元

◆　本书旨在对本年度全球政治及安全形势的总体情况、热点问题及变化趋势进行回顾与分析，并提出一定的预测及对策建议。作者通过事实梳理、数据分析、政策分析等途径，阐释了本年度国际关系及全球安全形势的基本特点，并在此基础上提出了具有启示意义的前瞻性结论。

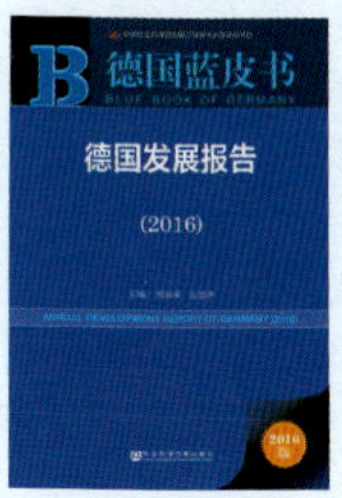

德国蓝皮书

德国发展报告（2016）

郑春荣　伍慧萍 / 主编　2016 年 6 月出版　估价 :69.00 元

◆　本报告由同济大学德国研究所组织编撰，由该领域的专家学者对德国的政治、经济、社会文化、外交等方面的形势发展情况，进行全面的阐述与分析。

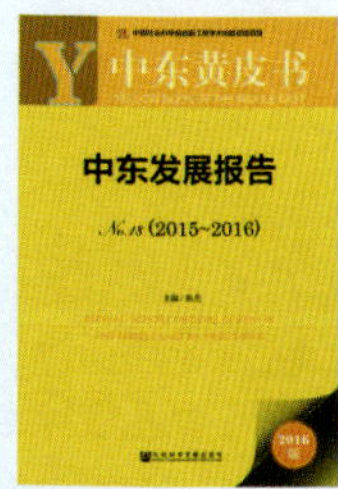

中东黄皮书

中东发展报告 NO.18（2015 ~ 2016）

杨光 / 主编　2016 年 10 月出版　估价 :89.00 元

◆　报告回顾和分析了一年来多以来中东地区政治经济局势的新发展，为跟踪中东地区的市场变化和中东研究学科的研究前沿，提供了全面扎实的信息。

地方发展类

地方发展类皮书关注中国各省份、经济区域，
提供科学、多元的预判与资政信息

北京蓝皮书

北京公共服务发展报告（2015~2016）

施昌奎 / 主编　2016 年 2 月出版　定价 :79.00 元

◆　本书是由北京市政府职能部门的领导、首都著名高校的教授、知名研究机构的专家共同完成的关于北京市公共服务发展与创新的研究成果。

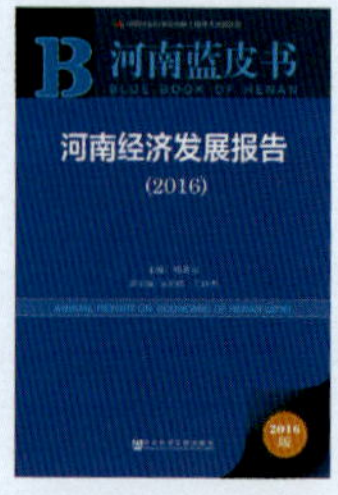

河南蓝皮书

河南经济发展报告（2016）

河南省社会科学院 / 编著　2016 年 3 月出版　定价 :79.00 元

◆　本书以国内外经济发展环境和走向为背景，主要分析当前河南经济形势，预测未来发展趋势，全面反映河南经济发展的最新动态、热点和问题，为地方经济发展和领导决策提供参考。

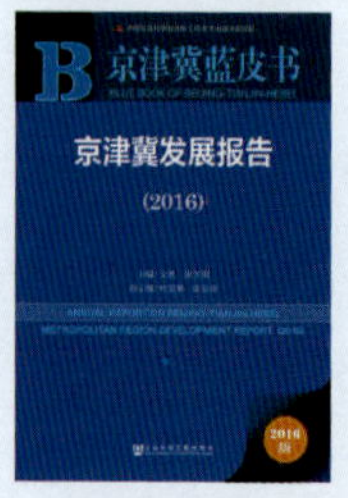

京津冀蓝皮书

京津冀发展报告（2016）

文　魁　祝尔娟 / 编著　2016 年 4 月出版　估价 :89.00 元

◆　京津冀协同发展作为重大的国家战略，已进入顶层设计、制度创新和全面推进的新阶段。本书以问题为导向，围绕京津冀发展中的重要领域和重大问题，研究如何推进京津冀协同发展。

文化传媒类

文化传媒类皮书透视文化领域、文化产业，
探索文化大繁荣、大发展的路径

新媒体蓝皮书

中国新媒体发展报告 NO.7（2016）

唐绪军 / 主编　　2016 年 6 月出版　　估价 :79.00 元

◆　本书是由中国社会科学院新闻与传播研究所组织编写的关于新媒体发展的最新年度报告，旨在全面分析中国新媒体的发展现状，解读新媒体的发展趋势，探析新媒体的深刻影响。

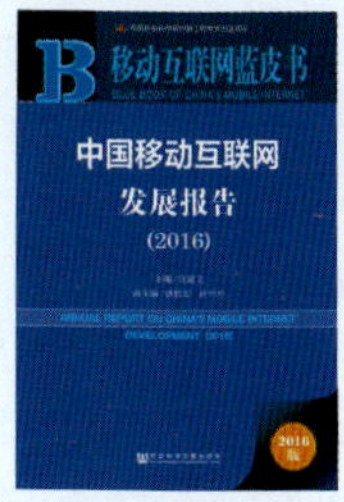

移动互联网蓝皮书

中国移动互联网发展报告（2016）

官建文 / 编著　　2016 年 6 月出版　　估价 :79.00 元

◆　本书着眼于对中国移动互联网 2015 年度的发展情况做深入解析，对未来发展趋势进行预测，力求从不同视角、不同层面全面剖析中国移动互联网发展的现状、年度突破以及热点趋势等。

文化蓝皮书

中国文化产业发展报告（2015~2016）

张晓明　王家新　章建刚 / 主编　　2016 年 2 月出版　　定价 :79.00 元

◆　本书由中国社会科学院文化研究中心编写。从 2012 年开始，中国社会科学院文化研究中心设立了国内首个文化产业的研究类专项资金——“文化产业重大课题研究计划”，开始在全国范围内组织多学科专家学者对我国文化产业发展重大战略问题进行联合攻关研究。本书集中反映了该计划的研究成果。

经济类

G20国家创新竞争力黄皮书
二十国集团（G20）国家创新竞争力发展报告（2016）
著(编)者:李建平 李闽榕 赵新力
2016年11月出版 / 估价:138.00元

产业蓝皮书
中国产业竞争力报告（2016）NO.6
著(编)者:张其仔 2016年12月出版 / 估价:98.00元

城市创新蓝皮书
中国城市创新报告（2016）
著(编)者:周天勇 旷建伟 2016年8月出版 / 估价:69.00元

城市竞争力蓝皮书
中国城市竞争力报告（1973~2015）
著(编)者:李小林 2016年1月出版 / 定价:128.00元

城市蓝皮书
中国城市发展报告 NO.9
著(编)者:潘家华 魏后凯 2016年9月出版 / 估价:69.00元

城市群蓝皮书
中国城市群发展指数报告（2016）
著(编)者:刘士林 刘新静 2016年10月出版 / 估价:69.00元

城乡一体化蓝皮书
中国城乡一体化发展报告（2015～2016）
著(编)者:汝信 付崇兰 2016年7月出版 / 估价:85.00元

城镇化蓝皮书
中国新型城镇化健康发展报告（2016）
著(编)者:张占斌 2016年5月出版 / 估价:79.00元

创新蓝皮书
创新型国家建设报告（2015～2016）
著(编)者:詹正茂 2016年11月出版 / 估价:69.00元

低碳发展蓝皮书
中国低碳发展报告（2015~2016）
著(编)者:齐晔 2016年3月出版 / 定价:98.00元

低碳经济蓝皮书
中国低碳经济发展报告（2016）
著(编)者:薛进军 赵忠秀 2016年6月出版 / 估价:85.00元

东北蓝皮书
中国东北地区发展报告（2016）
著(编)者:马克 黄文艺 2016年8月出版 / 估价:79.00元

发展与改革蓝皮书
中国经济发展和体制改革报告NO.7
著(编)者:邹东涛 王再文
2016年1月出版 / 估价:98.00元

工业化蓝皮书
中国工业化进程报告（2016）
著(编)者:黄群慧 吕铁 李晓华 等
2016年11月出版 / 估价:89.00元

管理蓝皮书
中国管理发展报告（2016）
著(编)者:张晓东 2016年9月出版 / 估价:98.00元

国际城市蓝皮书
国际城市发展报告（2016）
著(编)者:屠启宇 2016年2月出版 / 定价:79.00元

国家创新蓝皮书
中国创新发展报告（2016）
著(编)者:陈劲 2016年9月出版 / 估价:69.00元

金融蓝皮书
中国金融发展报告（2016）
著(编)者:李扬 王国刚 2015年12月出版 / 定价:79.00元

京津冀产业蓝皮书
京津冀产业协同发展报告（2016）
著(编)者:中智科博（北京）产业经济发展研究院
2016年6月出版 / 估价:69.00元

京津冀蓝皮书
京津冀发展报告（2016）
著(编)者:文魁 祝尔娟 2016年4月出版 / 估价:89.00元

经济蓝皮书
2016年中国经济形势分析与预测
著(编)者:李扬 2015年12月出版 / 定价:79.00元

经济蓝皮书·春季号
2016年中国经济前景分析
著(编)者:李扬 2016年5月出版 / 估价:79.00元

经济蓝皮书·夏季号
中国经济增长报告（2015～2016）
著(编)者:李扬 2016年8月出版 / 估价:99.00元

经济信息绿皮书
中国与世界经济发展报告（2016）
著(编)者:杜平 2015年12月出版 / 定价:89.00元

就业蓝皮书
2016年中国本科生就业报告
著(编)者:麦可思研究院 2016年6月出版 / 估价:98.00元

就业蓝皮书
2016年中国高职高专生就业报告
著(编)者:麦可思研究院 2016年6月出版 / 估价:98.00元

临空经济蓝皮书
中国临空经济发展报告（2016）
著(编)者:连玉明 2016年11月出版 / 估价:79.00元

民营经济蓝皮书
中国民营经济发展报告 NO.12（2015～2016）
著(编)者:王钦敏 2016年5月出版 / 估价:75.00元

农村绿皮书
中国农村经济形势分析与预测（2015～2016）
著(编)者:中国社会科学院农村发展研究所
国家统计局农村社会经济调查司
2016年4月出版 / 估价:69.00元

农业应对气候变化蓝皮书
气候变化对中国农业影响评估报告 NO.2
著(编)者:矫梅燕 2016年8月出版 / 估价:98.00元

企业公民蓝皮书
中国企业公民报告 NO.4
著(编)者:邹东涛 2016年5月出版 / 估价:79.00元

气候变化绿皮书
应对气候变化报告（2016）
著(编)者:王伟光 郑国光 2016年11月出版 / 估价:98.00元

区域蓝皮书
中国区域经济发展报告（2015～2016）
著(编)者:梁昊光 2016年5月出版 / 估价:79.00元

全球环境竞争力绿皮书
全球环境竞争力报告（2016）
著(编)者:李建平 李闽榕 王金南
2016年12月出版 / 估价:198.00元

人口与劳动绿皮书
中国人口与劳动问题报告 NO.17
著(编)者:蔡昉 张车伟 2016年11月出版 / 估价:69.00元

商务中心区蓝皮书
中国商务中心区发展报告 NO.2（2015）
著(编)者:魏后凯 单菁菁 2016年1月出版 / 定价:79.00元

世界经济黄皮书
2016年世界经济形势分析与预测
著(编)者:王洛林 张宇燕 2015年12月出版 / 定价:79.00元

世界旅游城市绿皮书
世界旅游城市发展报告（2015）
著(编)者:宋宇 2016年1月出版 / 定价:128.00元

西北蓝皮书
中国西北发展报告（2016）
著(编)者:孙发平 苏海红 鲁顺元
2016年3月出版 / 定价:79.00元

西部蓝皮书
中国西部发展报告（2016）
著(编)者:姚慧琴 徐璋勇 2016年7月出版 / 估价:89.00元

县域发展蓝皮书
中国县域经济增长能力评估报告（2016）
著(编)者:王力 2016年10月出版 / 估价:69.00元

新型城镇化蓝皮书
新型城镇化发展报告（2016）
著(编)者:李伟 宋敏 沈体雁 2016年11月出版 / 估价:98.00元

新兴经济体蓝皮书
金砖国家发展报告（2016）
著(编)者:林跃勤 周文 2016年7月出版 / 估价:79.00元

长三角蓝皮书
2016年全面深化改革中的长三角
著(编)者:张伟斌 2016年10月出版 / 估价:69.00元

中部竞争力蓝皮书
中国中部经济社会竞争力报告（2016）
著(编)者:教育部人文社会科学重点研究基地
南昌大学中国中部经济社会发展研究中心
2016年10月出版 / 估价:79.00元

中部蓝皮书
中国中部地区发展报告（2016）
著(编)者:宋亚平 2016年12月出版 / 估价:78.00元

中国省域竞争力蓝皮书
中国省域经济综合竞争力发展报告（2014～2015）
著(编)者:李建平 李闽榕 高燕京
2016年2月出版 / 定价:198.00元

中三角蓝皮书
长江中游城市群发展报告（2016）
著(编)者:秦尊文 2016年10月出版 / 估价:69.00元

中小城市绿皮书
中国中小城市发展报告（2016）
著(编)者:中国城市经济学会中小城市经济发展委员会
中国城镇化促进会中小城市发展委员会
《中国中小城市发展报告》编纂委员会
中小城市发展战略研究院
2016年10月出版 / 估价:98.00元

中原蓝皮书
中原经济区发展报告（2016）
著(编)者:李英杰 2016年6月出版 / 估价:88.00元

自贸区蓝皮书
中国自贸区发展报告（2016）
著(编)者:王力 王吉培 2016年10月出版 / 估价:69.00元

社会政法类

北京蓝皮书
中国社区发展报告（2016）
著(编)者:于燕燕 2017年2月出版 / 估价:79.00元

殡葬绿皮书
中国殡葬事业发展报告（2016）
著(编)者:李伯森 2016年5月出版 / 估价:158.00元

城市管理蓝皮书
中国城市管理报告（2016）
著(编)者:谭维克 刘林 2017年2月出版 / 估价:118.00元

城市生活质量蓝皮书
中国城市生活质量报告（2016）
著(编)者:张连城 张平 杨春学 郎丽华
2016年7月出版 / 估价:89.00元

城市政府能力蓝皮书
中国城市政府公共服务能力评估报告（2016）
著(编)者:何艳玲 2016年7月出版 / 估价:69.00元

创新蓝皮书
中国创业环境发展报告（2016）
著(编)者:姚凯 曹祎遐 2016年5月出版 / 估价:69.00元

慈善蓝皮书
中国慈善发展报告（2016）
著(编)者:杨团　2016年6月出版 / 估价:79.00元

地方法治蓝皮书
中国地方法治发展报告 NO.2（2016）
著(编)者:李林　田禾　2016年3出版 / 定价:108.00元

党建蓝皮书
党的建设研究报告 NO.1（2016）
著(编)者:崔建民　陈东平　2016年1月出版 / 定价:89.00元

法治蓝皮书
中国法治发展报告 NO.14（2016）
著(编)者:李林 田禾　2016年3月出版 / 定价:118.00元

反腐倡廉蓝皮书
中国反腐倡廉建设报告 NO.6
著(编)者:李秋芳　张英伟　2017年1月出版 / 估价:79.00元

非传统安全蓝皮书
中国非传统安全研究报告（2015～2016）
著(编)者:余潇枫 魏志江　2016年5月出版 / 估价:79.00元

妇女发展蓝皮书
中国妇女发展报告 NO.6
著(编)者:王金玲　2016年9月出版 / 估价:148.00元

妇女教育蓝皮书
中国妇女教育发展报告 NO.3
著(编)者:张李玺　2016年10月出版 / 估价:78.00元

妇女绿皮书
中国性别平等与妇女发展报告（2016）
著(编)者:谭琳　2016年12月出版 / 估价:99.00元

公共服务蓝皮书
中国城市基本公共服务力评价（2016）
著(编)者:钟君 吴正杲　2016年12月出版 / 估价:79.00元

公共管理蓝皮书
中国公共管理发展报告（2016）
著(编)者:贡森 李国强 杨维富
2016年4月出版 / 估价:69.00元

公共外交蓝皮书
中国公共外交发展报告（2016）
著(编)者:赵启正 雷蔚真　2016年5月出版 / 估价:89.00元

公民科学素质蓝皮书
中国公民科学素质报告（2015~2016）
著(编)者:李群 陈雄 马宗文　2016年1月出版 / 定价:89.00元

公益蓝皮书
中国公益发展报告（2016）
著(编)者:朱健刚　2016年5月出版 / 估价:78.00元

国际人才蓝皮书
海外华侨华人专业人士报告（2016）
著(编)者:王辉耀 苗绿　2016年8月出版 / 估价:69.00元

国际人才蓝皮书
中国国际移民报告（2016）
著(编)者:王辉耀　2016年5月出版 / 估价:79.00元

国际人才蓝皮书
中国海归发展报告（2016）NO.3
著(编)者:王辉耀 苗绿　2016年10月出版 / 估价:69.00元

国际人才蓝皮书
中国留学发展报告（2016）NO.5
著(编)者:王辉耀 苗绿　2016年10月出版 / 估价:79.00元

国家公园蓝皮书
中国国家公园体制建设报告（2016）
著(编)者:苏杨 张玉钧 石金莲 刘锋 等
2016年10月出版 / 估价:69.00元

海洋社会蓝皮书
中国海洋社会发展报告（2016）
著(编)者:崔凤 宋宁而　2016年7月出版 / 估价:89.00元

行政改革蓝皮书
中国行政体制改革报告（2016）NO.5
著(编)者:魏礼群　2016年4月出版 / 估价:98.00元

华侨华人蓝皮书
华侨华人研究报告（2016）
著(编)者:贾益民　2016年12月出版 / 估价:98.00元

环境竞争力绿皮书
中国省域环境竞争力发展报告（2016）
著(编)者:李建平 李闽榕 王金南
2016年11月出版 / 估价:198.00元

环境绿皮书
中国环境发展报告（2016）
著(编)者:刘鉴强　2016年5月出版 / 估价:79.00元

基金会蓝皮书
中国基金会发展报告（2015~2016）
著(编)者:中国基金会发展报告课题组　2016年4月出版 / 定价:75.00元

基金会绿皮书
中国基金会发展独立研究报告（2016）
著(编)者:基金会中心网 中央民族大学基金会研究中心
2016年6月出版 / 估价:88.00元

基金会透明度蓝皮书
中国基金会透明度发展研究报告（2016）
著(编)者:基金会中心网 清华大学廉政与治理研究中心
2016年9月出版 / 估价:85.00元

教师蓝皮书
中国中小学教师发展报告（2016）
著(编)者:曾晓东 鱼霞　2016年6月出版 / 估价:69.00元

教育蓝皮书
中国教育发展报告（2016）
著(编)者:杨东平　2016年4月出版 / 定价:79.00元

科普蓝皮书
中国科普基础设施发展报告（2015）
著(编)者:郑念　任嵘嵘　2016年4月出版 / 定价:98.00元

科学教育蓝皮书
中国科学教育发展报告（2016）
著(编)者:罗晖 王康友 2016年10月出版 / 估价:79.00元

劳动保障蓝皮书
中国劳动保障发展报告（2016）
著(编)者:刘燕斌 2016年8月出版 / 估价:158.00元

老龄蓝皮书
中国老年宜居环境发展报告（2015）
著(编)者:党俊武 周燕珉 2016年1月出版 / 定价:79.00元

连片特困区蓝皮书
中国连片特困区发展报告（2016）
著(编)者:游俊 冷志明 丁建军
2016年5月出版 / 估价:98.00元

民间组织蓝皮书
中国民间组织报告（2016）
著(编)者:黄晓勇 2016年12月出版 / 估价:79.00元

民调蓝皮书
中国民生调查报告（2016）
著(编)者:谢耘耕 2016年5月出版 / 估价:128.00元

民族发展蓝皮书
中国民族发展报告（2016）
著(编)者:郝时远 王延中 王希恩
2016年4月出版 / 估价:98.00元

女性生活蓝皮书
中国女性生活状况报告 NO.10（2016）
著(编)者:韩湘景 2016年4月出版 / 估价:79.00元

汽车社会蓝皮书
中国汽车社会发展报告（2016）
著(编)者:王俊秀 2016年5月出版 / 估价:69.00元

青年蓝皮书
中国青年发展报告（2016）NO.4
著(编)者:廉思 等 2016年4月出版 / 估价:69.00元

青少年蓝皮书
中国未成年人互联网运用报告（2016）
著(编)者:李文革 沈杰 季为民
2016年11月出版 / 估价:89.00元

青少年体育蓝皮书
中国青少年体育发展报告（2016）
著(编)者:郭建军 杨桦 2016年9月出版 / 估价:69.00元

区域人才蓝皮书
中国区域人才竞争力报告 NO.2
著(编)者:桂昭明 王辉耀
2016年6月出版 / 估价:69.00元

群众体育蓝皮书
中国群众体育发展报告（2016）
著(编)者:刘国永 杨桦 2016年10月出版 / 估价:69.00元

群众体育蓝皮书
中国社会体育指导员发展报告（1994~2014）
著(编)者:刘国永 王欢 2016年4月出版 / 定价:78.00元

人才蓝皮书
中国人才发展报告（2016）
著(编)者:潘晨光 2016年9月出版 / 估价:85.00元

人权蓝皮书
中国人权事业发展报告 NO.6（2016）
著(编)者:李君如 2016年9月出版 / 估价:128.00元

社会保障绿皮书
中国社会保障发展报告（2016）NO.8
著(编)者:王延中 2016年4月出版 / 估价:99.00元

社会工作蓝皮书
中国社会工作发展报告（2016）
著(编)者:民政部社会工作研究中心
2016年8月出版 / 估价:79.00元

社会管理蓝皮书
中国社会管理创新报告 NO.4
著(编)者:连玉明 2016年11月出版 / 估价:89.00元

社会蓝皮书
2016年中国社会形势分析与预测
著(编)者:李培林 陈光金 张翼
2015年12月出版 / 定价:79.00元

社会体制蓝皮书
中国社会体制改革报告（2016）NO.4
著(编)者:龚维斌 2016年4月出版 / 估价:79.00元

社会心态蓝皮书
中国社会心态研究报告（2016）
著(编)者:王俊秀 杨宜音 2016年10月出版 / 估价:69.00元

社会责任管理蓝皮书
中国企业公众透明度报告（2015~2016）NO.2
著(编)者:黄速建 熊梦 肖红军 2016年1月出版 / 定价:98.00元

社会组织蓝皮书
中国社会组织评估发展报告（2016）
著(编)者:徐家良 廖鸿 2016年12月出版 / 估价:69.00元

生态城市绿皮书
中国生态城市建设发展报告（2016）
著(编)者:刘举科 孙伟平 胡文臻
2016年9月出版 / 估价:148.00元

生态文明绿皮书
中国省域生态文明建设评价报告（ECI 2016）
著(编)者:严耕 2016年12月出版 / 估价:85.00元

世界社会主义黄皮书
世界社会主义跟踪研究报告（2015～2016）
著(编)者:李慎明 2016年3月出版 / 定价:248.00元

水与发展蓝皮书
中国水风险评估报告（2016）
著(编)者:王浩 2016年9月出版 / 估价:69.00元

体育蓝皮书
长三角地区体育产业发展报告（2016）
著(编)者:张林 2016年4月出版 / 估价:79.00元

体育蓝皮书
中国公共体育服务发展报告（2016）
著(编)者:戴健　2016年12月出版 / 估价:79.00元

土地整治蓝皮书
中国土地整治发展研究报告 NO.3
著(编)者:国土资源部土地整治中心
2016年5月出版 / 估价:89.00元

土地政策蓝皮书
中国土地政策发展报告（2016）
著(编)者:高延利 李宪文　2015年12月出版 / 定价:89.00元

危机管理蓝皮书
中国危机管理报告（2016）
著(编)者:文学国 范正青　2016年8月出版 / 估价:89.00元

形象危机应对蓝皮书
形象危机应对研究报告（2016）
著(编)者:唐钧　2016年6月出版 / 估价:149.00元

医改蓝皮书
中国医药卫生体制改革报告（2016）
著(编)者:文学国　房志武　2016年11月出版 / 估价:98.00元

医疗卫生绿皮书
中国医疗卫生发展报告 NO.7（2016）
著(编)者:申宝忠 韩玉珍　2016年4月出版 / 估价:75.00元

政治参与蓝皮书
中国政治参与报告（2016）
著(编)者:房宁　2016年7月出版 / 估价:108.00元

政治发展蓝皮书
中国政治发展报告（2016）
著(编)者:房宁 杨海蛟　2016年5月出版 / 估价:88.00元

智慧社区蓝皮书
中国智慧社区发展报告（2016）
著(编)者:罗昌智 张辉德　2016年7月出版 / 估价:69.00元

中国农村妇女发展蓝皮书
农村流动女性城市生活发展报告（2016）
著(编)者:谢丽华　2016年12月出版 / 估价:79.00元

宗教蓝皮书
中国宗教报告（2016）
著(编)者:邱永辉　2016年5月出版 / 估价:79.00元

行业报告类

保健蓝皮书
中国保健服务产业发展报告 NO.2
著(编)者:中国保健协会 中共中央党校
2016年7月出版 / 估价:198.00元

保健蓝皮书
中国保健食品产业发展报告 NO.2
著(编)者:中国保健协会
中国社会科学院食品药品产业发展与监管研究中心
2016年7月出版 / 估价:198.00元

保健蓝皮书
中国保健用品产业发展报告 NO.2
著(编)者:中国保健协会
国务院国有资产监督管理委员会研究中心
2016年5月出版 / 估价:198.00元

保险蓝皮书
中国保险业创新发展报告（2016）
著(编)者:项俊波　2016年12月出版 / 估价:69.00元

保险蓝皮书
中国保险业竞争力报告（2016）
著(编)者:项俊波　2016年12月出版 / 估价:99.00元

采供血蓝皮书
中国采供血管理报告（2016）
著(编)者:朱永明 耿鸿武　2016年8月出版 / 估价:69.00元

彩票蓝皮书
中国彩票发展报告（2016）
著(编)者:益彩基金　2016年4月出版 / 估价:98.00元

餐饮产业蓝皮书
中国餐饮产业发展报告（2016）
著(编)者:邢颖　2016年4月出版 / 估价:69.00元

测绘地理信息蓝皮书
测绘地理信息转型升级研究报告（2016）
著(编)者:库热西・买合苏提　2016年12月出版 / 估价:98.00元

茶业蓝皮书
中国茶产业发展报告（2016）
著(编)者:杨江帆 李闽榕　2016年10月出版 / 估价:78.00元

产权市场蓝皮书
中国产权市场发展报告（2015～2016）
著(编)者:曹和平　2016年5月出版 / 估价:89.00元

产业安全蓝皮书
中国出版传媒产业安全报告（2015~2016）
著(编)者:北京印刷学院文化产业安全研究院
2016年3月出版 / 定价:79.00元

产业安全蓝皮书
中国文化产业安全报告（2016）
著(编)者:北京印刷学院文化产业安全研究院
2016年4月出版 / 估价:89.00元

产业安全蓝皮书
中国新媒体产业安全报告（2016）
著(编)者:北京印刷学院文化产业安全研究院
2016年5月出版 / 估价:69.00元

大数据蓝皮书
网络空间和大数据发展报告（2016）
著(编)者:杜平　2016年5月出版 / 估价:69.00元

电子商务蓝皮书
中国电子商务服务业发展报告 NO.3
著(编)者:荆林波 梁春晓　2016年5月出版 / 估价:69.00元

电子政务蓝皮书
中国电子政务发展报告（2016）
著(编)者:洪毅 杜平　2016年11月出版 / 估价:79.00元

杜仲产业绿皮书
中国杜仲橡胶资源与产业发展报告（2016）
著(编)者:杜红岩 胡文臻 俞锐
2016年5月出版 / 估价:85.00元

房地产蓝皮书
中国房地产发展报告 NO.13（2016）
著(编)者:魏后凯 李景国　2016年5月出版 / 估价:79.00元

服务外包蓝皮书
中国服务外包产业发展报告（2016）
著(编)者:王晓红 刘德军
2016年6月出版 / 估价:89.00元

服务外包蓝皮书
中国服务外包竞争力报告（2016）
著(编)者:王力 刘春生 黄育华
2016年11月出版 / 估价:85.00元

工业和信息化蓝皮书
世界网络安全发展报告（2016）
著(编)者:洪京一　2016年4月出版 / 估价:69.00元

工业和信息化蓝皮书
世界信息化发展报告（2016）
著(编)者:洪京一　2016年4月出版 / 估价:69.00元

工业和信息化蓝皮书
世界信息技术产业发展报告（2016）
著(编)者:洪京一　2016年4月出版 / 估价:79.00元

工业和信息化蓝皮书
世界制造业发展报告（2016）
著(编)者:洪京一　2016年4月出版 / 估价:69.00元

工业和信息化蓝皮书
移动互联网产业发展报告（2016）
著(编)者:洪京一　2016年4月出版 / 估价:79.00元

工业设计蓝皮书
中国工业设计发展报告（2016）
著(编)者:王晓红 于炜 张立群
2016年9月出版 / 估价:138.00元

黄金市场蓝皮书
中国商业银行黄金业务发展报告（2015~2016）
著(编)者:平安银行　2016年3月出版 / 定价:98.00元

互联网金融蓝皮书
中国互联网金融发展报告（2016）
著(编)者: 李东荣　2016年8月出版 / 估价:79.00元

会展蓝皮书
中外会展业动态评估年度报告（2016）
著(编)者:张敏　2016年5月出版 / 估价:78.00元

节能汽车蓝皮书
中国节能汽车产业发展报告（2016）
著(编)者:中国汽车工程研究院股份有限公司
2016年12月出版 / 估价:69.00元

金融监管蓝皮书
中国金融监管报告（2016）
著(编)者:胡滨　2016年4月出版 / 估价:89.00元

金融蓝皮书
中国金融中心发展报告（2016）
著(编)者:王力 黄育华　2017年11月出版 / 估价:75.00元

金融蓝皮书
中国商业银行竞争力报告（2016）
著(编)者:王松奇　2016年5月出版 / 估价:69.00元

经济林产业绿皮书
中国经济林产业发展报告（2016）
著(编)者:李芳东 胡文臻 乌云塔娜 杜红岩
2016年12月出版 / 估价:69.00元

客车蓝皮书
中国客车产业发展报告（2016）
著(编)者:姚蔚　2016年5月出版 / 估价:85.00元

老龄蓝皮书
中国老龄产业发展报告（2016）
著(编)者:吴玉韶 党俊武　2016年9月出版 / 估价:79.00元

流通蓝皮书
中国商业发展报告（2016）
著(编)者:荆林波　2016年5月出版 / 估价:89.00元

旅游安全蓝皮书
中国旅游安全报告（2016）
著(编)者:郑向敏 谢朝武　2016年5月出版 / 估价:128.00元

旅游绿皮书
2015～2016年中国旅游发展分析与预测
著(编)者:宋瑞　2016年4月出版 / 定价:89.00元

煤炭蓝皮书
中国煤炭工业发展报告（2016）
著(编)者:岳福斌　2016年12月出版 / 估价:79.00元

民营企业社会责任蓝皮书
中国民营企业社会责任年度报告（2016）
著(编)者:中华全国工商业联合会
2016年7月出版 / 估价:69.00元

民营医院蓝皮书
中国民营医院发展报告（2016）
著(编)者:庄一强　2016年10月出版 / 估价:75.00元

能源蓝皮书
中国能源发展报告（2016）
著(编)者:崔民选 王军生 陈义和
2016年8月出版 / 估价:79.00元

农产品流通蓝皮书
中国农产品流通产业发展报告（2016）
著(编)者:贾敬敦 张东科 张玉玺 张鹏毅 周伟
2016年5月出版 / 估价:89.00元

期货蓝皮书
中国期货市场发展报告(2016)
著(编)者:李群 王在荣　2016年11月出版 / 估价:69.00元

企业公益蓝皮书
中国企业公益研究报告（2016）
著(编)者:钟宏武 汪杰 顾一 黄晓娟 等
2016年12月出版 / 估价:69.00元

企业公众透明度蓝皮书
中国企业公众透明度报告 (2016) NO.2
著(编)者:黄速建 王晓光 肖红军
2016年5月出版 / 估价:98.00元

企业国际化蓝皮书
中国企业国际化报告（2016）
著(编)者:王辉耀　2016年11月出版 / 估价:98.00元

企业蓝皮书
中国企业绿色发展报告 NO.2（2016）
著(编)者:李红玉 朱光辉　2016年8月出版 / 估价:79.00元

企业社会责任蓝皮书
中国企业社会责任研究报告（2016）
著(编)者:黄群慧 钟宏武 张蒽 等
2016年11月出版 / 估价:79.00元

企业社会责任能力蓝皮书
中国上市公司社会责任能力成熟度报告（2016）
著(编)者:肖红军 王晓光 李伟阳
2016年11月出版 / 估价:69.00元

汽车安全蓝皮书
中国汽车安全发展报告（2016）
著(编)者:中国汽车技术研究中心
2016年7月出版 / 估价:89.00元

汽车电子商务蓝皮书
中国汽车电子商务发展报告（2016）
著(编)者:中华全国工商业联合会汽车经销商商会
北京易观智库网络科技有限公司
2016年5月出版 / 估价:128.00元

汽车工业蓝皮书
中国汽车工业发展年度报告（2016）
著(编)者:中国汽车工业协会 中国汽车技术研究中心
丰田汽车（中国）投资有限公司
2016年4月出版 / 估价:128.00元

汽车蓝皮书
中国汽车产业发展报告（2016）
著(编)者:国务院发展研究中心产业经济研究部
中国汽车工程学会 大众汽车集团（中国）
2016年8月出版 / 估价:158.00元

清洁能源蓝皮书
国际清洁能源发展报告（2016）
著(编)者:苏树辉 袁国林 李玉崙
2016年11月出版 / 估价:99.00元

人力资源蓝皮书
中国人力资源发展报告（2016）
著(编)者:余兴安　2016年12月出版 / 估价:79.00元

融资租赁蓝皮书
中国融资租赁业发展报告（2015～2016）
著(编)者:李光荣 王力　2016年5月出版 / 估价:89.00元

软件和信息服务业蓝皮书
中国软件和信息服务业发展报告（2016）
著(编)者:洪京一　2016年12月出版 / 估价:198.00元

商会蓝皮书
中国商会发展报告NO.5（2016）
著(编)者:王钦敏　2016年7月出版 / 估价:89.00元

上市公司蓝皮书
中国上市公司社会责任信息披露报告（2016）
著(编)者:张旺 张杨　2016年11月出版 / 估价:69.00元

上市公司蓝皮书
中国上市公司质量评价报告（2015～2016）
著(编)者:张跃文 王力　2016年11月出版 / 估价:118.00元

设计产业蓝皮书
中国设计产业发展报告（2016）
著(编)者:陈冬亮 梁昊光　2016年5月出版 / 估价:89.00元

食品药品蓝皮书
食品药品安全与监管政策研究报告（2016）
著(编)者:唐民皓　2016年7月出版 / 估价:69.00元

世界能源蓝皮书
世界能源发展报告（2016）
著(编)者:黄晓勇　2016年6月出版 / 估价:99.00元

水利风景区蓝皮书
中国水利风景区发展报告（2016）
著(编)者:兰思仁　2016年8月出版 / 估价:69.00元

私募市场蓝皮书
中国私募股权市场发展报告（2016）
著(编)者:曹和平　2016年12月出版 / 估价:79.00元

碳市场蓝皮书
中国碳市场报告（2016）
著(编)者:宁金彪　　2016年11月出版 / 估价:69.00元

体育蓝皮书
中国体育产业发展报告（2016）
著(编)者:阮伟 钟秉枢　　2016年7月出版 / 估价:69.00元

土地市场蓝皮书
中国农村土地市场发展报告（2015~2016）
著(编)者:李光荣　　2016年3月出版 / 定价:79.00元

网络空间安全蓝皮书
中国网络空间安全发展报告（2016）
著(编)者:惠志斌 唐涛　　2016年4月出版 / 估价:79.00元

物联网蓝皮书
中国物联网发展报告（2016）
著(编)者:黄桂田 龚六堂 张全升
2016年5月出版 / 估价:69.00元

西部工业蓝皮书
中国西部工业发展报告（2016）
著(编)者:方行明 甘犁 刘方健 姜凌 等
2016年9月出版 / 估价:79.00元

西部金融蓝皮书
中国西部金融发展报告（2016）
著(编)者:李忠民　　2016年8月出版 / 估价:75.00元

协会商会蓝皮书
中国行业协会商会发展报告（2016）
著(编)者:景朝阳 李勇　　2016年4月出版 / 估价:99.00元

新能源汽车蓝皮书
中国新能源汽车产业发展报告（2016）
著(编)者:中国汽车技术研究中心
日产（中国）投资有限公司 东风汽车有限公司
2016年8月出版 / 估价:89.00元

新三板蓝皮书
中国新三板市场发展报告（2016）
著(编)者:王力　　2016年6月出版 / 估价:69.00元

信托市场蓝皮书
中国信托业市场报告（2015～2016）
著(编)者:用益信托工作室
2016年1月出版 / 定价:198.00元

信息安全蓝皮书
中国信息安全发展报告（2016）
著(编)者:张晓东　　2016年5月出版 / 估价:69.00元

信息化蓝皮书
中国信息化形势分析与预测（2016）
著(编)者:周宏仁　　2016年8月出版 / 估价:98.00元

信用蓝皮书
中国信用发展报告（2016）
著(编)者:章政 田侃　　2016年4月出版 / 估价:99.00元

休闲绿皮书
2016年中国休闲发展报告
著(编)者:宋瑞
2016年10月出版 / 估价:79.00元

药品流通蓝皮书
中国药品流通行业发展报告（2016）
著(编)者:佘鲁林 温再兴
2016年8月出版 / 估价:158.00元

医院蓝皮书
中国医院竞争力报告（2016）
著(编)者:庄一强　曾益新　　2016年3月出版 / 定价:128.00元

医药蓝皮书
中国中医药产业园战略发展报告（2016）
著(编)者:裴长洪 房书亭 吴滌心
2016年5月出版 / 估价:89.00元

邮轮绿皮书
中国邮轮产业发展报告（2016）
著(编)者:汪泓　　2016年10月出版 / 估价:79.00元

智能养老蓝皮书
中国智能养老产业发展报告（2016）
著(编)者:朱勇　　2016年10月出版 / 估价:89.00元

中国SUV蓝皮书
中国SUV产业发展报告（2016）
著(编)者:靳军　　2016年12月出版 / 估价:69.00元

中国金融行业蓝皮书
中国债券市场发展报告（2016）
著(编)者:谢多　　2016年7月出版 / 估价:69.00元

中国上市公司蓝皮书
中国上市公司发展报告（2016）
著(编)者:中国社会科学院上市公司研究中心
2016年9月出版 / 估价:98.00元

中国游戏蓝皮书
中国游戏产业发展报告（2016）
著(编)者:孙立军 刘跃军 牛兴侦
2016年5月出版 / 估价:69.00元

中国总部经济蓝皮书
中国总部经济发展报告（2015～2016）
著(编)者:赵弘　　2016年9月出版 / 估价:79.00元

资本市场蓝皮书
中国场外交易市场发展报告（2014~2015）
著(编)者:高峦　　2016年3月出版 / 定价:79.00元

资产管理蓝皮书
中国资产管理行业发展报告（2016）
著(编)者:智信资产管理研究院
2016年6月出版 / 估价:89.00元

文化传媒类

传媒竞争力蓝皮书
中国传媒国际竞争力研究报告（2016）
著(编)者:李本乾 刘强
2016年11月出版 / 估价:148.00元

传媒蓝皮书
中国传媒产业发展报告（2016）
著(编)者:崔保国　2016年5月出版 / 估价:98.00元

传媒投资蓝皮书
中国传媒投资发展报告（2016）
著(编)者:张向东 谭云明
2016年6月出版 / 估价:128.00元

动漫蓝皮书
中国动漫产业发展报告（2016）
著(编)者:卢斌 郑玉明 牛兴侦
2016年7月出版 / 估价:79.00元

非物质文化遗产蓝皮书
中国非物质文化遗产发展报告（2016）
著(编)者:陈平　2016年5月出版 / 估价:98.00元

广电蓝皮书
中国广播电影电视发展报告（2016）
著(编)者:国家新闻出版广电总局发展研究中心
2016年7月出版 / 估价:98.00元

广告主蓝皮书
中国广告主营销传播趋势报告 NO.9
著(编)者:黄升民 杜国清 邵华冬 等
2016年10月出版 / 估价:148.00元

国际传播蓝皮书
中国国际传播发展报告（2016）
著(编)者:胡正荣 李继东 姬德强
2016年11月出版 / 估价:89.00元

纪录片蓝皮书
中国纪录片发展报告（2016）
著(编)者:何苏六　2016年10月出版 / 估价:79.00元

科学传播蓝皮书
中国科学传播报告（2016）
著(编)者:詹正茂　2016年7月出版 / 估价:69.00元

两岸创意经济蓝皮书
两岸创意经济研究报告（2016）
著(编)者:罗昌智 董泽平　2016年12月出版 / 估价:98.00元

两岸文化蓝皮书
两岸文化产业合作发展报告（2016）
著(编)者:胡惠林 李保宗　2016年7月出版 / 估价:79.00元

媒介与女性蓝皮书
中国媒介与女性发展报告(2015~2016)
著(编)者:刘利群　2016年8月出版 / 估价:118.00元

媒体融合蓝皮书
中国媒体融合发展报告（2016）
著(编)者:梅宁华 宋建武　2016年7月出版 / 估价:79.00元

全球传媒蓝皮书
全球传媒发展报告（2016）
著(编)者:胡正荣 李继东 唐晓芬
2016年12月出版 / 估价:79.00元

少数民族非遗蓝皮书
中国少数民族非物质文化遗产发展报告（2016）
著(编)者:肖远平（彝） 柴立（满）
2016年6月出版 / 估价:128.00元

视听新媒体蓝皮书
中国视听新媒体发展报告（2016）
著(编)者:国家新闻出版广电总局发展研究中心
2016年7月出版 / 估价:98.00元

文化创新蓝皮书
中国文化创新报告（2016）NO.7
著(编)者:于平 傅才武　2016年7月出版 / 估价:98.00元

文化建设蓝皮书
中国文化发展报告（2016）
著(编)者:江畅 孙伟平 戴茂堂
2016年4月出版 / 估价:108.00元

文化科技蓝皮书
文化科技创新发展报告（2016）
著(编)者:于平 李凤亮　2016年10月出版 / 估价:89.00元

文化蓝皮书
中国公共文化服务发展报告（2016）
著(编)者:刘新成 张永新 张旭　2016年10月出版 / 估价:98.00元

文化蓝皮书
中国公共文化投入增长测评报告（2016）
著(编)者:王亚南　2016年4月出版 / 定价:79.00元

文化蓝皮书
中国少数民族文化发展报告（2016）
著(编)者:武翠英 张晓明 任乌晶
2016年9月出版 / 估价:69.00元

文化蓝皮书
中国文化产业发展报告（2015~2016）
著(编)者:张晓明 王家新 章建刚
2016年2月出版 / 定价:79.00元

文化蓝皮书
中国文化产业供需协调检测报告（2016）
著(编)者:王亚南　2016年5月出版 / 估价:79.00元

文化蓝皮书
中国文化消费需求景气评价报告（2016）
著(编)者:王亚南　2016年5月出版 / 估价:79.00元

文化品牌蓝皮书
中国文化品牌发展报告（2016）
著(编)者:欧阳友权 2016年4月出版 / 估价:89.00元

文化遗产蓝皮书
中国文化遗产事业发展报告（2016）
著(编)者:刘世锦 2016年5月出版 / 估价:89.00元

文学蓝皮书
中国文情报告（2015～2016）
著(编)者:白烨 2016年5月出版 / 估价:69.00元

新媒体蓝皮书
中国新媒体发展报告NO.7（2016）
著(编)者:唐绪军 2016年7月出版 / 估价:79.00元

新媒体社会责任蓝皮书
中国新媒体社会责任研究报告（2016）
著(编)者:钟瑛 2016年10月出版 / 估价:79.00元

移动互联网蓝皮书
中国移动互联网发展报告（2016）
著(编)者:官建文 2016年6月出版 / 估价:79.00元

舆情蓝皮书
中国社会舆情与危机管理报告（2016）
著(编)者:谢耘耕 2016年8月出版 / 估价:98.00元

地方发展类

安徽经济蓝皮书
芜湖创新型城市发展报告（2016）
著(编)者:张志宏 2016年4月出版 / 估价:69.00元

安徽蓝皮书
安徽社会发展报告（2016）
著(编)者:程桦 2016年4月出版 / 估价:89.00元

安徽社会建设蓝皮书
安徽社会建设分析报告（2015～2016）
著(编)者:黄家海 王开玉 蔡宪
2016年4月出版 / 估价:89.00元

澳门蓝皮书
澳门经济社会发展报告（2015～2016）
著(编)者:吴志良 郝雨凡 2016年5月出版 / 估价:79.00元

北京蓝皮书
北京公共服务发展报告（2015～2016）
著(编)者:施昌奎 2016年2月出版 / 定价:79.00元

北京蓝皮书
北京经济发展报告（2015～2016）
著(编)者:杨松 2016年6月出版 / 估价:79.00元

北京蓝皮书
北京社会发展报告（2015～2016）
著(编)者:李伟东 2016年7月出版 / 估价:79.00元

北京蓝皮书
北京社会治理发展报告（2015～2016）
著(编)者:殷星辰 2016年6月出版 / 估价:79.00元

北京蓝皮书
北京文化发展报告（2015～2016）
著(编)者:李建盛 2016年4月出版 / 定价:79.00元

北京旅游绿皮书
北京旅游发展报告（2016）
著(编)者:北京旅游学会 2016年7月出版 / 估价:88.00元

北京人才蓝皮书
北京人才发展报告（2016）
著(编)者:于淼 2016年12月出版 / 估价:128.00元

北京社会心态蓝皮书
北京社会心态分析报告（2015～2016）
著(编)者:北京社会心理研究所
2016年8月出版 / 估价:79.00元

北京社会组织管理蓝皮书
北京社会组织发展与管理（2015～2016）
著(编)者:黄江松 2016年4月出版 / 估价:78.00元

北京体育蓝皮书
北京体育产业发展报告（2016）
著(编)者:钟秉枢 陈杰 杨铁黎
2016年10月出版 / 估价:79.00元

北京养老产业蓝皮书
北京养老产业发展报告（2016）
著(编)者:周明明 冯喜良 2016年4月出版 / 估价:69.00元

滨海金融蓝皮书
滨海新区金融发展报告（2016）
著(编)者:王爱俭 张锐钢 2016年9月出版 / 估价:79.00元

城乡一体化蓝皮书
中国城乡一体化发展报告•北京卷（2015～2016）
著(编)者:张宝秀 黄序 2016年5月出版 / 估价:79.00元

创意城市蓝皮书
北京文化创意产业发展报告（2016）
著(编)者:张京成 王国华 2016年12月出版 / 估价:69.00元

创意城市蓝皮书
青岛文化创意产业发展报告（2016）
著(编)者:马达 张丹妮 2016年6月出版 / 估价:79.00元

创意城市蓝皮书
青岛文化创意产业发展报告（2016）
著(编)者:马达 张丹妮 2016年6月出版 / 估价:79.00元

创意城市蓝皮书
台北文化创意产业发展报告（2016）
著(编)者:陈耀竹 邱琪瑄 2016年11月出版 / 估价:89.00元

创意城市蓝皮书
无锡文化创意产业发展报告（2016）
著(编)者:谭军 张鸣年 2016年10月出版 / 估价:79.00元

创意城市蓝皮书
武汉文化创意产业发展报告（2016）
著(编)者:黄永林 陈汉桥 2016年12月出版 / 估价:89.00元

创意城市蓝皮书
重庆创意产业发展报告（2016）
著(编)者:程宇宁 2016年4月出版 / 估价:89.00元

地方法治蓝皮书
南宁法治发展报告（2016）
著(编)者:杨维超 2016年12月出版 / 估价:69.00元

福建妇女发展蓝皮书
福建省妇女发展报告（2016）
著(编)者:刘群英 2016年11月出版 / 估价:88.00元

福建自由贸易区蓝皮书
中国（福建）自由贸易区实验区发展报告（2015~2016）
著(编)者:黄茂兴 2016年4月出版 / 定价:108.00元

甘肃蓝皮书
甘肃经济发展分析与预测（2016）
著(编)者:朱智文 罗哲 2016年1月出版 / 定价:79.00元

甘肃蓝皮书
甘肃社会发展分析与预测（2016）
著(编)者:安文华 包晓霞 谢增虎 2016年1月出版 / 定价:79.00元

甘肃蓝皮书
甘肃文化发展分析与预测（2016）
著(编)者:安文华 周小华 2016年1月出版 / 定价:79.00元

甘肃蓝皮书
甘肃县域和农村发展报告（2016）
著(编)者:刘进军 柳 民 王建兵
2016年1月出版 / 定价:79.00元

甘肃蓝皮书
甘肃舆情分析与预测（2016）
著(编)者:陈双梅 张谦元 2016年1月出版 / 定价:79.00元

甘肃蓝皮书
甘肃商贸流通发展报告（2016）
著(编)者:杨志武 王福生 王晓芳
2016年1月出版 / 定价:79.00元

广东蓝皮书
广东全面深化改革发展报告（2016）
著(编)者:周林生 涂成林 2016年11月出版 / 估价:69.00元

广东蓝皮书
广东社会工作发展报告（2016）
著(编)者:罗观翠 2016年6月出版 / 估价:89.00元

广东蓝皮书
广东省电子商务发展报告（2016）
著(编)者:程晓 邓顺国 2016年7月出版 / 估价:79.00元

广东社会建设蓝皮书
广东省社会建设发展报告（2016）
著(编)者:广东省社会工作委员会
2016年12月出版 / 估价:99.00元

广东外经贸蓝皮书
广东对外经济贸易发展研究报告（2015~2016）
著(编)者:陈万灵 2016年5月出版 / 估价:89.00元

广西北部湾经济区蓝皮书
广西北部湾经济区开放开发报告（2016）
著(编)者:广西北部湾经济区规划建设管理委员会办公室
广西社会科学院广西北部湾发展研究院
2016年10月出版 / 估价:79.00元

巩义蓝皮书
巩义经济社会发展报告（2016）
著(编)者:丁同民 2016年4月出版 / 定价:58.00元

广州蓝皮书
2016年中国广州经济形势分析与预测
著(编)者:庾建设 沈奎 谢博能 2016年6月出版 / 估价:79.00

广州蓝皮书
2016年中国广州社会形势分析与预测
著(编)者:张强 陈怡霓 杨秦 2016年6月出版 / 估价:79.00元

广州蓝皮书
广州城市国际化发展报告（2016）
著(编)者:朱名宏 2016年11月出版 / 估价:69.00元

广州蓝皮书
广州创新型城市发展报告（2016）
著(编)者:尹涛 2016年10月出版 / 估价:69.00元

广州蓝皮书
广州经济发展报告（2016）
著(编)者:朱名宏 2016年7月出版 / 估价:69.00元

广州蓝皮书
广州农村发展报告（2016）
著(编)者:朱名宏 2016年8月出版 / 估价:69.00元

广州蓝皮书
广州汽车产业发展报告（2016）
著(编)者:杨再高 冯兴亚 2016年9月出版 / 估价:69.00元

广州蓝皮书
广州青年发展报告（2015～2016）
著(编)者:魏国华 张强 2016年7月出版 / 估价:69.00元

广州蓝皮书
广州商贸业发展报告（2016）
著(编)者:李江涛 肖振宇 荀振英
2016年7月出版 / 估价:69.00元

广州蓝皮书
广州社会保障发展报告（2016）
著(编)者:蔡国萱 2016年10月出版 / 估价:65.00元

广州蓝皮书
广州文化创意产业发展报告（2016）
著(编)者:甘新 2016年8月出版 / 估价:79.00元

广州蓝皮书
中国广州城市建设与管理发展报告（2016）
著(编)者:董皞 陈小钢 李江涛 2016年7月出版 / 估价:69.00元

广州蓝皮书
中国广州科技和信息化发展报告（2016）
著(编)者:邹采荣 马正勇 冯 元 2016年8月出版 / 估价:79.00元

广州蓝皮书
中国广州文化发展报告（2016）
著(编)者:徐俊忠 陆志强 顾涧清 2016年7月出版 / 估价:69.00元

贵阳蓝皮书
贵阳城市创新发展报告•白云篇（2016）
著(编)者:连玉明 2016年10月出版 / 估价:89.00元

贵阳蓝皮书
贵阳城市创新发展报告•观山湖篇（2016）
著(编)者:连玉明 2016年10月出版 / 估价:89.00元

贵阳蓝皮书
贵阳城市创新发展报告•花溪篇（2016）
著(编)者:连玉明 2016年10月出版 / 估价:89.00元

贵阳蓝皮书
贵阳城市创新发展报告•开阳篇（2016）
著(编)者:连玉明 2016年10月出版 / 估价:89.00元

贵阳蓝皮书
贵阳城市创新发展报告•南明篇（2016）
著(编)者:连玉明 2016年10月出版 / 估价:89.00元

贵阳蓝皮书
贵阳城市创新发展报告•清镇篇（2016）
著(编)者:连玉明 2016年10月出版 / 估价:89.00元

贵阳蓝皮书
贵阳城市创新发展报告•乌当篇（2016）
著(编)者:连玉明 2016年10月出版 / 估价:89.00元

贵阳蓝皮书
贵阳城市创新发展报告•息烽篇（2016）
著(编)者:连玉明 2016年10月出版 / 估价:89.00元

贵阳蓝皮书
贵阳城市创新发展报告•修文篇（2016）
著(编)者:连玉明 2016年10月出版 / 估价:89.00元

贵阳蓝皮书
贵阳城市创新发展报告•云岩篇（2016）
著(编)者:连玉明 2016年10月出版 / 估价:89.00元

贵州房地产蓝皮书
贵州房地产发展报告NO.3（2016）
著(编)者:武廷方 2016年6月出版 / 估价:89.00元

贵州蓝皮书
贵州册亨经济社会发展报告 (2016)
著(编)者:黄德林 2016年3月出版 / 定价:79.00元

贵州蓝皮书
贵安新区发展报告（2016）
著(编)者:马长青 吴大华 2016年4月出版 / 估价:69.00元

贵州蓝皮书
贵州法治发展报告（2016）
著(编)者:吴大华 2016年5月出版 / 估价:79.00元

贵州蓝皮书
贵州民航业发展报告（2016）
著(编)者:申振东 吴大华 2016年10月出版 / 估价:69.00元

贵州蓝皮书
贵州民营经济发展报告（2016）
著(编)者:杨静 吴大华 2016年3月出版 / 定价:79.00元

贵州蓝皮书
贵州人才发展报告（2016）
著(编)者:于杰 吴大华 2016年9月出版 / 估价:69.00元

贵州蓝皮书
贵州社会发展报告（2016）
著(编)者:王兴骥 2016年5月出版 / 估价:79.00元

海淀蓝皮书
海淀区文化和科技融合发展报告（2016）
著(编)者:陈名杰 孟景伟 2016年5月出版 / 估价:75.00元

海峡西岸蓝皮书
海峡西岸经济区发展报告（2016）
著(编)者:福建省人民政府发展研究中心
福建省人民政府发展研究中心咨询服务中心
2016年9月出版 / 估价:65.00元

杭州都市圈蓝皮书
杭州都市圈发展报告（2016）
著(编)者:董祖德 沈翔 2016年5月出版 / 估价:89.00元

杭州蓝皮书
杭州妇女发展报告（2016）
著(编)者:魏颖 2016年4月出版 / 估价:79.00元

河北经济蓝皮书
河北省经济发展报告（2016）
著(编)者:马树强 金浩 刘兵 张贵
2016年5月出版 / 估价:89.00元

河北蓝皮书
河北经济社会发展报告（2016）
著(编)者:郭金平 2016年1月出版 / 定价:79.00元

河北食品药品安全蓝皮书
河北食品药品安全研究报告（2016）
著(编)者:丁锦霞 2016年6月出版 / 估价:79.00元

河南经济蓝皮书
2016年河南经济形势分析与预测
著(编)者:胡五岳 2016年2月出版 / 定价:79.00元

河南蓝皮书
2016年河南社会形势分析与预测
著(编)者:刘道兴 牛苏林 2016年4月出版 / 定价79.00元

河南蓝皮书
河南城市发展报告（2016）
著(编)者:谷建全　王建国　2016年5月出版 / 估价:79.00元

河南蓝皮书
河南法治发展报告（2016）
著(编)者:丁同民　闫德民　2016年6月出版 / 估价:79.00元

河南蓝皮书
河南工业发展报告（2016）
著(编)者:龚绍东　赵西三　2016年5月出版 / 估价:79.00元

河南蓝皮书
河南金融发展报告（2016）
著(编)者:河南省社会科学院　2016年6月出版 / 估价:69.00元

河南蓝皮书
河南经济发展报告（2016）
著(编)者:张占仓　2016年3月出版 / 定价:79.00元

河南蓝皮书
河南农业农村发展报告（2016）
著(编)者:吴海峰　2016年4月出版 / 估价:69.00元

河南蓝皮书
河南文化发展报告（2016）
著(编)者:卫绍生　2016年3月出版 / 定价:78.00元

河南商务蓝皮书
河南商务发展报告（2016）
著(编)者:焦锦淼　穆荣国　2016年4月出版 / 估价:88.00元

黑龙江产业蓝皮书
黑龙江产业发展报告（2016）
著(编)者:于渤　2016年10月出版 / 估价:79.00元

黑龙江蓝皮书
黑龙江经济发展报告（2016）
著(编)者:朱宇　2016年1月出版 / 定价:79.00元

黑龙江蓝皮书
黑龙江社会发展报告（2016）
著(编)者:谢宝禄　2016年1月出版 / 定价:79.00元

湖南城市蓝皮书
区域城市群整合（主题待定）
著(编)者:童中贤　韩未名　2016年12月出版 / 估价:79.00元

湖南蓝皮书
2016年湖南产业发展报告
著(编)者:梁志峰　2016年5月出版 / 估价:98.00元

湖南蓝皮书
2016年湖南电子政务发展报告
著(编)者:梁志峰　2016年5月出版 / 估价:98.00元

湖南蓝皮书
2016年湖南经济展望
著(编)者:梁志峰　2016年5月出版 / 估价:128.00元

湖南蓝皮书
2016年湖南两型社会与生态文明发展报告
著(编)者:梁志峰　2016年5月出版 / 估价:98.00元

湖南蓝皮书
2016年湖南社会发展报告
著(编)者:梁志峰　2016年5月出版 / 估价:88.00元

湖南蓝皮书
2016年湖南县域经济社会发展报告
著(编)者:梁志峰　2016年5月出版 / 估价:98.00元

湖南蓝皮书
湖南城乡一体化发展报告（2016）
著(编)者:陈文胜　刘祚祥　邝奕轩　等
2016年7月出版 / 估价:89.00元

湖南县域绿皮书
湖南县域发展报告 NO.3
著(编)者:袁准　周小毛　2016年9月出版 / 估价:69.00元

沪港蓝皮书
沪港发展报告（2015～2016）
著(编)者:尤安山　2016年4月出版 / 估价:89.00元

京津冀金融蓝皮书
京津冀金融发展报告（2015）
著(编)者:王爱俭　李向前　2016年3月出版 / 定价:89.00元

吉林蓝皮书
2016年吉林经济社会形势分析与预测
著(编)者:马克　2015年12月出版 / 定价:79.00元

吉林省城市竞争力蓝皮书
吉林省城市竞争力报告（2015）
著(编)者:崔岳春　张磊　2016年3月出版 / 定价:69.00元

济源蓝皮书
济源经济社会发展报告（2016）
著(编)者:喻新安　2016年4月出版 / 估价:69.00元

健康城市蓝皮书
北京健康城市建设研究报告（2016）
著(编)者:王鸿春　2016年4月出版 / 估价:79.00元

江苏法治蓝皮书
江苏法治发展报告 NO.5（2016）
著(编)者:李力　龚廷泰　2016年9月出版 / 估价:98.00元

江西蓝皮书
江西经济社会发展报告（2016）
著(编)者:张勇　姜玮　梁勇　2016年10月出版 / 估价:79.00元

江西文化产业蓝皮书
江西文化产业发展报告（2016）
著(编)者:张圣才　汪春翔　2016年10月出版 / 估价:128.00元

经济特区蓝皮书
中国经济特区发展报告（2016）
著(编)者:陶一桃　2016年12月出版 / 估价:89.00元

辽宁蓝皮书
2016年辽宁经济社会形势分析与预测
著(编)者:曹晓峰　梁启东
2016年1月出版 / 定价:79.00元

拉萨蓝皮书
拉萨法治发展报告（2016）
著(编)者:车明怀　2016年7月出版 / 估价:79.00元

洛阳蓝皮书
洛阳文化发展报告（2016）
著(编)者:刘福兴 陈启明　2016年7月出版 / 估价:79.00元

南京蓝皮书
南京文化发展报告（2016）
著(编)者:徐宁　2016年12月出版 / 估价:79.00元

内蒙古蓝皮书
内蒙古反腐倡廉建设报告 NO.2
著(编)者:张志华 无极　2016年12月出版 / 估价:69.00元

浦东新区蓝皮书
上海浦东经济发展报告（2016）
著(编)者:沈开艳 周奇　2016年1月出版 / 定价:69.00元

青海蓝皮书
2016年青海经济社会形势分析与预测
著(编)者:陈玮　2015年12月出版 / 定价:79.00元

人口与健康蓝皮书
深圳人口与健康发展报告（2016）
著(编)者:陆杰华 罗乐宣 苏杨
2016年11月出版 / 估价:89.00元

山东蓝皮书
山东经济形势分析与预测（2016）
著(编)者:李广杰　2016年11月出版 / 估价:89.00元

山东蓝皮书
山东社会形势分析与预测（2016）
著(编)者:涂可国　2016年6月出版 / 估价:89.00元

山东蓝皮书
山东文化发展报告（2016）
著(编)者:张华 唐洲雁　2016年6月出版 / 估价:98.00元

山西蓝皮书
山西资源型经济转型发展报告（2016）
著(编)者:李志强　2016年5月出版 / 估价:89.00元

陕西蓝皮书
陕西经济发展报告（2016）
著(编)者:任宗哲 白宽犁 裴成荣
2015年12月出版 / 定价:69.00元

陕西蓝皮书
陕西社会发展报告（2016）
著(编)者:任宗哲 白宽犁 牛昉
2015年12月出版 / 定价:69.00元

陕西蓝皮书
陕西文化发展报告（2016）
著(编)者:任宗哲 白宽犁 王长寿
2015年12月出版 / 定价:69.00元

陕西蓝皮书
丝绸之路经济带发展报告（2015~2016）
著(编)者:任宗哲 白宽犁 谷孟宾
2015年12月出版 / 定价:75.00元

上海蓝皮书
上海传媒发展报告（2016）
著(编)者:强荧 焦雨虹　2016年1月出版 / 定价:79.00元

上海蓝皮书
上海法治发展报告（2016）
著(编)者:叶青　2016年5月出版 / 估价:69.00元

上海蓝皮书
上海经济发展报告（2016）
著(编)者:沈开艳　2016年1月出版 / 定价:79.00元

上海蓝皮书
上海社会发展报告（2016）
著(编)者:杨雄　周海旺　2016年1月出版 / 定价:79.00元

上海蓝皮书
上海文化发展报告（2016）
著(编)者:荣跃明　2016年1月出版 / 定价:79.00元

上海蓝皮书
上海文学发展报告（2016）
著(编)者:陈圣来　2016年5月出版 / 估价:69.00元

上海蓝皮书
上海资源环境发展报告（2016）
著(编)者:周冯琦 汤庆合 任文伟
2016年1月出版 / 定价:79.00元

上饶蓝皮书
上饶发展报告（2015～2016）
著(编)者:朱寅健　2016年5月出版 / 估价:128.00元

社会建设蓝皮书
2016年北京社会建设分析报告
著(编)者:宋贵伦 冯虹　2016年7月出版 / 估价:79.00元

深圳蓝皮书
深圳法治发展报告（2016）
著(编)者:张骁儒　2016年5月出版 / 估价:69.00元

深圳蓝皮书
深圳经济发展报告（2016）
著(编)者:张骁儒　2016年6月出版 / 估价:89.00元

深圳蓝皮书
深圳劳动关系发展报告（2016）
著(编)者:汤庭芬　2016年6月出版 / 估价:79.00元

深圳蓝皮书
深圳社会建设与发展报告（2016）
著(编)者:张骁儒 陈东平　2016年6月出版 / 估价:79.00元

深圳蓝皮书
深圳文化发展报告(2016)
著(编)者:张骁儒　　2016年5月出版 / 估价:69.00元

四川法治蓝皮书
四川依法治省年度报告 NO.2（2016）
著(编)者:李林 杨天宗 田禾
2016年3月出版 / 定价:108.00元

四川蓝皮书
2016年四川经济形势分析与预测
著(编)者:杨钢　　2016年1月出版 / 定价:98.00元

四川蓝皮书
四川城镇化发展报告（2016）
著(编)者:侯水平 陈炜　　2016年4月出版 / 定价:75.00元

四川蓝皮书
四川法治发展报告（2016）
著(编)者:郑泰安　　2016年5月出版 / 估价:69.00元

四川蓝皮书
四川企业社会责任研究报告（2015～2016）
著(编)者:侯水平 盛毅　　2016年4月出版 / 估价:79.00元

四川蓝皮书
四川社会发展报告（2016）
著(编)者:郭晓鸣　　2016年4月出版 / 估价:79.00元

四川蓝皮书
四川生态建设报告（2016）
著(编)者:李晟之　　2016年4月出版 / 估价:79.00元

四川蓝皮书
四川文化产业发展报告（2016）
著(编)者:向宝云 张立伟　　2016年4月出版 / 定价:79.00元

体育蓝皮书
上海体育产业发展报告（2015～2016）
著(编)者:张林 黄海燕　　2016年10月出版 / 估价:79.00元

体育蓝皮书
长三角地区体育产业发展报告（2015～2016）
著(编)者:张林　　2016年4月出版 / 估价:79.00元

天津金融蓝皮书
天津金融发展报告（2016）
著(编)者:王爱俭 孔德昌　　2016年9月出版 / 估价:89.00元

图们江区域合作蓝皮书
图们江区域合作发展报告（2016）
著(编)者:李铁　　2016年4月出版 / 估价:98.00元

温州蓝皮书
2016年温州经济社会形势分析与预测
著(编)者:潘忠强 王春光 金浩　　2016年4月出版 / 估价:69.00

扬州蓝皮书
扬州经济社会发展报告（2016）
著(编)者:丁纯　　2016年12月出版 / 估价:89.00元

长株潭城市群蓝皮书
长株潭城市群发展报告（2016）
著(编)者:张萍　　2016年10月出版 / 估价:69.00元

郑州蓝皮书
2016年郑州文化发展报告
著(编)者:王哲　　2016年9月出版 / 估价:65.00元

中医文化蓝皮书
北京中医药文化传播发展报告（2016）
著(编)者:毛嘉陵　　2016年5月出版 / 估价:79.00元

珠三角流通蓝皮书
珠三角商圈发展研究报告（2016）
著(编)者:王先庆 林至颖　　2016年7月出版 / 估价:98.00元

遵义蓝皮书
遵义发展报告（2016）
著(编)者:曾征 龚永育　　2016年12月出版 / 估价:69.00元

国别与地区类

阿拉伯黄皮书
阿拉伯发展报告（2015～2016）
著(编)者:罗林　　2016年11月出版 / 估价:79.00元

北部湾蓝皮书
泛北部湾合作发展报告（2016）
著(编)者:吕余生　　2016年10月出版 / 估价:69.00元

大湄公河次区域蓝皮书
大湄公河次区域合作发展报告（2016）
著(编)者:刘稚　　2016年9月出版 / 估价:79.00元

大洋洲蓝皮书
大洋洲发展报告（2015～2016）
著(编)者:喻常森　　2016年10月出版 / 估价:89.00元

德国蓝皮书
德国发展报告（2016）
著(编)者:郑春荣 伍慧萍
2016年5月出版 / 估价:69.00元

东北亚黄皮书
东北亚地区政治与安全（2016）
著(编)者:黄凤志 刘清才 张慧智 等
2016年5月出版 / 估价:69.00元

东盟黄皮书
东盟发展报告（2016）
著(编)者:杨晓强 庄国土　　2016年3月出版 / 定价:89.00元

东南亚蓝皮书
东南亚地区发展报告（2015～2016）
著(编)者:厦门大学东南亚研究中心　王勤
2016年4月出版 / 估价:79.00元

俄罗斯黄皮书
俄罗斯发展报告（2016）
著(编)者:李永全　2016年7月出版 / 估价:79.00元

非洲黄皮书
非洲发展报告 NO.18（2015～2016）
著(编)者:张宏明　2016年9月出版 / 估价:79.00元

国际形势黄皮书
全球政治与安全报告（2016）
著(编)者:李慎明　张宇燕
2015年12月出版 / 定价:69.00元

韩国蓝皮书
韩国发展报告（2016）
著(编)者:牛林杰 刘宝全
2016年12月出版 / 估价:89.00元

加拿大蓝皮书
加拿大发展报告（2016）
著(编)者:仲伟合　2016年4月出版 / 估价:89.00元

拉美黄皮书
拉丁美洲和加勒比发展报告（2015～2016）
著(编)者:吴白乙　2016年5月出版 / 估价:89.00元

美国蓝皮书
美国研究报告（2016）
著(编)者:郑秉文 黄平
2016年6月出版 / 估价:89.00元

缅甸蓝皮书
缅甸国情报告（2016）
著(编)者:李晨阳　2016年8月出版 / 估价:79.00元

欧洲蓝皮书
欧洲发展报告（2015～2016）
著(编)者:周弘 黄平 江时学
2016年7月出版 / 估价:89.00元

日本经济蓝皮书
日本经济与中日经贸关系研究报告（2016）
著(编)者:王洛林 张季风
2016年5月出版 / 估价:79.00元

日本蓝皮书
日本研究报告（2016）
著(编)者:李薇　2016年5月出版 / 估价:69.00元

上海合作组织黄皮书
上海合作组织发展报告（2016）
著(编)者:李进峰 吴宏伟 李伟
2016年7月出版 / 估价:98.00元

世界创新竞争力黄皮书
世界创新竞争力发展报告（2016）
著(编)者:李闽榕 李建平 赵新力
2016年5月出版 / 估价:148.00元

土耳其蓝皮书
土耳其发展报告（2016）
著(编)者:郭长刚 刘义　2016年7月出版 / 估价:69.00元

亚太蓝皮书
亚太地区发展报告（2016）
著(编)者:李向阳　2016年5月出版 / 估价:69.00元

印度蓝皮书
印度国情报告（2016）
著(编)者:吕昭义　2016年5月出版 / 估价:89.00元

印度洋地区蓝皮书
印度洋地区发展报告（2016）
著(编)者:汪戎　2016年5月出版 / 估价:89.00元

英国蓝皮书
英国发展报告（2015～2016）
著(编)者:王展鹏　2016年10月出版 / 估价:89.00元

越南蓝皮书
越南国情报告（2016）
著(编)者:广西社会科学院 罗梅 李碧华
2016年8月出版 / 估价:69.00元

越南蓝皮书
越南经济发展报告（2016）
著(编)者:黄志勇　2016年10月出版 / 估价:69.00元

以色列蓝皮书
以色列发展报告（2016）
著(编)者:张倩红　2016年9月出版 / 估价:89.00元

中东黄皮书
中东发展报告 NO.18（2015～2016）
著(编)者:杨光　2016年10月出版 / 估价:89.00元

中亚黄皮书
中亚国家发展报告（2016）
著(编)者:孙力 吴宏伟　2016年8月出版 / 估价:89.00元

皮书起源

"皮书"起源于十七、十八世纪的英国，主要指官方或社会组织正式发表的重要文件或报告，多以"白皮书"命名。在中国，"皮书"这一概念被社会广泛接受，并被成功运作、发展成为一种全新的出版形态，则源于中国社会科学院社会科学文献出版社。

皮书定义

皮书是对中国与世界发展状况和热点问题进行年度监测，以专业的角度、专家的视野和实证研究方法，针对某一领域或区域现状与发展态势展开分析和预测，具备原创性、实证性、专业性、连续性、前沿性、时效性等特点的公开出版物，由一系列权威研究报告组成。

皮书作者

皮书系列的作者以中国社会科学院、著名高校、地方社会科学院的研究人员为主，多为国内一流研究机构的权威专家学者，他们的看法和观点代表了学界对中国与世界的现实和未来最高水平的解读与分析。

皮书荣誉

皮书系列已成为社会科学文献出版社的著名图书品牌和中国社会科学院的知名学术品牌。2011 年，皮书系列正式列入"十二五"国家重点出版规划项目；2012~2015 年，重点皮书列入中国社会科学院承担的国家哲学社会科学创新工程项目；2016 年，46 种院外皮书使用"中国社会科学院创新工程学术出版项目"标识。

中国皮书网

www.pishu.cn

发布皮书研创资讯，传播皮书精彩内容
引领皮书出版潮流，打造皮书服务平台

栏目设置：

- ☐ 资讯：皮书动态、皮书观点、皮书数据、皮书报道、皮书发布、电子期刊
- ☐ 标准：皮书评价、皮书研究、皮书规范
- ☐ 服务：最新皮书、皮书书目、重点推荐、在线购书
- ☐ 链接：皮书数据库、皮书博客、皮书微博、在线书城
- ☐ 搜索：资讯、图书、研究动态、皮书专家、研创团队

中国皮书网依托皮书系列“权威、前沿、原创”的优质内容资源，通过文字、图片、音频、视频等多种元素，在皮书研创者、使用者之间搭建了一个成果展示、资源共享的互动平台。

自 2005 年 12 月正式上线以来，中国皮书网的 IP 访问量、PV 浏览量与日俱增，受到海内外研究者、公务人员、商务人士以及专业读者的广泛关注。

2008 年、2011 年，中国皮书网均在全国新闻出版业网站荣誉评选中获得“最具商业价值网站”称号；2012 年，获得“出版业网站百强”称号。

2014 年，中国皮书网与皮书数据库实现资源共享，端口合一，将提供更丰富的内容，更全面的服务。

皮书大事记
（2015）

☆　2015年11月9日，社会科学文献出版社2015年皮书编辑出版工作会议召开，会议就皮书装帧设计、生产营销、皮书评价以及质检工作中的常见问题等进行交流和讨论，为2016年出版社的融合发展指明了方向。

☆　2015年11月，中国社会科学院2015年度纳入创新工程后期资助名单正式公布，《社会蓝皮书：2015年中国社会形势分析与预测》等41种皮书纳入2015年度“中国社会科学院创新工程学术出版资助项目”。

☆　2015年8月7~8日，由中国社会科学院主办，社会科学文献出版社和湖北大学共同承办的“第十六次全国皮书年会（2015）：皮书研创与中国话语体系建设”在湖北省恩施市召开。中国社会科学院副院长李培林，国家新闻出版广电总局原副总局长、中国出版协会常务副理事长邬书林，湖北省委宣传部副部长喻立平，中国社会科学院科研局局长马援，国家新闻出版广电总局出版管理司副司长许正明，中共恩施州委书记王海涛，社会科学文献出版社社长谢寿光，湖北大学党委书记刘建凡等相关领导出席开幕式。来自中国社会科学院、地方社会科学院及高校、政府研究机构的领导及近200个皮书课题组的380多人出席了会议，会议规模又创新高。会议宣布了2016年授权使用“中国社会科学院创新工程学术出版项目”标识的院外皮书名单，并颁发了第六届优秀皮书奖。

☆　2015年4月28日，“第三届皮书学术评审委员会第二次会议暨第六届优秀皮书奖评审会”在京召开。中国社会科学院副院长李培林、蔡昉出席会议并讲话，国家新闻出版广电总局原副局长、中国出版协会常务副理事长邬书林也出席本次会议。会议分别由中国社会科学院科研局局长马援和社会科学文献出版社社长谢寿光主持。经分学科评审和大会汇评，最终匿名投票评选出第六届“优秀皮书奖”和“优秀皮书报告奖”书目。此外，该委员会还根据《中国社会科学院皮书管理办法》，审议并投票评选出2015年纳入中国社会科学院创新工程项目的皮书和2016年使用“中国社会科学院创新工程学术出版项目”标识的院外皮书。

☆　2015年1月30~31日，由社会科学文献出版社皮书研究院组织的2014年版皮书评价复评会议在京召开。皮书学术评审委员会部分委员、相关学科专家、学术期刊编辑、资深媒体人等近50位评委参加本次会议。中国社会科学院科研局局长马援、社会科学文献出版社社长谢寿光出席开幕式并发表讲话，中国社会科学院科研成果处处长薛增朝出席闭幕式并做发言。

权威报告·热点资讯·特色资源

皮书数据库

ANNUAL REPORT(YEARBOOK) DATABASE

当代中国与世界发展高端智库平台

WWW.PISHU.COM.CN

皮书俱乐部会员服务指南

1. 谁能成为皮书俱乐部成员?

- 皮书作者自动成为俱乐部会员
- 购买了皮书产品（纸质书/电子书）的个人用户

2. 会员可以享受的增值服务

- 免费获赠皮书数据库100元充值卡
- 加入皮书俱乐部，免费获赠该纸质图书的电子书
- 免费定期获赠皮书电子期刊
- 优先参与各类皮书学术活动
- 优先享受皮书产品的最新优惠

3. 如何享受增值服务?

（1）免费获赠100元皮书数据库体验卡

第1步 刮开附赠充值的涂层（右下）；

第2步 登录皮书数据库网站（www.pishu.com.cn），注册账号；

第3步 登录并进入“会员中心”—“在线充值”—“充值卡充值”，充值成功后即可使用。

（2）加入皮书俱乐部，凭数据库体验卡获赠该书的电子书

第1步 登录社会科学文献出版社官网（www.ssap.com.cn），注册账号；

第2步 登录并进入“会员中心”—“皮书俱乐部”，提交加入皮书俱乐部申请；

第3步 审核通过后，再次进入皮书俱乐部，填写页面所需图书、体验卡信息即可自动兑换相应电子书。

4. 声明

解释权归社会科学文献出版社所有

皮书俱乐部会员可享受社会科学文献出版社其他相关免费增值服务，有任何疑问，均可与我们联系。

图书销售热线：010-59367070/7028
图书服务QQ：800045692
图书服务邮箱：duzhe@ssap.cn

数据库服务热线：400-008-6695
数据库服务邮箱：database@ssap.cn
兑换电子书服务热线：010-59367204

欢迎登录社会科学文献出版社官网（www.ssap.com.cn）和中国皮书网（www.pishu.cn）了解更多信息

社会科学文献出版社 SOCIAL SCIENCES ACADEMIC PRESS (CHINA) 皮书系列
卡号：636858242574
密码：

S 子库介绍
Sub-Database Introduction

中国经济发展数据库

涵盖宏观经济、农业经济、工业经济、产业经济、财政金融、交通旅游、商业贸易、劳动经济、企业经济、房地产经济、城市经济、区域经济等领域，为用户实时了解经济运行态势、把握经济发展规律、洞察经济形势、做出经济决策提供参考和依据。

中国社会发展数据库

全面整合国内外有关中国社会发展的统计数据、深度分析报告、专家解读和热点资讯构建而成的专业学术数据库。涉及宗教、社会、人口、政治、外交、法律、文化、教育、体育、文学艺术、医药卫生、资源环境等多个领域。

中国行业发展数据库

以中国国民经济行业分类为依据，跟踪分析国民经济各行业市场运行状况和政策导向，提供行业发展最前沿的资讯，为用户投资、从业及各种经济决策提供理论基础和实践指导。内容涵盖农业，能源与矿产业，交通运输业，制造业，金融业，房地产业，租赁和商务服务业，科学研究环境和公共设施管理，居民服务业，教育，卫生和社会保障，文化、体育和娱乐业等 100 余个行业。

中国区域发展数据库

以特定区域内的经济、社会、文化、法治、资源环境等领域的现状与发展情况进行分析和预测。涵盖中部、西部、东北、西北等地区，长三角、珠三角、黄三角、京津冀、环渤海、合肥经济圈、长株潭城市群、关中—天水经济区、海峡经济区等区域经济体和城市圈，北京、上海、浙江、河南、陕西等 34 个省份。

中国文化传媒数据库

包括文化事业、文化产业、宗教、群众文化、图书馆事业、博物馆事业、档案事业、语言文字、文学、历史地理、新闻传播、广播电视、出版事业、艺术、电影、娱乐等多个子库。

世界经济与国际政治数据库

以皮书系列中涉及世界经济与国际政治的研究成果为基础，全面整合国内外有关世界经济与国际政治的统计数据、深度分析报告、专家解读和热点资讯构建而成的专业学术数据库。包括世界经济、世界政治、世界文化、国际社会、国际关系、国际组织、区域发展、国别发展等多个子库。

城乡一体化蓝皮书

BLUE BOOK OF
URBAN-RURAL INTEGRATION

广视角 · 全方位 · 多品种

- 2015年，北京市将疏解非首都功能作为落实首都城市战略定位、推动京津冀协同发展的关键环节和重中之重。疏控并举，通过多种方式引导人随功能走，人随产业走。城乡经济“高精尖”结构加快构建，北京农业按照“调粮、保菜、做精畜牧生产”的思路进行结构调整，系统全面地实施农业节水，全力推动“菜篮子”农产品优质高效生产和现代种业、休闲观光产业快速发展。城乡经济社会稳步发展，城乡一体化“十二五”规划目标基本完成。
- 本书重点对“十二五”时期北京城乡一体化发展进行了评估与回顾，对存在的问题，如何在“十三五”期间运用新的发展理念加以解决进行了研究。
- 展望北京城乡一体化发展趋势，可以预见，随着京津冀协同发展战略的推进，集体经济将加快转型升级，城乡一体化综合性改革和制度创新更加深入，绿色发展理念成为城乡一体化发展的基本理念，城乡生态宜居环境水平进一步提高，北京的城乡发展将呈现新的局面。

· 权威平台 · 智库报告 · 连续发布

“皮书说”微信

出版社官方微信

皮书序列号：B-2012-231

中国皮书网：www.pishu.cn

ISBN 978-7-5097-9196-7

定价：79.00元